Polizei- und Sicherheitsrecht Bayern

Hemmer/Wüst
Daxhammer/Grieger

Assessorkursorte im Überblick

Bayern
Würzburg/München/Nürnberg/Regensburg/Postversand

RA I. Gold
Mergentheimer Str. 44
97082 Würzburg
Tel.: (0931) 79 78 2-50
Fax: (0931) 79 78 2-51
Mail: assessor@hemmer.de

Baden-Württemberg
Konstanz/Tübingen/Postversand

Rae F. Guldin/B. Kaiser
Hindenburgstr. 15
78467 Konstanz
Tel.: (07531) 69 63 63
Fax: (07531) 69 63 64
Mail: konstanz@hemmer.de

Stuttgart

Rae R. Rödl / A. Baier
Mergentheimerstr. 44
97082 Würzburg
Tel. 0931-7978230
Fax. 0931-7978234
Mail: stuttgart@hemmer.de

Berlin/Potsdam/Brandenburg
Berlin

RA L. Gast
Schumannstr. 18
10117 Berlin
Tel.: (030) 24 04 57 38
Fax: (030) 24 04 76 71
Mail: mitte@hemmer-berlin.de

Bremen/Hamburg
Hamburg/Postversand

Rae M. Sperl/Clobes/Dr.Schlömer
Kirchhofgärten 22
74635 Kupferzell
Tel.: (07944) 94 11 05
Fax: (07944) 94 11 08
Mail: assessor-nord@hemmer.de

Hessen
Frankfurt

RA A. Geron
Dreifaltigkeitsweg 49
53489 Sinzig
Tel.: (02642) 61 44
Fax: (02642) 61 44
Mail: frankfurt.main@hemmer.de

Mecklenburg-Vorpommern
Postversand

Ludger Burke/Johannes Lück
Buchbinderstr. 17
18055 Rostock
Tel.: (0381) 37 77 40 0
Fax: (0381) 37 77 40 1
Mail: rostock@hemmer.de

Rheinland-Pfalz
Postversand

RA A. Geron
Dreifaltigkeitsweg 49
53489 Sinzig
Tel.: (02642) 61 44
Fax: (02642) 61 44
Mail: trier@hemmer.de

Niedersachsen
Hannover

RAe M. Sperl/Dr. Schlömer
Steinhöft 5 - 7
20459 Hamburg
Tel.: (040) 317 669 17
Fax: (040) 317 669 20
Mail: assessor-nord@hemmer.de

Hannover Postversand

RAe M. Sperl/Clobes/Dr. Schlömer
Kirchhofgärten 22
74635 Kupferzell
Tel.: (07944) 94 11 05
Fax: (07944) 94 11 08
Mail: assessor-nord@hemmer.de

Nordrhein-Westfalen
Köln/Bonn/Dortmund/Düsseldorf/Postversand

Dr. A. Ronneberg
Meckenheimer Allee 148
53113 Bonn
Tel.: (0228) 91 14 125
Fax: (0228) 91 14 141
Mail: koeln@hemmer.de

Schleswig-Holstein
Postversand

RAe M. Sperl/Clobes/Dr. Schlömer
Kirchhofgärten 22
74635 Kupferzell
Tel.: (07944) 94 11 05
Fax: (07944) 94 11 08
Mail: assessor-nord@hemmer.de

Thüringen
Postversand

RA Stock, RA Hunger & Kollegen
Zweinaundorfer Str. 2
04318 Leipzig
Tel.: (0341) 6 88 44 90 oder -93
Fax: (0341) 6 88 44 96
Mail: dresden@hemmer.de

Sachsen
Dresden/Leipzig/Postversand

RA Stock, RA Hunger & Kollegen
Zweinaundorfer Str. 2
04318 Leipzig
Tel.: (0341) 6 88 44 90 oder -93
Fax: (0341) 6 88 44 96
Mail: dresden@hemmer.de

Sachsen-Anhalt
Postversand

RA Stock, RA Hunger & Kollegen
Zweinaundorfer Str. 2
04318 Leipzig
Tel.: (0341) 6 88 44 90 oder -93
Fax: (0341) 6 88 44 96
Mail: dresden@hemmer.de

Vorwort

Polizeirecht Bayern mit der **hemmer-Methode**

Wer in vier Jahren sein Studium abschließen will, kann sich einen Irrtum in Bezug auf Stoffauswahl und -aneignung nicht leisten. Hoffen Sie nicht auf leichte Rezepte und den einfachen Rechtsprechungsfall. Hüten Sie sich vor Übervereinfachung beim Lernen. Stellen Sie deswegen frühzeitig die Weichen richtig.

Dieser Grundsatz gilt auch für den Bereich des Polizeirechts, denn reine Polizeirechtsklausuren kommen nur selten vor. Die wesentlichen Probleme werden i.d.R. im Rahmen einer verwaltungsprozessualen Einkleidung abgeprüft. Hier gilt es die Besonderheiten, die bei den entsprechenden Klagearten zu berücksichtigen sind, im Zusammenhang mit den polizeirechtlichen Themenbereichen zu erarbeiten.

Dem Skript **Polizeirecht/Bayern** liegt die Auswertung vieler Prüfungsarbeiten zugrunde, in denen Polizeirecht eine wichtige Rolle gespielt hat. Klausurtypisch werden die relevanten Probleme im Rahmen der richtigen Klagearten eingeordnet.

Die **hemmer-Methode** vermittelt Ihnen die **erste richtige Einordnung** und das **Problembewusstsein**, welches Sie brauchen, um an einer Klausur bzw. dem Ersteller nicht vorbeizuschreiben. Häufig ist dem Studenten nicht klar, warum er schlechte Klausuren schreibt. Wir geben Ihnen **gezielte Tipps**! Vertrauen Sie auf unsere **Expertenkniffe**.

Durch die ständige Diskussion mit unseren Kursteilnehmern ist uns als erfahrenen Repetitoren klar geworden, welche **Probleme** der Student hat, sein **Wissen anzuwenden**. Wir haben aber auch von unseren Kursteilnehmern profitiert und von Ihnen erfahren, welche **Argumentationsketten** in der Prüfung zum Erfolg geführt haben.

Die **hemmer-Methode** gibt **jahrelange Erfahrung** weiter, erspart Ihnen viele schmerzliche Irrtümer, setzt richtungsweisende Maßstäbe und begleitet Sie als **Gebrauchsanweisung** in Ihrer Ausbildung:

1. Grundwissen:

Die **Grundwissenskripten** sind für den Studenten in den ersten Semestern gedacht. In den Theoriebänden Grundwissen werden leicht verständlich und kurz die wichtigsten Rechtsinstitute vorgestellt und das notwendige Grundwissen vermittelt. Die Skripten werden durch den jeweiligen Band unserer **Reihe „die wichtigsten Fälle“** ergänzt.

2. Basics:

Das Grundwerk für Studium und Examen. Es schafft schnell **Einordnungswissen** und mittels der hemmer-Methode richtiges Problembewusstsein für Klausur und Hausarbeit. Wichtig ist, **wann und wie** Wissen in der Klausur angewendet wird.

3. Skriptenreihe:

Vertiefendes Prüfungswissen: Über 1.000 Klausuren wurden auf ihre „essentials" abgeklopft.

Anwendungsorientiert werden die für die Prüfung nötigen Zusammenhänge umfassend aufgezeigt und wiederkehrende Argumentationsketten eingeübt.

Gleichzeitig wird durch die **hemmer-Methode** auf **anspruchsvollem Niveau** vermittelt, nach welchen Kriterien Prüfungsfälle beurteilt werden. Mit dem Verstehen wächst die Zustimmung zu Ihrem Studium. Spaß und Motivation beim Lernen entstehen erst durch Verständnis.

Lernen Sie, durch Verstehen am juristischen Sprachspiel teilzunehmen. Wir schaffen den „background“, mit dem Sie die innere Struktur von Klausur und Hausarbeit erkennen: **„Problem erkannt, Gefahr gebannt“**. Profitieren Sie von unserem **strategischen Wissen**. Wir werden Sie mit unserem know-how auf das Anforderungsprofil einstimmen, das Sie in Klausur und Hausarbeit erwartet Die Theoriebände Grundwissen, die Basics, die Skriptenreihe und der Hauptkurs sind als **modernes, offenes und flexibles Lernsystem** aufeinander abgestimmt und ergänzen sich ideal. Die **studentenfreundliche Preisgestaltung** ermöglicht den **Erwerb als Gesamtwerk**.

4. Hauptkurs:

Schulung am examenstypischen Fall mit der Assoziationsmethode. Trainieren Sie unter professioneller Anleitung, was Sie im Examen erwartet und wie Sie bestmöglich mit dem Examensfall umgehen.

Nur wer die Dramaturgie eines Falles verstanden hat, ist in Klausur und Hausarbeit auf der sicheren Seite! Häufig hören wir von unseren Kursteilnehmern: **„Erst jetzt hat Jura richtig Spaß gemacht“**.

Die Ergebnisse unserer Kursteilnehmer geben uns Recht. Maßstab ist der Erfolg. Die Examensergebnisse zeigen, dass unsere Kursteilnehmer überdurchschnittlich abschneiden.

Die Examensergebnisse unserer Kursteilnehmer z.B. in Würzburg (seit 1991 über 100 Mal über 11,5) können auch Ansporn für Sie sein, intelligent zu lernen: Wer nur auf vier Punkte lernt, landet leicht bei drei. Lassen Sie sich aber nicht von diesen Supernoten verschrecken, sehen Sie dieses Niveau als Ansporn für Ihre Ausbildung.

Wir hoffen, als Repetitoren mit unserem Gesamtangebot bei der Konkretisierung des Rechts mitzuwirken und wünschen Ihnen **viel Spaß beim Durcharbeiten** unserer Skripten.

Wir würden uns freuen, mit Ihnen als Hauptkursteilnehmer mit der **hemmer-Methode** gemeinsam Verständnis an der Juristerei zu trainieren. Nur wer erlernt, was ihn im Examen erwartet, lernt richtig!

So leicht ist es uns kennenzulernen, Probehören ist jederzeit in den jeweiligen Kursorten möglich.

Karl Edmund Hemmer & Achim Wüst

Polizei- und Sicherheitsrecht Bayern

Hemmer/Wüst
Daxhammer/Grieger

Hemmer/Wüst Verlagsgesellschaft

Hemmer/Wüst/Daxhammer/Grieger, Polizei- und Sicherheitsrecht/Bayern

ISBN 978-3-86193-736-4

11. Auflage 2018

gedruckt auf chlorfrei gebleichtem Papier
von Schleunungdruck GmbH, Marktheidenfeld

Kommentare:

Bengl/Berner/Emmerig	Bayerisches Landesstraf- und Verordnungsgesetz, Loseblattsammlung
Berner/Köhler/Käß	Polizeiaufgabengesetz, Handkommentar, 20. Auflage, 2010
Göhler	Ordnungswidrigkeitengesetz, 17. Auflage, München 2017
Meder/Brechmann	Die Verfassung des Freistaats Bayern, 5. Auflage, 2014
Meyer-Goßner/Schmitt	Strafprozessordnung, 60. Auflage, München 2017
Kopp/Schenke	Verwaltungsgerichtsordnung, 22. Auflage, München 2016
Kopp/Ramsauer	Verwaltungsverfahrensgesetz, 17. Auflage, München 2016
Honnacker/Beinhofer	Polizeiaufgabengesetz, 19. Auflage, 2009
Palandt	Bürgerliches Gesetzbuch, 77. Auflage, München 2018 (zitiert: Bearbeiter in: Palandt, §, Rn.)
Samper/Honnacker	Polizeiorganisationsgesetz, 7. Auflage, 2008
Schmidbauer/Steiner/Roese	Kommentar zum Bayerischen Polizeiaufgaben- und Polizeiorganisationsgesetz

Lehrbücher:

Dietel/Gintzel/Kniesel	Demonstrations- und Versammlungsfreiheit, 13. Auflage, München 2004
Becker/Heckmann/Kempen/Manssen (zit. BHKM)	Öffentliches Recht in Bayern, 6. Auflage, München 2015
Drews/Wacke/Vogel/Martens	Gefahrenabwehr, Allgemeines Polizeirecht (Ordnungsrecht) des Bundes und der Länder, 9. Auflage, München 1986
Gallwas/Mößle	Bayerisches Polizei- und Sicherheitsrecht
Habermehl	Allgemeines Polizei- und Ordnungsrecht
Knemeyer	Polizei- und Ordnungsrecht
König	Bayerisches Polizeirecht
Pietzner/Ronellenfitsch	Das Assessorexamen im Öffentlichen Recht
Schmitt-Glaeser	Verwaltungsprozessrecht
Schwerdtfeger/Schwerdtfeger	Öffentliches Recht in der Fallbearbeitung

1. KAPITEL: EINFÜHRUNG

A) Bedeutung des Polizeirechts für die Klausur

Bedeutung der Polizei- und Sicherheitsrechtsklausur

Das Polizei- und Sicherheitsrecht hat eine nicht unerhebliche Examensrelevanz. So hatte in Bayern seit 1970 ca. jede vierte Klausur des Ersten Juristischen Staatsexamens im Pflichtfach Öffentliches Recht u.a. polizei- oder sicherheitsrechtliche Probleme zum Prüfungsgegenstand. Noch größere Bedeutung kommt diesem Rechtsgebiet im Assessorexamen zu. 1

Gerade der Student in den mittleren Semestern wird regelmäßig spätestens in der Übung für Fortgeschrittene mit zumindest einer Klausur aus dem Polizei- oder Sicherheitsrecht konfrontiert.

Dieses Skript ist durch seinen besonderen, von Lehrbüchern und anderweitigen Lehrmaterialien abweichenden Aufbau sowohl für den Einsteiger in diese Materie als auch für Kandidaten des Referendarexamens geeignet. Darüber hinaus ist es auch für Referendare zur Vorbereitung auf die Zweite Juristische Staatsprüfung konzipiert. 2

Methode des Skripts

Der Grundgedanke dieses Skripts liegt darin, dass - anders als bei herkömmlichen Lehrmaterialien - der relevante Stoff in die klausurfalltypischen prozessualen Klagearten eingearbeitet ist.

Zum einen ist gerade das Verwaltungsprozessrecht ein (häufig unterschätzter) wesentlicher Bestandteil von Polizei- und Sicherheitsrechtsklausuren. Zum anderen ist durch die Darstellung der korrekten Verortung von Problemkreisen in einer Klausur eine verständlichere und somit effizientere Stoffvermittlung möglich.

für Einsteiger v.a. Grundstrukturen von Bedeutung

Der Einsteiger erhält durch das Erarbeiten der übersichtlichen Grundstrukturen, die ihm das Skript darlegt, einen ersten Überblick über das Rechtsgebiet. Er kann daher zunächst einmal die an den Grundaufbau anschließenden Fallvarianten beim ersten Durchgang guten Gewissens übergehen.

Der Grundstoff inklusive der vertiefenden Varianten und der Exkurse soll den Studenten auf seinen ersten Kontakt mit dem Landesjustizprüfungsamt vorbereiten. Ihm soll hierdurch eine für das vorliegende Rechtsgebiet größtmögliche Examenssicherheit vermittelt werden.

verstärkte Bedeutung im Zweiten Examen

Dem Referendar dient dieses Skript sowohl zur Wiederholung als auch zur notwendigen Vertiefung des Stoffgebietes. Hierzu sind insbesondere die in den Exkursen für Fortgeschrittene und in den Fußnoten näher ausgeführten Sonderproblemkreise gedacht. Diese sollten gegebenenfalls durch die angegebenen Literatur- und Rechtsprechungshinweise vertieft werden. Die Hinweise in den Fußnoten beziehen sich, soweit möglich, auf Berner/Köhler, PAG, der als Hilfsmittel für die Zweite Juristische Staatsprüfung zugelassen ist.

B) Grundbegriffe

Grundbegriffe des Polizeirechts

Die verschiedenen Polizeibegriffe sowie deren historische Entwicklung sind für das Systemverständnis unerlässlich. Darüber hinaus ist eine Darstellung der wichtigsten einschlägigen Gesetze und des Verhältnisses von Sicherheits- und Polizeibehörden für den ersten Einstieg in die Materie äußerst hilfreich. 3

I. Historische Entwicklung des Polizeibegriffs

hemmer-Methode: Das Wissen um die geschichtliche Entstehung des heutigen Polizeibegriffes dient lediglich dem besseren Verständnis der Materie. Bei entsprechender „Vorliebe" des Prüfers kann dieses Thema aber auch i.R.e. mündlichen Prüfung zur Sprache kommen.

Ursprung: griechisch „politeia"

Der Ursprung der Bezeichnung Polizei liegt in der griechischen Vokabel „politeia", die in den griechischen Stadtstaaten gleichbedeutend mit der Verfassung des Stadtstaates und dem Status der in ihm lebenden Menschen war. „Politeia" umschrieb somit die gesamte Staatsverwaltung.[1] 4

Der Begriff wurde später von den Römern ins Lateinische („politia") übernommen. Schon im 14./15. Jahrhundert war er in Frankreich gebräuchlich.

Deutschland, 15. Jahrhundert: „Polizey"

Erst im 15. Jahrhundert tauchte die Bezeichnung „Polizey" in Deutschland auf. Man verstand zu dieser Zeit darunter den gesamten Bereich einer „guten Ordnung des Gemeinwesens".[2] 5

Reduzierung auf „innere Verwaltung"

Während des 17./18. Jahrhundert trat eine Veränderung des Polizeibegriffes ein. Aus dem globalen Begriff wurden die äußeren Staatsgeschäfte, das Finanzwesen, das Militärwesen und die Justiz ausgegrenzt. Übrig blieb der Bereich, unter dem man heute die Tätigkeit innerer Verwaltung versteht.

Bis zur Mitte des 19. Jahrhundert umfasste die Bezeichnung Polizei nun beinahe die gesamte innere Verwaltung, nämlich die Gefahrenabwehr und die sog. Wohlfahrtspflege (Daseinsvorsorge).

Begriffsverengung auf Gefahrenabwehr

Unter dem Einfluss der Aufklärung fand schließlich eine Begriffsverengung auf die Aufgabe der Gefahrenabwehr statt.[3] Den Polizeibehörden verblieben dennoch umfangreiche Eingriffskompetenzen. 6

Man untergliederte die Polizeibehörden intern weitestgehend in die Fachpolizeien als sog. „Verwaltungspolizeien" und in die „Vollzugspolizei" für Eilfälle. So entstand das Polizeibehördensystem, das klassisch im preußischen PolizeiverwG vom 1. Juni 1931 normiert wurde.

NS-Regime

Während des Nationalsozialismus wurde der auf die Gefahrenabwehr verengte Polizeibegriff erneut auf die Wohlfahrtspflege ausgeweitet. Die Polizeibehörden wurden zum Instrument der zentralistisch organisierten NS-Diktatur und hatten die Kompetenz zur Betätigung auf allen Gebieten des öffentlichen Lebens. 7

Nachkriegszeit: Entpolizeilichung

Nach dem Zusammenbruch Deutschlands beschlossen die Alliierten im Februar 1945 auf der Konferenz von Jalta, dass im Zuge einer sog. Entpolizeilichung der Verwaltung zum einen die Polizei grundsätzlich wieder zur Länderangelegenheit werden sollte.

---

1 Vgl. hierzu von Unruh, DVBl. 1972, 469.

2 <u>Zur Vertiefung:</u> Knemeyer, AöR Band 92, 153 ff. Die Bezeichnung „Polizey" wurde erstmals in einer bischöflichen Verordnung von 1476 für die Stadt Würzburg kodifiziert. Ferner fand sie ihren Niederschlag in den Reichspolizeiordnungen von 1530, 1548 und 1577. „Gute Polizey" umfasste neben der Aufrechterhaltung einer „öffentlichen Sicherheit und Ordnung" eine Vielzahl von Handlungsanweisungen an die Bürger, z.B. Fragen der Berufsausübung, wirtschaftliche Organisation, Religion, auch zivilrechtliche Vorschriften wie z.B. das Vormundschaftsrecht.

3 Letztlich führte das „Kreuzbergurteil" des PreußOVG vom 14.06.1882 dazu, dass § 10 II ALR (Allgemeines Landrecht für preußische Staaten von 1794), der der Polizei in einer Generalklausel nur noch die Aufgabe der Gefahrenabwehr zuwies, nun erstmals beachtet wurde. Schon Jahrzehnte vorher hatten die süddeutschen Staaten die Kompetenzen der Polizei auf die Gefahrenabwehr beschränkt. Es wurden für einzelne Fälle der Gefahrenverursachung Übertretungstatbestände geschaffen (so im bayerischen „Polizeistrafgesetzbuch" von 1861).

Darüber hinaus wurden die Kompetenzen auf die Gefahrenabwehr zurückgeführt.

Trennsystem/Sicherheitsbehördensystem

Weiterhin wurde in einigen Bundesländern, so auch in Bayern, eine klare, auch behördenmäßige Trennung der inneren Verwaltung von der Vollzugspolizei herbeigeführt.[4] 8

Es entstand das Trennsystem, auch Ordnungsbehördensystem bzw. in Bayern Sicherheitsbehördensystem genannt.

hemmer-Methode: Folge dieses Systems ist die Trennung in die Teilgebiete Polizeirecht und Sicherheitsrecht. Da auch i.R.d. Klausur insoweit zu differenzieren ist, wird in diesem Skript

- **in Kapitel 2 „Die Polizeirechtsklausur" (Rn. 33 ff.) und**
- **in Kapitel 3 „Die Sicherheitsrechtsklausur" (Rn. 366 ff.) erörtert.**

Einheitssystem/ Polizeibehördensystem

Dagegen wurde in den übrigen Bundesländern[5] eine einheitliche Polizeiverwaltung i.w.S. beibehalten bzw. später wieder eingeführt. Hier führen sowohl die Behörden der inneren Verwaltung als auch die Vollzugsdienstkräfte die Bezeichnung Polizei. 9

Bezüglich der neuen Bundesländer muss in der Frage der Behördenorganisation differenziert werden: Brandenburg, Mecklenburg-Vorpommern, Sachsen-Anhalt und Thüringen haben sich dem Trennsystem angeschlossen, während Sachsen das Einheitsmodell eingeführt hat.[6]

Doch tatsächlich sind auch in diesem sog. Polizeibehördensystem bzw. Einheitssystem die vollzugspolizeilichen Aufgaben von denen der übrigen Polizeibehörden getrennt. Allerdings handelt es sich im Unterschied zum Sicherheitsbehördensystem nur um eine innerbehördliche Aufgabenverteilung. Die Rechtsgrundlagen und die Behördenorganisation nach außen sind nicht getrennt.

II. Polizeibegriffe

1. Materieller (funktioneller) Polizeibegriff

materieller Begriff: Alle Gefahrenabwehrbehörden

Nach dem materiellen Polizeibegriff werden mit Polizei alle die Behörden bezeichnet, denen die Aufgabe der Aufrechterhaltung der öffentlichen Sicherheit und/oder Ordnung zukommt. Polizeibehörden sind danach alle Gefahrenabwehrbehörden.[7] 10

2. Formeller Polizeibegriff

formeller Begriff: Aufgabenumschreibung

Der formelle Polizeibegriff umschreibt alle Aufgaben der Polizei im institutionellen Sinne.[8] Dies sind die Aufgaben der Gefahrenabwehr (Präventivbereich) und der Strafverfolgung (Repressivbereich). 11

---

4 So auch in anderen Bundesländern, die zur amerikanischen oder britischen Besatzungszone gehörten: Berlin, Hamburg, Hessen, Niedersachsen, NRW und Schleswig-Holstein.

5 Z.B. Baden-Württemberg, Rheinland-Pfalz, Saarland, Bremen.

6 Schoch, Grundfälle zum Polizei- und Ordnungsrecht, JuS 1994, 395 ff.; Knemeyer/Müller, NVwZ 1993, 437 f.; Meterkord/Müller, DVBl. 1993, 985.

7 Götz/Geis, Allgemeines Polizei- und Ordnungsrecht, 16. Auflage 2017, 1. Abschnitt, Rn. 19.

8 Knemeyer, PORe, Rn. 25.

3. Institutioneller Polizeibegriff[9]

uneingeschränkt-institutionell: Art. 1 I POG

a) Nach dem uneingeschränkt-institutionellen Polizeibegriff gehören zur Polizei alle Angehörigen der besonderen staatlichen Einrichtung der Polizei. 12

Dieser Polizeibegriff ist Art. 1 I POG zugrunde gelegt. Polizei ist demnach der gesamte Organisationsapparat, d.h. der Inbegriff der Dienstkräfte, Einrichtungen und Sachmittel, die der Erfüllung polizeilicher Aufgaben dienen.

eingeschränkt-institutionell: Art. 1 PAG

b) Unter den eingeschränkt-institutionellen Polizeibegriff fallen nur die nach außen als Vollzugskräfte in Erscheinung tretenden Angehörigen der besonderen staatlichen Einrichtung (Institution) Polizei. Dieser Begriff ist Art. 1 PAG zugrunde gelegt. Danach gelten die Regelungen des PAG nur für die Vollzugspolizei. 13

hemmer-Methode: Klausurrelevanz hat lediglich der institutionelle Polizeibegriff. Die Erläuterungen der übrigen Begriffe sollen das Verständnis fördern. Häufig wird die Kenntnis sämtlicher Begriffe aber in der mündlichen Prüfung von den Studenten erwartet.
Merke also: Eingeschränkt institutioneller Polizeibegriff: Danach ist Polizei i.S.d. Art. 1 PAG nur die bayerische Vollzugspolizei!
Dies sind vor allem die dem Bürger gegenübertretenden Beamten in Uniform mit Staatswappen und mit Schirmmütze, aber natürlich auch die Beamten der Kriminalpolizei. Nur sie haben die Befugnisse aus dem PAG! Wenn also nachfolgend der Begriff Polizei verwendet wird, bezeichnet er nur die Vollzugskräfte i.S.d. Art. 1 PAG.
Keinesfalls unter den Polizeibegriff fallen private Sicherheitsdienste.[10]

III. Rechtsvorschriften des Polizei- und Sicherheitsrechts

hohe Klausurrelevanz von Spezialgesetzen

Sowohl in der Polizei- als auch in der Sicherheitsrechtsklausur wird vom Klausurersteller die Anwendung einer Vielzahl spezieller Gesetze des Landes- und Bundesrechts verlangt.

hemmer-Methode: Gerade der Anfänger ist zunächst von der Fülle der Rechtsnormen im Gefahrenabwehrrecht und ihrem Verhältnis zueinander verwirrt. Mit diesem Abschnitt soll ein sanfter Einstieg mittels einer Erläuterung der wichtigsten relevanten Gesetze ermöglicht werden.

1. Polizeirecht

a) Bayerisches Polizeiaufgabengesetz (Ziegler/Tremel Nr. 570)

wichtigste Gesetze für die Polizeirechtsklausur

Das PAG gilt für das Handeln der Polizei im eingeschränkt institutionellen Sinne, Art. 1 PAG. 14

9 Berner/Köhler/Käß, Polizeiaufgabengesetz, Art. 1 PAG, Rn. 1.

10 Umfassend zu diesem Problemkreis: Beinhofer, BayVBl. 1997, 481 ff.

Regelungsinhalte des PAG:

- ⇨ Aufgabenbereich der Polizei (Art. 2, 3 PAG);
- ⇨ Eingriffsbefugnisse für Gefahrenabwehrmaßnahmen (Präventivmaßnahmen, Art. 11, 12 - 48 PAG);
- ⇨ Maßnahmerichtung (Art. 7 - 10 PAG);
- ⇨ Polizeiliche Handlungsgrundsätze (Art. 4, 5 PAG);
- ⇨ Vollstreckung polizeilicher VAe (Art. 70 ff. PAG);
- ⇨ Folgen des Handelns der Polizei (Art. 87 ff. PAG).

b) Bayerisches Polizeiorganisationsgesetz (Ziegler/Tremel Nr. 580)

Das POG gilt für alle Angehörigen der besonderen staatlichen Einrichtung Polizei, Art. 1 I POG, sog. uneingeschränkt institutioneller Polizeibegriff. Es regelt die institutionelle Ordnung, also die innere Organisation der Polizei des Freistaates Bayern. Das POG differenziert zwischen Zuständigkeit und Dienstbereich. 15

Die örtliche Zuständigkeit von Vollzugspolizeibeamten mit Wirkung gegenüber außenstehenden Dritten ist in Art. 3 I POG geregelt. Eine Einteilung in örtliche und sachliche Dienstbereiche ergibt sich aus Art. 3 II, 4 - 8 POG. Diese hat keine Wirkung gegenüber Dritten und gilt rein innerorganisatorisch. Ein Verstoß führt folglich nicht zur Rechtswidrigkeit von Maßnahmen.[11]

c) StPO - Strafprozessordnung (Schönfelder Nr. 90)

Die StPO regelt die Aufgabe der Polizei zur Strafverfolgung (§ 163 StPO) und die Eingriffsbefugnisse für Strafverfolgungsmaßnahmen (Repressivmaßnahmen). Ihre Regelungen sind abschließend. Nur hinsichtlich der Art und Weise der Anwendung unmittelbaren Zwanges darf auf die Art. 61 - 69 PAG zurückgegriffen werden (vgl. Art. 60 I PAG). 16

d) OWiG - Ordnungswidrigkeitengesetz (Schönfelder Nr. 94)

Das OWiG enthält die Aufgabe der Polizei zur Verfolgung von Ordnungswidrigkeiten (§ 53 OWiG - Repressivbereich) sowie die hierfür erforderlichen Befugnisse. 17

e) Sonstige Rechtsvorschriften

Weitere Spezialbefugnisse für Präventivmaßnahmen der Polizei sind außerhalb des PAG geregelt. Solche finden sich z.B. im Bayerischen Versammlungsgesetz, Unterbringungsgesetz, Lebensmittel- und Bedarfsgegenständegesetz u.a.[12] Diese Regelungen sind leges speciales zu denen des PAG. 18

11 König, Bayerisches Polizeirecht, S.6.

12 Eine Auflistung der für die Praxis wichtigsten spezialgesetzlichen Befugnisse finden Sie bei Berner/Köhler/Käß, Polizeiaufgabengesetz, Art. 2 PAG, Rn. 17 ff. sowie in Nr. 2.5 der Vollzugsbekanntmachung.

2. Sicherheitsrecht

a) LStVG - Bayerisches Landesstraf- und Verordnungsgesetz (Ziegler/Tremel Nr. 420)

wichtigste Gesetze für die Sicherheitsrechtsklausur

Das LStVG ist bei Tätigwerden der allgemeinen Sicherheitsbehörden einschlägig. Diese werden in Art. 6 LStVG bestimmt (Gemeinden, Landratsämter, Regierungen und das Staatsministerium des Innern).

Regelungsinhalte des LStVG: 19

- ⇨ Aufgabenbereich der Gefahrenabwehr (Art. 6 LStVG);
- ⇨ Eingriffsbefugnisse für Handeln durch VAe (Art. 7 LStVG);
- ⇨ Maßnahmerichtung (Art. 9 LStVG) und die Verhältnismäßigkeit (Art. 8 LStVG);
- ⇨ Folgen sicherheitsbehördlichen Handelns (Art. 11 LStVG).

Es ist somit ähnlich wie das PAG für die Polizei aufgebaut, nur dass es für die allgemeinen Sicherheitsbehörden gilt.

Darüber hinaus enthält das LStVG in den Art. 12 ff. eine Reihe von Verordnungsermächtigungen. Vorschriften für das Verfahren beim Erlass von Verordnungen finden sich in den Art. 42 ff. LStVG.

b) Spezialgesetzliches Sicherheitsrecht

In einer Vielzahl von spezialgesetzlich geregelten Rechtsgebieten wird neben den allgemeinen Sicherheitsbehörden besonderen Sicherheitsbehörden eine Aufgabe zugewiesen, im „Polizeirechtsjargon" der Aufgabenbereich eröffnet. 20

Das besondere Sicherheitsrecht umfasst u.a.:

- ⇨ Versammlungsrecht (Bayerisches Versammlungsgesetz);
- ⇨ allgemeines Gewerberecht (GewO);
- ⇨ Gaststättenrecht als besonderes Gewerberecht (GaststättenG);
- ⇨ Immissionsschutzrecht (BImSchG);
- ⇨ Baurecht (BayBO)
- ⇨ und Vereinsrecht (VereinsG).

Diese Regelungen gehen bei Einschlägigkeit dem subsidiären LStVG vor, vgl. Art. 7 II LStVG.

c) Sonstige Rechtsvorschriften

Für die Vollstreckung der VAe von Sicherheitsbehörden gilt das BayVwZVG (Ziegler/Tremel Nr. 912), soweit nicht das VwVG des Bundes (Sartorius Nr. 112) anzuwenden ist.[13] 21

13 Vgl. zur Anwendbarkeit des VwZVG Art. 18 I VwZVG.

Soweit besondere Regelungen fehlen, gilt schließlich das BayVwVfG (Ziegler/Tremel Nr. 910) bzw. das VwVfG des Bundes (Sartorius Nr. 100)[14] als lex generalis.

IV. Gesetzgebungskompetenzen/MEPolG

1. Gesetzgebungskompetenzen auf dem Gebiet des Polizei- und Sicherheitsrechts

a) Grundsatz

Länderkompetenz

Gem. Art. 30, 70 I GG ist das allgemeine Sicherheits- und Polizeirecht, das der präventivpolizeilichen Gefahrenabwehr dient, ein Teil der ausschließlichen Gesetzgebungskompetenz der Länder.[15] 22

b) Ausnahmen

Bundeskompetenz

aa) Im Polizeirecht hat der Bund gem. Art. 73 I Nr. 5 und Nr. 10 GG die ausschließliche Gesetzgebungskompetenz für den Bundesgrenzschutz, die Zusammenarbeit des Bundes und der Länder in der Kriminalpolizei, den Bereich des Verfassungsschutzes, die Errichtung eines Bundeskriminalamts sowie die internationale Verbrechensbekämpfung.

bb) Für den Bereich des Sicherheitsrechts steht dem Bund gem. Art. 73 I Nr. 3 GG die ausschließliche Gesetzgebungskompetenz für die Freizügigkeit und das Passwesen sowie das Melde- und Ausweiswesen zu. Nach Art. 73 I Nr. 9 GG kann der Bund die Abwehr von Gefahren durch den internationalen Terrorismus regeln. Konkurrierende Gesetzgebungskompetenzen findet man in Art. 74 I Nr. 4, 19, 20, 22 und 24 GG.

cc) Darüber hinaus bestehen für den Bund auch ungeschriebene Gesetzgebungskompetenzen kraft Annex.[16]

> ***Bsp.:*** *Bahnpolizei als Annex zu Art. 73 I Nr. 6a GG. Gem. § 3 BPolG nimmt nun die Bundespolizei die Aufgaben der früheren Bahnpolizei wahr.*

2. MEPolG - Musterentwurf eines einheitlichen Polizeigesetzes der Länder

Zweck des MEPolG: Vereinheitlichung der Polizeisysteme

Auf der Sitzung der Innenministerkonferenz der Länder vom 25.11.1977 wurde der Musterentwurf für ein einheitliches Polizeigesetz verabschiedet. Dieser sollte die Grundlage für entsprechende Gesetze des Bundes und der Länder sein. Mit gewissen Abweichungen wurde er zuerst in Bayern durch das PAG vom 24.08.1978 umgesetzt. 23

Grund für das MEPolG war, dass sich infolge der historischen Entwicklung in den Ländern, wie bereits oben aufgezeigt, verschiedene Polizeisysteme entwickelt hatten.[17] Dies erschwerte die „grenzüberschreitende Zusammenarbeit" der Polizeikräfte der verschiedenen Länder. Zur Harmonisierung wurde schließlich der MEPolG verabschiedet.

14 Siehe zum Verhältnis der beiden Gesetze § 1 III VwVfG i.V.m. Art. 1 I BayVwVfG.

15 BayVerfGH, BayVBl. 1990, 654 ff. (658).

16 BVerfGE 3, 407 ff. (433); BVerfGE 8, 143 (150).

17 Siehe oben, Rn. 7 ff.

hemmer-Methode: Einige Lehrbücher sind auf dem MEPolG aufgebaut und wollen hierdurch den examensrelevanten Stoff vermitteln.
Gerade der Einsteiger ins Polizeirecht wird durch das ständige zeitraubende Nachschlagen der in seinem Bundesland dem MEPolG korrespondierenden Normen oftmals frustriert und abgeschreckt.
Zur motivierenderen und erfolgreicheren Erarbeitung des Grundsystemverständnisses wurde dieses Skript bewusst nur auf das bayerische Recht zugeschnitten.

C) Verhältnis von Sicherheitsbehörden und Polizei

Aufgabe zur Gefahrenabwehr

24 Sowohl die Polizei als auch die Sicherheitsbehörden haben gem. Art. 2 PAG bzw. Art. 6 LStVG die Aufgabe, gefahrenabwehrend tätig zu werden.

Polizei handelt nur in Eilfällen

25 Gem. Art. 3 PAG wird die Polizei aber nur dann tätig, soweit ihr die Abwehr der Gefahr durch eine andere Behörde nicht oder nicht rechtzeitig möglich erscheint. Die Polizei wird somit nur in Eilfällen tätig; ansonsten ist ihr Aufgabenbereich gar nicht eröffnet. Daraus folgt auch, dass die Polizei nicht durch Verordnung handeln kann. Es besteht insoweit kein Eilfall, als Gefahren bereits mittels generell-abstrakter Regelungen wie Verordnungen begegnet werden kann.

Weisungsrecht der Sicherheitsbehörden

26 Aus Art. 10 S. 1 LStVG ergibt sich ferner, dass Maßnahmen der Sicherheitsbehörden nach dem LStVG widersprechende Maßnahmen der Polizei ausschließen. Weiterhin verweist Art. 10 S. 2 LStVG auf das Recht der Sicherheitsbehörden, der Polizei Weisungen im polizeilichen Aufgabenbereich zu erteilen. Dieses Weisungsrecht ist in Art. 9 II POG geregelt. Soweit eine solche Weisung erfolgt, ist das Erfordernis eines Eilfalles nach Art. 3 PAG entbehrlich. Maßnahmekollisionen sind durch diese Vorschriften im Bereich des allgemeinen Sicherheitsrechts daher rechtlich ausgeschlossen.

Subsidiarität polizeilichen Handelns

27 Im Ergebnis ergibt sich eine grundsätzliche Subsidiarität der polizeilichen Tätigkeit gegenüber dem Handeln der Sicherheitsbehörden.[18]

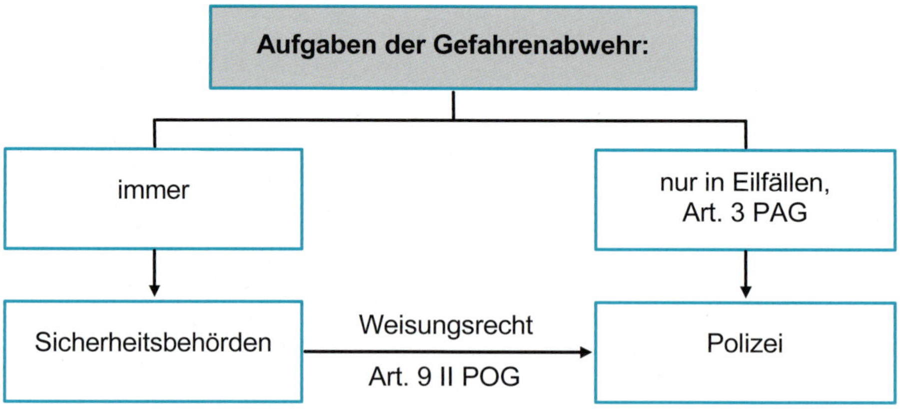

18 Berner/Köhler/Käß, Polizeiaufgabengesetz, Art. 3 PAG, Rn. 1.

D) Organisation der Polizei

I. Bayerische staatliche Polizei

1. Organisationsformen

hemmer-Methode: Die Regelungen der Art. 3 II, 4 - 8 POG haben rein innerorganisatorische Relevanz. Sie betreffen den inneren Dienstbereich und nicht die äußere Zuständigkeit. Eine Nichtbeachtung hat, sofern die Voraussetzungen des Art. 3 I POG i.V.m. Art. 2, 3 PAG hinsichtlich der örtlichen und sachlichen Allzuständigkeit gewahrt sind, nicht die Rechtswidrigkeit der Maßnahme wegen fehlender Zuständigkeit zur Folge.

innere Organisation

Die Organisation der bayerischen staatlichen Polizei ist im POG, geregelt. Träger ist gem. Art. 1 II POG der Freistaat Bayern. Oberste Dienstbehörde und Führungsstelle ist das bayerische Staatsministerium des Innern, Art. 1 III S. 2 POG. 28

Die bayerische staatliche Polizei ist innerorganisatorisch untergliedert in:

a) Landespolizei, Art. 4 POG

Landespolizei

Diese wird grds. im gesamten Staatsgebiet für alle der Polizei obliegenden Aufgaben des Vollzugsdienstes tätig.

Gem. Art. 4 II POG ist sie unterteilt in:

- ⇨ Präsidien (sieben Polizeipräsidien in Bayern),
- ⇨ Direktionen,
- ⇨ Inspektionen
- ⇨ und, soweit erforderlich, Stationen.

Innerhalb der Landespolizei besteht zudem eine organisatorische Trennung zwischen Schutzpolizei und Kriminalpolizei.

b) Grenzpolizei, Art. 4 III POG

bayerische Grenzpolizei

Die Landespolizei nimmt in Bayern die grenzpolizeilichen Aufgaben nach Art. 4 IIII S. 2 POG wahr. Zur Erfüllung dieser Aufgabe steht ihr die Sonderbefugnis des Art. 29 PAG zu.

Das Polizeipräsidium Niederbayern ist dabei nach Art. 4 III S. 1 POG zur „Führungsstelle Grenze“ bestimmt worden.

c) Bereitschaftspolizei, Art. 6 POG

Bereitschaftspolizei

Die innerdienstlichen Aufgaben der Bereitschaftspolizei sind gem. Art. 6 I POG Schutzgewährung, Unterstützung anderer Teile der Polizei sowie Katastrophenhilfe.

Nach Art. 6 I S.2 POG ist für Einsätze gem. Art. 6 I S.1 POG eine Weisung des Staatsministers des Innern erforderlich. Diese Weisung (vorherige Zustimmung) ist Rechtmäßigkeitsvoraussetzung.[19] Nach Art. 6 II POG obliegt der Bereitschaftspolizei zudem die Aufgabe der Ausbildung und Fortbildung.

d) Landeskriminalamt, Art. 7 POG

Landeskriminalamt

Das Landeskriminalamt (LKA) hat i.R.d. Art. 7 II POG im Innenverhältnis zu den übrigen Polizeiarten die Aufgabe der vorbeugenden Bekämpfung von Verbrechen und die Aufgabe der Fahndung. Hierbei handelt es sich nicht um vollzugspolizeiliche Tätigkeiten, sondern um Verwaltungstätigkeit im kriminalpolizeilichen Bereich.

Das LKA wird lediglich in den in Art. 7 III POG abschließend aufgezählten Fällen als Vollzugspolizei tätig. Diese Aufgabe ist aber auf die Strafverfolgung beschränkt. Die Verhütung und Unterbindung solcher Straftaten obliegt der Landespolizei nach Maßgabe der gesetzlich eingeräumten Befugnisse. Aus Art. 7 IV POG ergibt sich mittels argumentum e contrario, dass die Landespolizei in den Fällen des Art. 7 III POG nicht von sich aus tätig werden darf.

hemmer-Methode: Ein Verstoß gegen Art. 7 III POG wäre aber für die Rechtmäßigkeit des Handelns gegenüber dem Bürger wiederum irrelevant.

e) Polizeiverwaltungsamt, Art. 8 POG

Polizeiverwaltungsamt

Das bayerische Polizeiverwaltungsamt (PolVA) nimmt zentrale Verwaltungsaufgaben für die gesamte bayerische staatliche Polizei wahr. Insbesondere ist es zur Beschaffung der Ausrüstung der Polizei zuständig. Das PolVA ist keine Vollzugspolizei.

2. Landesamt für Verfassungsschutz

Landesamt für Verfassungsschutz

Darüber hinaus wurde in Bayern durch das Verfassungsschutzgesetz das Landesamt für Verfassungsschutz geschaffen. Dieses wurde jedoch in Bayern lediglich als Sicherheitsbehörde ohne vollzugspolizeiliche Aufgaben ausgestaltet.

3. Sonderpolizei

bayerische Sonderpolizeien

Daneben gibt es auch noch sog. Sonderpolizeien, wie die Jagdaufsicht (Art. 41 Bayerisches Jagdgesetz) u.a., für die das PAG nicht gilt.

II. Bundespolizei

Bundespolizei

Der Aufgabenbereich der Bundespolizei ergibt sich aus dem BPolG, wichtig sind dabei insbesondere die Aufgaben des Grenzschutzes sowie der Bahnpolizei, §§ 2 f. BPolG. 29

19 Die Beschränkung des sachlichen Dienstbereiches in Art. 6 I POG ist grds. nur innerdienstlich bedeutsam. Ein Einsatz nach Art. 6 I S. 1 POG ist jedoch gem. Art. 6 I S. 2 POG an die entsprechende Weisung gebunden. Ein solcher Einsatz ohne die erforderliche Weisung ist trotz Zuständigkeit nach Art. 3 I POG rechtlich fehlerhaft und damit rechtswidrig, vgl. Emmerig, Art. 6 POG, Rn. 2, 15 ff.

Weiterhin sind das Bundesamt für Verfassungsschutz, das Bundeskriminalamt und die Strom- und Schifffahrtspolizei Polizeien des Bundes.

III. Kommunale Polizei/Gemeindepolizei

Gemeindepolizeigesetz

1. Jeder bayerischen Gemeinde steht es gem. Art. 83 I BV im Rahmen ihres eigenen Wirkungskreises zu, eine örtliche Polizei einzurichten. Insoweit galt bis 2005 das GemPolG. Mangels Relevanz wurde das Gesetz aufgehoben. 30

2. Von der Gemeindepolizei ist die sog. kommunale Parküberwachung streng abzugrenzen.[20] 31

IV. Privatpolizei

Bewachungsgewerbe

Hier ist lediglich zu beachten, dass gem. § 34a GewO Privatpolizeien (Bewachungsgewerbe) durch die zuständige Behörde genehmigt werden können. Diese privaten Überwachungsunternehmen können sich aber in keinster Weise auf polizeiliche Befugnisse berufen. Ihnen stehen lediglich das allgemeine Hausrecht, die Notwehrregelung des § 32 StGB und vertraglich (AGBen!) vereinbarte Rechte zu.[21] 32

20 Vgl. hierzu Rn. 94 f.

21 Umfassend zu diesem Problemkreis: Beinhofer, BayVBl. 1997, 481 ff.

2. KAPITEL: DIE POLIZEIRECHTSKLAUSUR

A) Grundproblematik

die typische Polizeirechtsklausur

33 Polizeirechtsklausuren weisen regelmäßig die Besonderheit auf, dass typische prozessuale Probleme immer wieder mit denselben materiellen Problemen verknüpft werden.

Besonders häufig ist im prozessualen Teil die Fortsetzungsfeststellungsklage analog § 113 I S. 4 VwGO einschlägig.

Grundsätzlich ist es in Polizeirechtsklausuren Aufgabe des Bearbeiters, mehrere Klagen gegen eine Vielzahl verschiedenster polizeilicher Maßnahmen hinsichtlich ihrer Erfolgsaussichten zu prüfen.

In den meisten Fällen ist daher ein prozessuales Gutachten aus Sicht des Richters zu erstellen. Eine Fallfrage, die zunächst nur auf die Erörterung der materiellen Rechtslage abzielt, so z.B. bei Klausuren aus Sicht des Rechtsanwaltes, ist die Ausnahme.

Erörterung der Grundsystematik

34 Das Kapitel „Die Polizeirechtsklausur" erörtert deshalb i.R.d. verschiedenen denkbaren Klagearten in der Reihenfolge ihrer Klausurhäufigkeit zunächst die Grundsystematik der Klausur im Polizeirecht.

Varianten zur Stoffvertiefung

Anschließend an die jeweilige Grundsystematik werden in den Varianten vertiefende examensrelevante Sonderprobleme mit ihrer jeweiligen Einpassung in den Klausurkontext dargestellt.

B) Klausurbearbeitungsvorgang

Vorgehen bei der Klausurbearbeitung:

35 Für die Bearbeitung der Klausur im Polizeirecht sollte zunächst in etwa folgender Arbeitsablauf eingehalten werden:

Fallfrage lesen, danach Sachverhaltsanalyse

1. Nach dem Lesen der Fallfrage wird der Sachverhalt unter deren Berücksichtigung studiert und analysiert.

2. Im darauf folgenden Gedankenablauf ist zu klären:

Polizeirechtsklausur bei Handeln der Vollzugspolizei

a) Handelt es sich um eine Polizeirechtsklausur? Ja, wenn die Polizei im eingeschränkt institutionellen Sinne gehandelt hat.

prozessuales oder materielles Gutachten?

b) Wird ein prozessuales Gutachten verlangt? Ist dies nicht der Fall, so wird die Prüfung der materiellen Rechtslage einfach vorgezogen und der prozessuale Teil je nach Fallfrage ggf. angehängt.

Herausarbeitung aller Einzelmaßnahmen

c) Welche polizeilichen Maßnahmen sollen überprüft werden? Aus dem Sachverhalt sind die einzelnen polizeilichen Handlungen herauszufiltern. Aufgabe des Bearbeiters ist es, alle Polizeimaßnahmen zu ermitteln und voneinander zu differenzieren. Dieser Arbeitsschritt ist entscheidend für die Qualität der Klausur.

> ***Bsp.:*** *Jurastudent Blau befindet sich auf der Heimfahrt von einer feuchtfröhlichen Geburtstagsparty seines Studienkollegen Krumm. Da er ehrenhalber mehrere „Tequilarunden" absolvieren musste, fällt es seinem „Käfer" recht schwer, sich allein mit dem rechten Fahrbahnstreifen zufrieden zu geben.*

Plötzlich glaubt Blau, eine ihn herauswinkende Verkehrskelle erkannt zu haben. Vorsichtshalber hält er seinen „Käfer“ am rechten Fahrbahnrand an.

Ein freundlicher Herr in grüner Uniform mit bayerischem Staatswappen klopft an die Seitenscheibe und fordert ihn auf, seinen Führerschein vorzuzeigen. Die aus dem Wagen dringende Alkoholwolke animiert den Herrn, sich eingehender mit Blau zu befassen. Er soll aussteigen und in ein kleines Tütchen blasen. Völlig entsetzt darüber, dass Blau, anstatt in das Tütchen zu blasen, eifrig am Kugelschreiber des Polizeihauptwachtmeisters nuckelt, den er diesem aus der Tasche zog, verlangt er von ihm, das Fahrzeug zu verschließen und mit ihm auf die Polizeiinspektion zu fahren. Dort wird durch einen herbeigerufenen Arzt eine Blutentnahme durchgeführt.

Anschließend fahren zwei nette Damen den einsichtigen Blau nach Hause.

Aufgabe: Sie müssen nun für den Fall, dass von Ihnen die Feststellung der Rechtmäßigkeit aller polizeilichen Maßnahmen verlangt wird, diese detailliert im Einzelnen herausarbeiten:

⇨ Herauswinken mit Verkehrskelle = Aufforderung anzuhalten

⇨ Anordnung, den Führerschein vorzuzeigen

⇨ Verlangen auszusteigen

⇨ Aufforderung zur Atemalkoholanalyse

⇨ Anweisung, den Pkw zu verschließen

⇨ Anordnung, auf das Revier mitzukommen

⇨ Durchführung der Blutentnahme

⇨ Heimfahrt

Oftmals verlangt man von Ihnen in einer Zusatzaufgabe auch noch eine gutachtliche Stellungnahme zu der Frage, was ggf. von der Polizei bzw. deren Rechtsträger verlangt werden kann (z.B. Vornahme einer Maßnahme, häufig Schadensersatz etc.).

Einordnung in die richtigen Klagearten

3. Danach muss jeweils hinsichtlich jedes einzelnen Begehrens die richtige Klageart (selten Widerspruchsverfahren) festgelegt werden. Dementsprechend sind im Folgenden die Zulässigkeit und die Begründetheit der verschiedenen Klagearten schriftlich zu skizzieren. Bei mehreren Klagen liegt i.d.R. objektive Klagehäufung gem. § 44 VwGO vor.

schriftliche Ausarbeitung

4. Zuletzt erfolgt die Reinschrift, bei der die Klausurprobleme je nach Gewichtung im Einzelnen ausgearbeitet werden.

hemmer-Methode: Die Polizeirechtsklausur ist der verwaltungsrechtliche Belastungstest. Der Bearbeiter muss eine Vielzahl von Problemen innerhalb von fünf Stunden bewältigen können.
Zum einen handelt es sich hierbei um einige Standardfragen, zum anderen um einen Test, ob die Gesetzessubsumtion beherrscht wird. Wichtig ist grds. nicht das Auswendiglernen von Gerichtsentscheidungen, sondern die Fähigkeit, dem Korrektor in der Klausur durch gute Polizeirechtssystemkenntnisse einen selbstständig durchdachten und logischen Aufbau zu präsentieren.

§ 1 FORTSETZUNGSFESTSTELLUNGSKLAGE, § 113 I S. 4 VWGO ANALOG/DIREKT[22]

ÜBERSICHT

I. Eröffnung des Verwaltungsrechtswegs, § 40 I VwGO, Art. 12 I POG

II. Zulässigkeit der FFK

- **1.** Statthaftigkeit
- **2.** Klagebefugnis
- **3.** Einhaltung einer Klagefrist (str.)
- **4.** Notwendigkeit eines Widerspruchsverfahrens (str.)
- **5.** Berechtigtes Interesse
- **6.** Weitere allgemeine Sachentscheidungsvoraussetzungen

III. Begründetheit, §§ 78, 113 I S. 1 VwGO i.V.m. § 113 I S. 4 VwGO (direkt/analog)

A) Eröffnung des Verwaltungsrechtswegs, § 40 I VwGO[23]

ÜBERSICHT

I. Regelfall: Verwaltungsrechtsweg eröffnet

II. Ausnahmen: (Sonderzuweisungen)

- **1.** §§ 23 EGGVG, 68 I OWiG: Justizverwaltungsakte

  Problem: Unterscheidung zw. präventiver und repressiver Aufgabeneröffnung.

- **2.** Art. 18 II S. 2, 92 I, II BayPAG
- **3.** Art. 10 VII BayUnterbrG

I. Öffentlich-rechtliche Streitigkeit nichtverfassungsrechtlicher Art

An diesen beiden Punkten ergeben sich keine besonderen Probleme. 36

Streitigkeiten wurzeln in öffentlich-rechtlichen Normen

1. Sofern die Vollzugspolizei handelte, geschah dies entweder aufgrund der Regelungen des PAG oder sonstiger spezialgesetzlicher Gefahrenabwehrvorschriften. Ggf. handelte die Polizei im Repressivbereich aufgrund der Vorschriften der StPO oder des OWiG.

Diese Normen sind, für den Fall, dass sie streitentscheidend sind, allesamt öffentlich-rechtlicher Natur, sodass sich hier nähere Ausführungen erübrigen.[24]

---

22 Zur Fortsetzungsfeststellungsklage: Hemmer/Wüst/Christensen, VerwaltungsR II, Rn. 99 ff.

23 Allein Frage des Rechtswegs - keine Zulässigkeitsvoraussetzung (vgl. **Hemmer/Wüst, VerwaltungsR I, Rn. 16**).

24 Zur Vertiefung **Hemmer/Wüst, VerwaltungsR I, Rn. 16 ff.** sowie **22 ff.**

grds. fehlt doppelte Verfassungsunmittelbarkeit

2. Auch eine Streitigkeit nicht-verfassungsrechtlicher Art liegt regelmäßig vor, da es grds. an einer doppelten Verfassungsunmittelbarkeit fehlt.[25] Schon der Bürger als Kläger ist kein Verfassungsorgan mit sich unmittelbar aus der Verfassung ergebenden Rechten und Pflichten.

hemmer-Methode: In einer Polizeirechtsklausur sind diese Punkte grds. unproblematisch. Es empfiehlt sich insoweit die kurze Feststellung: „Vorliegend hat die Polizei im eingeschränkt institutionellen Sinne aufgrund der Normen des PAG (evtl. anderer einschlägiger Normen) gehandelt. Diese wurzeln im öffentlichen Recht. Somit liegt eine öffentlich-rechtliche Streitigkeit vor. Die Streitigkeit ist zudem nicht-verfassungsrechtlicher Art, da es an einer doppelten Verfassungsunmittelbarkeit fehlt."

II. Anderweitige gerichtliche Zuweisung

Art. 12 I POG nur deklaratorisch

Hier ist bei polizeilichem Handeln zunächst Art. 12 I POG i.V.m. § 40 I VwGO zu beachten. 37

Art. 12 I POG ist rein deklaratorischer Natur,[26] sodass sich der Verwaltungsrechtsweg bereits aus § 40 I VwGO ergibt, soweit keine Zuständigkeit nach § 23 I EGGVG gegeben ist. Zudem sind in der Polizeirechtsklausur i.R.d. FFK neben § 23 I EGGVG noch weitere abdrängende Sonderzuweisungen zu beachten.[27]

1. § 23 I EGGVG

§ 23 I EGGVG bei Justizverwaltungsakten

Nach § 23 I S.1 EGGVG entscheiden die ordentlichen Gerichte über die Rechtmäßigkeit von polizeilichen Maßnahmen, die ihre Rechtsgrundlage in der StPO finden. Es handelt sich hierbei um sog. Justizverwaltungsakte. Instanziell zuständig ist gem. § 25 I EGGVG ein Strafsenat des Oberlandesgerichtes, in dessen Bezirk die jeweilige Justiz- oder Verwaltungsbehörde (Polizeibehörde) ihren Sitz hat.[28] 38

Justizverwaltungsakte sind alle Maßnahmen, die von Justizbehörden im funktionellen Sinne zur Wahrnehmung einer Aufgabe aus den in § 23 I S. 1 EGGVG genannten Gebieten getroffen werden. Es stellt sich somit die Frage, wann die Polizei funktionell als Justizbehörde handelt:

Doppelfunktion der Polizei:

Die Polizei hat eine Doppelfunktion, da sie sowohl zur Gefahrenabwehr und -beseitigung (präventiv) als auch gem. § 163 StPO strafverfolgend (repressiv) tätig wird.[29] 39

25 **Hemmer/Wüst, VerwaltungsR I, Rn. 44 ff.**

26 Samper/Honnacker, Polizeiorganisationsgesetz, Art. 12 POG, Rn. 5; Schmidbauer/Steiner, Art. 12 POG, Rn. 45 ff.

27 Für Referendare: Im Falle einer Klageerhebung zum Gericht des falschen Rechtswegs ist je nach Fallfrage die Anfertigung eines Verweisungsbeschlusses gem. § 17a II S. 1 GVG erforderlich.

28 Vgl. Exkurs, Rn. 350 ff.

29 Der Begriff der „Strafverfolgung" im weiteren Sinne erfasst die Ermittlung, die Verfolgung im engeren Sinne und die Ahndung. Ermittlung ist die Erforschung der Tat und des Täters und die Vorlage der Ergebnisse an die Verfolgungsbehörde. Verfolgung im engeren Sinne ist die Entscheidung über die Eröffnung, die Führung und die Beendigung eines Straf- oder Bußgeldverfahrens. Ahndung ist die Verhängung der Strafe oder einer Geldbuße. Davon zu unterscheiden ist die Verwarnung im Ordnungswidrigkeitenrecht (§§ 56, 57 II OWiG, § 27 StVG). Nach § 163 StPO hat die Polizei alle keinen Aufschub gestattenden Anordnungen zu treffen, um die Verdunklung der Sache zu verhüten. Danach ist die Polizei, sofern sie strafverfolgend tätig wird, nur zur Ermittlung zuständig.

Gefahrenabwehr = Präventivhandeln

a) Handelt die Polizei präventiv-polizeilich, so ist grds. der Verwaltungsrechtsweg gem. § 40 I VwGO i.V.m. Art. 12 I POG eröffnet, soweit nicht weitere abdrängende Sonderzuweisungen eingreifen.

Bsp.: *Polizeiobermeister (POM) Friedrich Freund lässt den im absoluten Halteverbot geparkten Porsche des Peter Protz abschleppen.*

Die sachliche Zuständigkeit = Aufgabeneröffnung folgt aus Art. 2 I PAG i.V.m. Art. 3 PAG. Das Abschleppen dient allein der Beseitigung der eingetretenen Gefahr für die Zukunft. Es ist weder Strafmaßnahme i.w.S., noch dient es zu deren Vorbereitung.

Strafverfolgung = Repressivhandeln

b) Wird die Polizei dagegen im repressiven Bereich, d.h. strafverfolgend tätig, so ist der ordentliche Rechtsweg über § 23 I EGGVG bzw. für Ordnungswidrigkeiten über § 68 OWiG einschlägig. Die Eröffnung des polizeilichen Aufgabenkreises folgt in diesen Fällen i.d.R. aus § 163 StPO i.V.m. Art. 2 IV PAG.

Bsp.: *Polizeikommissar Flink ordnet zur Feststellung der genauen Blutalkoholwerte eine sofortige ärztliche Blutentnahme an, um Beweismaterial für eine Verurteilung nach § 316 StGB zu sichern.*

Die sachliche Zuständigkeit = Aufgabeneröffnung folgt aus § 163 StPO i.V.m. Art. 2 IV PAG, die Befugnis aus § 81a StPO.

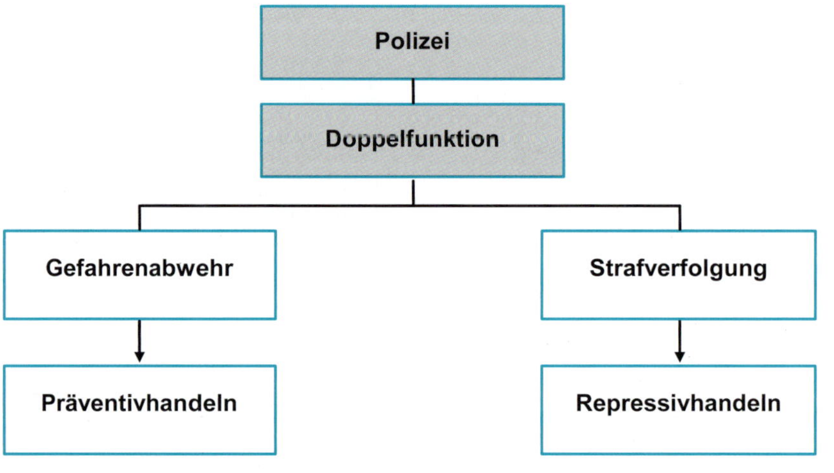

Hilfsbeamte der Staatsanwaltschaft

In diesem Zusammenhang ist zu berücksichtigen, dass die Befug- 40
nisse aus der StPO teilweise nur für solche Polizisten gelten, die auch Hilfsbeamte der Staatsanwaltschaft sind, § 152 GVG i.V.m. der Verordnung über die Hilfsbeamten der Staatsanwaltschaft (Ziegler/Tremel Nr. 755).

Bspe.: *Anordnung der Blutprobe nach § 81a II StPO, Anordnung einer Beschlagnahme nach § 98 I StPO, Anordnung einer Hausdurchsuchung nach § 105 StPO.*

Problem: Maßnahme(n) mit repressiven und präventiven Zwecken

c) Einordnungsprobleme entstehen, wenn die Polizei mit einer Maß- 41
nahme bzw. mit mehreren Maßnahmen sowohl präventive als auch repressive Zwecke verfolgt.

Bsp.: *POM Fritz hat Insider-Information erhalten, dass bei der Brauerei Hopfen & Malz vor einigen Stunden mehrere tote Ratten aus dem Biersud gefischt wurden. Trotzdem habe der Geschäftsführer die Weiterverarbeitung des Suds angeordnet. Daraufhin begibt sich Fritz zur Brauerei. Er verlangt Zutritt zu dem Gebäude und findet nach kurzer Suche das fragliche Bier vor. Fritz stellt das mit dem Boden fest verbundene Fass durch Versiegelung sicher.*

POM Fritz könnte hier einerseits zur Gefahrenabwehr tätig geworden sein, um Konsumenten vor dem verunreinigten Bier zu schützen. Er könnte aber genauso strafverfolgend gehandelt haben, da das Herstellen und der Versuch des Inverkehrbringens von verunreinigten Lebensmitteln eine Straftat darstellt (§ 51 I Nr. 1, II LMBG [Sartorius Nr. 280]).

Entscheidend: Schwerpunkt der Maßnahme

Grundsätzlich ist nach der h.M. darauf abzustellen, in welchem Aufgabenbereich – Gefahrenabwehr oder Strafverfolgung – der Schwerpunkt der polizeilichen Maßnahmen liegt.[30]

Liegt der Schwerpunkt beim Präventivhandeln, so ist der Verwaltungsrechtsweg eröffnet; liegt er im repressiven Tätigwerden, dann sind die ordentlichen Gerichte anzurufen. Dabei ist umstritten, aus welcher Sicht der Schwerpunkt der Maßnahme(n) zu bestimmen ist.

BVerwG: Abstellen auf Sicht des Betroffenen

Nach einer Auffassung ist auf die Sicht des von der Maßnahme (bzw. den Maßnahmen) Betroffenen abzustellen.[31]

BayVGH: Sicht eines objektiven Betrachters

Der BayVGH hingegen stellt auf die Sicht eines objektiven, den Sachverhalt nachträglich beurteilenden Beobachters ab.[32]

einheitliche Sachverhaltsbetrachtung

Der Schwerpunkt ist jeweils im Einzelfall zu bestimmen. Zur Feststellung muss der gesamte Sachverhalt grds. einheitlich betrachtet werden, soweit nicht einzelne Teile objektiv abtrennbar sind. Letzteres ist z.B. der Fall, wenn erkennbare Zäsuren feststellbar sind. Können einzelne Maßnahmen aus dem gesamten Handlungskomplex herausgetrennt werden, so sind sie separat zu beurteilen.

Daraus folgt für das oben genannte Beispiel:

Der Sachverhalt muss hier einheitlich betrachtet werden. Das Tätigwerden des POM Fritz umfasst zwar mehrere Einzelmaßnahmen. Diese bilden zusammen jedoch einen einheitlichen Lebenssachverhalt. Ein Auftrennen würde zu einer unnatürlichen Aufspaltung des Geschehens führen. Hier ist es folglich nicht möglich, jeden Einzelakt getrennt zu beurteilen.

Weiterhin ist hinsichtlich des Gesamtgeschehens der Schwerpunkt des Handelns zu ermitteln.

Aus der Sicht eines objektiven, den Sachverhalt nachträglich beurteilenden Betrachters ist angesichts der Tatsachen, insbesondere des schnellen Handelns des Fritz, von präventiv-polizeilichen Maßnahmen auszugehen. Dafür spricht ferner, dass eine Beweissicherung zur Strafverfolgung, z.B. durch eine chemische Analyse des Bieres, auch bei bereits erfolgter Flaschenabfüllung noch möglich gewesen wäre.

hemmer-Methode: Für die Klausur empfiehlt sich folgende Vorgehensweise:

1. **Prüfung, ob der Sachverhalt einheitlich zu bewerten ist oder ob hinsichtlich der einzelnen Maßnahmen von vornherein getrennt werden kann.**
2. **Jeweils Feststellung des Schwerpunktes des polizeilichen Tätigwerdens.**
3. **Lässt sich bei einheitlichen Sachverhalten kein Schwerpunkt ermitteln, dann ist ebenfalls jede Einzelmaßnahme gesondert zu beurteilen.**

Da häufig eine Vielzahl polizeilicher Einzelmaßnahmen zu prüfen ist, brauchen Sie sich nicht zu scheuen, für einzelne Maßnahmen die Eröffnung des Verwaltungsrechtswegs abzulehnen, soweit hierdurch die Klausur nicht problementleert wird.

30 BayVGH, BayVBl. 1986, 338; BayVGH, Beschluss vom 05.11.2009, Az. 10 C 09.2122; OVG Lüneburg, Beschluss vom 08.11.2013 – 11 OB 263/13 = **Life&Law 01/2014** = **juris**byhemmer; die Gegenansicht stellt allein auf die Zwecksetzung der Polizei ab, vgl. Schenke in: Kopp/Schenke, Verwaltungsgerichtsordnung, § 179 VwGO, Rn. 7; Schmidbauer/Steiner, Art. 12 POG, Rn. 9 ff. Diese Ansicht vernachlässigt allerdings den Grundsatz effektiven Rechtsschutzes nach Art. 19 IV GG, da diese subjektive Zwecksetzung für den Bürger nicht zu erkennen ist. Ein Abstellen auf die objektive Zwecksetzung kommt der Frage nach dem Schwerpunkt gleich. **Unser Service-Angebot an Sie: kostenlos hemmer-club-Mitglied werden (www.hemmer-club.de) und Entscheidungen der Life&Law lesen und downloaden.**

31 BVerwGE 47, 255; Berner/Köhler/Käß, Polizeiaufgabengesetz, Art. 11 PAG, Rn. 18.

32 BayVGH, BayVBl. 1993, 429 ff. (430); BayVGH, Beschluss vom 05.11.2009, Az. 10 C 09.2122 = **Life&Law 05/2010**.

kein Wahlrecht bzgl. Rechtsweg

Ein Wahlrecht des Betroffenen hinsichtlich des Rechtswegs scheidet wegen der Gefahr widersprüchlicher Entscheidungen aus.[33] 42

Sonderkonstellation im materiellen Gutachten:

Verortung in materiellem Gutachten

Sollte von Ihnen ein materielles Gutachten verlangt werden, so findet die Problematik, ob repressives oder präventives polizeiliches Handeln vorliegt, bei der Prüfung der sachlichen Zuständigkeit = Aufgabeneröffnung ihren Eingang. Zur Feststellung, in welchem Aufgabenbereich gehandelt wurde, gilt es auch hier, wie bereits oben erörtert, den Schwerpunkt des polizeilichen Tätigwerdens zu ermitteln. 43

Doppelfunktionalität der Polizei

Bei materiellen Gutachten aus der Sicht der Polizei im Vorfeld der Maßnahme wird teilweise darauf abgestellt, dass hier lediglich zu beachten ist, ob die Polizei ihren Zuständigkeitsbereich = Aufgabenbereich insgesamt nicht überschreitet. Soweit auch die Voraussetzungen der regelmäßig engeren Repressivbefugnisse vorliegen, besteht kein Anlass, sich hinsichtlich der Zweckrichtung der Maßnahme vorher verbindlich festzulegen. 44

hemmer-Methode: Anders natürlich bei einem Gutachten aus Anwaltssicht. Da dieses der Vorbereitung einer Klage dient und eine solche nach h.M.[34] eine eindeutige Festlegung des Rechtsweges erfordert, bleibt es hier bei der Schwerpunktsetzung.

Dies führt zu einem Wahlrecht zwischen Präventiv- und Repressivbefugnissen wegen der Doppelfunktionalität der Polizei.[35]

kumulative Zuständigkeit = Aufgabeneröffnung

Sollte daher die sachliche Zuständigkeit = Aufgabeneröffnung sowohl im Repressiv- als auch im Präventivbereich in Betracht kommen, so verdrängt insbesondere nicht die Aufgabe der Strafverfolgung die der Gefahrenabwehr. Vor allem beim Vorliegen einer Straftat kommt ein Fall der sog. Doppelfunktion der Polizei in Betracht. Hier treffen repressive Aufgaben mit solchen der Gefahrenabwehr zusammen.

In solchen Fällen kann eine kumulative Aufgabeneröffnung vorliegen.

Voraussetzung für die kumulative Aufgabeneröffnung ist allerdings, dass

- ⇨ die rechtswidrige Tat noch nicht beendet ist,
- ⇨ eine neue Tat droht oder
- ⇨ es um die Beseitigung der durch die Handlung verursachten Zustände geht.

Es sind dann beide Aufgabenbereiche eröffnet. In welchem die Polizei tatsächlich gehandelt hat, lässt sich erst bei den einzelnen Maßnahmen feststellen. Im Zweifelsfall hat die Polizei in dem Aufgabenbereich gehandelt, in dem sie rechtmäßigerweise handeln konnte.

33 Pietzner/Ronellenfitsch, § 5, Rn. 16; a.A. Schenke in: Kopp/Schenke, Verwaltungsgerichtsordnung, § 179 VwGO, Rn. 7: Beide Rechtswege seien zu beschreiten.

34 Siehe oben Rn. 42.

35 Habermehl, Allg. PORe, Rn. 485 f.

hemmer-Methode: Sollte ein Fall kumulativer Aufgabeneröffnung vorliegen, so sind die Maßnahmen sowohl als Präventiv- als auch als Repressivmaßnahmen parallel zu prüfen.
Dieser Aufbau ist jedoch nur in einem materiellen Gutachten aus der Sicht der Polizei möglich, da bei einer gerichtlichen Überprüfung eine eindeutige Zuordnung wegen verschiedener Rechtswegzuweisungen notwendig und auch möglich ist, weil sich dann genau bestimmen lässt, zu welchem Zweck ein bestimmter Betroffener in Anspruch genommen wurde.

Exkurs für Fortgeschrittene

§ 81b Alt. 2 StPO ist Befugnis für präventives Handeln

Eine Sonderstellung nimmt jedoch der Spezialfall des § 81b Alt. 2 StPO ein. Er stellt eine Befugnisnorm für präventives polizeiliches Handeln in der StPO dar. 45

Nimmt die Polizei Lichtbilder oder Fingerabdrücke eines Beschuldigten für die Zwecke des Erkennungsdienstes auf, so ergeht kein Justizverwaltungsakt, da diese Tätigkeit der vorbeugenden Verbrechensbekämpfung zuzuordnen ist. Hier ist über § 40 I VwGO i.V.m. Art. 12 I POG der Verwaltungsrechtsweg eröffnet.[36]

§ 81 b Alt. 2 StPO ist Befugnis zur Aufbewahrung von Strafverfahrensakten

Anders ist dies bei § 81b Alt. 1 StPO, also bei Maßnahmen zur Strafverfolgung. Die Rechtsprechung stützt auf die Regelung des § 81b Alt. 2 StPO allerdings auch die Befugnis der Polizei zur Aufbewahrung von den zum Zwecke der Durchführung eines Strafverfahrens gewonnenen Unterlagen. Da die Aufbewahrung ebenfalls präventiver Natur ist, ist zu deren Überprüfung der Verwaltungsrechtsweg eröffnet, auch wenn die Anfertigung nach § 81b Alt. 1 StPO erfolgt ist.[37] 46

Exkursende

hemmer-Methode: § 23 I EGGVG ist i.R.e. Polizeirechtsklausur immer zu erwähnen!
Ergibt sich an dieser Stelle jedoch offensichtlich kein Problem, so kann mit einem Satz dargelegt werden, dass mangels strafverfolgenden Handelns die abdrängende Sonderzuweisung des § 23 I EGGVG nicht eingreift.
Merken Sie sich also den Zusammenhang zwischen § 40 I VwGO und § 23 I EGGVG!

2. Art. 18 II, 92 II PAG

Eine abdrängende Sonderzuweisung findet sich auch in Art. 18 II PAG i.V.m. Art. 92 II Nr. 2 PAG. Die Zulässigkeit einer landesrechtlichen Sonderzuweisung ergibt sich aus § 40 I S. 2 VwGO. 47

36 Berner/Köhler/Käß, Polizeiaufgabengesetz, Art. 12 PAG, Rn. 5;
vgl. zur Abgrenzung von § 81b Alt. 2 StPO und Art. 14 I Nr. 2 PAG: Berner/Köhler/Käß, Polizeiaufgabengesetz, Art. 14 PAG, Rn. 2 ff.; Schmitt in: Meyer-Goßner/Schmitt, Strafprozessordnung, § 81b StPO, Rn. 3 ff. sowie OVG Münster, NJW 1999, 2689.
Art. 14 I Nr. 2 PAG dürfte wegen Art. 31 GG hinter § 81b StPO zurücktreten, solange und soweit dieser auch für erkennungsdienstliche Maßnahmen außerhalb eines konkreten Strafverfahrens greift. § 81b Alt. 2 StPO gilt bei erkennungsdienstlichen Maßnahmen gegen einen Beschuldigten, wobei diese aber nicht für die Zwecke eines gegen den Betroffenen gerichteten oder eines anderen konkreten Strafverfahrens erhoben werden. Sie werden nur anlässlich des Strafverfahrens, präventiv als Hilfsmittel generell für die polizeiliche Aufgabe aus § 163 StPO erhoben. Art. 14 I Nr. 2 PAG greift daher nur in den Fällen präventiver erkennungsdienstlicher Maßnahmen gegenüber Personen, die nicht zugleich Beschuldigte i.S.d. StPO sind (z.B. Schuldunfähige).

37 Vgl. Schmitt in: Meyer-Goßner/Schmitt, Strafprozessordnung, § 81b StPO, Rn. 16 ff. und 23.

Art. 18 II S. 2 PAG bei Freiheitsentziehungen

a) Art. 18 II PAG i.V.m. Art. 92 II Nr. 2 PAG weist die Feststellung 48
der Rechtmäßigkeit einer Freiheitsentziehung gem. Art. 13 II S. 3, 15 III oder 17 PAG dem Amtsgericht zu, in dessen Bezirk die Person von der Polizei in Gewahrsam genommen wurde, Art. 92 II Nr. 2 PAG. Er greift nur dann, wenn die Freiheitsentziehung vor Erlass einer gerichtlichen Entscheidung beendet wurde, Art. 18 II S. 1 PAG. Bislang nicht abschließend entschieden ist, ob Art. 18 II PAG i.V.m. Art. 92 II Nr. 2 PAG nur das „Ob" oder auch das „Wie" einer Freiheitsentziehung betrifft.[38]

Begleitmaßnahmen

b) Die abdrängende Sonderzuweisung des Art. 18 II PAG i.v.m. Art. 92 49
II PAG gilt auch für andere Maßnahmen, die eine Ingewahrsamnahme begleiten.[39] Dies sind i.d.R. Polizeiakte, die die Freiheit noch weiter beschränken und die der Zweck oder die Ordnung der Freiheitsentziehung im Gewahrsam erfordert.

> **Bspe.:** *Leibesvisitationen, Sicherstellung von Gegenständen etc.*

Abgrenzung Freiheitsentziehung/-beschränkung

c) Wie aus Art. 18 I PAG hervorgeht, so bezieht dieser sich auf ein 50
Festhalten i.S.e. Freiheitsentziehung. Diese ist von der bloßen Freiheitsbeschränkung zu differenzieren.[40] Abzugrenzen sind beide nach der Intensität des Eingriffs unter zusätzlicher Beachtung der Eingriffsdauer.[41]

Bei geringer Intensität und nur kurzfristigem Festhalten liegt daher lediglich eine Freiheitsbeschränkung vor.

> **Bsp.:** *Vorführungen, z.B. zur Durchführung erkennungsdienstlicher Maßnahmen gem. Art. 15 III Nr. 2 PAG, sind nach der Rechtsprechung bloße Freiheitsbeschränkungen.*[42]

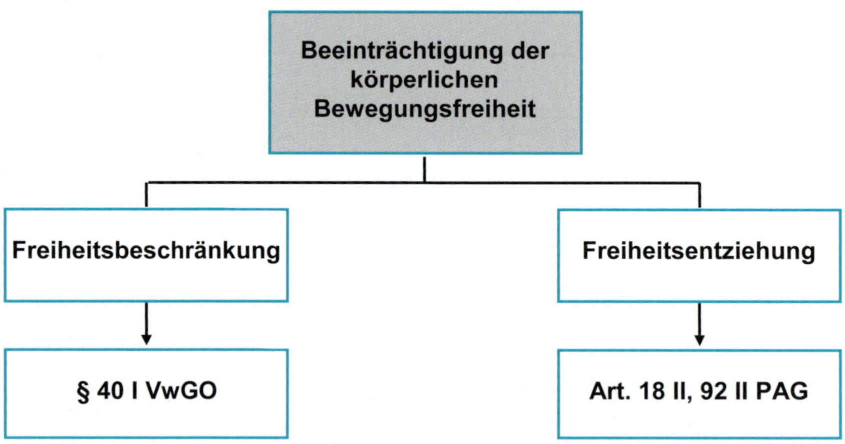

hemmer-Methode: Art. 18 II PAG i.V.m. Art. 92 II PAG ist nur dann anzusprechen, soweit sich aus dem Sachverhalt das Klagebegehren auf Feststellung der Rechtswidrigkeit von Freiheitsentziehungen ergibt. Legen Sie dann die Differenzierung zwischen Freiheitsentziehung und Freiheitsbeschränkung dar. Nur dann, wenn eine Freiheitsentziehung in Betracht kommt, ist die abdrängende Sonderzuweisung des Art. 18 II PAG i.V.m. Art. 92 II PAG einschlägig. Ansonsten ist für die gerichtliche Kontrolle von Freiheitsbeschränkungen im Präventivbereich grds. der Verwaltungsrechtsweg eröffnet. Merken Sie sich also v.a. Art. 92 II PAG im Zusammenhang mit § 40 I VwGO.

38 Urteil vom 27.01.2012, 10 B 08.2849 = **Life&Law 06/2012**.

39 BayVGH, BayVBl. 1989, 245.

40 In den Fällen der Freiheitsbeschränkung ist eine richterliche Entscheidung nicht geboten. Derselbe, aus der Systematik des Art. 104 I und II GG abgeleitete, Rechtsgedanke kommt schon in Art. 18 I S. 2 PAG zum Ausdruck. Äußerste zeitliche Grenze für ein Festhalten allein aufgrund des Polizeirechts ohne richterliche Entscheidung ist nach Art. 104 II S. 3 GG das Ende des Tages nach Ergreifen der Person (24:00 Uhr des auf die Festnahme folgenden Tages).

41 Berner/Köhler/Käß, Polizeiaufgabengesetz, Art. 15 PAG, Rn. 13.

42 BVerwG, JR 1958, 153 f.; BGHZ 82, 261.

Exkurs für Fortgeschrittene

Antrag nach Art. 18 II PAG

Bei der Zulässigkeit eines Antrags auf Feststellung der Rechtswidrigkeit einer Freiheitsentziehungsmaßnahme sind folgende Prüfungspunkte zu beachten:[43] 51

- ⇨ Rechtswegeröffnung gem. Art. 18 II PAG i.V.m. Art. 92 II PAG für die ordentliche Gerichtsbarkeit bei Freiheitsentziehung i.S.d. Art. 18 I PAG, welche vor Erlass einer gerichtlichen Entscheidung über Zulässigkeit und Fortdauer beendet ist.
- ⇨ Es muss ein Antrag mit Ziel der Feststellung der Rechtswidrigkeit der Freiheitsentziehung gestellt werden.
- ⇨ Die Antragsberechtigung hat die festgehaltene Person; bei Minderjährigen der gesetzliche Vertreter (Art. 18 II S. 1 PAG).
- ⇨ Der Antrag muss schriftlich oder zur Niederschrift gestellt werden (Art. 18 II S. 2 PAG).
- ⇨ Die Antragsfrist beträgt einen Monat ab Beendigung der Freiheitsentziehung (Art. 18 I S.1 PAG).
- ⇨ Zuständiges Gericht ist sachlich das Amtsgericht und örtlich das AG des Bezirks der Ingewahrsamnahme (Art. 92 II Nr. 2 PAG). Das Verfahren richtet sich nach Art. 92 I PAG i.V.m. §§ 415 ff. FamFG.
- ⇨ Darüber hinaus muss ein berechtigtes Interesse an der Feststellung der Rechtswidrigkeit (Art. 18 II S. 1 PAG), grds. entsprechend dem berechtigten Interesse bei der Fortsetzungsfeststellungsklage nach § 113 I S. 4 VwGO, bestehen.[44]

Exkursende

3. Art. 10 VII UnterbrG

Art. 10 VII UnterbrG bei Unterbringungssachen

Eine weitere abdrängende Sonderzuweisung bei Polizeimaßnahmen findet sich in Art. 10 VII UnterbrG. 52

hemmer-Methode: Merken Sie sich Art. 10 VII UnterbrG im Zusammenhang mit § 40 I VwGO. Auch der Anfänger sollte von dieser Norm zur Erweiterung des Überblicks einmal gehört haben. Der Fortgeschrittene hingegen muss sich eingehender mit ihr befassen.

Exkurs für Fortgeschrittene

Antrag gegen Unterbringungsmaßnahmen

Gegen Maßnahmen zur Regelung einzelner Angelegenheiten im Vollzug der Unterbringung in einer psychiatrischen Klinik kann der Betroffene schon vor der gerichtlichen Anordnung einer Unterbringung einen Antrag auf gerichtliche Entscheidung stellen. 53

---

43 Vgl. zur Vertiefung Berner/Köhler/Käß, Polizeiaufgabengesetz, Art. 18 PAG, Rn. 8 ff.

44 Siehe auch BayObLG, BayVBl. 1989, 699 (701): In dieser Entscheidung wird zwar auf die Parallele zu den anerkannten Interessen bei § 113 I S. 4 VwGO verwiesen. Es wird aber nicht erwähnt, dass dort die Vorbereitung eines Amtshaftungsprozesses bei Erledigung des VA vor Klageerhebung kein Feststellungsinteresse mehr begründet. Das BayObLG stellt stattdessen darauf ab, dass sich bei rechtskräftiger Feststellung der Rechtswidrigkeit im Antragsverfahren nach Art. 18 II PAG ein eigener Haftungsprozess erübrigen könne, da die Behörde den Ersatz wohl schon im nach Art. 22 AGGVG, §§ 16, 17 VertrVO vor einer Amtshaftungsklage erforderlichen Abhilfeverfahren zusprechen wird. Bereits diese Möglichkeit der Verfahrensverkürzung würde ein Feststellungsinteresse begründen. Aus Gründen der Einheitlichkeit der Rechtsordnung erschien diese Entscheidung zweifelhaft; Berner/Köhler/Käß, Polizeiaufgabengesetz, Art. 18 PAG, Rn. 12 ff.; seit Aufhebung der Art. 22 AGGVG, §§ 16, 17 VertrVO geht diese Argumentation sowieso ins Leere.

Bsp.: Die Polizeiinspektion West in Kaufbeuren erhält den Anruf einer aufgebrachten Frau. Sie bittet dringend um polizeiliche Hilfe:

„Mein Ehemann steht auf dem Dach unseres gemeinsamen Wohnhauses, um sich herunterzustürzen. Er leidet bereits seit Jahren unter schweren Depressionen und hat schon mehrere Selbstmordversuche nur aufgrund zufälliger rechtzeitiger Entdeckung und schnellen Eingreifens u.a. von Polizei und Notärzten knapp überlebt. Der sich seit einigen Tagen zunehmend verschlechternde Gesundheitszustand macht eine stationäre Betreuung dringend erforderlich."

Mehreren herbeieilenden Polizeibeamten gelingt es unter Einsatz ihres Lebens, den völlig apathischen Ehemann vom Dach des Hauses herunterzuholen. Aufgrund der akuten Suizidgefahr wird er sofort in eine psychiatrische Klinik eingeliefert.

Was ist bei der Überprüfung der Rechtmäßigkeit des polizeilichen Handelns zu beachten?

Ausschluss des Verwaltungsrechtswegs

In solchen Fällen ist gem. Art. 10 VII S. 4 UnterbrG für die Überprüfung von Maßnahmen zur sofortigen Unterbringung durch die Polizei nach Art. 10 II UnterbrG der Verwaltungsrechtsweg ausgeschlossen. 54

Hier gilt Folgendes: Über einen Antrag auf Feststellung der Rechtswidrigkeit des polizeilichen Vorgehens bzw. auf Aufhebung der Maßnahmen entscheidet das für die Anordnung der Unterbringung zuständige Gericht, Art. 10 VII S. 2 UnterbrG. Dies ist nach § 313 III FamFG das Vormundschaftsgericht, in dessen Bezirk das Bedürfnis einer Unterbringung besteht.

Abgrenzung zu Art. 17 I Nr. 1 PAG

Art. 10 II UnterbrG ist zudem von Art. 17 I Nr. 1 PAG abzugrenzen. 55

Stützt die Polizei nämlich die Ingewahrsamnahme und somit die Freiheitsentziehung auf Art. 17 I Nr. 1 PAG, so ist hinsichtlich der Feststellung der Rechtswidrigkeit, wie bereits oben erörtert (Rn. 51), der Rechtsweg nach Art. 18 II S. 2 i.V.m. Art. 92 II Nr. 2 PAG einschlägig.

Art. 10 II UnterbrG ist lex specialis zu Art. 17 I Nr. 1 PAG.[45] Soweit also die Voraussetzungen zu einer Maßnahme nach Art. 10 II UnterbrG vorliegen, ist Art. 17 I Nr. 1 PAG nicht anwendbar.

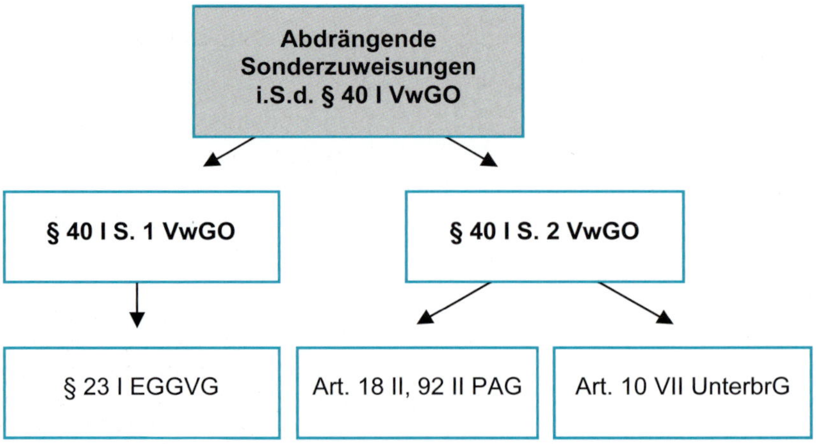

Exkursende

45 Honnacker/Beinhofer, Polizeiaufgabengesetz, Art. 17 PAG, Rn. 8; Berner/Köhler/Käß, Polizeiaufgabengesetz, Art. 17 PAG, Rn. 6 sowie Nr. 17.2 der Vollzugsbekanntmachung.

B) Zulässigkeit der Fortsetzungsfeststellungsklage

I. Statthaftigkeit der FFK, § 113 I S. 4 VwGO analog/direkt

ÜBERSICHT

1. Prüfung der VA-Eigenschaft der Maßnahme
   Problem: Datenerhebung, unmittelbare Ausführung, Zwang
2. Erledigung des VA i.d.R. durch Vollziehung
3. Zeitpunkt der Erledigung
   a) Erledigung **nach** Klageerhebung
   ⇨ § 113 I S. 4 VwGO (direkt)
   b) Erledigung **vor** Klageerhebung (**Regelfall!**)
   ⇨ § 113 I S. 4 VwGO **analog**

Ausgangspunkt: Klagebegehren

Der Ausgangspunkt zur Festlegung der richtigen Klageart ist immer das Klagebegehren. 56

Die Fortsetzungsfeststellungsklage (FFK) ist dann die richtige Klageart, wenn sich das Klagebegehren auf die Feststellung der Rechtswidrigkeit von Polizeimaßnahmen mit VA-Qualität richtet, die sich bereits erledigt haben.[46]

hemmer-Methode: In Polizeirechtsklausuren sind regelmäßig mehrere Klagebegehren auf die Feststellung der Rechtswidrigkeit polizeilicher Handlungen mit VA-Qualität gerichtet. Die Fortsetzungsfeststellungsklage dominiert insoweit die Prüfungsaufgaben dieses Rechtsgebietes. Dies folgt daraus, dass sich polizeiliche VAe naturgemäß unmittelbar mit der Durchführung der Maßnahme erledigen.

Voraussetzungen der Statthaftigkeit

Statthaftigkeitsvoraussetzungen der FFK sind somit: 57

⇨ Gegenstand des Klagebegehrens muss die Feststellung der Rechtswidrigkeit eines VA sein;

⇨ dieser muss sich bereits erledigt haben.

Ferner ist festzustellen, ob die Erledigung vor oder nach Klageerhebung eintrat.

1. VA als Gegenstand des Klagebegehrens

Bei polizeilichen Maßnahmen ist jeweils im Einzelfall zu prüfen, ob sie VA-Qualität i.S.d. Art. 35 BayVwVfG haben.[47]

hemmer-Methode: Die Heranziehung des Art. 35 BayVwVfG zur Klärung der statthaften Klageart ist dogmatisch angreifbar. Schließlich handelt es sich bei der VwGO um ein Bundesgesetz. Bundesgesetzliche Regelungen können aber grundsätzlich nicht durch ein Landesgesetz legaldefiniert werden, vgl. Art. 31 GG. Korrekter wäre es deshalb eigentlich, i.R.d. Statthaftigkeit auf einen eigenständigen verwaltungsprozessualen VA-Begriff oder zumindest aber auf § 35 (Bundes-)VwVfG abzustellen.[48]

46 Kritisch zu allem Göpfert, Die Rechtswidrigkeitsfeststellungsklage – eine eigenständige Klageart?, BayVBl. 2000, 300.

47 Zusammenfassend hierzu Schmidbauer/Steiner, Art. 12 POG, Rn. 61 ff.

48 Schenke in: Kopp/Schenke, Verwaltungsgerichtsordnung, Anhang zu § 42 VwGO, Rn. 1 ff.

Da dieser aber deckungsgleich mit Art. 35 BayVwVfG ist, sollten Sie in Klausuren auch weiterhin Art. 35 BayVwVfG zitieren. Es besteht die Gefahr, dass der Korrektor diese dogmatischen Feinheiten nicht versteht, zumal auch die Rspr. i.d.R. das BayVwVfG heranzieht.[49]

a) Polizeimaßnahmen aufgrund der Eingriffsbefugnisse aus Art. 11, 12 - 29 PAG

Maßnahmen aufgrund Art. 11, 12 - 29 PAG regelmäßig VAe

Handelt die Polizei bei Grundrechtseingriffen auf der Grundlage der Befugnisse aus Art. 11, 12 - 29 PAG unmittelbar gegenüber dem Betroffenen, dann stellen all diese Maßnahmen i.d.R. VAe i.S.d. Art. 35 S. 1 BayVwVfG dar.[50] Nur vereinzelt werden hier in der Literatur, teilweise wegen fehlenden Regelungscharakters, Realakte angenommen.[51] 58

hemmer-Methode: Hat die Polizei aufgrund dieser Befugnisse gehandelt, so können Sie ohne weiteres die VA-Qualität einfach feststellen. Nur wenn im Sachverhalt die VA-Qualität bezweifelt wird, müssen Sie darauf näher eingehen.
Die Maßnahme ist dann sauber, mit besonders eingehender Prüfung des Regelungscharakters, unter Art. 35 BayVwVfG zu subsumieren.
Die Regelung ist dann zu bejahen, wenn durch die polizeiliche Handlung ein Lebenssachverhalt einseitig verbindlich für den Betroffenen geordnet wird. Durch polizeiliche Standardmaßnahmen wird jedenfalls die Vollstreckbarkeit der Maßnahme i.S.d. Art. 70 ff. PAG verbindlich geregelt, da ohne Vorliegen eines VAs eine Vollstreckung ausscheidet.

b) Polizeimaßnahmen zur Datenerhebung und -verarbeitung, Art. 30 ff. PAG

Die VA-Qualität bei Maßnahmen der Polizei i.R.d. Art. 30 ff. PAG ist umstritten.

aa) Datenerhebungsmaßnahmen, Art. 31 ff. PAG

hemmer-Methode: Das 3. Kapitel des PAG, also die Art. 30 ff. PAG, sind nach der JAPO kein Pflichtfach. Sie werden in diesem Skript nur der Vollständigkeit halber miterörtert.

Datenerhebung ohne Regelungscharakter?

Die Erhebung personenbezogener Daten stellt sich eigentlich als rein tatsächliches Handeln ohne Regelungscharakter, also als Realakt dar.[52] 59

> ***Bsp.:*** *Die Polizei legt eine Akte an, in der die Namen, Vornamen, akademische Grade, Anschriften, Telefonnummern und Informationen über die Erreichbarkeit sämtlicher verantwortlicher Personen einer Chemiefabrik aufgenommen werden. Die Akte wird für den Fall der schnellen Erreichbarkeit der Verantwortlichen bei einem Störfall benötigt (vgl. Art. 32 II Nr. 1 PAG).*

Datenerhebung ist VA i.S.d. Art. 35 BayVwVfG

Zum Teil wird dennoch eine Regelung und damit ein VA bejaht, da dafür ein Grundrechtseingriff ausreiche. Im Fall der Datenerhebung nach Art. 31 ff. PAG liegt ein Eingriff in das Recht auf informelle Selbstbestimmung vor.[53]

hemmer-Methode: Der Ansatz, einen Grundrechtseingriff mit VA-Qualität begründender Regelung gleichzusetzen, ist eigentlich überholt. Er stammt aus der Zeit, in der das Vorliegen eines VA rechtswegeröffnend, effektiver Rechtsschutz i.S.d. Art. 19 IV GG also nur bei Vorliegen eines VA gewährleistet war.

---

49 Vgl. bspw. BayVGH, BayVBl. 1993, 429.

50 Berner/Köhler/Käß, Polizeiaufgabengesetz, Art. 53 PAG, Rn. 3.

51 M.w.N. BHKM, 3. Teil, Rn. 292 ff.

52 Berner/Köhler/Käß, Polizeiaufgabengesetz, Vorb. zu Art. 30 PAG, Rn. 3 f.

53 Berner/Köhler/Käß, Polizeiaufgabengesetz, Vorb. zu Art. 30 PAG, Rn. 3 f.

Da heute auch ein Rechtsschutz gegen Realakte anerkannt ist, spricht nichts mehr dagegen, polizeiliche Maßnahmen bei fehlender Regelung als Realakte zu behandeln. Statthafte Klageart wäre dann die allgemeine Feststellungsklage. Bei einem erledigten Rechtsverhältnis setzt diese ebenso wie die FFK ein besonderes Feststellungsinteresse voraus.[54]

bb) Datenverarbeitungsmaßnahmen, Art. 37 – 48 PAG

auch Datenverarbeitungsmaßnahmen haben VA-Qualität

Problematisch ist auch das Vorliegen eines VA bei den Datenverarbeitungsmaßnahmen, Art. –53 ff. PAG. 60

Bsp.: *Von der im Beispiel zur Datenerhebung (oben unter Rn. 59) angelegten Akte wird durch die Polizei eine Kopie an die kreisfreie Stadt Smogburg übersandt (Art. 56 I PAG).*

Hier besteht ebenso die bereits unter Rn. 59 zur Datenerhebung erörterte Problematik.[55]

c) Zwangsmaßnahmen, Art. 70 ff. PAG

Auch bei Zwangsmaßnahmen ist die VA-Qualität fraglich. Hierbei ist insbesondere zwischen der Androhung von Zwangsmitteln und deren Anwendung zu differenzieren. 61

aa) Androhung von Zwangsmitteln

Bsp.: *Polizeimeister Faust fordert den auf offener Straße zwischen zahlreichen Passanten mit einem Butterfly-Messer herumwirbelnden Mecki auf, ihm dieses auszuhändigen (vgl. Art. 25 Nr. 1 PAG).*

Mecki macht sich hierüber nur lustig und ignoriert die Aufforderung. Daraufhin droht Faust ihm an, dass er ihm das Messer mit Gewalt abnehmen werde, falls Mecki es nicht freiwillig herausgibt.

Androhung ist zumindest wie VA zu behandeln

Zwangsmittel sind gem. Art. 71 II, 76, 81 PAG vor ihrer Anwendung grds. anzudrohen. Die Androhung von Zwangsmitteln hat nach h.M. VA-Qualität. Die regelnde Wirkung ergibt sich nach h.M. aus der durch die Androhung erfolgenden verbindlichen Festlegung des jeweiligen bestimmenden Zwangsmittels. Hieraus ergibt sich der VA-Charakter der Androhung. Sie ist als VA auch selbstständig gerichtlich nachprüfbar.[56] Das gilt auch, wenn die Androhung nach Art. 76 II PAG mit dem Grundverwaltungsakt verbunden wird.[57]

Da das BayVwZVG ergänzende Anwendung findet, soweit und solange keine Regelung im PAG besteht,[58] ergibt sich zudem aus Art. 38 I S.1 VwZVG, dass die Androhung zumindest wie ein VA behandelt wird. 62

bb) Die Anwendung von Zwangsmitteln

Hier ist zwischen den einzelnen möglichen Zwangsmitteln, Ersatzvornahme, Zwangsgeld und unmittelbarem Zwang (vgl. Art. 71 I PAG) zu differenzieren. 63

---

54 Schenke in: Kopp/Schenke, Verwaltungsgerichtsordnung, § 43 VwGO, Rn. 25.

55 Berner/Köhler/Käß, Polizeiaufgabengesetz, Vorb. zu Art. 37 PAG, Rn. 9.

56 Schenke in: Kopp/Schenke, Verwaltungsgerichtsordnung, Anh. zu § 42 VwGO, Rn. 32.

57 Berner/Köhler/Käß, Polizeiaufgabengesetz, Art. 59 PAG, Rn. 3 ff.; Art. 58 PAG, Rn. 6 ff.

58 Berner/Köhler/Käß, Polizeiaufgabengesetz, Art. 53 PAG, Rn. 1.

Festsetzung von Zwangsgeld ist VA

(1) Die Festsetzung eines Zwangsgeldes hat ohne weiteres VA-Charakter, schon weil aus dieser Festsetzung ggf. vollstreckt werden kann, Art. 73 II PAG.[59] Ihr kommt jedoch im Polizeirecht kaum eine Bedeutung zu.

Ersatzvornahme und unmittelbarer Zwang

(2) Problematisch ist die VA-Qualität bei der Ersatzvornahme und dem unmittelbaren Zwang.

> **Bsp.:** *PM Faust entreißt im obigen Beispiel unter Rn. 61 dem Mecki, nachdem dieser weiterhin der Anordnung nicht Folge leistet, das Messer mit einer gezielten Jiu-Jitsu Technik (= unmittelbarer Zwang).*

Die Anwendung von unmittelbarem Zwang oder die Durchführung einer Ersatzvornahme stellt sich grds. als rein tatsächliches Handeln dar. Doch auch hier ist nach h.M. von einem VA auszugehen.[60]

⇨ VA aufgrund Grundrechtseingriffs

Dies lässt sich einerseits damit begründen, dass durch die Anwendung des Zwangsmittels in Grundrechte eingegriffen wird.[61]

BayVGH: konkludente Duldungsverfügung

Ein anderer Begründungsansatz ist, dass in der Anwendung von Zwangsmitteln zugleich eine konkludente Duldungsverfügung enthalten sei (= „Dulde dieses Zwangsmittel!“).[62]

Auch sofortiger Vollzug hat VA-Qualität

(3) Letztlich kann damit bei der Anwendung sämtlicher Zwangsmittel die VA-Qualität bejaht werden. Dies gilt nach h.M. ohne Einschränkung auch für den Fall des sofortigen Vollzugs nach Art. 70 II PAG.[63]

> **Bsp.:** *Abweichend vom Beispiel (oben Rn. 61) erscheint Faust gerade in dem Moment, als Mecki auf eine Person einstechen will. Ohne zu zögern (folglich ohne gesonderte Anordnung!), entreißt er Mecki durch einen blitzschnellen Griff das Messer.*

hemmer-Methode: Die Annahme eines Verwaltungsaktes ist zwar immer noch h.M., aber keineswegs mehr zwingend, zumal bei Annahme eines bloßen Realakts eine allgemeine Feststellungsklage statthaft wäre, der Rechtsschutz also nicht verkürzt wäre.

d) Unmittelbare Ausführung, Art. 9 I PAG

Äußerst umstritten ist auch die VA-Qualität der unmittelbaren Ausführung einer Maßnahme nach Art. 9 PAG. 64

> **Bsp.:** *Polizeihauptmeister G. lässt einen direkt vor einer Notarztwagenausfahrt geparkten Opel Manta, nachdem er den Fahrer nicht ermitteln konnte, vom Abschleppdienst auf den nächstgelegenen öffentlichen Parkplatz transportieren.*

hemmer-Methode: Stellt sich im prozessualen Aufbau beim Prüfungspunkt „FFK als statthafte Klageart“ die Frage nach der VA-Qualität einer unmittelbaren Ausführung, so kann bereits an diesem Punkt geklärt werden, ob es sich überhaupt um eine solche handelt! Die unmittelbare Ausführung gem. Art. 9 I PAG ist insbesondere vom sofortigen Vollzug nach Art. 70 II PAG abzugrenzen.[64] Da aber beides nach h.M. einen VA darstellt, kann die Abgrenzung an dieser Stelle auch noch offen gelassen werden. Merken Sie sich also jetzt schon einmal Art. 70 II PAG im Kontext zu Art. 9 I PAG!

59 Berner/Köhler/Käß, Polizeiaufgabengesetz, Art. 56 PAG, Rn. 3 ff.

60 Berner/Köhler/Käß, Polizeiaufgabengesetz, Art. 58 PAG, Rn. 4 ff.; Art. 55 PAG, Rn. 5.

61 Zu diesem Ansatz vgl. oben Rn. 59.

62 BayVGH, BayVBl. 1988, 562 (563); zur Gegenansicht vgl. BHKM, 3. Teil, Rn. 216.

63 Berner/Köhler/Käß, Polizeiaufgabengesetz, Art. 53 PAG, Rn. 4; kritisch Kästner, JuS 1994, 361 (363) sowie m.w.N. Schmidbauer/Steiner, Art. 12 POG, Rn. 63: Kritisiert wird vor allen Dingen, dass die h.M. das Problem der fehlenden Bekanntgabe „übersieht“.

64 Dazu unten Rn. 270.

Lit.: bloßer Realakt mangels Bekanntgabe

aa) Teilweise wird für die unmittelbare Ausführung die VA-Qualität verneint.[65] Hier wird v.a. auf die fehlende Bekanntgabe gem. Art. 43 I BayVwVfG abgestellt. Es handelt sich nach dieser Auffassung daher um einen bloßen Realakt. Ohne Bekanntgabe fehlt es an der Wirksamkeit eines VAs.

a.A.: Bekanntgabe wird durch besondere Regelung des Art. 9 I S. 2 PAG ersetzt

bb) Andererseits ist festzustellen, dass grds. alle VA-Merkmale bis auf die Bekanntgabe zunächst einmal erfüllt sind. Die unmittelbare Ausführung ist daher im Zeitpunkt ihrer Vornahme zunächst ein „adressatenloser VA“.[66]

Es liegt aber gerade in der Natur polizeilicher Aufgaben, dass je nach Lage des Falles die Ermittlung eines möglicherweise Verantwortlichen nicht abgewartet werden kann.

Art. 35 S. 1 BayVwVfG setzt zwar einen Adressaten voraus. Die Wirksamkeitsvoraussetzung der Bekanntgabe, Art. 43 I BayVwVfG, kann und muss aber im Recht der Gefahrenabwehr durch spezielle anderweitige Regelungen ersetzt werden; welche einen VA wirksam sein lassen, auch wenn ein von ihm Betroffener erst nach seinem Vollzug festgestellt werden kann.

Das Polizeirecht lässt daher zu, den oder die Verantwortlichen nach Art. 7 oder 8 PAG unter bestimmten Voraussetzungen erst nach Beseitigung der Gefahr zu ermitteln und durch die in Art. 9 I S. 2 PAG vorgeschriebene unverzügliche Unterrichtung die vorübergehende Unkenntnis des Adressaten auszugleichen.

Die unmittelbare Ausführung ist daher gegenüber einem Verantwortlichen von Anfang an wirksam, auch wenn er erst später ermittelt und die Maßnahme ihm danach bekannt gegeben wird. Eine unmittelbare Ausführung ist somit als VA i.S.d. Art. 35 S. 1 BayVwVfG zu qualifizieren.[67]

hemmer-Methode: Lassen Sie sich durch die ausführliche dogmatische Begründung der VA-Qualität der unmittelbaren Ausführung nicht erschrecken! Sie müssen diese nicht auswendig „herunterbeten“. Der Korrektor will grds. erst einmal sehen, dass Ihnen das Problem der fehlenden Bekanntgabe geläufig ist. Aufgrund klausurtaktischer Aspekte sollten Sie dann die VA-Qualität bejahen. Erfreuen Sie den Prüfer durch eine eigenständig durchdachte logische Argumentation, weshalb hier von der grds. erforderlichen Bekanntgabe abgewichen werden kann.

2. Erledigung des VA

polizeiliche VAe erledigen sich regelmäßig durch Vollziehung, da Rückgängigmachung grds. unmöglich

Die Erledigung des polizeilichen VA ist in Polizeirechtsklausuren der Regelfall. Dies eröffnet grds. den Weg für die FFK. 65

Bsp.: *Polizeihauptwachtmeister Norbert Neugierig befragt die im Rotlichtmilieu am Straßenrand stehende Christiane F. nach ihren Personalien und verlangt die Aushändigung des Personalausweises (vgl. Art. 13 I Nr. 2b, II S. 2 PAG). Frau F. kommt den Anordnungen zwangsnotwendig nach.*

Erledigung tritt ein, wenn die mit dem VA verbundene rechtliche oder sachliche Beschwer nachträglich, d.h. nachdem der angefochtene VA ergangen ist, wegfällt.

65 Schäfer, BayVBl. 1989, 742; Kästner, JuS 1994, 361 (364).

66 Umfassend hierzu Köhler, Die unmittelbare Ausführung einer polizeilichen Maßnahme nach Art. 9 PAG, BayVBl. 1999, 582.

67 Berner/Köhler/Käß, Polizeiaufgabengesetz, Art. 9 PAG, Rn. 1; BayVGH, BayVBl. 1991, 433 (435).

Die Beschwer darf jedenfalls im Zeitpunkt der Entscheidung des Gerichts nicht mehr bestehen oder sonst aktuell sein. Ein typischer Fall der Erledigung liegt in der Vollstreckung des VA.[68]

Erledigung liegt auch dann vor, wenn aus anderen Gründen eine Aufhebung des VA nicht mehr begehrt werden kann oder dem Kläger mit der Aufhebung nicht mehr gedient wäre.[69]

Im obigen Beispiel haben sich die VAe „Personalienbefragung" und „Personalausweisaushändigung" mit der Auskunft sowie der Aushändigung durch Vollziehung erledigt, da eine Rückgängigmachung nicht mehr möglich ist.

3. Erledigung vor/nach Klageerhebung

a) Erledigung des VA nach Klageerhebung

§ 113 I S. 4 VwGO geht von Erledigung nach Klageerhebung aus

Die VwGO geht in § 113 I S. 4 VwGO grds. davon aus, dass die Erledigung des VA nach Klageerhebung, aber vor dem Urteil im Verwaltungsprozess eintritt. 66

In diesem Fall muss der Klageantrag, der ursprünglich eine Anfechtung des VA zum Gegenstand hatte, auf die „Feststellung der Rechtswidrigkeit" des nun erledigten VA umgestellt werden. Es handelt sich bei dieser Umstellung um eine nach §§ 91, 173 VwGO, § 264 Nr. 2 ZPO immer zulässige Klageänderung.[70]

hemmer-Methode: Da es sich bei der FFK gem. § 113 I S. 4 VwGO (direkt) um eine „umgestellte Anfechtungsklage" handelt,[71] hat deren Zulässigkeit das Vorliegen der besonderen Sachentscheidungsvoraussetzungen der Anfechtungsklage zur Voraussetzung. Die Klagebefugnis, die erfolglose Durchführung eines Vorverfahrens und die fristgerechte Erhebung der Anfechtungsklage müssen zum Zeitpunkt der Erledigung des VA vorliegen.

b) Erledigung des VA vor Klageerhebung

bei Erledigung vor Klageerhebung § 113 I S. 4 VwGO analog

Bei Polizeiverwaltungsakten tritt die Erledigung jedoch in den meisten Fällen mit deren Vollziehung (vgl. Rn. 65) sofort ein. Sie erfolgt also regelmäßig vor dem Zeitpunkt der Klageerhebung. 67

Für diese Fälle gilt nach h.M. § 113 I S. 4 VwGO analog.[72] Bei der FFK gem. § 113 I S. 4 VwGO analog handelt es sich quasi um eine „nachträgliche Anfechtungsklage".[73] Sie ist ein Unterfall der Anfechtungsklage.[74]

Die Annahme einer FFK analog § 113 I S. 4 VwGO ist allerdings nicht (mehr) unumstritten. Das BVerwG zieht stattdessen eine allgemeine Feststellungsklage nach § 43 VwGO in Betracht, lässt die Frage aber letztlich offen.[75]

---

68 BVerwG, Urteil vom 25.09.2008 – 7 C 5/08, NJW 2009, 122 = **Life&Law 05/2009**: Etwas anderes gilt dann, wenn die Rechtmäßigkeit eines Kostenbescheides für die Vollstreckung nicht von der Rechtmäßigkeit der Grundmaßnahme, sondern von deren Wirksamkeit abhängt, was in Bayern aber nicht der Fall ist, Art. 16 V KostenG.

69 BVerwG, NVwZ 1998, 851 = JuS 1998, 842.

70 Schenke in: Kopp/Schenke, Verwaltungsgerichtsordnung, § 91 VwGO, Rn. 6.

71 Schmitt-Glaeser, Rn. 353.

72 Schenke in: Kopp/Schenke, Verwaltungsgerichtsordnung, § 113 VwGO, Rn. 107; die Analogie resultiert aus der verfassungsrechtlichen Garantie des Art. 19 IV GG auf effektiven und umfassenden Rechtsschutz.

73 BVerwGE 62, 317 ff. (323), Eyermann/Fröhler, § 113 VwGO, Rn. 51.

74 Schenke in: Kopp/Schenke, Verwaltungsgerichtsordnung, § 113 VwGO, Rn. 107.

75 BVerwG, NVwZ 2000, 63 = BayVBl. 2000, 439 **= Life&Law 2000, 197**.

Für eine analoge Anwendung des § 113 I S. 4 VwGO spricht der Gleichlauf der Fälle der Erledigung vor und nach Klageerhebung. Es kann keinen Unterschied machen, ob die Erledigung kurz vor oder kurz nach Klageerhebung eintritt, zumal dies im Extremfall nur schwer festzustellen ist.

hemmer-Methode: Zu unterschiedlichen Ergebnissen gelangt man aber auch bei der Annahme einer allgemeinen Feststellungsklage nicht, wenn man mit der mittlerweile h.M. die FFK analog § 113 I S. 4 VwGO als nicht fristgebunden ansieht und ein Vorverfahren für entbehrlich hält (dazu sogleich). Die analoge Anwendung des § 113 I S. 4 VwGO ist für die Klausur aber dennoch unbedingt vorzuziehen: Zum einen bereitet es üblicherweise Probleme, das Rechtsverhältnis im Sinne des § 43 I VwGO zu bestimmen. Zum anderen kommen Sie nur über die Fortsetzungsfestellungsklage zur Diskussion der Folgeprobleme, ob nun ein Widerspruchsverfahren durchzuführen und eine Klagefrist zu wahren ist oder nicht. Bei einer allgemeinen Feststellungsklage ist dies nach dem Wortlaut der §§ 68, 74 VwGO nicht einmal im Ansatz diskutabel!
Die Erledigung des VAs vor Klageerhebung ist der Regelfall in der Polizeirechtsklausur. Daher beschäftigen sich die Prüfungspunkte (Klagebefugnis, Klagefrist und Widerspruchsverfahren) ausschließlich mit der analogen Anwendung des § 113 I S. 4 VwGO. Bei der direkten Anwendung sind die „normalen" Sachentscheidungsvoraussetzungen der Anfechtungsklage und das Fortsetzungsfeststellungsinteresse zu prüfen.

II. Klagebefugnis

Klagebefugnis erforderlich

Nach allgemeiner Meinung ist auch bei der FFK nach § 113 I S. 4 VwGO analog eine Klagebefugnis gem. § 42 II VwGO erforderlich. Die Klagebefugnis ergibt sich in Polizeirechtsfällen grds. zumindest aus der Adressatenstellung des Betroffenen und somit der Möglichkeit in seiner allgemeinen Handlungsfreiheit aus Art. 2 I GG verletzt zu sein.[76] 68

III. Widerspruchsverfahren

str.: Notwendigkeit eines Vorverfahrens

Problematisch und umstritten ist das Erfordernis der erfolglosen Durchführung eines Vorverfahrens gem. §§ 68 ff. VwGO bei einer FFK gem. § 113 I S. 4 VwGO analog. Mit dem Argument, die FFK sei eine umgestellte Anfechtungsklage, wird hier teilweise ein Widerspruchsverfahren auch gegen bereits erledigte Verwaltungsakte gefordert.[77] Die h.M. stellt hingegen darauf ab, dass es sich bei der FFK um eine Feststellungsklage handelt, für die die §§ 68 ff. VwGO nicht gelten. 69

Art. 15 II AGVwGO: kein Vorverfahren erforderlich

Dieser Meinungsstreit spielt in einer bayerischen Polizeirechtsklausur keine Rolle: Wenn nach Art. 15 I, II AGVwGO schon vor Erhebung einer Anfechtungsklage kein Vorverfahren mehr stattfindet, muss dies erst recht für die FFK als umgestellte Anfechtungsklage gelten. 70-71

76 **Hemmer/Wüst, VerwaltungsR I, Rn. 115**.

77 Schenke in: Kopp/Schenke, § 68 VwGO, Verwaltungsgerichtsordnung, Rn. 34: Begründet wird diese Auffassung zum einen damit, dass es sich schließlich um einen Unterfall der Anfechtungsklage handelt.
Darüber hinaus erachten die Vertreter dieser Meinung ein Widerspruchsverfahren wegen des damit verbundenen Rechtsschutzes für den Betroffenen für unabdingbar. Nur im Widerspruchsverfahren besteht die Möglichkeit, gem. § 68 I S. 1 VwGO neben der Rechtmäßigkeit auch die Zweckmäßigkeit des VA zu überprüfen. Die Zweckmäßigkeitskontrolle darf dem Bürger durch Ausschließung des Vorverfahrens nicht genommen werden.
Zudem könne auch die Verwaltung die Rechtswidrigkeit einer Maßnahme feststellen.

IV. Klagefrist

str.: Klagefrist

Die Frage nach dem Erfordernis der Einhaltung einer Klagefrist ist bei der FFK nach § 113 I S. 4 VwGO analog sehr umstritten. 72

hemmer-Methode: Beachten Sie aber, dass dieser Meinungsstreit nur dann relevant wird, wenn die Erledigung vor Ablauf der Klagefrist eingetreten ist. Erledigt sich der VA erst später, so ist unstreitig, dass die Frist des § 74 I S.2 VwGO beachtet werden musste. In einem solchen Fall kann es (zulässigerweise) nur zu einer direkten Anwendung des § 113 I S. 4 VwGO kommen!
Merke: Die Erledigung führt niemals zu einer Erweiterung des Rechtsschutzes!

BVerwG: Klagefrist nach § 74 I S. 2 VwGO analog

1. Eine weit verbreitete Auffassung geht dahin, dass wegen der Ähnlichkeit zur Anfechtungsklage auch bei der FFK gem. § 113 I S. 4 VwGO analog die Einhaltung einer Klagefrist notwendig ist.[78]

Man wendet hier § 74 I S. 2 VwGO analog an und stellt für den Beginn der Monatsfrist auf den Zeitpunkt der Erledigung ab. Als weitere Begründung wird angeführt, dass eine Klagefrist im Interesse des Rechtsfriedens geboten sei.[79]

BayVGH: Klagefrist entbehrlich, da diese keine Bestandskraft mehr herbeiführen kann

2. Anderer Auffassung ist allerdings die h.M.[80] Diese stellt auf die Ähnlichkeit zur Feststellungsklage ab. Darüber hinaus weist sie darauf hin, dass es gerade Sinn und Zweck einer Frist sei, die Bestandskraft eines VA herbeizuführen.

Bei Erledigung eines VA könne eine Bestandskraft aber gar nicht mehr eintreten. Daher sind nach dieser Ansicht die §§ 74, 58 II VwGO nur bis zur Erledigung des VA beachtlich.

hemmer-Methode: Beachten Sie an dieser Stelle aber, dass der Streit über die Klagefrist im Ergebnis oftmals keine Rolle spielt.
Bei Polizeiverwaltungsakten fehlt es regelmäßig an einer Rechtsmittelbelehrung, sodass die eventuelle Klagefrist aus § 58 II VwGO analog ein Jahr ab Erledigung beträgt.
Berücksichtigen Sie ferner, dass auch für den Fall, dass man eine Klagefrist nicht für erforderlich erachtet, nicht zeitlich unbegrenzt geklagt werden kann. Es gelten dann insoweit die Grundsätze der Verwirkung.

V. Berechtigtes Interesse

berechtigtes Interesse ist substantiiert darzulegen

Die FFK fordert sowohl für die direkte als auch für die analoge Form als besonderes Rechtsschutzinteresse gem. § 113 I S. 4 VwGO ein berechtigtes Interesse an der Feststellung der Rechtswidrigkeit. Dieses ist vom Kläger substantiiert darzulegen.[81] 73

Für ein berechtigtes Interesse genügt jedes nach vernünftigen Erwägungen je nach Lage des Falles anzuerkennende Interesse rechtlicher, wirtschaftlicher oder auch ideeller Art.[82]

78 BVerwG, DVBl. 1967, 379; Schenke in: Kopp/Schenke, Verwaltungsgerichtsordnung, § 74 VwGO, Rn. 2.

79 BVerwGE 26, 161 (165).

80 BVerwG, NVwZ 2000, 63 = BayVBl. 2000, 439 = **Life&Law 2000, 197**; BayVGH, BayVBl. 1992, 51 ff.

81 Schenke in: Kopp/Schenke, Verwaltungsgerichtsordnung, § 113 VwGO, Rn. 129 ff.: Es handelt sich hierbei um eine Sachentscheidungsvoraussetzung, die im Zeitpunkt der Entscheidung des Gerichtes vorliegen muss (Schenke in: Kopp/Schenke, Verwaltungsgerichtsordnung, § 43 VwGO, Rn. 23). Durch das Erfordernis des berechtigten Interesses soll verhindert werden, dass die Verwaltungsgerichte auch dann noch über die Rechtswidrigkeit erledigter VAe entscheiden müssen, wenn diese für den Rechtsschutz der Beteiligten unerheblich geworden sind. Allein das beeinträchtigte Rechtsgefühl bildet daher kein ausreichendes Interesse i.S.d. § 113 I S. 4 VwGO.

82 Schenke in: Kopp/Schenke, Verwaltungsgerichtsordnung, § 113 VwGO, Rn. 129: Das berechtigte Interesse der FFK ist also weiter als das in § 256 ZPO für eine zivilrechtliche Feststellungsklage geforderte rechtliche Interesse.

Man unterscheidet im Wesentlichen vier Fallgruppen:

ÜBERSICHT

1. Wiederholungsgefahr
2. Rehabilitationsinteresse
3. Schwerwiegender Grundrechtseingriff
4. Vorbereitung eines Amtshaftungsprozesses (allgemeiner: Präjudizialität)

1. Wiederholungsgefahr[83]

konkrete Wiederholungsgefahr

Für ein berechtigtes Interesse genügt eine Wiederholungsgefahr, sofern diese nach Zeit und Ort hinreichend konkret ist. 74

***Bsp.:** Gary Grünspieß, ein engagierter Gegner der Umweltverschmutzung, wird durch Anhalten und Weiterfahrverbot gehindert, rechtzeitig bei einer Versammlung einzutreffen.*

Die Wiederholungsgefahr für solche Maßnahmen ist zu bejahen, wenn Gary plant, auch in nächster Zeit an anderweitigen Versammlungen teilzunehmen.[84]

2. Rehabilitationsinteresse[85]

diskriminierende Wirkung der Maßnahme

Ein Rehabilitationsinteresse kommt in Betracht, wenn die Feststellung der Rechtswidrigkeit als Genugtuung und/oder Rehabilitierung erforderlich ist, insbesondere, weil andere Möglichkeiten effektiven Rechtsschutzes, v.a. des Grundrechtsschutzes, nicht zur Verfügung stehen. Dies ist in erster Linie bei einer diskriminierenden Wirkung der Maßnahme der Fall.[86] 75

***Bsp.:** Der Gemeindepfarrer wird (zu Unrecht) von der Polizei in Gewahrsam genommen. Er will sich von der Negativbeurteilung, etwas „verbrochen" zu haben, befreien.*

hemmer-Methode: Eine diskriminierende Wirkung und demzufolge ein Rehabilitationsinteresse wird immer bei Öffentlichkeitsbezug relevant. Ein solcher ist zu bejahen, wenn z.B. Polizeimaßnahmen unter den Augen von Passanten sowie Schaulustigen ergehen.[87]

83 Schenke in: Kopp/Schenke, Verwaltungsgerichtsordnung, § 113 VwGO, Rn. 141.; Schmidbauer/Steiner, Art. 12 POG, Rn. 69 f.

84 An einer Wiederholungsgefahr fehlt es, wenn es ungewiss ist, ob in Zukunft nochmals ähnliche Verhältnisse eintreten könnten. Sehr restriktiv hierzu OVG Münster, NJW 1999, 2202.

Sehr strenge Voraussetzungen stellt hier der BayVGH auf, indem er verlangt, dass die Wiederholung tatsächlich bevorstehen, in absehbarer Zeit möglich erscheinen oder sich konkret abzeichnen müsse (BayVGH, BayVBl. 1973, 383).

Als Faustregel gilt: Wiederholungsgefahr besteht, wenn in naher Zukunft ein Sachverhalt entscheidungsbedürftig wird, der durch die Entscheidung des vorliegenden Rechtsstreites größtenteils vorweg geklärt werden kann, indem die Prozessergebnisse im Wesentlichen übertragbar sind.

85 Schenke in: Kopp/Schenke, Verwaltungsgerichtsordnung, § 113 VwGO, Rn. 142 ff.

86 Eine solche diskriminierende Wirkung muss noch fortwirken und der Kläger muss ein schutzwürdiges Interesse an seiner Rehabilitierung haben, weil die Wirkung gegenwärtig andauert und eine objektive Beeinträchtigung des Persönlichkeitsrechts vorliegt.

Die diskriminierende Wirkung kann sich außer aus der Art des ergangenen VAs auch aus dessen Begründung ergeben oder aus den damit im Zusammenhang stehenden Umständen (Schenke in: Kopp/Schenke, Verwaltungsgerichtsordnung, § 113 VwGO, Rn. 143).

Sie kann sich auch aus der Art und Weise des Erlasses oder des Vollzuges eines VAs ergeben.

87 Bspe. bei Schmidbauer/Steiner, Art. 12 POG, Rn. 74 ff.

3. Schwerwiegender Grundrechtseingriff

schwerwiegender Grundrechtseingriff

Auch ohne Öffentlichkeitsbezug ist nach der Rechtsprechung des BVerfG ein Feststellungsinteresse zu bejahen, wenn es um Fälle tiefgreifender Grundrechtseingriffe geht, in denen die direkte Belastung durch den angegriffenen Hoheitsakt sich typischerweise auf eine Zeitspanne beschränkt, in der eine gerichtliche Entscheidung nicht eingeholt werden kann.[88] Letzteres ist im Polizeirecht regelmäßig zu bejahen. Fraglich ist somit allein, wann ein schwerwiegender Grundrechtseingriff i.d.S. vorliegt. Bejaht wurde dies vom BVerfG für eine Wohnungsdurchsuchung[89], Art. 13 GG, und für Eingriffe in die Rechte aus Art. 2 II GG[90] sowie i.R.d. Art. 10 GG.[91] 75a

hemmer-Methode: Ob es sich bei dem schwerwiegenden Grundrechtseingriff um eine neue eigenständige Fallgruppe oder um einen Unterfall des Reha-Interesses handelt, ist strittig, aber letztlich egal, da es allein eine Frage der Terminologie ist.

4. Vorbereitung eines Amtshaftungsprozesses[92]

Bei dieser Fallgruppe ist zwischen der FFK (direkt) und der FFK analog zu differenzieren. 76

unstr. bei FFK direkt

a) Bei der FFK nach § 113 I S. 4 VwGO (direkt) besteht ein berechtigtes Interesse, wenn die Feststellung der Rechtswidrigkeit für die Geltendmachung von Ansprüchen aus Amtshaftung nach § 839 BGB, Art. 34 GG oder aus sonstigen Entschädigungsansprüchen erheblich ist.

Voraussetzung dafür ist, dass ein Prozess mit hinreichender Sicherheit zu erwarten ist, welcher nicht offenbar aussichtslos erscheinen darf. Offenbare Aussichtslosigkeit besteht, wenn ohne eine ins Einzelne gehende Prüfung erkennbar ist, dass der behauptete Anspruch unter keinem rechtlichen Gesichtspunkt bestehen kann.[93]

Für den Fall des Zweckes der Vorbereitung eines Amtshaftungsprozesses ist somit grds. ein berechtigtes Interesse zu bejahen. Die Begründung liegt v.a. in der damit verbundenen Prozessökonomie, da bei der FFK (direkt!) das Verwaltungsgericht bereits mit der Sache befasst ist.[94]

str. bei FFK analog

b) Ob dies ebenso auf die FFK gem. § 113 I S. 4 VwGO analog übertragen werden kann, ist umstritten.

Während nach einer Auffassung auch hier ein berechtigtes Interesse mit einem Anspruch des Klägers auf Entscheidung durch das Verwaltungsgericht als dem sachnäheren Gericht bejaht wird,[95] lehnt die Rechtsprechung ein berechtigtes Interesse hier ab.[96] Begründet wird die Ablehnung damit, dass zum einen gerade kein Recht auf Klärung verwaltungsrechtlicher Vorfragen für den Amtshaftungsanspruch durch den sachnäheren Verwaltungsrichter besteht.

---

88 BVerfG, NVwZ 1999, 290 = BayVBl. 1999, 339.

89 BVerfG, NJW 1997, 2163.

90 BVerfG, NJW 1998, 2432.

91 BVerfG, NJW 2005, 1855.

92 Schenke in: Kopp/Schenke, Verwaltungsgerichtsordnung, § 113 VwGO, Rn. 136.

93 Schenke in: Kopp/Schenke, Verwaltungsgerichtsordnung, § 113 VwGO, Rn. 136.

94 Weitergehend fordert der VGH Mannheim, NVwZ 1997, 198, und ihm zustimmend Göpfert, NVwZ 1997, 143, dass der Prozess bereits bestimmte Ergebnisse, insbes. Beweise, hervorgebracht haben muss. Diese Ansicht ist mit dem BVerwG (BayVBl. 1998, 666 = **Life&Law 1998, 725**) als zu weitgehende und zu unbestimmte Einschränkung des Rechtsschutzes abzulehnen.

95 Kopp, JZ 1992, 1079.

96 BVerwGE 81, 226; BayVGH, BayVBl. 1983, 473 und 1984, 559.

Das Zivilgericht kann grds. gem. § 17 II S. 1 GVG im Rahmen seiner Vorfragenkompetenz verwaltungsrechtliche Probleme klären.

Darüber hinaus wäre es nicht gerade im Sinne der Prozessökonomie, erst einmal Klage zum Verwaltungsgericht zu erheben und daraufhin einen Amtshaftungsprozess vor dem Landgericht (vgl. Art. 34 S. 3 GG, § 71 II Nr. 2 GVG) einzuleiten. Bei der FFK nach § 113 I S. 4 VwGO ist bei Erledigung des VA ja gerade noch keine Klage erhoben worden.

hemmer-methode: I.R.e. typischen Polizeirechtsklausur, die i.d.R. (u.a.) prozessual auf einer FFK gem. § 113 I S. 4 VwGO analog aufbaut, ist daher regelmäßig ein berechtigtes Interesse wegen der Vorbereitung eines Amtshaftungsprozesses abzulehnen. Anders ist dies, wenn es sich um einen Fall der direkten Anwendung des § 113 I S. 4 VwGO handelt, die Erledigung also erst nach Klageerhebung eingetreten ist.

VI. Übrige allgemeine Sachentscheidungsvoraussetzungen

1. Beteiligtenfähigkeit, § 61 VwGO

Freistaat Bayern gem. § 61 Nr. 1 Alt. 2 VwGO beteiligungsfähig

Der von der Polizeimaßnahme Betroffene ist als Kläger gem. § 61 Nr. 1 Alt. 1 VwGO beteiligungsfähig. Auf Beklagtenseite ist regelmäßig der Freistaat Bayern als Träger der Polizei gem. Art. 1 PAG und Art. 1 I, II POG nach § 61 Nr. 1 Alt. 2 VwGO beteiligungsfähig. 77

2. Prozessfähigkeit, § 62 VwGO

Vertretung durch Ausgangsbehörde

Hier ist zu beachten, dass der Freistaat Bayern als Beklagter gem. Art. 16 AGVwGO i.V.m. § 3 I, II S. 6 LABV[97] grds. durch das jeweils örtlich zuständige Polizeipräsidium vertreten wird.

3. Sonstige Sachentscheidungsvoraussetzungen

Hinsichtlich der übrigen allgemeinen Sachentscheidungsvoraussetzungen gibt es in der Polizeirechtsklausur grds. keine Besonderheiten. Arbeiten Sie hierzu nochmals unser Skript **Hemmer/Wüst Verwaltungsrecht I, Rn. 211 ff.** nach.

C) Begründetheit der Fortsetzungsfeststellungsklage

Obersatzbildung!

Die Begründetheitsprüfung ist grds. mit nachfolgendem Obersatz einzuleiten: 78

Die Fortsetzungsfeststellungsklage ist begründet, wenn sie gem. § 78 I Nr. 1 VwGO gegen den richtigen Beklagten gerichtet ist, der VA rechtswidrig war und der Kläger hierdurch in seinen subjektiv-öffentlichen Rechten verletzt wurde, §§ 113 I S. 4 (direkt oder analog), 113 I S. 1 VwGO.

hemmer-Methode: Allgemeiner Hinweis: Formulieren Sie immer einen den Prüfungsaufbau vorgebenden eindeutigen Obersatz!
Bei der FFK ist im Unterschied zur Anfechtungsklage aufgrund der Erledigung des VA in der Vergangenheit zu formulieren.

97 Ziegler/Tremel, Nr. 903.

I. Passivlegitimation, § 78 I Nr. 1 VwGO

Zur Festlegung des richtigen Beklagten ist zwischen eigenständigem polizeilichen Handeln, Handeln auf Weisung, Amtshilfe und Vollzugshilfe zu differenzieren. 79

1. Eigenständiges polizeiliches Handeln

Rechtsträger ist Freistaat Bayern

Sofern die Polizei aus eigener Veranlassung im eigenen Aufgabenbereich aufgrund eigener Befugnisse handelt, ist der Freistaat Bayern als deren Rechtsträger, Art. 1 PAG und Art. 1 I, II POG, richtiger Beklagter.

hemmer-Methode: Dies wird in der Klausur der Regelfall sein. Erörtern Sie die in diesem Fall grds. unproblematische Passivlegitimation nur knapp in einem Satz.

2. Handeln auf Weisung, Art. 9 II POG

sicherheitsbehördliches Weisungsrecht

Nach Art. 9 II POG können die Sicherheitsbehörden der Polizei Weisungen im polizeilichen Aufgabenbereich erteilen. 80

Bsp.: Die Diskothek „Flughafen" steht im Verruf, Umschlagplatz für synthetische Drogen zu sein. Der Oberbürgermeister weist die Polizeidirektion an, in den nächsten drei Wochen jeweils freitags und samstags bei sämtlichen Besuchern der Diskothek bereits am Eingang eine Personalienkontrolle und ggf. eine Personendurchsuchung durchzuführen, um einen Drogenhandel künftig zu unterbinden.

Weisung zum Handeln im polizeilichen Aufgabenbereich

Bei einer Weisung wird die Polizei veranlasst, im eigenen Aufgabenbereich auf der Grundlage ihrer eigenen Befugnisse zu handeln. Hier stellt sich die Frage, ob nun der Rechtsträger der anweisenden Stelle (im Folgenden Anweisender) oder der Freistaat Bayern als Rechtsträger der Polizei (nachfolgend Angewiesener) passivlegitimiert ist.

a) Einerseits könnte man den Anweisenden bzw. dessen Rechtsträger als richtigen Beklagten ansehen. Hierfür spricht, dass dieser jedenfalls intern die Verantwortung für die Maßnahme trägt.

Gegen eine Passivlegitimation der anweisenden Stelle spricht aber zum einen der eindeutige Wortlaut des zwingenden § 78 I Nr. 1 VwGO, der allein nach dem Rechtsträger der Erlassbehörde fragt. Zum anderen spricht auch der Gedanke des effektiven Rechtsschutzes, Art. 19 IV GG, gegen eine Passivlegitimation des Rechtsträgers der anweisenden Behörde. Dem Bürger gegenüber tritt nur die Erlassbehörde auf, die Weisung spielt sich allein im Innenverhältnis ab und muss dem Bürger nicht einmal bekannt sein.

trotz sicherheitsbehördlicher Weisung ist Rechtsträger der angewiesenen Polizei passivlegitimiert

b) Passivlegitimiert ist somit der Rechtsträger der nach außen handelnden Polizei.

3. Amtshilfe, Art. 4 ff. BayVwVfG

Problematisch ist die Passivlegitimation insbesondere bei der Amtshilfe. 81

keine Amtshilfe bei Handeln auf Weisung oder Handeln im eigenen Aufgabenbereich

a) Die Polizei hat, wie jede Behörde, anderen Behörden auf Ersuchen ergänzende Hilfe (Amtshilfe) zu leisten, Art. 4 I BayVwVfG.

Amtshilfe liegt nicht vor, wenn die Polizei anderen Behörden innerhalb eines bestehenden Weisungsverhältnisses Hilfe leistet (Art. 4 II Nr. 1 BayVwVfG) oder wenn die Hilfeleistung in Handlungen besteht, die der ersuchten Polizei als eigene Aufgaben obliegen (Art. 4 II Nr. 2 BayVwVfG).

Amtshilfe scheidet daher dann aus, wenn die Polizei auf Weisung einer anderen Sicherheitsbehörde gem. Art. 9 II POG im polizeilichen Aufgabenbereich tätig wird.

> ***Bsp.:*** *Vgl. oben Rn. 80 das Beispiel zur Weisung.*

Sie scheidet ebenfalls aus, wenn sich die Pflicht zur Hilfeleistung aus einem gegenüber den Art. 4 ff. BayVwVfG bestehenden Spezialgesetz als eigene Aufgabe der Polizei und nicht aus dem Ersuchen einer auf ergänzende Hilfe angewiesenen Behörde ergibt.

Um eigene Aufgaben i.d.S. handelt es sich, wenn die in Frage stehende Handlung nicht nur in den Zuständigkeitsbereich der Behörde fällt, sondern dieser das entsprechende Handeln durch Gesetz zur unbedingten oder jedenfalls nach pflichtgemäßem Ermessen zur erfüllenden Pflicht gemacht ist.

> ***Bsp.:*** *Die Datenübermittlung durch die Polizei gem. Art. 39 ff. PAG. Diese Normen stellen eine vorrangige Spezialregelung der Informationshilfe - Übermittlung auf Ersuchen – dar, vgl. insbesondere Art. 39 III PAG.*

Amtshilfe als ergänzende Hilfe kommt damit in Betracht, wenn zwar der Aufgabenbereich der Polizei eröffnet ist und für Grundrechtseingriffe Befugnisse bestehen, es aber an der Pflicht zum entsprechenden Handeln fehlt.[98]

hemmer-Methode: Bereits an dieser Definition zeigt sich die geringe Bedeutung der Amtshilfe im Polizeirecht. Wenn im Einzelfall eine Gefahr besteht, wird die Polizei in aller Regel im Rahmen ihrer Ermessensentscheidung sich für ein Einschreiten und damit für ein eigenes Tätigwerden entscheiden müssen.

bei Amtshilfe Passivlegitimation str.

b) Liegt eine Amtshilfemaßnahme der Polizei vor und ist eine Klage dagegen zulässig, so stellt sich die Frage, gegen wen die Klage zu richten ist: Den Rechtsträger der ersuchenden (nachfolgend ersuchende Behörde) oder den Rechtsträger der ersuchten Behörde (nachfolgend ersuchte Behörde)? 82

e.A.: Arg. Art. 7 II S. 1 BayVwVfG - ersuchende Behörde verantwortlich

aa) Stellt man auf Art. 7 II S. 1 BayVwVfG ab, so könnte man daraus schließen, dass die ersuchende Behörde passivlegitimiert ist, da sie nach dieser Norm die Verantwortung für die Rechtmäßigkeit der zu treffenden Maßnahme trägt.[99]

a.A.: Ersuchte Behörde verantwortlich, da Art. 7 II BayVwVfG nur im Innenverhältnis gilt

bb) Andererseits sprechen gewichtige Gründe für die Passivlegitimation der ersuchten Behörde. Art. 7 II BayVwVfG enthält nur eine Zuweisung der Verantwortung im Verhältnis der Behörden untereinander und nicht für die Verantwortung gegenüber dem Bürger („gegenüber der ersuchten Behörde").[100]

Es ergibt sich gerade aus Art. 7 II S. 2, 5 II BayVwVfG, dass die ersuchte Behörde eine Prüfungspflicht hinsichtlich der Durchführung der Amtshilfe trifft. Übersieht sie entgegenstehende Rechte Dritter, so kann sie die materielle Verantwortlichkeit treffen.

98 Ramsauer in: Kopp/Ramsauer, Verwaltungsverfahrensgesetz, § 5 VwVfG, Rn. 16; a.A. Knemeyer, PORe, Rn. 106.

99 Diese Ansicht vertritt z.B.Knemeyer/Schmidt, PORe, Rn. 109.

100 Ramsauer in: Kopp/Ramsauer, Verwaltungsverfahrensgesetz, § 7 VwVfG, Rn. 11; Berner/Köhler/Käß, Polizeiaufgabengesetz, Art. 50 POG, Rn. 5.

Letztlich ist auch im Falle der Amtshilfe zu beachten, dass dem Bürger gegenüber nur die ersuchte Behörde auftritt, Art. 19 IV GG. Im Ergebnis ist daher von der Passivlegitimation der ersuchten Behörde (Rechtsträger der Polizei) auszugehen.[101]

4. Vollzugshilfe, Art. 67 ff. PAG[102]

Auch bei der Vollzugshilfe ist die Frage nach dem richtigen Beklagten fraglich. 83

a) Vollzugshilfe stellt als solche eine besondere Form der Amtshilfe dar.[103]

Vollzugshilfe bezogen auf Anwendung unmittelbaren Zwanges bzw. Justizhilfe

Inhaltlich ist die Vollzugshilfe gegenüber anderen Behörden - wie ihre Bezeichnung bereits andeutet - bezogen auf die Anwendung unmittelbaren Zwanges (Art. 67 I PAG) sowie gegenüber Gerichten und Staatsanwaltschaft auf die Vorführung von Personen und die Unterstützung des Gerichtsvorsitzenden bei der Handhabung der Ordnung in der Sitzung (Art. 67 II PAG, sog. Justizhilfe).

Die Vollzugshilfe ist eine Aufgabe der Polizei, Art. 2 III PAG.

Passivlegitimation fragl.

b) Bei der Vollzugshilfe kommen wiederum die vollziehende und die ersuchende Stelle als richtiger Beklagter in Betracht. 84

hemmer-Methode: Beachten Sie, dass diese Frage dann offenbleiben kann, wenn hinter beiden Stellen der gleiche Rechtsträger steht, § 78 I Nr. 1 VwGO. Entscheidungserheblich ist dieses Problem somit nur, wenn die Polizei bspw. einen gemeindlichen VA vollstrecken soll.[104]

Hierbei besteht Einigkeit, dass die Polizei die Verantwortung für das Vorliegen der allgemeinen und besonderen Vollstreckungsvoraussetzungen, die ersuchende Behörde die für die Rechtmäßigkeit des zu vollstreckenden VA hat.[105] Der Grund hierfür liegt darin, dass der Polizei - abgesehen von evidenten Mängeln - kein Prüfungsrecht hinsichtlich der Rechtmäßigkeit des Ausgangsverwaltungsaktes zusteht.[106]

Die Beklagtenstellung hängt also davon ab, ob der Kläger die Rechtswidrigkeit des vollstreckten VA oder die Rechtswidrigkeit der Vollstreckung selbst rügt.

Im letztgenanntem Fall muss er sich gegen den Freistaat Bayern als Rechtsträger der Polizei gem. Art. 1 II POG wenden, im ersten Fall gegen den Rechtsträger der Ausgangsbehörde.[107]

---

101 Schmidbauer/Steiner, Art. 9 POG, Rn. 14.

102 Z.T. wird zwischen Vollzugshilfe nach Art. 50 ff. PAG und speziellerer Vollstreckungshilfe nach Art. 37 II BayVwZVG unterschieden, vgl. z.B. Ziff. 2 der Vollzugsbek. zu Art. 50 PAG. Art. 50 ff. PAG hätte dann nur noch einen eingeschränkten Anwendungsspielraum, bspw. bei einem Vollstreckungsersuchen einer Bundesbehörde.

103 Berner/Köhler/Käß, Polizeiaufgabengesetz, Art. 50 PAG, Rn. 15.

104 Vgl. auch Berner/Köhler/Käß, Polizeiaufgabengesetz, Art. 50 PAG, Rn. 5 ff.

105 Berner/Köhler/Käß, Polizeiaufgabengesetz, Art. 50 PAG, Rn. 5 ff.; Knemeyer, PORe, Rn. 109; kein Argument ist allerdings Art. 7 II BayVwVfG, da dieser schon aus Kompetenzgründen nur das Innenverhältnis zwischen den Behörden und nicht auch die bundesgesetzlich geregelte Passivlegitimation betrifft (s. oben Rn. 82).

106 Berner/Köhler/Käß, Polizeiaufgabengesetz, Art. 50 PAG, Rn. 5 ff.

107 Im Ergebnis besteht insoweit Einigkeit. Lediglich die Begründungsansätze differenzieren. Dies hängt damit zusammen, dass nur teilweise der Konnexitätsgrundsatz vertreten wird, also die Ansicht, dass die Rechtswidrigkeit des Grund-VA auf die Vollstreckungsmaßnahme durchschlägt (dazu unten Rn. 258a). Lehnt man diesen Grundsatz ab, versteht sich das Ergebnis von selbst. Folgt man hingegen dem Konnexitätsgedanken, muss man im Fall der Vollzugshilfe eine Ausnahme machen. Die Vollstreckungsmaßnahme wird hier gerade nicht von der Rechtswidrigkeit des VA infiziert, da die Polizei kein Prüfungsrecht hat. Diese Ausnahme schlägt dann auch i.R.d. Passivlegitimation durch und führt ebenfalls zu einer „gesplitteten“ Beklagtenstellung, vgl. Knemeyer, PORe, Rn. 109.

hemmer-Methode: Beachten Sie die Unterschiede zwischen Vollzugshilfe und Amtshilfe. Im Fall der Amtshilfe erlässt die Polizei den VA auf Ersuchen selbst, während im Fall der Vollzugshilfe schon ein VA einer anderen Behörde vorliegt und von der Polizei nur vollzogen wird. Deswegen ist hier anders als bei der Amtshilfe zugleich eine Klage gegen die Ausgangsbehörde möglich. Diese „gesplittete" Passivlegitimation ist auch mit dem Grundsatz effektiven Rechtsschutzes nach Art. 19 IV GG vereinbar, da der Ausgangsverwaltungsakt dem Bürger als Wirksamkeitsvoraussetzung nach Art. 43 I BayVwVfG bekannt gegeben wurde.

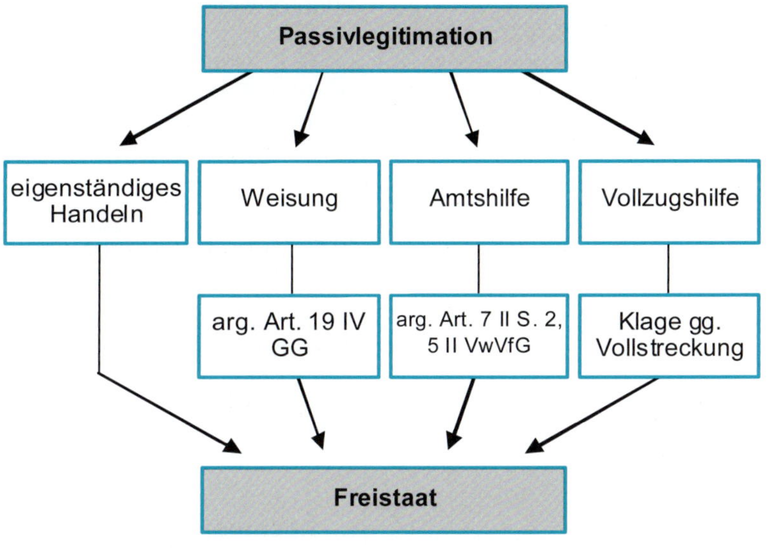

II. Rechtmäßigkeit einer polizeilichen Primärmaßnahme

1. Grundsystem

a) Drei Ebenen polizeilichen Handelns

welche Art von Maßnahme soll geprüft werden?

Bei der Rechtmäßigkeitsprüfung eines jeden einzelnen polizeilichen Verwaltungsaktes ist zunächst einmal festzustellen, ob es sich um einen Grundverwaltungsakt oder eine Zwangsmaßnahme handelt. Dies ist deshalb vorab zu klären, da hieran jeweils verschiedene Voraussetzungen für die Rechtmäßigkeit anknüpfen. 85

Das Polizeirecht basiert auf folgender Grundsystematik: 86

drei Handlungsebenen

Man unterscheidet drei polizeiliche Handlungsebenen:[108]

⇨ Auf der ersten Ebene ergehen die Grundmaßnahmen (Primärmaßnahmen).

⇨ Die zweite Ebene betrifft den polizeilichen Zwang (Sekundärmaßnahmen).

⇨ Auf der dritten Ebene sind die Folgen polizeilichen Handelns wie Entschädigungs-, Erstattungs- und Ersatzansprüche zu beachten.

108 Knemeyer, PORe, Rn. 68.

Primärmaßnahmen

aa) Polizeiliche Grundverwaltungsakte ergehen aufgrund der Eingriffsbefugnisse der Art. 11, 12 ff. PAG. Man bezeichnet sie auch als Primärmaßnahmen. 87

Sekundärmaßnahmen

bb) Zwangsmaßnahmen der Polizei sind in den Art. 70 ff. PAG normiert. Diese Sekundärmaßnahmen dienen der Durchsetzung von Grundverwaltungsakten.

Tertiärebene

cc) Die dritte Ebene polizeilichen Handelns fließt grds. in andere prozessuale Fallkonstellationen ein. Sie wird daher erst im Rahmen anderer Klagearten behandelt.

hemmer-Methode: Im Folgenden beschäftigt sich dieses Skript mit der Rechtmäßigkeit von Primärmaßnahmen. Polizeiliche Sekundärmaßnahmen werden im Anschluss besprochen (Rn. 252 ff.), Tertiärmaßnahmen im Rahmen anderer Klagearten.

b) Prüfungsaufbau bei Primärmaßnahmen

Die Rechtmäßigkeit polizeilicher Maßnahmen kann nach dem gleichen Schema geprüft werden wie die Rechtmäßigkeit eines sonstigen Verwaltungsaktes: 88

<u>Allgemeiner Prüfungsaufbau</u>

I. Rechtsgrundlage

1. Liegt eine spezialgesetzliche Norm zur Gefahrenabwehr vor (Art. 11 IV S. 1 PAG i.V.m. spezieller Eingriffsbefugnis)?

2. Wenn nicht, so stellt sich die Frage, ob eine Standardbefugnisnorm nach dem PAG eingreift (Art. 11 I HS. 2 i.V.m. Art. 12 ff. PAG).

3. Ist auch eine solche nicht einschlägig, so kommt die Generalklausel des Art. 11 I HS. 1, II, III PAG in Betracht.

II. Formelle Rechtmäßigkeit

1. Zuständigkeit der Polizei

a) sachlich: Die Polizei ist gem. Art. 2, 3 PAG zur Gefahrenabwehr im Eilfall zuständig
(Hier ist zu prüfen, ob die Polizei gefahrenabwehrend handeln wollte. Ferner muss ein Eilfall nach Art. 3 PAG vorliegen).

b) örtlich: Art. 3 I POG

2. Bei den übrigen formellen Rechtmäßigkeitsvoraussetzungen (Anhörung, Begründung) ergeben sich grds. keine Probleme.

III. Materielle Rechtmäßigkeit der Primärmaßnahme

1. Subsumtion der einschlägigen Befugnisnorm, ggf. i.V.m. Art. 7 – 10 PAG.

2. Prüfung der Ermessensausübung in den Grenzen des § 114 S. 1 VwGO, Art. 5 PAG. Insbesondere ist hier das „Wie“ der Maßnahme, Art. 4 PAG, und die Frage „Gegen wen“ diese zu richten ist, Art. 7 - 10 PAG, zu prüfen.

Neben diesem allgemeinen Aufbau kann in Polizeirechtsklausuren allerdings auch auf den sog. „bayerischen Aufbau" zurückgegriffen werden: 89

Bayerischer Prüfungsaufbau

I. Formelle Rechtmäßigkeit

1. Feststellung, dass die Polizei im eingeschränkt institutionellen Sinn gem. Art. 1 PAG gehandelt hat.
2. Örtliche Zuständigkeit gem. Art. 3 I POG

II. Materielle Rechtmäßigkeit

1. Aufgabeneröffnung, Art. 2, 3 PAG (≈ sachliche Zuständigkeit)
2. Bei Grundrechtseingriffen muss eine Befugnisnorm einschlägig sein, Art. 11 ff. PAG
3. Maßnahmerichtung, Art. 7 - 10 PAG
4. Grundsatz der Verhältnismäßigkeit, Art. 4 PAG
5. Ermessen, Art. 5 PAG

90

hemmer-Methode: Welchen Aufbau Sie verwenden, ist Ihnen völlig freigestellt. Die Musterlösungsskizzen von bayerischen Examensklausuren beruhten in der Vergangenheit meist auf dem bayerischen Aufbau, während in neueren Klausuren regelmäßig der allgemeine Aufbau zugrunde gelegt wird. Das Skript orientiert sich am allgemeinen Prüfungsaufbau, da es für Sie arbeitsökonomischer ist, das in anderen Rechtgebieten Erlernte auch im Polizeirecht zu verwenden.
In Übungsklausuren ist es jedenfalls vorteilhaft, sich nach dem von den jeweiligen Professoren am Prüfungsort favorisierten Aufbau zu richten.

2. Rechtsgrundlage

ÜBERSICHT 91

⇨ Spezialgesetzliche Befugnisse
Art. 11 IV PAG i.V.m. spezieller Befugnisnorm

⇨ Standardbefugnisnormen
Art. 11 I HS. 2 PAG i.V.m. Art. 12 ff. PAG

⇨ Generalbefugnisnorm
Art. 11 I HS. 1, II, III PAG

a) Voraustatbestände nach II, III („insbesondere")

b) Atypische Maßnahmen bei **konkreter Gefahr** nach I

Maßnahmen bedürfen einer Befugnis

Wie bereits erwähnt, benötigt die Polizei für Maßnahmen, also Handeln, das in Grundrechte des Betroffenen eingreift, eine entsprechende Befugnisnorm. 92

Der zweite Abschnitt des PAG regelt die polizeilichen Befugnisse in den Art. 11 bis 68 PAG.

Systematik

Art. 11 PAG legt die Systematik der polizeilichen Befugnisse fest.

Befugnisse außerhalb des PAG leges speciales

Soweit der Polizei Befugnisse außerhalb des PAG zustehen, gehen diese als leges speciales den im PAG geregelten Befugnisnormen vor. Insoweit ergibt sich die Rechtsgrundlage für eine polizeiliche Maßnahme über Art. 11 IV S. 1 PAG i.V.m. der außerhalb des PAG stehenden Befugnisnorm. 93

Standardbefugnisse

Ist außerhalb des PAG keine Regelung einschlägig, so ist zunächst nach Art. 11 I HS. 2 PAG auf die Standardbefugnisse der Art. 12 bis 68 PAG abzustellen. 94

Generalklausel mit Voraustatbeständen

hemmer-Methode: In der Klausurprüfung müssen Sie sich also zunächst die Frage stellen, ob spezielle Befugnisse außerhalb des PAG geregelt sind. Ist dies nicht der Fall, so sind die Standardbefugnisse der Art. 12 ff. PAG zu überprüfen. Nur wenn auch bei diesen keine Befugnisnorm einschlägig ist, dürfen Sie die Generalklausel heranziehen. Beachten Sie aber: Sie dürfen nur dann, wenn keine spezielle Befugnisnorm einschlägig ist, auf die allgemeine abstellen.
Ist eine spezielle Befugnisnorm einschlägig, scheitert sie aber an der Subsumtion, so wäre es ein grober Fehler, die entsprechende Maßnahme auf die Generalklausel zu stützen. Die Generalklausel kann nur dann als Befugnisnorm in Betracht kommen, wenn eine spezielle Norm gar nicht passend ist, nicht jedoch, wenn sie an ihren Voraussetzungen scheitert. Die Maßnahme ist dann rechtswidrig.[109]

Soweit keine der Standardbefugnisnormen eingreift, ist auf die Generalklausel des Art. 11 I – III PAG zurückzugreifen, wobei Art. 11 II, III PAG vor der absoluten Generalklausel des Art. 11 I PAG zu prüfen ist.

Exkurs für Fortgeschrittene: „das Münchner Modell“

Anwendbarkeit der Rechtsgrundlagen

Die Rechtsgrundlagen des PAG sind nur dann anwendbar, wenn die Polizei im institutionellen Sinn des Art. 1 PAG handelt.[110]

„Münchner Modell“:

Probleme hierbei ergeben sich insbesondere i.R.v. Abschleppfällen, bei denen nach dem „Münchner Modell“ verfahren wird. 95

= Abschleppen mit Hilfe eines kommunalen Parküberwachers

Es handelt sich dabei um die Fallkonstellation des Abschleppens mit Hilfe des Einsatzes eines kommunalen Parküberwachers.

In solchen Varianten besteht eine Vereinbarung zwischen der Kommune (damals der Stadt München) und der zuständigen Polizeidienststelle, nach welcher die Bediensteten der kommunalen Parküberwachung (= Bedienstete der Stadt) ihre Feststellungen bei der Kontrolle des ruhenden Verkehrs der Polizei fernmündlich mitteilen. Sie schildern der Polizei den Standort sowie die näheren Umstände.

Die Anordnung zum Abschleppen eines verkehrswidrig geparkten Kfz trifft dann der informierte Polizeibeamte. Diese Anordnung führt der städtische Bedienstete aus, indem er einen Abschleppunternehmer beauftragt. Eine eigene Augenscheinnahme durch die Polizei vor Ort erfolgt nicht.

Handeln der Polizei oder des städtischen Bediensteten?

In solchen Fällen stellt sich insbesondere die Frage, ob mit der Veranlassung des Abschleppens überhaupt ein Handeln der Polizei im institutionellen Sinn vorliegt oder ob vielmehr ein Handeln des städtischen Bediensteten gegeben ist. 96

städtische Bedienstete werden nicht zu Polizeibeamten

Die kommunalen Parküberwacher werden durch ihre Tätigkeit grundsätzlich nicht zu Polizeibeamten i.S.d. Art. 1 PAG. Ihnen stehen daher auch keine Befugnisse nach dem PAG zu.[111] Entscheidend ist daher die Frage, ob die fernmündliche Absprache bewirkt, dass die Anordnung der Maßnahme als polizeiliche Maßnahme anzusehen ist.

---

109 Diesen Grundsatz durchbricht die h.M. im Fall des dauerhaften Platzverbotes. Da Art. 16 PAG nur vorübergehende Platzverweisungen zulässt, stützt die h.M. dauerhafte Platzverbote auf Art. 11 II PAG, vgl. BayVGH, BayVB. 2001, 529, vgl. auch unten Rn. 196 f.

110 Vgl. hierzu oben Rn. 13.

111 Berner/Köhler/Käß, Polizeiaufgabengesetz, Art. 25 PAG, Rn. 9 ff.

Anordnungskompetenz formal bei der Polizei

Grundsätzlich verbleibt bei der Vorgehensweise nach diesem Modell die Anordnungskompetenz formal bei der Polizei.

Dies ergibt sich daraus, dass zunächst eine Mitteilung an die Polizei erfolgt und diese dann über die notwendigen Maßnahmen entscheidet, welche letztlich vom kommunalen Parküberwacher nur ausgeführt werden.

muss Polizei die Lage vor Ort selbst beurteilen, um korrekte Ermessensentscheidung treffen zu können?

Es ist aber problematisch, ob nicht die Polizei vor Ort selbst beurteilen muss, ob eine konkrete Störung der öffentlichen Sicherheit oder Ordnung vorliegt. Erst die Kenntnisse der konkreten Verkehrssituation verschaffen der Polizei nämlich die Möglichkeit, von ihrem Ermessen, „ob" und ggf. „wie" eingeschritten werden soll, Gebrauch zu machen (Art. 5 I PAG, Opportunitätsprinzip).

Eine Übertragung des Ermessens sieht das Gesetz nicht vor; es geht vielmehr stillschweigend davon aus, dass die Polizei vor Ort ihre Ermittlungen vornimmt und dann ihre Entscheidung über die erforderliche Maßnahme trifft.

BayVGH: Polizei kann aus eigener Kenntnis der örtlichen Verhältnisse mit Hilfe der Informationen rechtlich korrekte Ermessensentscheidung treffen

Trotz vieler Bedenken billigte der BayVGH das „Münchner Modell".[112] Einerseits verwies er in der Begründung darauf, dass der betreffende Polizeibeamte aus eigener Kenntnis der örtlichen Verhältnisse und der ihm vermittelten Informationen über alle wesentlichen Umstände selbst eine rechtlich nicht zu beanstandende Ermessensentscheidung treffen kann. 97

Ferner soll aufgrund der praktischen Erwägungen eine Entlastung der Polizei im Bereich der Verkehrsüberwachung herbeigeführt werden.

hemmer-Methode: Diese Rechtsprechung mutet auf den ersten Blick etwas merkwürdig an, zumal wenn man sich überlegt, dass der Gemeinde mit Art. 7 LStVG eine eigene Befugnis zur Verfügung steht. Allerdings ist hier Art. 33 IV GG zu beachten, wonach die Wahrnehmung hoheitlicher Befugnisse in der Regel Beamten vorbehalten sein sollte.[113] Aus diesem Grund ordnet der kommunale Parküberwacher das Abschleppen nicht selbst an, sondern leitet lediglich die Abschleppmaßnahme durch die Polizei in die Wege.

Exkursende

98

3. Formelle Rechtmäßigkeit der polizeilichen Primärmaßnahme

Der Schwerpunkt der formellen Rechtmäßigkeit ist die sachliche Zuständigkeit der Polizei.

112 BayVGH, BayVBl. 1990, 433; Berner/Köhler/Käß, Polizeiaufgabengesetz, Art. 25 PAG, Rn. 9; da diese Entscheidung sehr umstritten ist, kann hier auch eine andere Ansicht vertreten werden.

113 Vgl. Pieper in: Schmidt-Bleibtreu/Hofmann/Henneke, Grundgesetz, Kommentar, 14. Auflage 2018, Art. 33 GG, Rn. 104 ff.

a) Zuständigkeit

aa) Sachliche Zuständigkeit = Aufgabeneröffnung, Art. 2, 3 PAG

ÜBERSICHT 99

Wegen des Grundsatzes, dass die speziellere Norm die allgemeine Norm verdrängt, ergibt sich i.R.d. Art. 2 PAG folgende Prüfungsreihenfolge:

⇨ Art. 2 IV PAG: Aufgabeneröffnung i.V.m. Spezialgesetz

⇨ Art. 2 III PAG: Aufgabeneröffnung bei Vollzugshilfe

⇨ Art. 2 I PAG: **Generalnorm** zur Aufgabeneröffnung

a) Handeln zum Abwehr einer Gefahr (Gefahrenbegriff)
b) für die öffentliche Sicherheit und Ordnung
c) Art. 3 PAG: Subsidiarität polizeilichen Handelns

⇨ Art. 2 II PAG: Aufgabeneröffnung zum Schutz privater Rechte

(1) Systematik der Art. 2 und 3 PAG

Art. 2 PAG bestimmt Aufgabenkreis der Polizei

(a) Art. 2 PAG enthält eine allgemeine Umschreibung der polizeilichen Aufgaben = sachlichen Zuständigkeit.[114] 100

Grundrechtseingriffe bedürfen zusätzlich einer Befugnis

Art. 2 PAG bestimmt aber nur den Aufgabenkreis der Polizei. Soll hingegen durch eine polizeiliche Maßnahme in Grundrechte des Betroffenen eingegriffen werden, so ist aufgrund des Vorbehalts des Gesetzes, Art. 1 III, 20 III GG, eine gesetzliche Eingriffsbefugnisnorm erforderlich. Aufgrund der Aufgabeneröffnung darf die Polizei nicht in Grundrechte eingreifen. Hierauf lassen sich lediglich polizeiliche Tätigkeiten wie Belehrungen ohne Bindungswirkung, Streifenfahrten etc. stützen. 101

hemmer-Methode: Ziel unserer Skripten ist, Ihnen juristisches Verständnis und nicht nur Wissen zu vermitteln! Art. 2 I PAG entspricht nicht den Anforderungen des Gesetzesvorbehalts, da diese Norm viel zu unbestimmt ist. Voraussetzung für eine Eingriffsbefugnis ist nämlich, dass für den Bürger wenigstens das ungefähre Ausmaß der möglichen Belastungen sichtbar ist.[115]

Befugnis bei Bitte um Polizeihandeln entbehrlich

Eine Befugnisnorm ist weiterhin nicht erforderlich, wenn der Betroffene um polizeiliches Handeln bittet. Ein Handeln auf Verlangen stellt keine grundrechtseingreifende Maßnahme dar. 102

Bsp.: *Schiedsrichter Benno Blind bittet die Polizei, ihn zum Schutz vor den wütenden Fußballfans in Gewahrsam zu nehmen.*

Aufgabeneröffnung/sachl. Zuständigkeit Grundvoraussetzung für Rechtmäßigkeit

Allerdings müssen, auch wenn nicht in Grundrechte eingegriffen wird, die Voraussetzungen des Art. 2 PAG vorliegen. Ist dies nicht der Fall, so sind polizeiliche Handlungen rechtswidrig. 103

Eilfallerfordernis, Art. 3 PAG

(2) Art. 3 PAG enthält eine weitere Voraussetzung für das polizeiliche Tätigwerden. Danach wird die Polizei nur dann tätig, wenn eine andere Behörde nicht oder nicht rechtzeitig handlungsfähig erscheint. Art. 3 PAG betrifft somit hauptsächlich das Verhältnis der Polizei zu anderen Behörden. 104

---

114 Berner/Köhler/Käß, Polizeiaufgabengesetz, Art. 2 PAG, Rn. 1.

115 Vgl. m.w.N. **Hemmer/Wüst, Staatsrecht II, Rn. 140 f.**

Er greift allerdings nur im Fall des Art. 2 I PAG ein. Wenn der Polizei spezialgesetzlich eine Aufgabe i.S.d. Art. 2 IV PAG zugewiesen wurde, so geht diese spezielle Vorschrift dem allgemeinen Art. 3 PAG vor.[116] Fordert eine andere Behörde Vollzugshilfe nach Art. 2 III PAG an, impliziert dies immer die Erforderlichkeit polizeilichen Handelns gem. Art. 3 PAG. I.R.d. Art. 2 II PAG ergibt sich bereits aus der dort geforderten Unaufschiebbarkeit, dass der Subsidiaritätsgedanke des Art. 3 PAG nicht eingreifen kann.

(2) Art. 2 PAG

(a) Eröffnung des Aufgabenbereiches/ Zuständigkeit über Art. 2 IV PAG

Bei Art. 2 IV PAG ist zu berücksichtigen, dass er eine Aufgabeneröffnung sowohl im präventiven als auch im repressiven Bereich beinhaltet. 105

Zuständigkeit für Repressivbereich

(aa) Einerseits enthält Art. 2 IV PAG i.V.m. § 163 StPO bzw. § 53 OWiG eine Aufgabeneröffnung für Strafverfolgungsmaßnahmen sowie für die Ordnungswidrigkeitenverfolgung. 106

hemmer-Methode: Vergleichen Sie zur Überprüfung von Repressivhandeln der Polizei den späteren Exkurs.

Zuständigkeit für Präventivbereich

(bb) Art. 2 IV PAG verweist darüber hinaus auch auf spezialgesetzliche Aufgabeneröffnungsnormen für Präventivmaßnahmen der Polizei. Art. 2 IV PAG stellt selbst keine Zuständigkeits-, sondern lediglich eine Brückennorm zu sondergesetzlichen Regelungen dar. Die Norm des Art. 2 I PAG wird insoweit als lex generalis für die sachliche Zuständigkeit verdrängt, da die außerhalb des PAG der Polizei zugewiesenen Aufgaben leges speciales sind. 107

ggf. Rückschluss von Befugnis auf Zuständigkeit

Sofern sich allerdings Befugnisse in Bundesgesetzen befinden, gilt es Folgendes zu beachten: Anders als im bayerischen Landesrecht wird in Bundesgesetzen nicht immer zwischen Zuständigkeit = Aufgabeneröffnung und Befugnisnorm differenziert. Hier ist allerdings ein Rückschluss von einer zugewiesenen Befugnis auf die sachliche Zuständigkeit der Polizei zulässig.[117] 108

aber niemals Schluss von Aufgabe/ sachl. Zuständigkeit auf Befugnis!

Umgekehrt darf man jedoch nicht von einer Aufgabe (= sachliche Zuständigkeit) auf eine Befugnis (= Rechtsgrundlage) schließen, da die Aufgabeneröffnungsnorm zunächst nur den Tätigkeitsbereich festlegt.[118]

spezielle Zuständigkeitszuweisungen:

Als wichtige außerhalb des PAG liegende Zuständigkeitszuweisungsnormen im präventiven Bereich kommen insbesondere in Betracht: 109

⇨ Art. 24 II S. 1 BayVersG

⇨ Art. 15 II BayPresseG;

⇨ §§ 4 I S. 1, 8 II S. 4 VereinsG.

116 Im Fall des § 163 StPO ergibt sich dies auch zwingend daraus, dass der Landesgesetzgeber nicht eine bundesrechtliche Vorschrift leerlaufen lassen darf, Art. 31 GG.

117 Schmidbauer/Steiner, Art. 2 PAG, Rn. 59.

118 Eine Ausnahme wird hier allein i.R.d. Öffentlichkeitsarbeit der Bundesregierung gemacht, vgl. hierzu BVerfGE 63, 230 (242 f.).

hemmer-Methode: Zur Erinnerung sei nochmals darauf hingewiesen, dass die Einschränkung des Art. 3 PAG i.R.d. speziellen Zuständigkeitszuweisung nach Art. 2 IV PAG keine Rolle spielt.[119]

(b) Eröffnung des Aufgaben- bzw. Zuständigkeitsbereiches über Art. 2 III PAG

Nach Art. 2 III PAG ist die Polizei dafür sachlich zuständig, gegenüber anderen Behörden und Gerichten Vollzugshilfe nach den Art. 50 - 52 PAG zu leisten.[120] *109a*

Behörde: Art. 1 II BayVwVfG

Behörde ist jede Stelle, die Aufgaben der öffentlichen Verwaltung wahrnimmt (vgl. Art. 1 II BayVwVfG).

Gerichte

Gerichte sind unabhängige, nach besonderen Rechtsvorschriften verfasste Spruchorgane zur Entscheidung von Rechtsstreitigkeiten.

besondere Form der Amtshilfe

Vollzugshilfe ist eine besondere Form der Amtshilfe,[121] vgl. Art. 50 III PAG. Zur Amtshilfe sind alle Behörden des Bundes und der Länder nach Art. 35 I GG untereinander verpflichtet. Art. 50 I, II PAG regelt den Inhalt der Vollzugshilfe. *109b*

(c) Sachliche Zuständigkeit gem. Art. 2 I, 3 PAG

Abwehr von allgemeinen oder im Einzelfall bestehenden Gefahren

Nach Art. 2 I PAG ist die Polizei auch (und v.a.) dafür sachlich zuständig, die allgemein oder im Einzelfall bestehenden Gefahren für die öffentliche Sicherheit oder Ordnung abzuwehren. *110*

hemmer-Methode: Sehr häufig ist Art. 2 I PAG i.V.m. Art. 3 PAG die einschlägige Norm für die sachliche Zuständigkeit der Polizei.
Hier wird von Ihnen erwartet, dass Sie die maßgeblichen Begriffe, „Gefahr" bzw. „öffentliche Sicherheit oder Ordnung", definieren und exakt subsumieren.
Achtung: Art. 2 I PAG spricht von öffentlicher Sicherheit oder Ordnung. Subsumieren Sie nicht unter „öffentliche Sicherheit und Ordnung", wie dies z.B. Art. 6 BayLStVG normiert. Eine solche Ungenauigkeit könnte Ihnen von manchen terminologisch fixierten Korrektoren sehr übel genommen werden.

(aa) Öffentliche Sicherheit oder Ordnung

öffentliche Sicherheit

Unter öffentlicher Sicherheit versteht man die Unversehrtheit von Leben, Gesundheit, Ehre, Freiheit und Vermögen sowie der Rechtsordnung als auch der grundlegenden Einrichtungen des Staates.[122] *111*

Bei den Individualrechtsgütern Gesundheit, Ehre, Freiheit und Vermögen handelt es sich um eine lediglich beispielhafte Aufzählung. *112*

bei Individualrechtsgütern muss öffentliches Interesse an Sicherung bestehen

Bei Individualrechtsgütern ist im Umkehrschluss zu Art. 2 II PAG Voraussetzung für die polizeiliche Aufgabeneröffnung nach Art. 2 I PAG, dass ein öffentliches Interesse an deren Sicherung besteht.[123]

Ein solches besteht z.B. nicht, wenn eine selbstverantwortungsfähige Person freiwillig ausschließlich eigene, allein ihrer Dispositionsbefugnis unterliegende Rechtsgüter gefährdet. Dann kommt allein eine Aufgabeneröffnung nach Art. 2 II PAG in Betracht.[124]

---

119 vgl. oben Rn. 104.

120 Vgl. bereits oben, Rn. 83.

121 Berner/Köhler/Käß, Polizeiaufgabengesetz, Art. 50 PAG, Rn. 15 f.

122 Berner/Köhler/Käß, Polizeiaufgabengesetz, Art. 2 PAG, Rn. 5 ff.

123 Berner/Köhler/Käß, Polizeiaufgabengesetz, Art. 2 PAG, Rn. 8; ein öffentliches Interesse wird immer dann bejaht, wenn die Verletzung der Individualrechtsgüter mit Strafe oder Geldbuße bedroht ist.

124 Schmidbauer/Steiner, Art. 2 PAG, Rn. 30.

***Bsp.:** An der alleinigen Selbstgefährdung fehlt es bspw., wenn das Verhalten andere zum Nachmachen ermutigt.[125] An der Dispositionsbefugnis fehlt es nach h.M. bei einem Selbsttötungsversuch.*

Rechtsordnung umfasst grds. Normen des öffentlichen Rechts

Besondere Bedeutung gewinnt die Unversehrtheit der Rechtsord- 113
nung. Die Rechtsordnung umfasst grds. Normen des öffentlichen Rechts, insbesondere des StGB und des OWiG. Sehr häufig wird der polizeiliche Zuständigkeitsbereich für Präventivmaßnahmen durch eine (ggf. wiederholt) bevorstehende oder bereits erfolgte, aber noch andauernde Straftat bzw. Ordnungswidrigkeit eröffnet.

Die Polizei kann in solchen Fällen nicht nur strafverfolgend, sondern auch gefahrenabwehrend tätig werden. Sie handelt dann, um eine (noch) bestehende Gefahr für die objektive Rechtsordnung (in Form der Verletzung von Normen des StGB) abzuwehren, indem eine erneute Straftat verhindert bzw. eine gerade stattfindende beendet wird oder durch eine Straftat verursachte Zustände beseitigt werden.[126]

grundlegende Einrichtungen des Staates

Die Unversehrtheit der grundlegenden Einrichtungen des Staates, 114
genauer der Sicherheit des Staates, seiner Einrichtungen und deren Funktionsfähigkeit, hat in Klausuren kaum Bedeutung.[127]

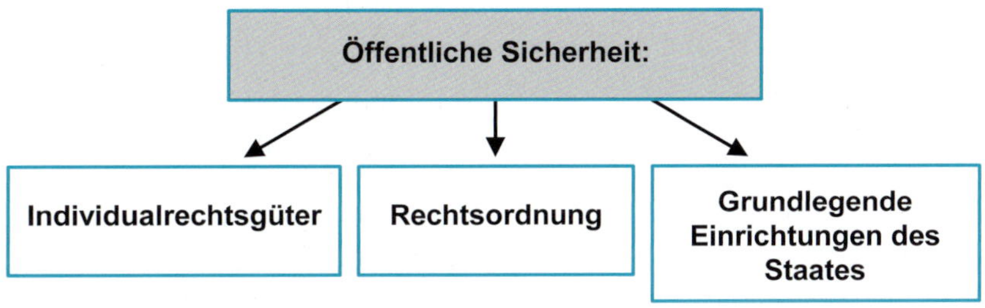

hemmer-Methode: Teilweise wird die Definition um das vierte Merkmal des Schutzes kollektiver Rechtsgüter erweitert, beispielsweise bei öffentlicher Wasserversorgung[128] sowie bei Natur und Landschaft.[129]

öffentliche Ordnung

Unter öffentlicher Ordnung versteht man die Gesamtheit der unge- 115
schriebenen Regeln für das Verhalten des Einzelnen in der Öffentlichkeit, deren Beachtung nach den jeweils herrschenden Anschauungen als unerlässliche Voraussetzung eines geordneten staatsbürgerlichen Gemeinschaftslebens betrachtet wird.[130]

Der Begriff der öffentlichen Ordnung ist schwer fassbar und daher sehr umstritten. Die Verfassungsmäßigkeit wird trotz einiger Bedenken, insbesondere wegen einer möglichen Unvereinbarkeit mit dem Rechtsstaatsprinzip, von der h.M. bejaht.[131]

In Klausuren spielt der Begriff meist keine Rolle, da regelmäßig auch schon die öffentliche Sicherheit betroffen ist.[132]

125 VGH Mannheim, NJW 1998, 2235 (Tauchen an gefährlicher Stelle).

126 Vgl. zur Frage, in welchem Aufgabenbereich die Polizei in solchen Fällen jeweils gehandelt hat, bereits oben, Rn. 41 ff.

127 OVG Münster, NJW 1997, 1596 subsumiert hierunter die Warnung vor Radarkontrollen der Polizei durch Privatpersonen.

128 BVerwG, DVBl. 1974, 297 ff.

129 VGH Mannheim, NVwZ 1988, 166.

130 BayVerfGHE 4, 194; vgl. zu diesem Begriff Wächter, Die Schutzgüter des Polizeirechts, NVwZ 1997, 729.

131 Bayerischer Verfassungsgerichtshof, Entscheidung vom 09. Juli 1985 – Vf. 44-VI-84.

132 Vgl. Wächter, NVwZ 1997, 729 ff.

Bspe.: Exhibitionismus, der nicht zugleich unter § 183 StGB fällt (dann öffentliche Sicherheit),[133] Zwergenweitwurf,[134] Nacktjoggen,[135] Peepshows je nach Art der Darbietungen,[136] Laserdrome,[137] Verharmlosen der Verbrechen des Nazi-Regimes (das nicht unter § 130 StGB fällt).[138] Keinen Verstoß gegen die öffentliche Ordnung soll dagegen das „stille", d.h. nicht aggressive Betteln darstellen.[139]

hemmer-Methode: Fälle wie der „Zwergenweitwurffall", bei dem auf einer Kirmes die Möglichkeit bestand, kleinwüchsige Menschen zu werfen, klingen „witzig", sind aber rechtlich äußerst interessant. Die Rechtsprechung bejaht hier eine Verletzung der öffentlichen Ordnung, weil die objektive Dimension der Menschenwürde verletzt sei, wenn der Mensch als Wurfobjekt missbraucht werde.[140] Dies ist insoweit nicht unproblematisch, als hier die Würde gegen den eigentlichen Würdeträger ins Feld geführt wird, der sich gerade gegen ein Entgelt werfen lassen möchte.
Besondere Bedeutung hat der Begriff der „öffentlichen Ordnung" v.a. i.R.d. Art. 15 I BayVersG, wenn eine Versammlung von (Rechts-)Extremisten zwar nicht gegen das geltende Gesetz, möglicherweise aber gegen das Moralempfinden breiter Bevölkerungsschichten verstößt. Inwieweit das Tatbestandsmerkmal der Gefahr für die öffentliche Ordnung ausreicht, ist allerdings heftig umstritten.[141]

(bb) Gefahrenbegriff

zentraler Begriff des Gefahrenabwehrrechts

Beim Gefahrenbegriff, der einen der zentralen Begriffe des Polizei- und Sicherheitsrechts darstellt, sind zunächst die verschiedenen Unterarten zu differenzieren. 116

„Gefahr"

Zustand, der Schadenseintritt erwarten lässt

Grundsätzlich versteht man unter Gefahr im Polizei- und Sicherheitsrecht einen Zustand, der nach verständigem Ermessen in näherer Zeit bei ungehindertem Geschehensablauf den Eintritt einer Störung der öffentlichen Sicherheit oder Ordnung, insbesondere eines Schadens, mit Wahrscheinlichkeit erwarten lässt. 117

hemmer-Methode: Für die Bejahung der sachlichen Zuständigkeit muss die Gefahr streng genommen noch nicht tatsächlich vorliegen. Es genügt, wenn die Polizeibeamten erkennbar für Dritte vom Vorliegen einer solchen Gefahr ausgehen und diese abwehren wollen. Ob tatsächlich eine Gefahr vorliegt ist eine Frage der materiellen Rechtmäßigkeit. Aus Gründen der Übersichtlichkeit werden die verschiedenen Gefahrbegriffe aber dennoch hier im Zusammenhang dargestellt.
Anders ist dies, wenn Sie den bayerischen Aufbau verwenden. Dann muss bereits i.R.d. Aufgabenbereichseröffnung das tatsächliche Vorliegen einer Gefahr geprüft werden. Dieser Punkt ist letztlich der einzige relevante Unterschied der beiden Aufbauschemata.

„konkrete Gefahr"

in bestimmtem Einzelfall bestehende Gefahr

Eine konkrete Gefahr liegt vor, wenn sich aufgrund eines konkreten, nach Ort und Zeit bestimmten oder bestimmbaren Sachverhalts Gefahren ergeben. 118

133 OVG Münster, DÖV 1996, 1052.

134 VG Neustadt, NVwZ 1993, 98.

135 M.w.N. VGH Mannheim, NJW 2003, 235.

136 BayVGH, BayVBl. 1991, 598.

137 BVerwGE 115, 189 - 205; vgl. in Abgrenzung zum Laserdrome-Fall die Rechtsprechung zum Paintball, m.w.N. VGH München, Urt. v. 27.11.2012, Az. 15 BV 09.2719 = **Life&Law 2013, 364** = **juris**byhemmer.

138 BayVGH, BayVBl. 1993, 658.

139 VGH Mannheim, **Life&Law 1999, 46** = DVBl. 1998, 1015 ff.

140 VG Neustadt, NVwZ 1993, 98.

141 Ausführlich hierzu Rn. 287.

muss aber nicht unmittelbar bevorstehen

Die konkrete Gefahr erfordert nicht, dass sie unmittelbar bevorsteht. Erforderlich ist allein die hinreichende Wahrscheinlichkeit des Eintritts eines Schadens im konkreten Einzelfall.

> ***Bsp.:*** *Am Strand eines Baggersees, der wegen seiner gefährlichen Strömungen bekannt ist, tummeln sich mehrere Menschen.*

„abstrakte Gefahr"

Situationen, bei denen Gefahren im Einzelfall typischerweise entstehen

Im Unterschied zur konkreten Gefahr ist bei der abstrakten Gefahr nicht auf einen „konkreten" Einzelfall, sondern auf einen „typischen Fall" abzustellen. 119

Eine abstrakte Gefahr liegt vor, wenn eine abstrakt generelle Betrachtung für bestimmte Arten von Verhaltensweisen oder Zuständen zu dem Ergebnis führt, dass mit hinreichender Wahrscheinlichkeit ein Schaden im Einzelfall eintritt und daher Anlass besteht, diese Gefahr mit generell abstrakten Mitteln, also Rechtssätzen (sicherheitsrechtlichen Verordnungen), zu bekämpfen.

> ***Bsp.:*** *An dem gefährlichen Baggersee befinden sich momentan keine Personen. Allerdings ist bekannt, dass in diesem Baggersee v.a. immer wieder ortsunkundige Feriengäste schwimmen gehen.*

„allgemeine Gefahr"

allgemeine Gefahr entspricht abstrakter Gefahr

Art. 2 I PAG spricht neben einer im Einzelfall bestehenden Gefahr (= konkrete Gefahr) auch von einer allgemeinen Gefahr. 120

Diese allgemeine Gefahr entspricht der abstrakten Gefahr.[142] Die polizeiliche Aufgabe erstreckt sich auch darauf, zum Schutz der öffentlichen Sicherheit oder Ordnung bereits vorbeugend tätig zu werden, ohne dass sich schon eine Gefahr im Einzelfall abzeichnet.

Hierauf kann sich die Polizei z.B. bei Streifenfahrten stützen.

Grundrechtseingriffe bedürfen konkreter Gefahren

Allerdings berechtigt das Vorliegen einer allgemeinen Gefahr noch nicht zu Grundrechtseingriffen. Solche dürfen nur aufgrund einer Befugnisnorm erfolgen.

Die Befugnisnormen, die der Polizei die Berechtigung für Grundrechtseingriffe geben, setzen im Gegensatz zu Art. 2 I PAG grds. das Vorliegen einer konkreten Gefahr voraus. Dieser Schluss ergibt sich v.a. aus Art. 11 I PAG, der für Maßnahmen, also in Grundrechte eingreifendes polizeiliches Tätigwerden, die konkrete Gefahr mit „Gefahr" gleichsetzt.

---

142 Vgl. Nr. 2.2 der Vollzugsbekanntmachung; Berner/Köhler/Käß, Polizeiaufgabengesetz, Art. 2 PAG, Rn. 20 ff.;

A.A. Knemeyer, der zwischen allgemeiner und abstrakter Gefahr differenziert, PORe, Rn. 72 f.: Er vertritt die Auffassung, dass abstrakte Gefahren für die Gefahrenvorbeugung durch Rechtsetzung Bedeutung haben; von allgemeinen Gefahren hingegen spricht man, sofern es auch um die Gefahrenvorbeugung oder Gefahrenwehr, letztlich aber nicht durch Rechtsetzung, geht.

Dem ist insoweit zuzustimmen, als die Polizei zwar auch zur Gefahrenvorbeugung tätig wird, dies letztlich jedoch nicht durch Rechtsetzung möglich ist. Das polizeiliche Handeln durch Verordnung wird durch Art. 3 PAG ausgeschlossen.

Da seitens der Polizei eine Gefahrenvorbeugung durch Rechtsetzung also dem Grunde nach ausgeschlossen ist, hat der Gesetzgeber den Begriff der allgemeinen Gefahr anstelle der abstrakten Gefahr verwendet. Es handelt sich somit um eine terminologische Feinheit.

Allerdings ist zu beachten, dass hier inhaltlich keine Unterschiede bestehen, da jeweils die Gefahrenvorbeugung betroffen ist.

„Anscheinsgefahr“

obj. keine Gefahr vorhanden

Liegt objektiv keine Gefahr vor, ergibt sich jedoch bei verständiger Würdigung der erkennbaren Umstände der Anschein einer Gefahr, so spricht man von einer „Anscheinsgefahr“. Diese stellt eine „echte“ Gefahr i.S.d. Art. 2 I PAG dar. *121*

> **Bsp.:** *Ein Polizist greift ein, als eine Frau einen Mann auf offener Straße niederschlägt und mit Fußtritten malträtiert. Dabei konnte er nicht erkennen, dass es sich lediglich um Filmaufnahmen handelte.*

Beurteilung obj. „ex ante et ex situatione“ aus Sicht eines Durchschnittsbeamten

Hinsichtlich der Beurteilung des Vorliegens einer Anscheinsgefahr ist objektiv auf die ex-ante Perspektive eines „fähigen, besonnenen und sachkundigen Polizeibeamten“ in der Situation des handelnden Polizeibeamten abzustellen.[143] Es darf also nicht auf die Sicht des konkret Handelnden selbst abgestellt werden.

unverschuldete Fehleinschätzung

Die Anscheinsgefahr ist ein Fall unverschuldeter Fehleinschätzung.

Die in den Fällen einer Anscheinsgefahr getroffenen Maßnahmen sind rechtmäßig.

Dauermaßnahmen

Es ist jedoch **zu beachten**: Wird bei Dauermaßnahmen festgestellt, dass eine Gefahr nicht vorliegt, so sind noch andauernde Gefahreneingriffe einzustellen.

> **Bsp.:** *Polizeibeamte stellen bei einer antifaschistischen Demonstration, an der zahlreiche hochrangige Politiker teilnehmen, ein Plakat nach Art. 25 PAG sicher, das der Besitzer gerade entrollen will, da sich anhand der Umstände der Anschein abzeichnet, das Plakat enthalte strafbare profaschistische Äußerungen.*
>
> *Als sie das sichergestellte Plakat entrollen, stellen die Polizisten fest, dass dieses lediglich Äußerungen im Sinne der Kundgebung enthält.*
>
> In diesem Fall ist das Plakat unverzüglich zurückzugeben, da eine Gefahr nicht (mehr) vorliegt, auch wenn zunächst eine Anscheinsgefahr bestand, Art. 28 I PAG. Die Herausgabepflicht resultiert auch aus Art. 4 III PAG.

hemmer-Methode: Beachten Sie im Zusammenhang mit der Anscheinsgefahr auch immer die Frage, ob dem Anscheinsverantwortlichen Entschädigungsansprüche zustehen. Vergleiche dazu unten, Rn. 330.

„Putativgefahr“

keine Gefahr im Rechtssinne

Hält die Polizei eine Gefahr für gegeben, ohne dass die ihr bekannten Tatsachen aufgrund einer ex-ante Betrachtung aus der Sicht eines Durchschnittsbeamten (vgl. hierzu nochmals die Voraussetzungen der Anscheinsgefahr, Rn. 121) diese Annahme ausreichend stützen, so sind die Maßnahmen zur Abwehr einer solchen nur vermeintlichen Gefahr, sog. Schein- oder Putativgefahr, rechtswidrig. *122*

> **Bsp.:** *Vgl. 1. Bsp., Rn. 121: Eine Putativgefahr liegt vor, wenn der Beamte bei genauerem Hinsehen hätte erkennen können, dass nur wenige Meter entfernt das Kamerateam filmt.*

hemmer-Methode: In der Klausur erkennen Sie dieses Problem daran, dass ein Ermittlungsdefizit aus dem Sachverhalt hervorgeht.

143 Drews/Wacke/Vogel/Martens, Gefahrenabwehr, § 13, 2c, S. 225 ff.

erhöhte Sorgfaltspflicht vor bewusster Schadensverursachung

Vor allem im Falle der bewussten Verursachung eines Schadens durch die Polizei besteht eine erhöhte Sorgfaltspflicht hinsichtlich der Gefahrenermittlung. Die Verursachung eines Schadens muss immer ultima ratio sein und bedarf besonders sorgfältiger Abwägung.

hemmer-Methode: Merke: Vor der Herbeiführung eines Schadens durch die Polizei müssen grds. zur Feststellung der Gefahr mindestens zwei Gefahrenindizien vorliegen.
Beispiel: Bevor die Tür zur Wohnung eines vermeintlich Suizidgefährdeten aufgebrochen wird, müssen bei der Feststellung der Gefahrensituation mindestens zwei Indizien vorliegen.
Solche Indizien sind z.B. Befragung weiterer Nachbarn oder Gasgeruch im Treppenhaus, wenn zuvor nur ein Wohnungsnachbar des angeblich Suizidgefährdeten die Polizei informiert hatte.

schuldhafte Fehleinschätzung

Die Putativgefahr stellt keine Gefahr im Rechtssinne dar. Es handelt sich um einen Fall der schuldhaften Fehleinschätzung.[144] 123

hemmer-Methode: In den Fällen der Putativgefahr müssen Sie insbesondere dann, wenn die Polizei nur oberflächlich die Situation beurteilt oder nach verständiger Beurteilung sogar leichtfertig handelt, an die Möglichkeit von Amtshaftungsansprüchen denken.

„Gefahrenverdacht“

Unsicherheiten bei Sachverhaltsdiagnose oder Kausalverlaufsprognose

Ein Gefahrenverdacht ist anzunehmen, wenn der Polizei bestimmte Unsicherheiten bei der Diagnose des Sachverhaltes oder bei der Prognose des Kausalverlaufes bewusst sind und ihr gerade deshalb die Entscheidung über die Wahrscheinlichkeit eines Schadenseintrittes erschwert wird. 124

Abgrenzung zur Anscheinsgefahr

Der Gefahrenverdacht ist von der Anscheinsgefahr zu unterscheiden. Bei den Fällen der Anscheinsgefahr ist der handelnde Beamte aufgrund einer objektiv nicht zu beanstandenden ex-ante Beurteilung vom Vorliegen einer Gefahr vollständig überzeugt.

Bei den Fällen des Gefahrenverdachts ist sich der Handelnde bewusst, dass sein momentanes Wissen aus seiner Sicht nicht ausreicht, um einen Schaden mit dem erforderlichen Grad an Wahrscheinlichkeit zu prognostizieren.

begründeter Gefahrenverdacht erforderlich

Nur ein durch Tatsachen erhärteter, ein sog. begründeter Gefahrenverdacht stellt nach h.M. eine Gefahr im Rechtssinne dar.[145] 125

Zuständigkeitsbereich grds. nur für vorläufige Maßnahmen eröffnet

Er eröffnet den Zuständigkeitsbereich nur insoweit, als vorläufige Maßnahmen ergriffen werden dürfen. Solche sind Maßnahmen, die ausschließlich der einstweiligen Unterbrechung eines in der Entwicklung begriffenen Geschehens dienen.

Gefahrerforschungseingriffe

Hierbei handelt es sich insbesondere um Maßnahmen zur Sachverhaltsaufklärung, sog. Gefahrerforschungseingriffe. Endgültige Maßnahmen sind nur dann gerechtfertigt, wenn dies dem Schutz besonders wichtiger Güter dient.

hemmer-Methode: Die Problematik der Gefahrerforschungseingriffe ist v.a. im Bereich des Sicherheitsrechts relevant, dazu Rn. 434.
Beachten Sie im Übrigen, dass auch Befugnisnormen des PAG beim Gefahrenbegriff vom Wortlaut her auf den Gefahrenverdacht abstellen (z.B. Art. 13 I Nr. 2a PAG).

144 VGH Mannheim, VBlBW 2005, 231 verneint allerdings eine verschuldete Fehleinschätzung und gelangt damit zur Anscheinsgefahr, wenn die Annahme einer Gefahr auf fehlerhaften Angaben in der Zentraldatei der Polizei beruht.

145 BVerwGE 39, 190 (193 f.).

„Drohende Gefahr“

Die drohende Gefahr liegt im Vorfeld einer konkreten Gefahr. Es soll hier gerade deren Entstehung verhindert werden, soweit bedeutende Rechtsgüter im Sinne des Art. 11 III S. 2 PAG betroffen sind. Eine drohende Gefahr legitimiert polizeiliches Handeln, soweit in der konkreten Befugnisnorm dieser Begriff verwendet wird. Beispiele sind Art. 11 III S. 1, 13 I Nr. 1b, 14 I S. 1 Nr. 4, 16 I Nr. 2, II, 21 I Nr. 3, 25 I Nr. 1b, 33 II S. 1 Nr. 1b, 34 I, 35 I Nr. 1b, 36 II, 40 I Nr. 2 PAG. *125a*

Die drohende Gefahr hat Ähnlichkeiten mit dem Gefahrenverdacht. In beiden Fällen ist die Polizei nicht mit absoluter Sicherheit von der Entwicklung des Sachverhalts überzeugt. Beim Gefahrenverdacht ist sich die Polizei dabei nicht sicher, ob eine konkrete Gefahr tatsächlich bereits vorliegt. Bei der drohenden Gefahr besteht Unsicherheit bezüglich der Frage, ob es zu einer konkreten Gefahr tatsächlich kommen wird.

hemmer-Methode: Durch die Einführung der „drohenden Gefahr“ mit dem „Gesetz zur effektiveren Überwachung gefährlicher Personen“ vom 24.07.2017 soll die Bekämpfung terroristischer Gefährder verbessert werden. Es muss nicht mehr die Entstehung einer konkreten Gefahr abgewartet werden, sondern es kann im Vorfeld bereits eingeschritten werden, wenn das individuelle Verhalten Einzelner oder Vorbereitungshandlungen die Wahrscheinlichkeit begründen, „wonach in absehbarer Zeit Angriffe von erheblicher Intensität oder Auswirkung zu erwarten sind“. Bereits die Einführung des Art. 11 III PAG wird v.a. aufgrund der mangelnden Bestimmtheit kritisiert. Dass die Polizei schon im Vorfeld der konkreten Gefahr tätig werden darf, ist hingegen eigentlich nichts Neues. Je wichtiger das bedrohte Rechtsgut, desto niedriger waren schon zuvor die Anforderungen an den Nachweis der Wahrscheinlichkeit des Schadenseintritts. Im Zweifel ist weniger Art. 11 III PAG als generell-abstrakte Norm problematisch, sondern allenfalls seine zu großzügige Anwendung im Einzelfall. Bedenklich ist darüber hinaus die durch das Gesetz vom 18.05.2018 deutlich erweiterte Möglichkeit der Datenerhebung bereits beim Vorliegen einer nur drohenden Gefahr, vgl. bspw. Art. 34 I PAG!

„latente Gefahr“[146]

konkrete Gefahr erst durch Umweltveränderungen

Von einer latenten Gefahr spricht man, wenn eine konkrete Gefahr erst aufgrund des Hinzutretens weiterer Umstände entsteht. Es muss sich hierbei um Veränderungen in der Umwelt handeln, ohne dass sich der dann störende Gegenstand in seiner Substanz verändert. *126*

> ***Bsp.:*** *Neben ein altes Strohdachhaus wird ein Ziegelhaus mit polizeilich zulässiger Feuerstelle gebaut. Bevor das Ziegelhaus gebaut wurde, stellte das besonders leicht entzündliche Strohdach lediglich eine latente Gefahr dar.*
>
> Aufgrund der Veränderung in der Umwelt des Strohdachhauses wird die latente Brandgefahr zur konkreten Brandgefahr.

fehlt zunächst hinreichende Wahrscheinlichkeit des Schadenseintrittes

Bei der latenten Gefahr fehlt es somit bis zu dem Zeitpunkt, in dem die Gefahr akut wird, zwar nicht an der entfernten Möglichkeit, wohl aber an der hinreichenden Wahrscheinlichkeit des Schadenseintritts. *127*

keine Relevanz für Polizeirecht

Die latente Gefahr hat für das Polizeirecht keine Relevanz. Bis zum Hinzutreten der weiteren Umstände durch eine Veränderung der Umwelt vergeht regelmäßig soviel Zeit, dass die Gefahrenabwehr durch andere Sicherheitsbehörden rechtzeitig möglich ist und somit die Voraussetzungen des Art. 3 PAG fehlen.

146 Nach der früheren Rechtsprechung spielte diese Problematik eine keineswegs untergeordnete Rolle, vgl. insbes. sog. „Schweinemäster-Fall“, OVG Münster, OVGE 11, 250.

hemmer-Methode: Die meisten Fälle der latenten Gefahr werden heute in den einschlägigen Genehmigungsverfahren „vorweggenommen". So kann bspw. im Baugenehmigungsverfahren nach Art. 12 BayBO der Brandschutz zu berücksichtigen sein, vgl. Art. 60 S. 1 Nr. 2 BayBO. Ein Strohdach wäre nach Art. 24 I BayBO bedenklich, da es nicht der Ausbreitung von Feuer vorbeugt, sondern diese im Gegenteil begünstigt. Über § 35 III S. 1 Nr. 3 BauGB soll die Realisierung neuer Bauvorhaben in der Nachbarschaft des latenten Verantwortlichen und damit eine Konkretisierung der Gefahr verhindert werden.

weitere Gefahrenbegriffe

konkrete Gefahren besonderer Intensität

Die nachfolgenden Gefahrenbegriffe, die in manchen Befugnisnormen verwendet werden, kennzeichnen jeweils konkrete Gefahren besonderer Intensität. 128

⇨ Gefahr im Verzug

sofortiges Eingreifen zur Schadensabwendung erforderlich

Gefahr im Verzug liegt vor, wenn die grundsätzlich vorgeschriebene Einschaltung der an sich zuständigen Behörde oder eines Richters nicht rechtzeitig vor Eintritt des zu erwartenden Schadens möglich ist, vgl. bspw. Art. 24 I PAG. Sie ist folglich gegeben, wenn ohne das sofortige Eingreifen der Polizei der drohende Schaden eintreten würde. 129

⇨ Gegenwärtige Gefahr

unmittelbar bevorstehende konkrete Gefahr

Eine solche wird z.B. von Art. 10 I Nr. 1, 23 II PAG gefordert. Sie ist gekennzeichnet durch eine Steigerung der Schadenswahrscheinlichkeit. Die Schadensverwirklichung steht unmittelbar bevor oder hat bereits begonnen.[147] 130

⇨ Erhebliche Gefahr

Die erhebliche Gefahr stellt eine weitere Steigerungsform der konkreten Gefahr dar. Relevant wird sie allein i.R.d. Art. 10 I Nr. 1 PAG, der eine „gegenwärtige erhebliche Gefahr" fordert. Zur Gegenwärtigkeit muss hier noch hinzutreten, dass die Gefahr einem bedeutsamen Rechtsgut droht.[148] 131

⇨ Gefahr für Leib oder Leben

Eine Gefahr für Leib oder Leben setzen bspw. Art. 17 I Nr. 1, 21 II, 83 II S. 2 PAG voraus. Sie ist eine Sachlage, bei der eine nicht nur leichte Körperverletzung oder sogar der Tod einzutreten droht. 132

⇨ Dringende Gefahr

Sie ist eine Gefahr für ein wichtiges Rechtsgut. Es ist nicht erforderlich, dass diese Gefahr bereits eingetreten ist oder unmittelbar bevorsteht.[149] Sie ist bspw. in Art. 23 I Nr. 3 PAG Tatbestandsvoraussetzung. 133

147 Berner/Köhler/Käß, Polizeiaufgabengesetz, Art. 23 PAG, Rn. 8.

148 Nr. 10.2. der Vollzugsbekanntmachung.

149 Str., z.T. wird eine besondere zeitliche Nähe verlangt, vgl. Schoch, Grundfälle zum Polizei- und Ordnungsrecht, JuS 1994, 670. Am sachgerechtesten dürfte eine differenzierte Betrachtungsweise sein. Je wichtiger das gefährdete Rechtsgut, desto weniger zeitliche Nähe ist erforderlich.

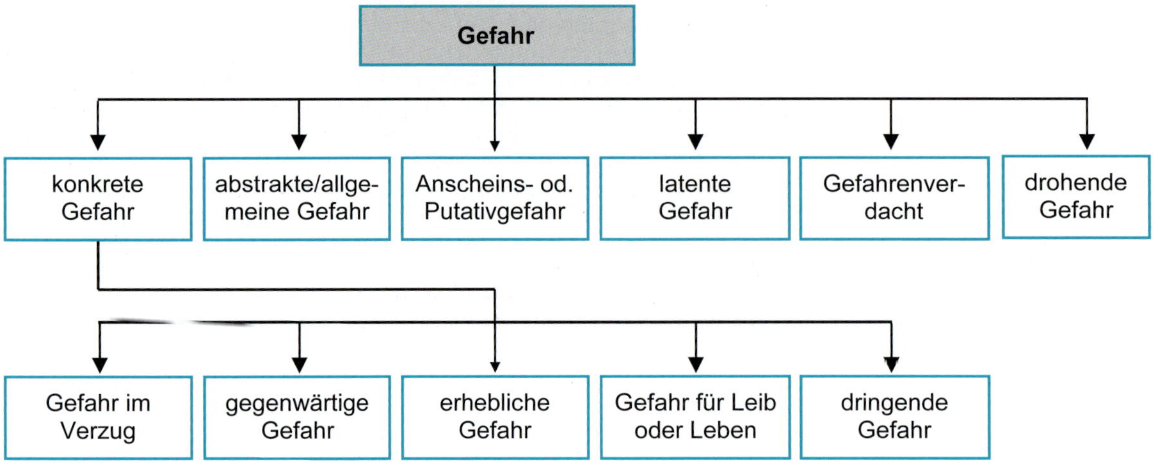

⇨ Gemeine Gefahr (vgl. auch Art. 13 VII GG)

Gefahr für eine unbestimmte Vielfalt von Personen oder Sachen (Naturkatastrophen-, Seuchengefahren etc.).[150]

(cc) Art. 3 PAG

Wie bereits oben erwähnt, stellt Art. 3 PAG eine weitere Voraussetzung für polizeiliches Tätigwerden neben einer Gefahr für die öffentliche Sicherheit oder Ordnung dar. 134

Systematische Stellung des Art. 3 PAG

Grundsatz der Unaufschiebbarkeit

Art. 3 PAG enthält den Grundsatz der Unaufschiebbarkeit. Er betrifft das Verhältnis der Polizei zu anderen Sicherheitsbehörden. Die Polizei darf i.R.d. Gefahrenabwehr nicht schlechthin anstelle der allgemeinen Sicherheitsbehörden und der in den verschiedenen Bereichen tätigen Fachbehörden handeln. Das Handeln der Polizei unterliegt grds. der Subsidiaritätsregelung des Art. 3 PAG. 135

hemmer-Methode: Zur Erinnerung: Art. 3 PAG gilt aus systematischen Gründen allein i.R.d. Art. 2 I PAG.[151]

Art. 10 BayLStVG

Insbesondere gegenüber den allgemeinen Sicherheitsbehörden (Art. 6 BayLStVG) ist neben Art. 3 PAG die Regelung des Art. 10 BayLStVG zu beachten, wonach Maßnahmen der Sicherheitsbehörden nach dem BayLStVG widersprechende Maßnahmen der Polizei ausschließen. Hier wird auch auf das Weisungsrecht dieser Behörden gegenüber der Polizei (Art. 9 II POG) verwiesen. 136

Weisung lässt Art. 3 PAG entfallen

Daraus resultiert letztlich auch, dass die Polizei im Falle einer sicherheitsbehördlichen Weisung nach Art. 9 II POG nicht mehr an die Voraussetzungen des Art. 3 PAG gebunden ist. Durch diese Regelungen ist die Gefahr der Maßnahmenkollision im Bereich des allgemeinen Sicherheitsrechts rechtlich ausgeschlossen. 137

150 Vgl. Schoch, Grundfälle zum Polizei- und Ordnungsrecht, JuS 1994, 670.

151 Vgl. oben Rn. 104.

Voraussetzungen des Art. 3 PAG

„andere Behörde nicht oder nicht rechtzeitig handlungsfähig"

Die Subsidiaritätsklausel des Art. 3 PAG, fordert, dass eine andere Behörde nicht oder nicht rechtzeitig handlungsfähig erscheint. Voraussetzung ist somit, dass allein die Polizei in der Lage ist, entweder überhaupt oder im entscheidungserheblichen Zeitpunkt die einem Schutzgut drohende Gefahr abzuwehren. Dies ist der Fall, wenn ein Abwarten der Polizei bis zum Eingreifen der an sich zuständigen und von der Polizei zu unterrichtenden Behörde den Erfolg der zur Verhinderung eines drohenden Schadens notwendigen Maßnahmen erschweren oder vereiteln würde.[152] 138

Verhinderung aus tatsächlichen oder rechtlichen Gründen

Eine andere Behörde kann aus rechtlichen oder tatsächlichen Gründen zur Gefahrenabwehr nicht oder nicht rechtzeitig in der Lage sein. Rechtliche Gründe sind insbesondere das Fehlen der Zuständigkeit oder das Fehlen sachgerechter Befugnisse. Tatsächliche Gründe können z.B. die fehlende Sachkenntnis oder fehlende Hilfsmittel sein. Sie können auch darin liegen, dass die Behörde außerhalb der Dienststunden nicht besetzt und ein Bereitschaftsdienst nicht eingerichtet ist.[153] 139

Eilfall aus Sicht der Polizei zu bestimmen

Es ist nicht erforderlich, dass die zuständige Behörde objektiv nicht oder nicht rechtzeitig handeln könnte. 140

verständige Beurteilung der Situation

Die Voraussetzungen des Art. 3 PAG sind erfüllt, wenn aus der Sicht der Polizei das Tätigwerden der zuständigen Behörde nicht oder nicht rechtzeitig erreichbar erscheint.[154] Das Handeln der Polizei muss im Zeitpunkt der Maßnahme subjektiv nach ihrer verständigen Beurteilung notwendig und insoweit unaufschiebbar sein.

Verletzung des Art. 3 PAG macht VA rechtswidrig

Sollten die Voraussetzungen des Art. 3 PAG im Zeitpunkt des Beginns einer polizeilichen Verfügung nach den gegebenen Erkenntnismöglichkeiten und ihrer verständigen Beurteilung nicht vorliegen, so handelt die Polizei rechtswidrig.[155] 141

Art. 3 PAG gilt auch bei nicht in Rechte eingreifendem Handeln

Art. 3 PAG gilt als allgemeiner Grundsatz für jedes Handeln der Polizei, also auch solches, das nicht in Rechte anderer eingreift und damit keine Maßnahme darstellt, wie z.B. Streifenfahrten. Dies ergibt sich aus der Stellung des Art. 3 PAG i.R.d. Aufgabeneröffnung.

hemmer-Methode: Unter Maßnahmen versteht man nur in Rechte des Betroffenen eingreifendes polizeiliches Handeln.

(d) Sachliche Zuständigkeit gem. Art. 2 II PAG

Unter den Begriff der öffentlichen Sicherheit nach Art. 2 I PAG fallen grundsätzlich auch Individualrechte. Deren Schutz obliegt der Polizei aber – wenn kein öffentliches Interesse an deren Sicherung besteht bzw. diese nicht durch gesonderte Vorschriften wie insbesondere das StGB geschützt sind – nur unter den einschränkenden Voraussetzungen des Art. 2 II PAG. 142

Bsp.: *Reine Vermögensschäden infolge von Verkehrsunfällen.*

152 VGH Mannheim, NJW 1990, 1618 f.

153 Berner/Köhler/Käß, Polizeiaufgabengesetz, Art. 3 PAG, Rn. 2 a.E.

154 Vgl. VGH Mannheim, NJW 1990, 1618 f.; BVerwGE 45, 51.

155 Nach dem allgemeinen Prüfungsschema handelt es sich bei Art. 3 PAG um eine Einschränkung der sachlichen Zuständigkeit. Handelt eine Behörde aber außerhalb ihrer sachlichen Zuständigkeit ist der dabei erlassene VA rechtswidrig und anfechtbar. Aus einem Umkehrschluss zu Art. 46 BayVwVfG ergibt sich das Vorliegen der subjektiven Rechtsverletzung, vgl. BayVGH, BayVBl. 1997, 51. Schmidbauer/Steiner, Art. 3 PAG, Rn. 16, hält allerdings eine Heilung durch eine Zustimmung der zuständigen Behörde für möglich.

hemmer-Methode: Als klausurrelevante, außerhalb des PAG liegende Befugnisnorm kommt insbesondere Art. 15 BayVersG in Betracht. Mehr dazu unter Rn. 272 ff.

Standardmaßnahmen

b) Standardbefugnisse nach Art. 11 I HS. 2 PAG i.V.m. Art. 12 ff. PAG 153

Soweit außerhalb des PAG keine Spezialbefugnisnormen bestehen, ist zunächst der Katalog der Standardmaßnahmen des PAG zu untersuchen.

Unterteilung in fünf Gruppen

Die Standardbefugnisse können in fünf Gruppen unterteilt werden. Nachfolgend soll ein Überblick mit einer Erörterung der wichtigsten Standardbefugnisnormen gegeben werden.

ÜBERSICHT ÜBER FÜNF GRUPPEN (nachfolgende Überschriften (1) - (5))

hemmer-Methode: I.R.d. Standardbefugnisse des PAG sollten Ihnen einige immer wieder in Klausuren auftauchende Sonderprobleme bekannt sein. Diese werden anschließend im Einzelnen erörtert.
Ansonsten muss Ihnen die Systematik vertraut sein. Darauf aufbauend wird im Übrigen allein eine juristisch exakte Subsumtion unter die einschlägige Befugnisnorm erwartet. Der Referendar sollte sich in diesem Bereich mit dem Berner/Köhler vertraut machen.
FÜR DEN ANFÄNGER: Beim ersten Durcharbeiten dieses Skriptes ohne tiefergehende Vorkenntnisse genügt es, sich die Standardbefugnisse im Gesetz durchzulesen. Ein intensiveres Studium dieser Normen sollte erst erfolgen, wenn die Gesamtsystematik der materiellen Rechtmäßigkeitsprüfung erfasst ist.

aa) 1. Gruppe - Informationserhebung und Informationsbehandlung, Art. 12 - 15 PAG sowie Art. 30 - 66 PAG

Informationserhebung/-behandlung

Die Regelungen der Art. 12 - 15 und 30 - 66 PAG haben die Informationserhebung und Informationsbehandlung zum Inhalt. Daher kann man sie als eine Gruppe zusammenfassen. 154

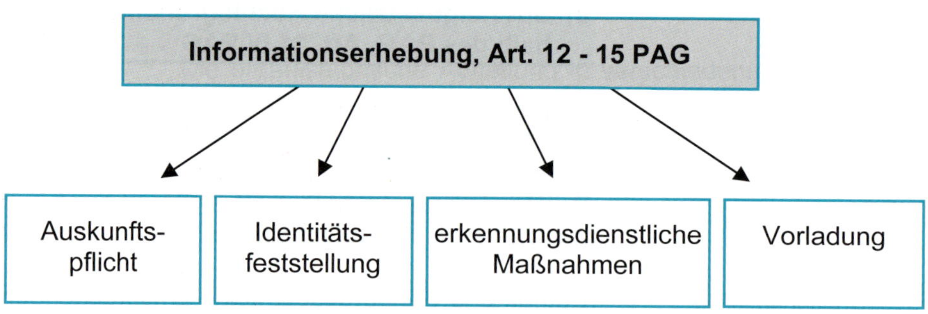

(1) Auskunftspflicht, Art. 12 PAG

Fragebefugnis

Art. 12 PAG gibt der Polizei eine Fragebefugnis, die beim Befragten eine Pflicht zur Beantwortung auslöst. 155

Pflicht zur Personalienangabe

Auf Befragen der Polizei ist eine Person verpflichtet, zumindest ihre Personalien anzugeben, wenn anzunehmen ist, dass sie sachdienliche Angaben machen kann, die zur Erfüllung einer bestimmten polizeilichen Aufgabe nach Art. 2 PAG erforderlich sind.

grds. keine weitergehende Auskunftspflicht zur Sache

Eine Auskunftspflicht zur Sache gegenüber der Polizei besteht nach S.2 aber nur i.R.d. für die Person geltenden gesetzlichen Handlungspflichten, z.B. Nichtanzeige geplanter Straftaten, § 138 StGB oder unterlassener Hilfeleistung, § 323c StGB. Eine etwaig bestehende Auskunftspflicht darf aber auf keinen Fall mit unmittelbarem Zwang durchgesetzt werden, Art. 75 II PAG. *156*

Befugnis zur Anhaltung

S. 3 sieht auch die Möglichkeit der Anhaltung des Betroffenen vor. *157* Eine Mitnahme zur Dienststelle ist nur unter den Voraussetzungen des Art. 13 II S. 3 PAG zulässig, also wenn die Feststellung der Identität nach Art. 13 I PAG zulässig ist und die Identität ansonsten zumindest nur unter erheblichen Schwierigkeiten festgestellt werden kann (vgl. dazu nachfolgend die Ausführungen zu Art. 13 PAG).

> **Bsp.:** *POM Friedel trifft bei Einbruchsserienermittlungen auf den Passanten P. Da von diesem sachdienliche Angaben zu erwarten sind, hält er P an und fragt ihn nach seinen Personalien.*

(2) Identitätsfeststellung, Art. 13 PAG

(a) Begriff

Begriff: § 111 I OWiG

Identitätsfeststellung bedeutet die Vergewisserung, welche Personalien eine bestimmte Person hat. *158*

Der Begriff der Personalien ergab sich bislang aus § 111 I OWiG. Unter Personalien versteht man:

Vor- und Familienname (ggf. der Geburtsname), Ort und Tag der Geburt, Familienstand, Beruf, Wohnanschrift (Ort und Straße) sowie die Staatsangehörigkeit. Zu den Personalien gehört nicht die Konfessionszugehörigkeit.

Art. 53 IV PAG

Mit der Änderung des PAG im Mai 2018 kann auch bzw. alternativ auf Art. 53 IV PAG abgestellt werden, der sich inhaltlich kaum unterscheidet – aber bspw. den Familienstand anders als § 111 OWiG nicht umfasst.

hemmer-Methode: Von der Identitätsfeststellung im präventiv-polizeilichen Rahmen ist die Identitätsfeststellung nach §§ 163b, 163c StPO, die i.R.d. Strafverfolgung (Repressivhandeln) gilt, zu unterscheiden.

(b) Regelungsinhalt

Differenzierung zw. Regelung der Voraussetzungen und der Mittel

Bei Standardbefugnisnormen ist grundsätzlich zwischen der Regelung der Voraussetzung und der Regelung der zulässigen Mittel zu differenzieren. *159*

So enthält z.B. Art. 13 I PAG die Voraussetzungen der Identitätsfeststellung, Art. 13 II PAG die zulässigen Mittel, nämlich Anhalten, Festhalten und Durchsuchen. Art. 13 III PAG regelt den Sonderfall der Prüfung von Berechtigungsscheinen.

hemmer-Methode: Nicht unumstritten war die Verfassungsgemäßheit der sog. Schleierfahndung nach Art. 13 I Nr. 5 PAG. Der BayVerfGH hat diese allerdings bejaht![158]

158 BayVerfGH, NVwZ 2003, 1375.

⇨ Sonderproblem: Mitnahme zur Dienststelle

Art. 13 II S. 3 PAG lässt auch Mitnahme zur Dienststelle zu

Obwohl dies nicht ausdrücklich geregelt ist, ist die Polizei auch berechtigt, die angehaltene Person zur Dienststelle mitzunehmen, wenn sich die Personalien an Ort und Stelle nicht ermitteln lassen oder aber, wenn der Verdacht besteht, dass die Angaben unrichtig sind.[159] 160

⇨ Sonderproblem: Razzia

besonderer Fall der Identitätsfeststellung

Eine Razzia ist eine planmäßig durchgeführte Aktion zur Identitätsprüfung eines größeren Personenkreises, der sich an einem von der Polizei abgesperrten Ort aufhält. 161

Sowohl nach Sinn und Zweck, als auch nach der weiten Fassung der einzelnen Voraussetzungen ist Art. 13 PAG die Befugnisnorm sowohl für Einzel- wie für Sammelkontrollen, worunter auch Razzien fallen.[160]

Befugnis aus Art. 13 I Nr. 2 PAG

Die Befugnis zu derartigen Razzien ergibt sich grds. aus Art. 13 I Nr. 2 PAG, da sich eine Razzia vom Normalfall der Festhaltung zum Zweck der Identitätsfeststellung nur durch die Zahl der betroffenen Personen unterscheidet.

Der besondere Charakter von Razzien ergibt sich daraus, dass sie nur an bestimmten Orten vorgenommen werden dürfen. Razzien liegen begrifflich nur dann vor, wenn Sammelkontrollen an Orten stattfinden, bei denen Tatsachen die Annahme rechtfertigen, dass etwa Personen Straftaten verabreden, vorbereiten oder verüben, sich Personen ohne erforderliche Aufenthaltserlaubnis treffen, sich Straftäter verbergen oder Personen der Prostitution nachgehen.[161]

⇨ Prüfung von Berechtigungsscheinen

Befugnis zur Aushändigungsanordnung

Art. 13 III PAG räumt der Polizei die Befugnis ein, sich Berechtigungsscheine zur Prüfung aushändigen zu lassen, wenn der Betroffene aufgrund einer Rechtsvorschrift verpflichtet ist, diesen Berechtigungsschein mitzuführen. 162

durch Rechtsvorschrift zur Mitführung verpflichtet

Eine solche Pflicht ergibt sich aus Rechtsvorschriften außerhalb des PAG. Die wichtigsten Normen sind:[162]

⇨ § 60c I GewO,

⇨ Art. 57 I BayFiG (Bayerisches Fischereigesetz),

⇨ § 15 I BJagdG.

differenziere: Berechtigungsscheine/Ausweispapiere

Hierbei ist **zu beachten**, dass diese Berechtigungsscheine von Ausweispapieren, die der Identitätsfeststellung dienen, zu unterscheiden sind, da diese bereits unter Art. 13 II S. 2 PAG fallen. Ansonsten bedürfte es nicht der Sonderregelung in Abs. 3. 163

Art. 13 III PAG ergänzt Spezialgesetz

Die Vorschrift des Art. 13 III PAG dient vor allem der Ergänzung der Spezialgesetze. So berechtigt z.B. § 60c GewO lediglich dazu, sich Reisegewerbekarten vorzeigen zu lassen. § 60c GewO enthält auch keine Berechtigung zur Anhaltung. Eine solche ergibt sich nur aus Art. 13 I Nr. 1, III PAG. 164

159 Berner/Köhler/Käß, Polizeiaufgabengesetz, Art. 12 PAG, Rn. 7.

160 Berner/Köhler/Käß, Polizeiaufgabengesetz, Art. 13 PAG, Rn. 4.

161 Vgl. dazu auch Schmitt in: Meyer-Goßner/Schmitt, Strafprozessordnung, § 163 StPO, Rn. 33.

162 Weitere Vorschriften finden Sie bei Berner/Köhler/Käß, Polizeiaufgabengesetz, Art. 13 PAG, Rn. 12.

(3) Erkennungsdienstliche Maßnahmen, Art. 14 PAG

Art. 13 PAG steht im Gesamtkontext zu Art. 14, 15 PAG

Der Bereich der Identitätsfeststellung des Art. 13 PAG wäre unvollständig, wenn die Polizei nicht auch erkennungsdienstliche Maßnahmen durchführen könnte. Für solche Maßnahmen gibt daher Art. 14 PAG eine Befugnis. Diese wiederum könnten in vielen Fällen nicht durchgeführt werden, wenn die Polizei nicht auch die Befugnis zur Vorladung aus Art. 15 PAG hätte. 165

(a) Begriff

Legaldefinition in Art. 14 II PAG

Für erkennungsdienstliche Maßnahmen gibt Art. 14 II PAG eine Legaldefinition: 166

Art. 14 II PAG, Legaldefinition für erkennungsdienstliche Maßnahmen:

⇨ Abnahme von Finger- und Handflächenabdrücken, Nr. 1,

⇨ Aufnahme von Lichtbildern, Nr. 2,

⇨ Feststellung äußerer körperlicher Merkmale, Nr. 3,

⇨ Messungen, Nr. 4.

DNA-Analyse nach Art. 14 III PAG

Eine wichtige und zugleich verfassungsrechtlich nicht unbedenkliche Neuerung durch das Änderungsgesetz vom 18.05.2018 ist, dass die Polizei nach Art. 14 III, IV PAG auch eine DNA-Analyse vornehmen kann.

(b) Regelungsinhalt

alternativ Art. 14 I Nr. 1, 2, 3 oder 4 PAG

Art. 14 I PAG enthält drei alternative Voraussetzungen: 167

Abs. 1 Nr. 1, 2 knüpfen an Art. 13 PAG an. Abs. 1 Nr. 3 erfasst vorbeugende Maßnahmen bei strafbaren Handlungen. Er stellt daher eine ergänzende Vorschrift zu § 81b Alt. 2 StPO dar. Abs. 1 Nr. 4 ermöglicht erkennungsdienstliche Maßnahmen in Fällen einer Gefahr oder einer drohenden Gefahr für ein bedeutendes Rechtsgut.

hemmer-Methode: Beachten Sie insbesondere den systematischen Zusammenhang zwischen Art. 14 I Nr. 1 PAG und Art. 13 PAG.
Dies bedeutet für die Prüfung der Rechtmäßigkeit der erkennungsdienstlichen Maßnahme, dass die Rechtmäßigkeit einer Identitätsfeststellung nach Art. 13 PAG inzident zu prüfen ist.
Solche Verweisungen, die eine inkorporierte Überprüfung einer anderen Befugnisnorm zum Inhalt haben, sind in den Art. 12 ff. PAG sehr häufig anzutreffen.

Vorladung nach Art. 15 I Nr. 2 PAG möglich

Da erkennungsdienstliche Maßnahmen im Regelfall in einer Polizeidienststelle vorgenommen werden, ist die Vorladung zur Vornahme erkennungsdienstlicher Maßnahmen unter den besonderen Voraussetzungen des Art. 15 I Nr. 2 PAG zulässig. 168

Art. 14 II PAG nicht abschließend

Die Mittel oder Arten erkennungsdienstlicher Maßnahmen sind in Art. 14 II PAG angegeben. Aufgrund der Aufzählung unter „insbesondere“ sind diese jedoch nicht abschließend.

⇨ Individueller Anspruch auf Vernichtung erkennungsdienstlicher Unterlagen

Art. 14 V PAG normiert einen Anspruch auf Vernichtung erkennungsdienstlicher Unterlagen.[163] *169*

Art. 14 V PAG besondere Ausprägung des Art. 4 III PAG

Die Polizei ist aber bereits aufgrund des Übermaßverbotes, das in Art. 4 III PAG niedergelegt ist, verpflichtet, von sich aus entsprechende Unterlagen auszusondern und zu vernichten.[164]

Sobald der Zweck polizeilichen Handelns erreicht ist, müssen weiterwirkende Beeinträchtigungen beendet werden. Schon das bloße Vorhandensein erkennungsdienstlicher Unterlagen bei den Polizeiakten stellt eine Beeinträchtigung des Individuums dar.

Voraussetzung: keine Anhaltspunkte mehr für zukünftige Straftaten

Die Pflicht zur Vernichtung und damit auch ein entsprechender Anspruch setzen voraus, dass keine Anhaltspunkte mehr dafür bestehen, dass die erkennungsdienstlich behandelte Person zukünftig strafrechtlich in Erscheinung treten werde und die Unterlagen hierbei die Ermittlungen der Polizei fördern könnten.[165]

⇨ Zur Wiederholung:

Verhältnis Art. 14 II Nr. 3 PAG zu § 81b StPO

Die gerichtliche Überprüfung der Voraussetzungen für eine Anfertigung erkennungsdienstlicher Unterlagen nach § 81b Alt. 1 StPO (Repressivmaßnahme) erfolgt gem. § 23 EGGVG durch die ordentlichen Gerichte. *170*

Hingegen werden Rechtsmittel gegen

⇨ die Anfertigung nach Art. 14 II Nr. 3 PAG,

⇨ die Anfertigung nach § 81b Alt. 2 StPO,

⇨ die Aufbewahrung nach § 81b Alt. 2 StPO (hier auch, wenn ursprünglich nach § 81b Alt. 1 StPO angefertigt wurde!)

von den Verwaltungsgerichten geprüft.[166]

(4) Vorladung, Art. 15 PAG

(a) Begriff

Nach Art. 15 I PAG kann die Polizei unter zwei alternativen Voraussetzungen eine Person schriftlich oder mündlich vorladen. *171*

zur Erzielung von Angaben für Aufgabenerfüllung

Nach Abs. 1 Nr. 1 ist die Vorladung möglich, wenn Tatsachen die Annahme rechtfertigen, dass die Person sachdienliche Angaben machen kann, die für die Erfüllung einer bestimmten polizeilichen Aufgabe erforderlich sind.

hemmer-Methode: Aufgaben i.S.d. Art. 15 I Nr. 1 PAG sind allein präventive Aufgaben und nicht die Aufgabe der Strafverfolgung nach Art. 2 IV PAG, § 163 StPO. Nach der StPO ist niemand zur Aussage bei und zum Erscheinen vor der Polizei verpflichtet.[167]

163 Nach der Rspr. des BayVGH sind erkennungsdienstliche Unterlagen keine personenbezogenen Daten i.S.d. Art. 30 ff. PAG. Damit gelten die Löschungsansprüche der Art. 38 II, 45 II PAG nicht neben Art. 14 II PAG, vgl. BayVGH, BayVBl. 1993, 211.

164 Berner/Köhler/Käß, Polizeiaufgabengesetz, Art. 14 PAG, Rn. 6.

165 Berner/Köhler/Käß, Polizeiaufgabengesetz, Art. 14 PAG, Rn. 7.

166 Schmitt in: Meyer-Goßner/Schmitt, Strafprozessordnung, § 81b StPO, Rn. 23; vgl. auch bereits oben, Rn. 45 f.

167 BGH, NJW 1962, 1021.

zur Durchführung erkennungsdienstlicher Maßnahmen

Nach Abs. 1 Nr. 2 ist Voraussetzung, dass die Vorladung zur Durchführung erkennungsdienstlicher Maßnahmen erforderlich ist.

hemmer-Methode: Beachten Sie wiederum, dass durch Art. 15 I Nr. 2 PAG die Überprüfung der Rechtmäßigkeit einer erkennungsdienstlichen Maßnahme nach Art. 14 PAG inkorporiert wird.

(b) Regelungsinhalt

mündliche oder schriftliche Aufforderung

Die Mittel der Vorladung sind entweder eine mündliche oder eine schriftliche Aufforderung, auf der Polizeidienststelle zu erscheinen. Die Wahl der Form richtet sich nach der Zweckmäßigkeit und der Eilbedürftigkeit. 172

kein absoluter Verwaltungsaktbegründungszwang

Dabei soll nach Art. 15 II S. 1 PAG der Grund der Vorladung angegeben werden. Entgegen dem allgemeinen Verwaltungsrecht besteht daher kein absoluter Verwaltungsaktbegründungszwang bei schriftlichen Aufforderungen (vgl. Art. 39 I S. 1 BayVwVfG).

Nichtbeachtung des Art. 15 II S. 2 PAG führt zur Rechtswidrigkeit

Art. 15 II S. 2 PAG enthält eine spezielle Ausgestaltung des Verhältnismäßigkeitsgrundsatzes, welcher seine Normierung in Art. 4 PAG findet. 173

Danach soll bei der Festsetzung des Zeitpunkts der Vorladung auf den Beruf und die sonstigen Lebensverhältnisse des Betroffenen Rücksicht genommen werden. Die Nichtbeachtung des Verhältnismäßigkeitsgrundsatzes führt zur Rechtswidrigkeit der polizeilichen Maßnahme.

hinreichender Grund i.S.d. Art. 15 III PAG

In einem solchen Fall ist der Betroffene auch berechtigt, die Vorladung zu missachten, da dann ein „hinreichender Grund" i.S.v. Art. 15 III PAG vorliegt.

(c) Zwangsweise Durchsetzung der Vorladung

Vorführung

Die zwangsweise Durchsetzung der Vorladung nennt man Vorführung. 174

Zwangsmaßnahme

Dabei handelt es sich um eine Maßnahme auf der zweiten polizeilichen Handlungsebene, der Ebene polizeilichen Zwanges, die in den Art. 53 ff. PAG geregelt ist.

Art. 15 III PAG enthält Besonderheit

Die Regelung des Art. 15 III PAG enthält jedoch eine Besonderheit:

Hier sind ausnahmsweise Primär- und Sekundärmaßnahmen in einer Vorschrift geregelt.

Daraus folgt für die Vorführung:

regelt besondere materielle Voraussetzungen für Zwang

Art. 15 III PAG regelt besondere materielle Voraussetzungen der zwangsweisen Durchsetzung einer Vorladung. Nur wenn auch diese Voraussetzungen erfüllt sind, kann die Vorladung nach den Vorschriften der Art. 53 ff. PAG zwangsweise erfolgen.

Exkurs für Fortgeschrittene

VA, der auf Handlung gerichtet ist

Die Vorladung ist ein VA i.S.v. Art. 35 S. 1 BayVwVfG, der auf die Vornahme einer Handlung gerichtet ist (Art. 53 I PAG). 175

unanfechtbar oder Rechtsmittel ohne aufschiebende Wirkung

Diese kann daher mit Zwangsmitteln durchgesetzt werden, wenn die Vorladung unanfechtbar ist oder wenn ein Rechtsmittel keine aufschiebende Wirkung hat.

Bei polizeilichem Handeln ist zu beachten, dass das Abwarten der Unanfechtbarkeit - Klagefrist von einem Monat gem. § 74 I S. 2 VwGO - kaum in Frage kommen wird. Die Vorladung kann jedoch u.U. eine polizeiliche Maßnahme i.S.v. § 80 II Nr. 2 VwGO sein, wenn es sich um einen unaufschiebbaren Fall handelt.

Zwangsgeld oder unmittelbarer Zwang

Als Zwangsmittel kommen hier nur Zwangsgeld sowie die Anwendung unmittelbaren Zwangs in Betracht. 176

Aufgrund des Aspekts, dass auch bei der Wahl des Zwangsmittels der Grundsatz der Verhältnismäßigkeit zu berücksichtigen ist, ergibt sich jedoch, dass das Zwangsgeld das grundsätzlich vorrangige Zwangsmittel ist. Dies wird insbesondere bei der Vorladung zur Durchführung erkennungsdienstlicher Maßnahmen der Fall sein.

§ 136a StPO gilt entsprechend

Nach Art. 15 IV PAG gilt die Regelung des § 136a StPO (Unzulässigkeit bestimmter Verhörmethoden) i.R.d. Art. 15 PAG entsprechend. 177

hemmer-Methode: Damit ist klargestellt, dass es für eine Foltermaßnahme auch im Bereich der Gefahrenabwehr keine Rechtsgrundlage gibt! Nach h.M. kann sich der folternde Polizeibeamte auch nicht auf § 32 StGB berufen, da er die Menschenwürde des Gefolterten verletzt. Er macht sich deshalb wegen einer Nötigung im Amt (und ggf. einer Körperverletzung im Amt) strafbar.[168] Offenbleiben kann insoweit, ob ein Beamter sich überhaupt auf das Jedermannsrecht der Notwehr berufen kann.

schließt aber unmittelbaren Zwang zur Durchsetzung der Vorladung nicht aus

Das durch entsprechende Anwendung von § 136a StPO geltende Verbot, jemanden durch die Beeinträchtigung der Freiheit der Willensentscheidung, durch Misshandlung, Ermüdung, körperliche Eingriffe, durch Drohung mit einer rechtlich unzulässigen Maßnahme oder durch das Versprechen eines gesetzlich nicht vorgesehenen Vorteils etc. zu einer Aussage zu zwingen, hat nichts mit der Befugnis zu tun, die Vorladung im Wege der Vorführung, also unter Anwendung von Zwang, durchzusetzen. Art. 15 III PAG trifft gerade keine Einschränkung in Bezug auf bestimmte Zwangsmittel zur Durchsetzung der Vorladung.

lediglich Angaben dürfen nicht entgegen § 136a StPO erzwungen werden

Seine entsprechende Anwendung erstreckt sich darauf, dass Angaben von dem Betroffenen nicht entgegen der Regelung des § 136a StPO erzwungen werden dürfen.

Rspr.: Vorführung bloße Freiheitsbeschränkung

Fraglich ist auch, ob für die Vorführung zur zwangsweisen Durchsetzung der Vorladung eine richterliche Entscheidung notwendig ist. 178

Die obergerichtliche Rechtsprechung geht davon aus, dass behördlich angeordnete und durchgeführte Vorführungen durch Anwendung einfachen, unmittelbaren Zwangs keine Freiheitsentziehungen, sondern lediglich Freiheitsbeschränkungen gem. Art. 104 I GG sind.[169]

168 LG Frankfurt, NJW 2005, 692 = **Life&Law 2005, 238**; BVerfG, NJW 2005, 246 = **Life&Law 2005, 246**.

169 Berner/Köhler/Käß, Polizeiaufgabengesetz, Art. 15 PAG, Rn. 12 m.w.N.

Abgrenzung zur Freiheitsentziehung

Abgrenzungskriterien zwischen Freiheitsbeschränkung und Freiheitsentziehung stellen dabei die Intensität des Eingriffs sowie dessen Dauer dar, vgl. Rn. 50.

Exkursende

(5) Datenerhebung/Datenverarbeitung, Art. 30 - 66 PAG

hemmer-Methode: Die Art. 30 ff. PAG sind nach § 18 II Nr. 5c JAPO kein Prüfungsstoff im Pflichtfachbereich. In einer Klausur oder mündlichen Prüfung kann von Ihnen deshalb nicht mehr erwartet werden als eine gründliche Arbeit mit dem Gesetzeswortlaut.

spezielle Befugnisse für Datenerhebung, -verarbeitung

Zusätzlich zu den bereits aufgeführten drei Standardbefugnissen für 179
den Informationsbereich, Identitätsfeststellung, erkennungsdienstliche Maßnahmen und Vorladung, enthält das PAG in den Art. 30 ff. spezielle Befugnisnormen für die Erhebung von Daten sowie für die Verarbeitung von Daten.

Die Art. 30 ff. PAG werden folgendermaßen eingeteilt:

⇨ Art. 30 PAG regelt allgemeine Grundsätze,

⇨ Art. 31 - 52 PAG regeln die Datenerhebung,

⇨ Art. 53 - 65 PAG regeln die Datenverarbeitung.

Art. 66 PAG ist „Brückennorm“

Darüber hinaus verweist Art. 66 PAG für den Fall, dass im PAG keine Regelung besteht, auf das BayDatenschutzG.

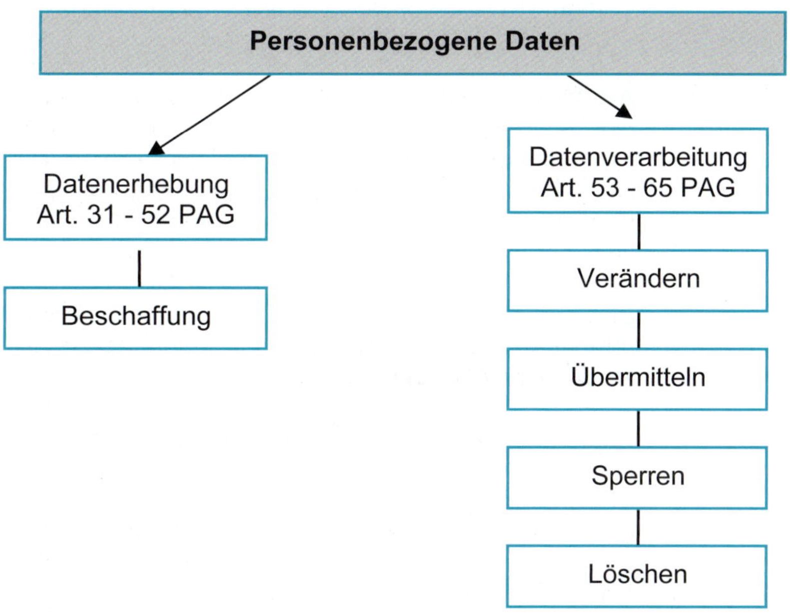

(a) Datenerhebung, Art. 31 - 52 PAG

Begriff

Datenerhebung bedeutet die Beschaffung von Daten in beliebiger 180
Form. Dies kann direkt, etwa durch Befragen des Betroffenen oder durch Bild- oder Tonaufnahmen, die die Anwesenheit einer Person zu einer bestimmten Zeit an einem bestimmten Ort dokumentieren, erfolgen. Datenerhebung ist auch indirekt, z.B. durch Einholung von Auskünften Dritter, möglich.

Bsp.: Die Polizei beschafft sich Daten zur Anlegung einer Akte mit Personalien sämtlicher verantwortlicher Personen eines Atommüllzwischenlagers. Die Akte wird zwecks schneller Erreichbarkeit der Verantwortlichen bei einem Störfall benötigt.

Art. 31 PAG normiert Grundsätze der Datenerhebung

Art. 31 PAG regelt die Grundsätze der Datenerhebung. Er bestimmt somit das „Wie" der Datenerhebung und stellt keine eigentliche Befugnisnorm dar. 181

oberster Grundsatz

Als obersten Grundsatz der Datenerhebung normiert Abs. 1, dass personenbezogene Daten nur erhoben werden dürfen, soweit dies durch das PAG oder besondere Rechtsvorschriften über die Datenerhebung der Polizei zugelassen ist. Dieses Erfordernis ergibt sich daraus, dass die Erhebung personenbezogener Daten grds. in das Recht auf informationelle Selbstbestimmung aus Art. 2 I GG i.V.m. Art. 1 I GG eingreift.[170]

personenbezogene Daten

Der Begriff der personenbezogenen Daten ergibt sich über Art. 66 PAG aus Art. 2 BayDSG i.V.m. Art. 4 DSGVO (EU-VO 2016/679). Es handelt sich um Einzelangaben über persönliche oder sachliche Verhältnisse bestimmter oder bestimmbarer natürlicher Personen.

grds. offen zu erheben

Personenbezogene Daten sind grds. offen, d.h. erkennbar, beim Betroffenen selbst zu erheben. Ausnahmen hierzu regelt Art. 31 II, III PAG.

Art. 32 PAG normiert Voraussetzungen für Datenerhebung

Art. 32 PAG regelt die Voraussetzungen, unter denen die Polizei personenbezogene Daten erheben kann. Während Art. 31 PAG im Wesentlichen das „Wie" der Erhebung personenbezogener Daten regelt, normiert Art. 32 PAG deren „Ob". Er regelt in Abs. 1 quasi die Generalklausel für die Erhebung personenbezogener Daten. Abs. 2 regelt die polizeiliche Datenerhebung im Vorfeld polizeilicher Gefahrenlagen. 182

Bsp.: Die Datenerhebung im obigen Beispielsfall erfolgt auf der Grundlage des Art. 32 II Nr. 1 PAG.

Abgrenzung Art. 33 PAG/ Art. 9 BayVersG

Art. 33 PAG gilt für die Erhebung personenbezogener Daten bei oder im Zusammenhang mit öffentlichen Veranstaltungen und Ansammlungen, sowie an besonders gefährdeten Objekten (Art. 13 I Nr. 3 PAG).[171] Für Versammlungen i.S.d. BayVersG gilt hingegen Art. 9 BayVersG als lex specialis. Art. 33 IX PAG stellt dies lediglich klar. 183

Versammlung

Eine Versammlung liegt vor, sofern eine Zusammenkunft von mehreren Menschen mit innerer Verbundenheit zur gemeinsamen Willenskundgabe erfolgt, vgl. Art. 2 I BayVersG.[172]

Ansammlung

Hingegen handelt es sich um eine Ansammlung, soweit eine zustande gekommene Zusammenkunft mehrerer Menschen ohne innere Verbundenheit und ohne Absicht zur gemeinsamen Willenskundgabe vorliegt, etwa von Neugierigen bei Unfällen etc.

öffentliche Veranstaltung

Öffentliche Veranstaltungen sind solche, zu denen der Zutritt nicht auf einen namentlich oder sonst individuell bezeichneten Personenkreis beschränkt, sondern grds. jedem gestattet ist, vgl. Art. 2 II BayVersG.

170 Vgl. hierzu BVerfGE 65, 1 ff. (Volkszählung); Berner/Köhler/Käß, Polizeiaufgabengesetz, Vorbem. zu Art. 30 PAG, 30.1.

171 Vgl. zur Verfassungsgemäßheit der baden-württembergischen Parallelvorschrift VGH Mannheim, NVwZ 2004, 498.

172 Vgl. unten Rn. 282 f.

elektronische Aufenthaltsüberwachung

Art. 34 PAG ermöglicht der Polizei die elektronische Aufenthalts- 183a
überwachung bspw. mittels der sog. „elektronischen Fußfessel" zur Abwehr einer konkreten Gefahr oder einer nur drohenden Gefahr für ein in Art. 11 III S. 2 Nr. 1 – 3, 5 PAG genanntes bedeutendes Rechtsgut. Die Datenerhebung ist dabei, soweit möglich, auf die Überwachung des Aufenthaltsorts zu beschränken. Nach Art. 34 III PAG steht die elektronische Aufenthaltsüberwachung unter einem Richtervorbehalt.

Postsicherstellung

Unter den Voraussetzungen des **Art. 35 I PAG** darf die Polizei ohne Wissen des Betroffenen dessen Post sicherstellen. Verfassungsrechtlich bedenklich ist dies angesichts des Postgeheimnisses nach Art. 10 GG insbesondere insoweit, als nach Art. 11 I Nr. 1 PAG bereits eine nur drohende Gefahr hierfür ausreichen kann. Die Postsicherstellung steht nach Art. 35 II PAG grundsätzlich unter einem Richtervorbehalt.

besondere Mittel der Datenerhebung

Art. 36 PAG normiert besondere Mittel der Datenerhebung. 184

<u>Solche besonderen Mittel sind:</u>

⇨ Abs. 1 Nr. 1, längerfristige Observation

⇨ Abs. 1 Nr. 2, verdeckter Einsatz technischer Mittel

Abgrenzung: verdeckter Ermittler/ V-Mann

Der Einsatz verdeckter Ermittler ist in Art. 37 PAG normiert. Der ver- 185
deckte Ermittler ist dabei begrifflich vom V-Mann zu unterscheiden, dessen Einsatz Art. 38 PAG regelt: Verdeckter Ermittler ist ein Polizeibeamter, der unter einer Legende (fiktive Identität) operiert. Ein V-Mann ist hingegen eine Kontaktperson aus dem zu beobachtenden Personenkreis. Er stammt aus der „Szene". Der V-Mann ist kein Amtsträger.[173]

Kennzeichenerfassung

Art. 39 PAG regelt die automatisierte Kennzeichenerfassung. Hier 185a
werden Kennzeichen, Ort, Datum, Uhrzeit und Fahrtrichtung eines Kraftfahrzeuges automatisch erfasst und bspw. mit Dateien über gestohlene Fahrzeuge abgeglichen.[174]

Nach **Art. 40 PAG** können Personen zur polizeilichen Beobachtung ausgeschrieben werden.

Einsatz technischer Mittel in Wohnungen

Art. 41 PAG hingegen gilt für den Einsatz technischer Mittel in Woh- 186
nungen.

173 Eine Legaldefinition des verdeckten Ermittlers finden Sie in § 110a II StPO.

174 Zur Zulässigkeit dieser Kennzeichenerfassung vgl. BVerfG, NJW 2008, 1505.

Hinsichtlich des Einsatzes technischer Mittel in Wohnungen enthält Art. 41 PAG aufgrund der damit verbundenen besonders starken Grundrechtseingriffe sehr strenge Voraussetzungen.

> **Bsp.:** *Nach entsprechender richterlicher Anordnung installiert die Polizei in der Wohnung des D eine Abhöreinrichtung, da aufgrund zahlreicher Informationen ein Kokaindeal über 5 kg seitens des D bevorsteht.*

hemmer-Methode: Das BVerfG[175] hat in seiner Entscheidung zum großen Lauschangriff die akustische Wohnraumüberwachung engen Grenzen unterworfen. Der Bayerische Gesetzgeber versucht dem dadurch gerecht zu werden, dass er u.a. die automatische Aufzeichnung von Daten nach Art. 41 II PAG stark beschränkt. Mit der Regelung des Abs. 5 soll verhindert werden, dass Daten aus dem Kernbereich privater Lebensführung verarbeitet werden. In diesem Bereich sind Datenerhebungsmaßnahmen nach Art. 49 III PAG grundsätzlich unzulässig bzw. unverzüglich zu beenden.

Eingriffe in Telekommunikation

Art. 42 PAG erklärt auch Eingriffe in den Telekommunikationsbereich für zulässig. Auch hier stellt das Gesetz hohe Anforderungen an die Zulässigkeit eines Eingriffs und über Abs. 7 werden Eingriffe in den Kernbereich privater Lebensführung weiter beschränkt. 187

Art. 45 PAG: verdeckter Zugriff auf informationstechnische Systeme

Art. 45 PAG ermöglicht es der bayerischen Polizei, personenbezogene Daten durch einen verdeckten Zugriff auf informationstechnische Systeme zu gewinnen, also sich bspw. mit einem sog. Trojaner in den Rechner eines Betroffenen einzuschleusen und dessen Daten auszulesen. Auch im Rahmen der sog. Onlinedurchsuchung sind wieder Daten besonders geregelt, die aus dem Kernbereich der privaten Lebensgestaltung kommen, vgl. Art. 45 IV, 41 V PAG.[176]

Art. 46 PAG: Rasterfahndung

Art. 46 PAG erlaubt der Polizei die Durchführung einer Rastfahndung. 188

Unter Rasterfahndung versteht man die Anforderung der Übermittlung von Daten von anderen Stellen zum Zweck des Datenabgleichs. Die Rasterfahndung ist an strenge Voraussetzungen gebunden. Sie ist nur zum Zwecke der Abwehr von Gefahren für ein in Art. 11 III S. 2 Nr. 1, 2 oder 5 PAG genanntes Rechtsgut zulässig, vgl. Art. 46 I S. 1 PAG.

(b) Datenverarbeitung, Art. 48 ff. PAG

Begriff

Der Begriff der Datenverarbeitung ergibt sich über die Brückennorm des Art. 66 PAG aus Art. 2 BayDatenschutzG i.V.m. Art. 4 Nr. 2 DSGVO-EU. Danach versteht man unter der Verarbeitung von Daten u.a. das Speichern, Verändern, Übermitteln, Sperren und Löschen personenbezogener Daten. 189

> **Bsp.:** *Im Bsp. Rn. 180 werden Störfallakten bei der Polizei angelegt, die Daten anschließend im PC gespeichert und später dem Landratsamt auf Diskette übermittelt.*

Art. 48 PAG normiert Grundsätze der Datenverarbeitung

Art. 48 PAG stellt die allgemeinen Grundsätze der Datenverarbeitung auf. Er regelt vergleichbar dem Art. 31 PAG zur Datenerhebung nur das „Wie" der Datenverarbeitung und stellt daher ebenfalls keine eigentliche Befugnisnorm dar. 190

175 BVerfG, NJW 2004, 999.

176 Umfassend zu diesen Regelungen Käß, Die Einführung der präventiven Telekommunikationsüberwachung im PAG, BayVBl. 2008, 225 ff.

oberster Grundsatz

Abs. 1 normiert, welche von der Polizei gewonnenen Daten weiterverarbeitet werden dürfen. Diese Regelung trägt ebenfalls dem Recht auf informationelle Selbstbestimmung aus Art. 2 I GG i.V.m. Art. 1 I GG Rechnung.

Gebot der Zweckbindung

Abs. 2 enthält das Gebot der Zweckbindung. Danach darf die Datenverarbeitung grds. nur zu dem Zweck erfolgen, zu dem die Daten auch erhoben wurden. Die Regelung des Abs. 2 stellt eine besondere Konkretisierung des Grundsatzes der Verhältnismäßigkeit aus Art. 4 PAG dar.

Bsp.: Die Störfallakten und Störfalldateien dürfen nur zu dem Zweck angelegt und übermittelt werden, dass in Störfällen die richtigen Personen herangezogen werden können.

Strafverfolgungszwecke

Über die Erhebungszwecke hinaus dürfen die Daten aber auch zu Zwecken der Strafverfolgung u.a. hinsichtlich solcher Straftaten verwendet werden, zu deren Aufklärung eine Datenerhebung hätte angeordnet werden dürfen. 191

allgemeine Regeln der Datenübermittlung

Art. 49 PAG regelt den Schutz von Berufsträgern und den Kernbereich der privaten Lebensgestaltung, siehe hierzu bereits Rn. 186. Sobald erkennbar ist, dass Datenerhebungsmaßnahmen nach Art. 49 I, IIII PAG in das nach §§ 53, 53a StPO geschützte Berufsgeheimnis oder in den Kernbereich privater Lebensgestaltung eingreifen, sind die Maßnahmen grundsätzlich unverzüglich zu beenden. 192

Benachrichtigungspflichten

Art. 50 PAG bestimmt, wann und wieweit Betroffene von gegen sie gerichteten Datenerhebungsmaßnahmen zu unterrichten sind.

Datenübermittlung innerhalb des öffentlichen Bereiches

Art. 55 ff. PAG regeln die Zulässigkeit der Datenübermittlung von der Polizei an andere öffentliche Stellen. **Art. 56 PAG** betrifft dabei die Befugnis zur Datenübermittlung seitens der Polizei innerhalb des öffentlichen Bereiches, also an andere Behörden oder sonstige öffentliche Stellen, z.B. an das Landratsamt. 193

Datenübermittlung an Stellen außerhalb des öffentlichen Bereiches

Art. 59 PAG normiert dagegen die Datenübermittlung von der Polizei an andere Stellen außerhalb des öffentlichen Bereiches, z.B. an private Sicherheitsdienste.

Diese Vorschriften haben also gemeinsam, dass die Polizei jeweils Absender der Daten ist.

Art. 60 PAG gilt dagegen für die Datenübermittlung an die Polizei als deren Empfänger.

Datenabgleich

Art. 61 PAG gibt der Polizei eine Befugnis, personenbezogene Daten mit dem Inhalt polizeilicher Dateien abzugleichen. Insoweit gibt Art. 61 I S. 4 PAG der Polizei die Befugnis, den Betroffenen außer in den Fällen des Art. 12 PAG für die Dauer des Datenabgleichs anzuhalten. 194

Anspruch auf Auskunft

Art. 65 PAG regelt ein Auskunftsrecht für den Betroffenen. 195

Abs. 1 S. 1 gibt dem Einzelnen ein subjektiv-öffentliches Recht auf Auskunft über die zu seiner Person gespeicherten personenbezogenen Daten.

Abs. 2 enthält dagegen Schranken für den Anspruch aus Abs. 1. Nach Abs. 1 i.V.m. Art. 62 VI PAG können für die Bearbeitung eines Auskunftantrags ausnahmsweise Kosten erhoben werden

hemmer-Methode: Auch für die Datenverarbeitungsregelungen empfiehlt es sich, die oben bereits zur Datenerhebung aufgezeigte Prüfungsreihenfolge entsprechend heranzuziehen.

bb) 2. Gruppe - Platzverweisung, Art. 16 PAG

(1) Begriff

nur vorübergehende Platzverweisungen

Art. 16 I PAG enthält eine Spezialregelung über den Platzverweis (= Verweisung von einem Ort) und das Betretungsverbot. Hierbei ist zu beachten, dass Art. 16 I PAG nur für vorübergehende Verweisungen und Verbote gilt.[177] Der Platzverweis und das Betretungsverbot sollen zum einen die polizeiliche Tätigkeit erleichtern, zum anderen auch der unmittelbaren Gefahrenabwehr dienen. 196

Bsp.: *Ein alter, 40 m hoher Fabrikkamin wird gesprengt. Durch die vorübergehende Sperrung des Umkreises schützt die Polizei die Passanten.*

Kontaktverbot, Aufenthaltsverbot und -gebot

Art. 16 II PAG ermöglicht es der Polizei, Kontaktverbote (Nr. 1) sowie bis zu dreimonatige Aufenhaltsver- bzw. -gebote zu erlassen (Nr. 2). Art. 16 II S. 2 PAG erlaubt es der Polizei, unter den Voraussetzungen des S. 1 Nr. 1 Meldeauflagen zu erlassen. Die Maßnahmen nach Abs. 2 S. 1, 2 PAG sind nach S. 3 PAG grundsätzlich auf maximal drei Monate zu befristen und können jeweils um nochmals drei Monate verlängert werden. „Jeweils" ist dabei so zu verstehen, dass grundsätzlich beliebig viele Verlängerungen möglich sind, aber jede Verlängerung ihrerseits auf drei Monate beschränkt ist.

hemmer-Methode: Grundsätzlich sind also Maßnahmen nach Art. 16 II PAG auf „ewig" möglich – in jeweils Drei-Monats-Anordnungen aufgeteilt. Die Verhältnismäßigkeit des Gesetzes dürfte dennoch zu bejahen sein, da es immer eine Frage der Einzelfallanordnung ist, ob eine Verlängerung der Anordnung um weitere drei Monate verhältnismäßig ist.

(2) Regelungsinhalt

Art. 16 I S. 1 PAG bezeichnet sowohl die Voraussetzungen als auch die Mittel einer Platzverweisung und den Maßnahmeadressaten.[178] Art. 16 I S. 1 Nr. 1 PAG verlangt das Vorliegen einer konkreten Gefahr für die öffentliche Sicherheit oder Ordnung im Sinne des Art. 11 I PAG.[179] Nach Art. 16 I S. 1 Nr. 2 PAG genügt auch eine drohende Gefahr für ein bedeutendes Rechtsgut im Sinne des Art. 11 III PAG.

hemmer-Methode: Beachten Sie insbesondere die Konkurrenz von Art. 16 I PAG zu anderen Vorschriften, v.a. denen des Versammlungsgesetzes.
Eine Platzverweisung kommt aufgrund der sog. Polizeifestigkeit des BayVersG erst nach Auflösung der Versammlung in Betracht. Etwas anderes mag dann gelten, wenn die Platzverweisung gegenüber einzelnen Versammlungsteilnehmern das mildere Mittel gegenüber der Auflösung der kompletten Versammlung darstellt. Dann kann (zumindest nach einem Ausschluss nach Art. 15 V BayVersG[180]) ein Platzverweis ausgesprochen und die Pflicht, sich zu entfernen, vgl. Art. 5 II BayVersG, damit ggf. zwangsweise durchgesetzt werden.

Sonderregelung bzgl. Feuerwehreinsätzen etc.

Darüber hinaus enthält die Bestimmung des Art. 16 I S. 2 PAG eine Sonderregelung bzgl. des Einsatzes der Feuerwehr oder von Hilfs oder Rettungsdiensten. Diese Vorschrift erscheint letztlich überflüssig, da die dort geregelten Fälle auch von den Voraussetzungen des Satzes 1 erfasst sind.

---

177 Dauerhafte Verbote sind damit allenfalls über Art. 11 PAG möglich, werden hier allerdings regelmäßig an Art. 3 PAG scheitern, vgl. Schmidbauer/Steiner, Art. 11 PAG, Rn. 154 ff., 157; a.A. allerdings BayVGH, BayBl. 2001, 529, der sie trotz Art. 3 PAG für zulässig hält.

178 Zum Maßnahmeadressaten siehe unten, Rn. 202.

179 Berner/Köhler/Käß, Polizeiaufgabengesetz, Art. 16 PAG, Rn. 2.

180 Die Ausschließung ist nach allgemeiner Meinung nur ein rechtsgestaltender VA und kein Gebot, das selbst durch Zwangsmittel durchgesetzt werden kann, vgl. m.w.N. Lisken/Denninger, Handbuch des Polizeirechts, S. 724.

Kontaktverbot

Im Fall einer konkreten Gefahr für die öffentliche Sicherheit oder Ordnung bzw. einer drohenden Gefahr für ein bedeutendes Rechtsgut kann die Polizei nach Art. 16 II S. 1 Nr. 1 PAG ein bis zu dreimonatiges (S. 2) Kontaktverbot aussprechen. Auf diese Art und Weise kann bspw. sog. Stalking bekämpft werden.

Soweit sich diese Gefahrenlage auf die Begehung von Straftaten bezieht – eine Gefahr für die öffentliche Ordnung wäre hier also nicht ausreichend –, kommt nach Art. 16 II S. 1 Nr. 2 PAG auch die Anordnung eines Aufenthaltsverbots bzw. –gebots in Betracht. Auch diese Maßnahmen können für bis zu drei Monate gelten, wobei eine Verlängerung um nochmalige drei Monate in Betracht kommt, Art. 16 II S. 2 PAG.

hemmer-Methode: Die Maßnahmen nach Art. 16 II PAG sollen die Bekämpfung terroristischer Gefährder erleichtern, indem diesen auch der Konktakt untereinander erschwert wird. Maßnahmen nach Art. 16 II PAG sind aus verschiedenen Gründen kritisch zu sehen. So erscheint ein Aufenthaltsgebot nach Art. 16 II S. 1 Nr. 2 PAG, das den Adressaten letztlich bis zu sechs Monate an seinem Wohnort festhält, gerade im Lichte des Art. 11 GG als tendenziell unverhältnismäßig. Außerdem wird angesichts der Langfristigkeit der Maßnahme häufig eine Abstimmung mit den Sicherheitsbehörden nötig sein, um widersprechende Maßnahmen beider Behörden im Sinne des Art. 10 LStVG zu vermeiden. Eine weitere interessante Frage ist, wieweit Art. 16 II PAG zu dem GewSchG in Konkurrenz steht, da entsprechende dauerhafte Maßnahmen nach § 1 GewSchG nur auf gerichtliche Anordnung möglich sind.
Beachten Sie auch den systematischen Zusammenhang des Art. 16 PAG mit Art. 17 PAG: Nach Art. 17 I Nr. 3 PAG kann die Polizei eine Person in Gewahrsam nehmen, wenn dies unerlässlich ist, um Maßnahmen nach Art. 16 PAG durchzusetzen.

cc) 3. Gruppe - Gewahrsam, Art. 17 - 20 PAG

(1) Begriff

präventive Ingewahrsamnahme

Art. 17 PAG regelt die präventive Ingewahrsamnahme. Die Befug- 197
nisnorm korrespondiert mit der für die repressive Strafverfolgung geltenden Festnahmemöglichkeit nach § 127 StPO. Beide Vorschriften sind daher voneinander abzugrenzen.

Exkurs für Fortgeschrittene

Es besteht allerdings die Möglichkeit des Übergangs von der Inge- 198
wahrsamnahme nach Art. 17 PAG zur Festnahme nach § 127 StPO.

Bsp.: *POM Willi Wachsam sieht, wie ein aggressiver Mann in einer Menschenmenge auf einem Volksfest wahllos um sich schlägt und vorübergehende Personen mit einem Messer verletzt. Um Verletzungen weiterer Passanten zu vermeiden, nimmt er den sichtlich angetrunkenen Mann in den Schwitzkasten und befördert den Unbezähmbaren auf die Polizeidienststelle.*

Dort schläft dieser erst einmal drei Stunden lang seinen Rausch aus. Da der Mann keine Papiere mit sich führt und auch keine Angaben zu seiner Person machen will, hält ihn die Polizei, nachdem er bereits ausgenüchtert ist, noch eine weitere Stunde fest, bis die Personalien durch Recherchen ermittelt werden können.

Der Unbekannte wurde zunächst nach Art. 17 I Nr. 2 PAG in Gewahrsam genommen, um die Fortsetzung von Straftaten nach § 224 StGB, ggf. § 323a StGB zu verhindern (Schwerpunkt Präventivhandeln). Nach Art. 20 S. 1 Nr. 1 PAG war der Festgehaltene, nachdem er ausgenüchtert war, grds. zu entlassen.

Da er jedoch auf frischer Tat betroffen wurde und seine Identität bisher nicht festgestellt werden konnte (nun Übergang zur Strafverfolgung), durfte er nach § 127 I StPO i.V.m. § 163b I StPO bis zur Ermittlung seiner Personalien weiter festgehalten werden.

Exkursende

(2) Regelungsinhalt

Schutzgewahrsam

Art. 17 I Nr. 1 PAG regelt den Schutzgewahrsam. Die Ingewahrsamnahme dient dem Schutz der in Gewahrsam genommenen Person gegen eine Gefahr für deren Leib oder Leben. 199

Bsp.: *Ingewahrsamnahme eines betrunkenen Landstreichers, der im Winter bei -15°C auf einer Parkbank liegt.*

Unterbindungsgewahrsam

Art. 17 I Nr. 2 PAG normiert den sog. Unterbindungs- bzw. Sicherungsgewahrsam. Hierdurch soll die Begehung oder Fortsetzung einer Straftat oder einer Ordnungswidrigkeit von erheblicher Bedeutung für die Allgemeinheit verhindert werden.

Voraussetzung ist allerdings die konkrete Gefahr, dass gerade durch den Ingewahrsamgenommenen die Begehung solcher Taten droht. Ein nur vager Verdacht genügt nicht.[181] In der nicht abschließenden Aufzählung des I Nr. 2 HS 2 werden Beispiele für das Vorliegen einer solchen Gefahr aufgezählt.

Bsp.: *Ingewahrsamnahme eines unter Drogeneinfluss stehenden Mannes, der Passanten in der Fußgängerzone mit dem Messer bedroht, Art. 17 I Nr. 2b PAG.*

Nach Art. 17 I Nr. 3 PAG kommt eine Ingewahrsamnahme in Betracht, soweit sie zur Abwehr einer konkreten Gefahr für die öffentliche Sicherheit oder Ordnung oder zur Abwehr einer drohenden Gefahr für ein in Art. 11 III S. 2 Nr. 1 – 3 PAG genanntes bedeutendes Rechtsgut unerlässlich, also ultima ratio ist.

Durchsetzungsgewahrsam

In Art. 17 I Nr. 4 PAG ist der *Durchsetzungsgewahrsam* normiert. Er dient der Durchsetzung einer rechtmäßigen Platzverweisung nach Art. 16 PAG.

Bsp.: *Ingewahrsamnahme einer Frau, die einer Platzverweisung, welche der Ermöglichung eines mehrstündigen Staatsempfangs dient, vehement nicht Folge leisten will.*

Art. 17 I Nr. 5 PAG ermöglicht eine Ingewahrsamnahme, soweit Anordnungen nach Art. 34 I S. 1 PAG nicht befolgt werden.

Ingewahrsamnahme Minderjähriger bzw. Entwichener

Art. 17 II PAG enthält als besondere Gewahrsamsform die Ingewahrsamnahme Minderjähriger, die sich der Obhut der Sorgeberechtigten entzogen haben. Art. 17 III PAG regelt die Ingewahrsamnahme der aus amtlichem Gewahrsam Entwichenen. Diese Regelungen gehen als leges speciales der allgemeinen Normierung von Schutz- und Sicherungsgewahrsam vor. 200

181 OLG München, NVwZ-RR 2008, 247 = **Life&Law 07/2008**.

hemmer-Methode: Bei der Ingewahrsamnahme Minderjähriger ist zu beachten, dass diesen gegenüber eine Bekanntgabe des entsprechenden Verwaltungsaktes nicht möglich ist, da es sich um eine rechtlich nachteilige Erklärung handelt, vgl. Art. 41 I BayVwVfG, § 131 BGB. Die Maßnahme wird damit regelmäßig als unmittelbare Ausführung, Art. 9 I PAG, bzw. bei renitenten Jugendlichen als Sofortvollzug, Art. 53 II PAG, zu qualifizieren sein.

(3) Besondere Verfahrensvoraussetzungen

Neben den materiellen Voraussetzungen des Art. 17 PAG sind zusätzlich auch gesondert geregelte Verfahrensvoraussetzungen einzuhalten. 201

hemmer-Methode: Diese Verfahrensvoraussetzungen sind spezielle Anforderungen an die formelle Rechtmäßigkeit und können damit bereits unter diesem Oberpunkt angesprochen werden. Da diese Verfahrensanforderungen aber in engem Zusammenhang mit der Subsumtion unter die Rechtsgrundlage stehen, erscheint eine Prüfung im Anschluss daran auch vertretbar.

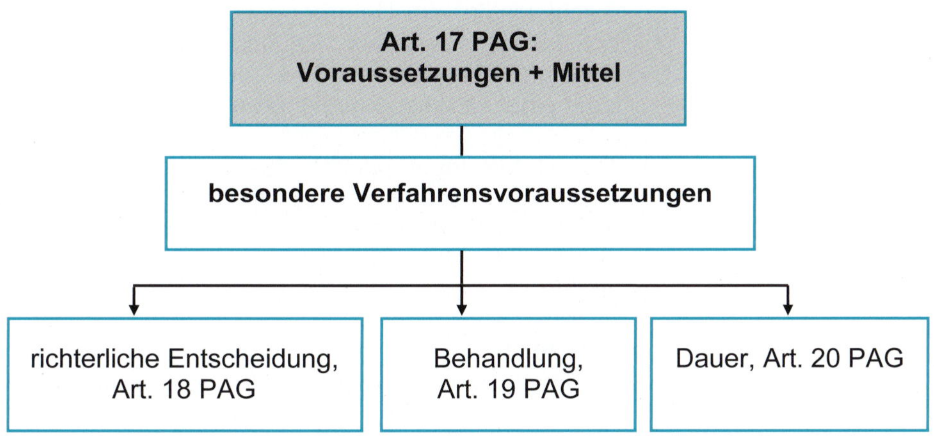

richterliche Entscheidung

Art. 18 PAG regelt das Erfordernis einer richterlichen Entscheidung über die Zulässigkeit und die Fortdauer einer Freiheitsentziehung nach Art. 17 PAG. 202

Eine solche richterliche Entscheidung muss dem Grunde nach vor der Begründung des Gewahrsams herbeigeführt werden. Da die Polizei jedoch grds. nur in Eilfällen handeln darf und eine vorherige Einholung der richterlichen Entscheidung praktisch ausscheidet, ist sie unverzüglich nachträglich einzuholen.

hemmer-Methode: Beachten Sie, wie bereits unter Rn. 50 erwähnt, dass dies nur für Freiheitsentziehungen, nicht bloße Freiheitsbeschränkungen gilt.
Vergessen Sie nicht (vgl. Rn. 47 ff.), dass ein Antrag auf Feststellung der Rechtswidrigkeit einer Freiheitsentziehungsmaßnahme nach Art. 17 ff. PAG wegen der abdrängenden Sonderzuweisung des Art. 18 II S. 2 PAG nicht von den Verwaltungsgerichten, sondern von den ordentlichen Gerichten zu entscheiden ist.
Art. 18 PAG gilt auch für Freiheitsentziehungen auf Grundlage der Art. 13 II S. 3 und 15 III PAG.

Behandlung festgehaltener Personen

Art. 19 PAG enthält detaillierte Voraussetzungen für die Behandlung festgehaltener Personen. Der Grund dieser Regelung ergibt sich daraus, dass es sich bei der Ingewahrsamnahme um eine Dauermaßnahme handelt. Folglich muss das Polizeirecht auch das Verhalten der Polizei während der Ingewahrsamnahme regeln. 203

Art. 19 PAG begründet Amtspflichten der Polizei. Ihre Verletzung macht die Ingewahrsamnahme nicht unrechtmäßig, weil sie nur formelle Begleitvorschriften betrifft, den Rechtsgrund der Ingewahrsamnahme aber nicht berührt. Eine Nichtbeachtung des Art. 19 PAG kann aber eine Amtspflichtverletzung nach § 839 BGB sein.[182]

kein Handeln auf Zwangsebene

Dieses Verfahren bei der Ingewahrsamnahme hat nichts mit dem Handeln der Polizei auf der zweiten polizeilichen Handlungsebene, der Zwangsebene, zu tun.

Die Vorschriften der Art. 17 ff. PAG geben der Polizei noch keine Befugnis zur Zwangsanwendung, obwohl dies vom Wortlaut her, etwa des Art. 17 PAG, den Anschein haben mag. Muss die Polizei die Ingewahrsamnahme zwangsweise durchsetzen, so sind die Voraussetzungen der Art. 53 ff. PAG, insbesondere die des unmittelbaren Zwangs, heranzuziehen.

Bsp.: *X leistet der Anordnung, auf die Polizeidienststelle mitzukommen, nicht Folge. Nach entsprechender Androhung wird er im Polizeigriff in den Dienstwagen und damit zur Wache gebracht.*

Unterbringungsrecht als lex specialis

Aus dem polizeilichen Gewahrsam hat sich als selbstständiges Rechtsinstitut die Unterbringung von Geisteskranken und Geistesschwachen sowie von Rauschgift- und Alkoholsüchtigen in einer Heil- und Pflegeanstalt, einer Nervenklinik, einer Entziehungsanstalt oder einer sonstigen geeigneten Krankenanstalt herausgebildet. **204**

Das Unterbringungsrecht, das als lex specialis den Gewahrsamsvorschriften des Polizeirechts vorgeht, ist im BayUnterbrG (Ziegler/Tremel Nr. 830) geregelt.[183] Hierin kommt neben dem Gedanken der Abwehr einer Selbstgefährdung v.a. der Fürsorgegedanke zum Ausdruck.

Dauer der Freiheitsentziehung

Art. 20 PAG regelt als besondere Konkretisierung des Art. 4 PAG das zeitliche Übermaßverbot für den Bereich der Ingewahrsamnahme. **205**

Da die Ingewahrsamnahme einen besonders schweren Eingriff in die Rechte des Betroffenen darstellt, kommt der Einhaltung des Grundsatzes der Verhältnismäßigkeit eine besondere Bedeutung zu.

Konkretisierung des Art. 4 PAG

Art. 20 PAG bestimmt zur Dauer der Freiheitsentziehung, dass eine festgehaltene Person zu entlassen ist,

- ⇨ gem. Nr. 1, sobald der Grund für die Maßnahme der Polizei weggefallen ist,
- ⇨ gem. Nr. 2, wenn die Fortdauer der Freiheitsentziehung durch richterliche Entscheidung für unzulässig erklärt wird,
- ⇨ gem. Nr. 3, in jedem Falle spätestens bis zum Ende des Tages nach dem Ergreifen,[184] wenn nicht vorher die Fortdauer der Freiheitsentziehung durch richterliche Entscheidung angeordnet ist.
  Beachte: In Bayern beträgt die höchstzulässige Dauer einer Freiheitsentziehung kraft richterlicher Entscheidung drei Monate, wobei eine Verlängerung durch erneute richterliche Entscheidung um jeweils weitere drei Monate möglich ist.

182 Berner/Köhler/Käß, Polizeiaufgabengesetz, Art. 19 PAG, Rn. 2.

183 Vgl. hierzu auch die sich daraus ergebende abdrängende Sonderzuweisung nach Art. 10 VII UnterbrG, oben Rn. 52 ff.

184 24:00 Uhr des auf die Festnahme folgenden Tages.

hemmer-Methode: Bis zum Erlass des Gesetzes zur effektiveren Überwachung gefährlicher Personen am 24.07.2017 betrug die Höchstdauer der Ingewahrsamnahme zwei Wochen. Diese Höchstdauer wurde nun auf (jedenfalls) sechs Monate und damit auf ein Vielfaches ausgedehnt. Nach dem Wortlaut - „jeweils um längstens drei Monate" und der Gesetzesbegründung ist sogar davon auszugehen, dass selbst sechs Monate nicht das berühmte Ende der Fahnenstange bilden, sondern dass dann erneut eine Verlängerung um drei Monate in Betracht kommt, so dass auch ein jahrelanger Präventivgewahrsam möglich erscheint.
Da es letztlich dem Richter im Einzelfall überlassen bleibt, welche Dauer er anordnet, dürfte das Gesetz als solches dennoch verhältnismäßig sein. Eine konkrete richterliche Anordnung von drei Monaten Präventivgewahrsam bspw. zur Abwehr einer Gefahr nach Art. 17 I Nr. 3 PAG wird aber im Einzelfall in der Regel nicht verhältnismäßig sein, da sich der Polizei in diesem Zeitraum eigentlich mildere Mittel der Gefahrenabwehr auftun müssten.

dd) 4. Gruppe - Durchsuchung, Sicherstellung, Verwertung, Herausgabe, Art. 21 - 28 PAG

zusammenhängender Normenkomplex

Diese Gruppe stellt einen in sich zusammenhängenden, aufeinander aufbauenden Normenkomplex dar. 206

Bsp.: *PM Werner betritt die Wohnung des A, sucht einen bestimmten Gegenstand, findet ihn und stellt ihn sicher. Nach zwei Wochen wird der Gegenstand an A zurückgegeben.*

drei Durchsuchungsbereiche

I.R.d. Durchsuchung, Art. 21 - 24 PAG, sind drei Durchsuchungsbereiche zu unterscheiden:

⇨ die Durchsuchung von Personen

⇨ die Durchsuchung von Sachen

⇨ die Durchsuchung von Wohnungen

Betretungsbefugnis

Bei der Durchsuchung von Wohnungen ist auch die Befugnis zu deren Betreten als Voraussetzung für die Durchsuchung mitgeregelt.

Sicherstellung

Da die Durchsuchung gerade den Zweck hat, etwas zu finden, gehört zu dieser Gruppe auch die Sicherstellung des Gefundenen, Art. 25 PAG. Daran knüpft zwangsnotwendig auch die Verwahrung der sichergestellten Sachen an, Art. 26 PAG.

Verwertung/Vernichtung

In den Art. 27 und 28 PAG ist schließlich auch die Verwertung oder Vernichtung von sichergestellten Sachen bzw. die Herausgabe der sichergestellten Sachen oder des Erlöses normiert. In Art. 28 III PAG ist zudem die Kostenfrage geregelt.

mehrgliedriges Verfahren

Das Handeln der Polizei aufgrund der Befugnisse der vierten Gruppe führt daher regelmäßig zu einem mehrgliedrigen Verfahren.

Zum zweiten Schritt der Sicherstellung kommt es z.B. dann nicht, wenn die Durchsuchung erfolglos bleibt. Ist sie aber erfolgreich, und wird eine Sache sichergestellt, so ist diese in Verwahrung zu nehmen, Art. 26 I S. 1 PAG.

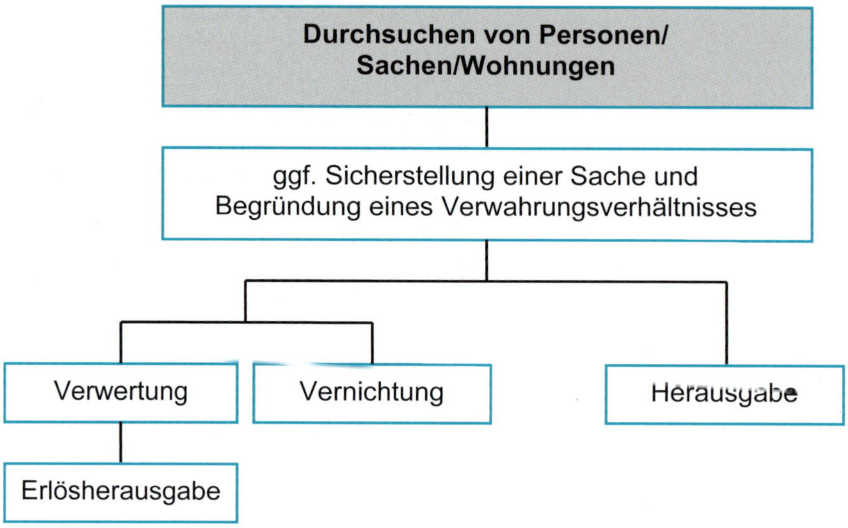

hemmer-Methode: Das öffentlich-rechtliche Verwahrungsverhältnis beginnt daher bereits mit der Sicherstellung. Sicherstellung und Verwahrung stellen einen Akt dar.
Die Verwahrung wurde, obwohl der Gesetzgeber sie in einer eigenen Norm geregelt hat, nicht als eigener Verfahrensteil bezeichnet.

formelle Rechtmäßigkeit: besondere Verfahrensvorschrift für das Betreten und Durchsuchen von Wohnungen

Angesichts der besonderen Grundrechtsrelevanz von Wohnungsdurchsuchungen enthält Art. 24 PAG eine besondere Verfahrensvorschrift (die streng genommen in der formellen Rechtmäßigkeit zu prüfen sind), die das PAG für die Durchsuchung von sonstigen Sachen oder Personen nicht kennt. Diese Vorschrift ist erforderlich, um den Anforderungen des Art. 13 II, IV GG gerecht zu werden.

hemmer-Methode: I.R.d. vierten Gruppe ist zu beachten, dass hier zumeist mehrere Normen nacheinander, aber auch ineinander geschachtelt zu prüfen sind.
Sehr häufig werden auch hier wieder Voraussetzungen aus anderen Befugnisnormen in die zu prüfende Befugnisnorm inkorporiert (vgl. z.B. Art. 21 I Nr. 3 PAG i.V.m. Art. 13 I Nr. 2 oder Nr. 5 PAG).
Durchsuchungsregelungen in anderen Normen, z.B. Art. 13 II S. 4 PAG, gehen grds. als leges speciales vor.

(1) Durchsuchung von Personen, Art. 21 PAG

(a) Begriff

Durchsuchung von Personen

Eine Durchsuchung von Personen ist die ziel- und zweckgerichtete Suche nach Sachen in den am Körper befindlichen Kleidungsstücken oder am Körper selbst.[185] Die Durchsuchung erfolgt z.B. durch Abtasten des bekleideten Körpers. 207

Abgrenzung zu Untersuchung

Von der Durchsuchung von Personen, die auch bei der Strafverfolgung nach der StPO eine große Rolle spielt, ist die Untersuchung zu unterscheiden (vgl. auch §§ 81a, 81c StPO). Art. 21 PAG erfasst nur Durchsuchungen, nicht aber Untersuchungen.[186] Die Differenzierung richtet sich danach, wo nach Gegenständen gesucht wird. Bei einem „Suchen“ im Körperinneren liegt eine Untersuchung vor.

185 Zur Reichweite des Begriffs Durchsuchung vgl. BayVGH, BayVBl. 1999, 342 sowie VG Regensburg, BayVBl. 1999, 342.

186 Vgl. Nr. 21.1 Vollzugsbekanntmachung.

(b) Regelungsinhalt

Spezialtatbestände

Die Standardbefugnisnorm des Art. 21 PAG zur Personendurchsuchung ist so aufgebaut, dass sie die Durchsuchung aufgrund einer Reihe von Spezialtatbeständen, Art. 21 I Nr. 1 - 5 und 21 II PAG normiert, die ihrerseits auf die Voraussetzungen anderer Befugnisnormen zurückgreifen. 208

Art. 21 III PAG enthält besondere Verfahrensvorschrift

Art. 21 III PAG beinhaltet eine besondere Verfahrensvorschrift. Danach ist die Durchsuchung von Personen grds. durch Personen gleichen Geschlechts oder durch Ärzte vorzunehmen. Diese Norm gilt als Ausfluss des Grundrechts der Menschenwürde. Ein Verstoß gegen diese Verfahrensvorschrift führt zur Rechtswidrigkeit der Maßnahme.

(2) Durchsuchung von Sachen, Art. 22 PAG

(a) Begriff

Abgrenzung zur Wohnung

Der Sachbegriff des Art. 22 PAG ist weit zu fassen. Sachen i.S.d. Art. 22 PAG sind zunächst alle körperlichen Gegenstände. Am Körper befindliche Kleidungsstücke und deren Inhalt unterfallen jedoch der Durchsuchung von Personen nach Art. 21 PAG. 209

Hier kann im Einzelfall die Abgrenzung gegenüber der Vorschrift über das Betreten von Wohnungen schwierig werden.[187]

(b) Regelungsinhalt

Systematik des Art. 22 PAG

Art. 22 PAG enthält wie Art. 21 PAG Voraussetzungen und Rechtsfolgen in einer Bestimmung. Die verschiedenen Voraussetzungen beziehen ebenfalls wieder andere Vorschriften mit ein. 210

Art. 13 II S. 4 PAG, lex specialis

Auch i.R.d. Art. 22 PAG geht bei einer Durchsuchung zum Zwecke der Identitätsfeststellung die Regelung des Art. 13 II S. 4 PAG als lex specialis vor.

Art. 22 II PAG stellt klar, dass die Polizei unter den Voraussetzungen des Abs. 1 auch elektronische Speichermedien, also die Festplatte oder einen USB-Stick, durchsuchen darf und dabei sogar auf diese Daten zugreifen darf, auf die von dem eigentlichen Speichermedium zugegriffen werden kann.

hemmer-Methode: Art. 22 II PAG stellt eine der verfassungsrechtlich bedenklichsten Neuerungen des Änderungsgesetzes vom 18.05.2018 dar. Nur weil ein Laptop an einem gefährlichen Ort mitsichgeführt wird, Art. 22 I Nr. 4 PAG, dürfen alle Daten auf diesem Gerät, aber auch alle Daten, die von diesem Gerät aus in der Cloud bspw. eingesehen werden können, ausgelesen werden. Das komplette digitale Leben eines Betroffenen, der den „Fehler" gemacht hat, mit seinem Laptop in der Tasche einen gefährlichen Ort zu überqueren, wird der Polizei offengelegt! Dies dürfte mit dem allgemeinen Persönlichkeitsrecht und dem daraus abgeleiteten informationellen Selbstbestimmungsrecht und dem Recht auf Vertraulichkeit informationstechnischer Systeme kaum vereinbar sein!

187 Vgl. hierzu unten Rn. 213 f.

zusätzliche Verfahrens- und Teilnahmerechte

In Art. 22 III PAG werden neben den Voraussetzungen und Folgen zusätzliche Verfahrens- und Teilnahmerechte geregelt. Dieser Regelung liegt der Gedanke zugrunde, dass nur das absolut Zweckerforderliche verlangt werden darf und darüber hinausgehende Eingriffsmaßnahmen auch bzgl. der Art der Durchführung für denjenigen überprüfbar sein müssen, in dessen Rechte eingegriffen wird. 211

Zweck: Nachprüfbarkeit für Betroffenen

Die Regelung, dass der Inhaber der tatsächlichen Gewalt das Recht hat, bei einer Durchsuchung anwesend zu sein, ist zum einen ein Ausfluss des Übermaßverbots. Darüber hinaus steht dahinter der allgemeine Gedanke, dass behördliches Verhalten für denjenigen, in dessen Rechte eingegriffen wird, überprüfbar sein muss.

(3) Betreten und Durchsuchen von Wohnungen, Art. 23, 24 PAG

(a) Begriff

Wohnung: Legaldefinition in Art. 23 I S. 2 PAG

Unter dem Gesichtspunkt der Rechtssicherheit und -klarheit hat das PAG in die Befugnisnorm zum Betreten und Durchsuchen von Wohnungen auch eine Legaldefinition zum Begriff der Wohnung aufgenommen. 212

Dieser Wohnungsbegriff ist im Hinblick auf seine verfassungsrechtliche Bedeutung, vgl. Art. 13 GG, weit auszulegen. Art. 23 I S. 2 PAG umfasst die Wohnung die Wohn- und Nebenräume, Arbeits-, Betriebs- und Geschäftsräume sowie anderes befriedetes Besitztum (vgl. auch Nr. 22.1, 22.2 und 22.3 Vollzugsbekanntmachung). Hierunter fällt jedes tatsächlich bewohnte befriedete Besitztum, so auch zu diesem Zweck genutzte Wohnwagen, Zelte etc.

(b) Regelungsinhalt

getrennte Regelung von Voraussetzungen und Verfahren

Die Vorschriften über die Durchsuchung von Personen und Sachen regeln Voraussetzungen, Folgen und Verfahren jeweils in einer Bestimmung. 213

Für das Betreten und die Durchsuchung von Wohnungen ist allein den Voraussetzungen und den Folgen mit Art. 23 PAG ein eigener Artikel gewidmet. Das Verfahren ist separat in Art. 24 PAG normiert. Der Grund hierfür sind die besonders einschneidenden Maßnahmen, die mit der Durchsuchung von Wohnungen verbunden sind. Die Trennung führt außerdem zu einer besseren Überschaubarkeit der Vorschriften.

Voraussetzungen

Art. 23 I PAG regelt die Voraussetzungen, unter denen die Polizei eine Wohnung ohne Einwilligung des Inhabers betreten und durchsuchen darf. Auch hier sind die Tatbestandsmerkmale anderer Befugnisnormen in die Voraussetzungen miteinbezogen. Allein die Voraussetzung des Art. 23 I S. 1 Nr. 3 PAG stellt eine in sich geschlossene Regelung dar.

zeitliche Begrenzungen

Die auf die Voraussetzungen folgenden Absätze begrenzen die Befugnis in zeitlicher Hinsicht.

Abs. 2 enthält eine Einschränkung für die Nachtzeit (§ 104 III StPO).

Abs. 3 erweitert jedoch bei Vorliegen besonderer Voraussetzungen wiederum die durch Abs. 2 vorgegebene zeitliche Begrenzung.

Abs. 4 stellt gegenüber den Abs. 2 und 3 eine zeitliche Sonderbestimmung für bestimmte Arten und/oder Teile von „Wohnungen“ dar. Er geht den Abs. 2 und 3 vor.

bei Durchsuchung: richterliche Anordnung erforderlich

Besonderes Gewicht ist darüber hinaus nach Art. 24 PAG auf die Einhaltung des richtigen Verfahrens zu legen. Dabei kommt der richterlichen Anordnung für eine Wohnungsdurchsuchung (anders als für das bloße Betreten) nach Art. 24 I PAG besondere Bedeutung für die Rechtmäßigkeit der Maßnahme zu. Zuständig ist das Amtsgericht und nicht etwa das Verwaltungsgericht, vgl. Art. 24 I S. 2 PAG. 214

Eine Ausnahme vom Erfordernis einer richterlichen Anordnung gibt es nur bei Gefahr im Verzug.[188] Ein Verstoß gegen die Verfahrensvorschrift der richterlichen Anordnung macht die Durchsuchung (!), nicht aber das Betreten, rechtswidrig, solange für das Betreten die Voraussetzungen des Art. 23 PAG vorliegen.

hemmer-Methode: Für die Überprüfung der Rechtmäßigkeit einer Wohnungsdurchsuchung gilt somit folgende Aufbaureihenfolge:

1. **Unterfällt das durchsuchte Besitztum überhaupt dem weiten Begriff der Wohnung (Art. 23 I S. 2 PAG)?**
2. **Danach sind die einzelnen Voraussetzungen zu prüfen (Art. 23 I S. 1 PAG).**
3. **Schließlich ist die Einhaltung des zeitlichen Rahmens zu kontrollieren (Art. 23 II - IV PAG).**
4. **Wurden die Verfahrensvoraussetzungen eingehalten (Art. 24 PAG)?**

(4) Sicherstellung, Beschlagnahme, Verwahrung, Art. 25, 26 PAG

Sofern z.B. bei einer Durchsuchung Sachen gefunden werden, können diese unter den Voraussetzungen der Art. 25 und 26 PAG sichergestellt und verwahrt werden. 215

(a) Begriff

Sicherstellung

Sicherstellung i.S.d. Art. 25 PAG bedeutet die Beendigung des Gewahrsams des Eigentümers oder sonstigen Berechtigten einer Sache unter Begründung neuen Gewahrsams durch die Polizei oder eine Verwaltungsbehörde oder die von ihr beauftragten Personen zum Zwecke der Gefahrenabwehr. Sie erfolgt durch Anordnung der Sicherstellung und deren Vollzug durch Realakt.

Eine Sicherstellung i.S.d. Art. 25 PAG liegt nach einer Auffassung nur dann vor, wenn es der Polizei vom Zweck der Maßnahme her darauf ankommt, die Sache in Verwahrung zu haben und andere von jeder Einwirkungsmöglichkeit auszuschließen.[189]

Nach dem BayVGH ist hingegen für eine Sicherstellung unerheblich, ob die Polizei Besitz an der Sache begründen will, oder ob dieser als Nebenfolge eintritt, weil die Polizei primär eine Sache von einem Ort entfernen will, um eine dort bestehende Gefahr zu beseitigen.

Die Art. 25 ff. PAG dienen der Gefahrenabwehr und lassen zu diesem Zweck eine Gewahrsamsbegründung zu.[190]

188 Vgl. zur Definition Rn. 129 sowie BVerfG, NJW 2001, 1121, wonach eine Gefahr im Verzug jedenfalls nicht durch großzügige Auslegung zum Normalfall werden darf.

189 Knemeyer, PORe, Rn. 251 a.E.

190 BayVGH, BayVBl. 1989, 437; Berner/Köhler/Käß, Polizeiaufgabengesetz, Art. 25 PAG, Rn. 1 ff.

hemmer-Methode: Relevant wird dieser Streit vor allem i.R.d. Abschleppfälle![191]

Abgrenzung zur Beschlagnahme

Begrifflich setzt eine Sicherstellung als solche die Freiwilligkeit der Weggabe der Sache voraus. Wird eine Sache nicht freiwillig herausgegeben, so erfolgt eine Beschlagnahme (vgl. § 94 II StPO).

Nach der Regelung des PAG gibt es im Gefahrenabwehrbereich die Beschlagnahme als zwangsweise Durchsetzung der Sicherstellung bei Herausgabeverweigerung durch den Eigentümer oder Besitzer nicht mehr. Die Sicherstellungsanordnung kann schließlich auf der zweiten Handlungsebene nach den Art. 53 ff. PAG mit polizeilichen Zwangsmitteln vollzogen werden.

„Exkurs für Fortgeschrittene“:

Beschlagnahmeregelung, §§ 94 ff. StPO

Die Beschlagnahme ist aber im Strafverfolgungsbereich geregelt. 216
Eine Normierung findet sich für die Verfolgung von Straftaten in den §§ 94 ff. StPO (vgl. insbesondere § 94 II StPO).

Hinsichtlich der Ahndung von Ordnungswidrigkeiten gelten über die §§ 53 I S. 2, 46 OWiG ebenfalls die Regelungen der StPO. Die Befugnisse der Art. 25 ff. PAG stehen selbstständig neben diesen Regelungen für den Repressivbereich.[192]

Beschlagnahmevorschrift § 15 BayPresseG

Darüber hinaus gibt es insbesondere eine spezielle Beschlagnahmevorschrift in Art. 15 BayPresseG.

Diese Norm stellt eine abschließende Regelung über die Beschlagnahmebefugnis hinsichtlich von Presseerzeugnissen dar. Eine auf §§ 94 ff. StPO gestützte Beschlagnahme darf nur der Richter anordnen, Art. 15 I BayPresseG.

Eine Sicherstellung als präventivpolizeiliche Maßnahme nach dem PAG ist ausgeschlossen. Insoweit stellt Art. 15 II BayPresseG eine abschließende Regelung dar. Werden Druckwerke nach Anordnung der Beschlagnahme durch den Richter nicht herausgegeben, so kann die Beschlagnahme gem. Art. 60 ff. PAG durch unmittelbaren Zwang durchgesetzt werden.[193]

Exkursende

Verwahrung

Die Sicherstellung stellt also die Inbesitznahme durch die Polizei 217
dar. Dies führt zur Verwahrung. Durch die Sicherstellung wird automatisch ein öffentlich-rechtliches Verwahrungsverhältnis begründet, denn Art. 26 I S. 1 PAG bestimmt, dass sichergestellte Sachen in Verwahrung zu nehmen sind.

hemmer-Methode: Bei der Sicherstellungsanordnung, die zur Verwahrung führt, handelt es sich um einen Dauerverwaltungsakt, der bis zur Herausgabe der Sache fortwirkt.
Damit ist in Klausuren gegen eine Sicherstellung mangels Erledigung regelmäßig keine Fortsetzungsfeststellungsklage, sondern eine Anfechtungsklage statthaft. Vergleichen Sie zu dieser examensrelevanten Konstellation Rn. 292, 300 ff.

191 Vgl. dazu Fall unter Rn. 300 ff.

192 Berner/Köhler/Käß, Polizeiaufgabengesetz, Art. 25 PAG, Rn. 2 ff.

193 Berner/Köhler/Käß, Polizeiaufgabengesetz, Art. 60 PAG, Rn. 2.

(b) Regelungsinhalt

drei getrennte Voraussetzungsgruppen

Art. 25 I PAG normiert drei unabhängige, alternativ anwendbare Voraussetzungen für die Sicherstellung. 218

Die größte Bedeutung kommt Art. I 25 Nr. 3 PAG zu. Hier richtet sich die Sicherstellung gegen die von einer Person mitgeführten Sachen.

> ***Bsp.:*** *Gegenüber dem lebensmüden L, der ein Messer bei sich führt, ergeht eine Sicherstellungsanordnung.*

Nr. 2 dient ausschließlich dem Individualschutz. Häufig ergibt sich hier die Eröffnung des Aufgabenbereiches aus Art. 2 II PAG.

Nr. 1 stellt quasi eine auffangende Generalklausel für die Sicherstellung dar.

Pfändung von Forderungen, Sicherstellung von Daten

Nach Art. 25 II PAG kann die Polizei auch Forderungen bzw. sonstige Vermögenswerte „sicherstellen", genauer pfänden. Abs. 3 ermöglicht darüber hinaus die Sicherstellung von Daten.

Verwahrung grds. bei Polizei

Die Verwahrung erfolgt grds. bei der Polizei. Unter den Voraussetzungen von Art. 26 I S. 2 oder 3 PAG kann sie auf andere geeignete Weise auch bei Dritten erfolgen. 219

Art. 26 II - IV PAG enthalten Verfahrensvorschriften für die Verwahrung. Sie regeln u.a. die Pflicht zur Ausstellung einer Bescheinigung sowie zur Unterrichtung des Eigentümers oder des Inhabers der tatsächlichen Gewalt.

zwangsweise Durchsetzung

Sollte der Adressat eine Sicherstellungsanordnung nach Art. 25 PAG nicht befolgen und der Polizei die Verwahrung nicht „gestatten", so besteht die Möglichkeit, auf der zweiten Handlungsebene gem. Art. 53 ff. PAG Zwangsmittel anzuwenden. 220

(5) Verwertung, Vernichtung, Herausgabe, Art. 27 und 28 PAG

(a) Verwertung, Vernichtung

Surrogation

Verwertung einer sichergestellten und verwahrten Sache bedeutet die Umsetzung der Sache in einen Geldbetrag, der dann als Surrogat an die Stelle der Sache tritt (vgl. Art. 27 III S. 3 PAG). Hingegen führt die Unbrauchbarmachung bzw. die Vernichtung zur Beseitigung jeglichen Wertes ohne Hervorbringen eines Surrogates. 221

Art. 27 I PAG enthält fünf verschiedene Fallgruppen, in denen die Verwertung zulässig ist. Art. 27 II PAG normiert Verfahrensvoraussetzungen, die vor der Verwertung zu beachten sind. Abs. 3 regelt die Voraussetzungen des Verfahrens der Verwertung selbst.

Vernichtung

Unter den Voraussetzungen des Art. 27 IV PAG können sichergestellte Sachen auch unbrauchbar gemacht oder vernichtet werden. Für das Verfahren vor der Vernichtung wird auf die Verfahrensregelung bei der Verwertung in Abs. 2 Bezug genommen. 222

> ***Bsp.:*** *Die sichergestellten 3,5 kg Kokain werden verbrannt.*

(b) Herausgabe sichergestellter Sachen oder des Erlöses, Kosten

Herausgabeanspruch

Art. 28 I S. 1 PAG normiert eine Herausgabepflicht für sichergestellte Sachen, sobald die Voraussetzungen der Sicherstellung weggefallen sind (vgl. zweites Beispiel unter Rn. 121). Die Sachen sind nach Art. 28 II PAG grundsätzlich an den herauszugeben, bei dem sie sichergestellt wurden. 223

Der sich hieraus ergebende Herausgabeanspruch ist Ausfluss des zeitlichen Übermaßverbots, Art. 4 III PAG. Für Forderungen und Vermögenswerte i.S.d. Art. 25 II PAG begrenzt Art. 28 III PAG die Sicherstellung dabei grundsätzlich auf ein Jahr. Bei einer Verwertung tritt der Erlös an die Stelle der Sache, Art. 28 IV S. 1, 27 III S. 3 PAG. Ist ein Berechtigter nicht zu ermitteln, ist der Erlös nach den Vorschriften des BGB zu hinterlegen.

hemmer-Methode: Die Geltendmachung der Herausgabe ist i.R. einer FFK irrelevant. Sie erfolgt im Wege der Leistungsklage zum Verwaltungsgericht.

Kostentragung

Art. 28 V PAG enthält eine Regelung über die Kostentragung. Hier werden die Bestimmungen über die Handlungs- und Zustandsverantwortlichen nach Art. 7, 8 PAG herangezogen, um sicherzustellen, dass der Berechtigte nicht in jedem Fall auch die Kosten (den Aufwand) tragen muss. 224

> ***Bsp.:*** *A hat den bissigen Hund des B aus dem Zwinger freigelassen. Die Polizei fängt ihn ein und bringt ihn ins Tierheim.*
>
> Die Kosten sind nach pflichtgemäßem Ermessen dem nach Art. 7 PAG Handlungsverantwortlichen (A) aufzuerlegen.

hemmer-Methode: Die Kostentragungsproblematik spielt sich in der Klausur ebenfalls nicht i.R. einer FFK ab. Hier ist meistens mangels Erledigung ein Widerspruch/eine Anfechtungsklage gegen einen Kostenbescheid zu prüfen. Daher wird die Kostenproblematik i.R. dieser Rechtsmittel erörtert.

ee) 5. Gruppe - Befugnisse für Aufgaben der Grenzkontrolle und Sicherung von Anlagen, Art. 29 PAG

(1) Begriff

bayerische Grenzpolizei

Die fünfte Gruppe stellt eine bayerische Besonderheit dar. 225

Die Aufgabe des grenzpolizeilichen Einzeldienstes im Bundesgebiet obliegt grds. der Bundespolizei, § 2 I HS. 1 BPolG.

Aufgrund des Verwaltungsabkommens zwischen dem Bundesministerium des Innern und der bayerischen Staatsregierung wird diese Aufgabe in Bayern durch die bayerische Grenzpolizei wahrgenommen (Art. 4 III POG). Die Möglichkeit dieser Übertragung regelt § 2 I HS. 2, III BPolG.

Polizei im eingeschränkt institutionellen Sinne

Da die bayerische Grenzpolizei zur Polizei im eingeschränkt institutionellen Sinne (Art. 1 PAG) gehört, musste mit Art. 29 PAG in das PAG eine Bestimmung über die Befugnisse der Grenzpolizei aufgenommen werden (vgl. auch § 2 IV BPolG).

(2) Regelungsinhalt

modifizierte Aufgabenzuweisung

Art. 29 PAG ist eine besonders konstruierte Befugnisnorm. Er beinhaltet eine modifizierte Aufgabenzuweisung für den Grenzschutz durch die Grenzpolizei. Bei der Prüfung der Rechtmäßigkeit einer auf die Befugnisnorm des Art. 29 PAG gestützten Maßnahme ist daher **Folgendes zu beachten**: 226

Die bayerische Grenzpolizei ist Vollzugspolizei i.S.d. Art. 1 PAG. Auch für deren Handeln muss grds. nach Art. 2 PAG i.V.m. Art. 3 PAG der polizeiliche Aufgabenbereich eröffnet sein.

grenzpolizeiliche Maßnahme aufgrund sonstiger Befugnisse des PAG

Soweit sich die Grenzpolizei auf die sonstigen Befugnisse des PAG, die ihr ebenfalls zustehen, stützt, ergeben sich keine Besonderheiten.

> **Bsp.:** *Grenzpolizisten halten im Zollgrenzbezirk eine Person an und fordern diese auf, ihren Ausweis zur Prüfung auszuhändigen.*
>
> Einschlägige Befugnisnorm ist Art. 13 II S. 2, I Nr. 5 PAG.

besondere Voraussetzungen des Art. 29 PAG:

Sollte aber die Befugnis nach Art. 29 PAG einschlägig sein, so ist Voraussetzung, dass die Maßnahme zur Erfüllung der grenzpolizeilichen Aufgaben nach Art. 4 III POG erforderlich ist.

Strittig ist insoweit, ob allein die Beamten der bayerischen Grenzpolizei[194] oder alle Polizisten i.S.d. Art. 1 PAG tätig werden dürfen.[195]

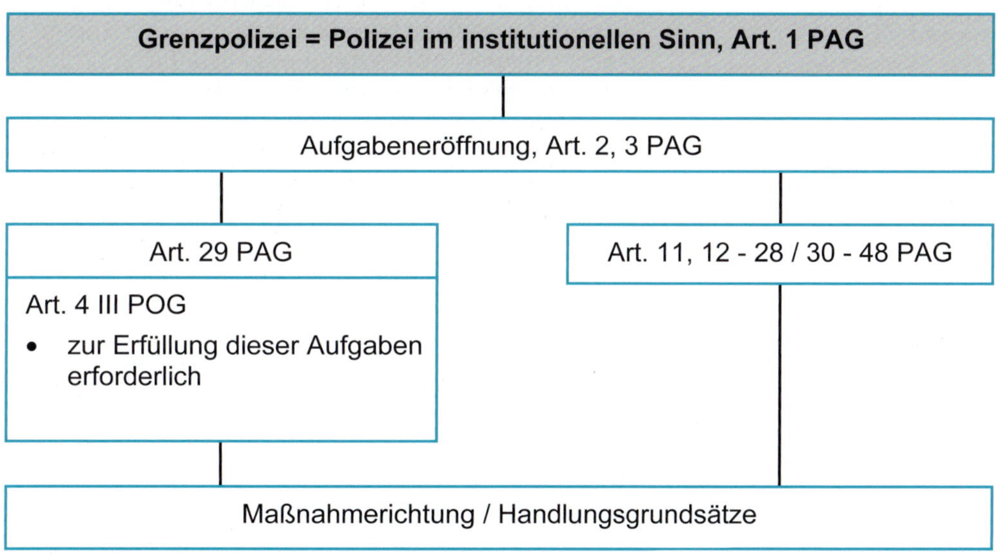

c) Generalklausel, Art. 11 I HS. 1 II PAG

Generalklausel subsidiär

Soweit keine Spezialbefugnisse außerhalb des PAG bestehen und auch keine der Standardbefugnisse des PAG einschlägig sind, können in Grundrechte eingreifende Maßnahmen der Polizei auf die Generalklausel gestützt werden. 227

194 So Knemeyer, PORe, Rn. 268 f.

195 So Schmidbauer/Steiner, Art. 4 POG, Rn. 28; Art. 29 PAG, Rn. 2.

aa) Voraustatbestände, Art. 11 II PAG

Art. 11 II PAG vorrangig

Bevor eine Maßnahme ausschließlich auf die Generalklausel des Art. 11 I HS. 1 PAG gestützt werden kann, sind zunächst die Voraustatbestände des Art. 11 II S. 1 Nr. 1 - 3 PAG zu prüfen.

Art. 11 II PAG normiert drei typische Fälle, bei deren Vorliegen die Polizei Maßnahmen nach Art. 11 I PAG treffen kann. Liegt also ein solcher Fall vor, so erübrigt sich eine Prüfung des Art. 11 I HS. 1 PAG, da hiermit dessen Voraussetzungen erfüllt sind. *228*

hemmer-Methode: Art. 11 II S. 2 - 4 PAG enthalten Legaldefinitionen, insbesondere auch für die in den Voraustatbeständen geforderten Tatbestandsmerkmale.

bb) Sonderfall der drohenden Gefahr, Art. 11 III PAG

Unter den Voraussetzungen des Art. 11 III PAG darf die Polizei bei einer drohenden Gefahr für ein bedeutendes Rechtsgut die notwendigen Maßnahmen treffen, um den Sachverhalt aufzuklären und die Entstehung einer konkreten Gefahr zu verhindern. *228a*

drohende Gefahr

Durch die neue Gefahrenkategorie der **drohenden Gefahr** kann die Polizei Maßnahmen schon im **Vorfeld einer konkreten Gefahr** anordnen. Dabei orientierte sich der Gesetzgeber stark an der bisherigen Rspr., insbesondere an dem **BKAG-Urteil des BVerfG**[196], wonach der Gesetzgeber die Grenzen des Gefahrenbegriffs weiter ziehen kann, indem er die **Anforderungen an den Kausalverlauf reduziert**. Im Vergleich zur konkreten Gefahr kommt es daher nicht zu einer direkten Absenkung des Wahrscheinlichkeitserfordernisses, sondern vielmehr zu reduzierten Anforderungen an die Vorhersehbarkeit des konkreten Kausalverlaufs. D.h. es muss noch keine konkrete Gefahrenlage eingetreten sein, aber aufgrund des Verhaltens einer Person die Entstehung einer solchen (ohne konkrete Umstände, wie Ort, Zeit, etc.) erwartet werden.

*Bsp.: Die Rückkehr einer Person aus einem ausländischen Ausbildungslager einer Terrormiliz. Es kann hier nicht gesagt werden, wann und wie eine solche Person möglicherweise einen Anschlag durchführen wird. Allerdings ist zu erwarten, dass es in absehbarer Zukunft zu einem solchen kommen könnte. In diesem Fall läge eine **drohende** Gefahr vor.*

Tatbestände des Art. 11 III PAG

Im Verhältnis der einzelnen Tatbestände lässt sich festhalten, dass **Nr. 1 der Grundtatbestand** ist, der eine konkrete (nicht hinreichende) Wahrscheinlichkeit erfordert, d.h. die Wahrscheinlichkeit muss sich aus den individuellen Umständen ergeben. Bei Vorbereitungshandlungen i.S.d. Nr. 2 handelt es sich ebenfalls um individuelles Verhalten. Beide Tatbestände können somit gleichzeitig erfüllt sein. Im Gegensatz zu Nr. 1 knüpft Nr. 2 auch an weitere Tatsachen an, die kein individuelles Verhalten des Betroffenen darstellen müssen. Höhere Anforderungen gelten hier jedoch an den Prognosemaßstab, da ein begründeter Schluss auf ein seiner Art nach konkretisiertes Geschehnis erforderlich ist (freilich geringere Anforderungen als bei der konkreten Gefahr). Im Zweifel wird die Behörde dann auf Nr. 1 zurückgreifen.

bedeutende Rechtsgüter

Zudem schuf der Gesetzgeber in Abs. 3 S. 2 einen abschließenden Katalog **bedeutender Rechtsgüter**. Dies sollte insbesondere zur Verhältnismäßigkeit der neuen Befugnisnorm beitragen. Die niedrigeren Anforderungen an den Kausalverlauf werden insofern durch die Gefährdung besonders schützenswerter Rechtsgüter ausgeglichen (vgl. Grundgedanke sog. ‚Je-desto-Formel').

196 BVerfG, Urteil vom 20.04.2016 - 1 BvR 966/09.

Was unter den bestimmten Rechtsgütern (insbesondere Nr. 1, 4 und 5) zu verstehen ist, kann aufgrund der teils unbestimmten Formulierung im Einzelfall auch zu Problemen führen. Im Falle der Nr. 1 kann auf § 4 BVerfSchG verwiesen werden (bspw. Terroranschläge). Was unter erheblichen Eigentumspositionen zu verstehen ist, erscheint dagegen sehr fraglich. Zum einem stellen sich erhebliche Eigentumspositionen wohl aus Sicht des Bürgers und der Behörde unterschiedlich dar und zum anderen sind je nach Vermögensverhältnissen für manchen Eigentumspositionen von geringer Bedeutung, die ein anderer als Existenzgrundlage ansieht und dringend benötigt. Sollte die Existenzgrundlage betroffen sein, könnte allerdings Nr. 5 eingreifen, da deren Erhalt wohl im öffentlichen Interesse liegen wird. Insbesondere der Erhalt der Daseinsvorsorge wird eine Sache im öffentlichen Interesse darstellen.

Rechtsfolge des Art. 11 III PAG

Nach Art. 11 III PAG kann die Polizei somit **atypische Vorfeldmaßnahmen** treffen, um den **Sachverhalt aufzuklären oder die Entstehung einer konkreten Gefahr** (auch durch **aktive** Maßnahmen) präventiv zu verhindern.

cc) Uneingeschränkte Generalklausel, Art. 11 I HS. 1 PAG

Generalklausel für atypische Maßnahmen

Nur wenn keiner der Beispielsfälle des Art. 11 II, III PAG einschlägig ist, darf Art. 11 I HS. 1 PAG herangezogen werden. 229

Die Polizei kann danach sog. atypische Maßnahmen treffen, um eine im einzelnen Fall bestehende Gefahr für die öffentliche Sicherheit oder Ordnung abzuwehren.[197] In Grundrechte eingreifende Maßnahmen nach Art. 11 I HS. 1 PAG verlangen immer eine im einzelnen Fall bestehende Gefahr, also eine konkrete Gefahr.

Zur Erinnerung: Der polizeiliche Aufgabenbereich nach Art. 2 I PAG ist hingegen auch schon bei einer abstrakten Gefahr eröffnet.[198] Die Polizei ist also auch zur Abwehr nur abstrakter Gefahren sachlich zuständig. Sie darf hierzu aber keine Maßnahmen ergreifen, die in Rechte eines Einzelnen eingreifen. Zulässig sind deshalb zur Abwehr abstrakter Gefahren bspw. Streifengänge oder Informationsveranstaltungen.

d) Maßnahmerichtung

ÜBERSICHT

⇨ Grundsatz: Maßnahme gegen den Verantwortlichen

⇨ Begriff der Verantwortlichkeit
Theorie der unmittelbaren Verursachung (h.M.)
Ausnahmen: latente Gefahr, Zweckveranlasser

⇨ Auswahl bei mehreren Stören nach pflichtgemäßem Ermessen
Entscheidend dabei Grundsatz der effektiven Gefahrenabwehr

richtiger Adressat

Bei der Frage nach der Maßnahmerichtung ist zu prüfen, ob die Polizei ihre Maßnahme an den richtigen Adressaten gerichtet hat. Hat sie dies nicht getan, so ist das polizeiliche Handeln rechtswidrig. 230

197 Vgl. zu den Begriffsdefinitionen bereits oben, Rn. 111 ff.

198 Vgl. bereits oben, Rn. 120.

„Verantwortlicher“

Eine polizeiliche Maßnahme muss grds. gegen den Verantwortlichen gerichtet werden, vgl. Art. 7, 8 PAG. Nur in Ausnahmefällen darf sie gegen eine nicht verantwortliche Person gerichtet werden, vgl. Art. 10 PAG.

hemmer-Methode: Früher sprach das Gesetz nicht vom „Verantwortlichen“, sondern vom sog. „Störer“. Da der Gesetzgeber des PAG heute jedoch den Begriff des Verantwortlichen gewählt hat, sollten auch Sie diese Bezeichnung verwenden.
Die Maßnahmerichtung ist dabei zum einen eine Frage einer Subsumtion unter die einschlägige Rechtsgrundlage. Nur wenn der Betroffene Verursacher ist, darf überhaupt gegen ihn vorgegangen werden, erst dann kann das polizeiliche Handlungsermessen eröffnet sein. Dies gilt umso mehr, als die Rechtsgrundlage oftmals spezielle Regeln zur Verantwortlichkeit enthalten, die Art. 7 ff. PAG verdrängen, vgl. Art. 7 IV PAG. Zum anderen ist die Maßnahmerichtung auch i.R.d. Ermessens relevant, dies gilt insbesondere wenn mehrere Verantwortliche zur Auswahl stehen.

Handlungs- oder Zustandsverantwortlicher

Verantwortlicher ist derjenige, der durch sein Verhalten eine Gefahr verursacht hat, oder dem ein gefahrverursachender Zustand zuzurechnen ist.

Subsidiarität der Art. 7, 8 und 10 PAG

Grds. regeln die Art. 7, 8 und 10 PAG, an wen eine polizeiliche Maßnahme zu richten ist. 231

Diese Normen gelten jedoch aufgrund der jeweils in ihnen gesetzlich geregelten Subsidiaritätsklauseln (Art. 7 IV, 8 IV und 10 III PAG) nicht, soweit sich die Maßnahmerichtung bereits aus anderen Rechtsvorschriften ergibt. Dies hat zur Folge, dass die Art. 7 ff. PAG bei Standardmaßnahmen nach den Art. 12 - 48 PAG grds. keine Anwendung finden. Bei diesen ergibt sich die Maßnahmerichtung i.d.R. bereits aus der entsprechenden Befugnisnorm selbst.

> ***Bsp.:*** *Eine Platzverweisung nach Art. 16 PAG ist gegen die Person zu richten, die sich an dem entsprechenden Ort aufhält und von dort vorübergehend verwiesen werden soll. Dies ergibt sich bereits aus Art. 16 PAG selbst.*

Art. 7 ff. PAG gelten bei Standardmaßnahmen grds. nicht

Die Art. 7 ff. PAG finden daher regelmäßig nur bei Maßnahmen, die aufgrund der Generalklausel des Art. 11 I HS. 1, II PAG ergehen, also bei atypischen Maßnahmen, Anwendung.

hemmer-Methode: Beachten Sie, dass Art. 7 ff. PAG keine Befugnisnormen sind. Sie regeln nur, gegen wen eine Maßnahme zu richten ist. Zu dieser Maßnahme muss die Polizei aufgrund einer anderweitigen Befugnisnorm berechtigt sein.

aa) Begriff der Verantwortlichkeit

Verantwortlichkeitsbegriff

Verantwortlichkeit liegt in zwei Fällen vor: Das Verhalten einer Person ist kausal für einen polizeiwidrigen Zustand. Der Zustand einer Sache, der einer Person zuzurechnen ist, ist kausal für eine polizeirechtsrelevante Gefahr. 232

zentrales Problem: Kausalität

Das zentrale Problem der Verantwortlichkeit besteht in der Feststellung dieser Kausalität. Insbesondere dann, wenn erst das Zusammenwirken mehrerer Ursachen zu einer Störung führt, stellt sich die Frage, welche von ihnen als störende Ursache eine Verantwortlichkeit begründet. 233

(1) Grundsatz

Äquivalenz-/Adäquanztheorie ungeeignet

Sowohl die im Strafrecht und im Zivilrecht geltende Äquivalenztheorie als auch die Adäquanztheorie sind zur Ermittlung der Kausalität für die Verantwortlichkeit im Polizeirecht nach allgemeiner Meinung ungeeignet.[199]

hemmer-Methode: Nach der Äquivalenztheorie ist jede Handlung ursächlich, die nicht hinweggedacht werden kann, ohne dass der konkrete Erfolg entfiele; sie ist aber für das Recht der Gefahrenabwehr zu weit. Die Adäquanztheorie fragt danach, ob eine Bedingung zur Herbeiführung eines Erfolges generell geeignet ist; das Recht der Gefahrenabwehr muss hingegen in der Lage sein, auch atypischen Geschehensabläufen zu begegnen. Nur dann ist die Polizei zur effektiven Gefahrenabwehr in der Lage.
Dieser Grundsatz der effektiven Gefahrenabwehr durchzieht das gesamte Polizeirecht und ist i.R.v. Ermessensentscheidungen in der Regel das Leitmotiv.

Theorie der Unmittelbarkeit der Verursachung

Die h.M. folgt der Theorie der Unmittelbarkeit der Verursachung.[200] Verantwortlicher ist danach nur, wer in der Kausalkette die unmittelbare, letzte steuerbare Ursache setzt. Lediglich mittelbare oder entferntere Bedingungen scheiden somit aus.

Bsp.:

- *Die Äquivalenztheorie würde dazu führen, dass auch der Hersteller von Farbspraydosen Verantwortlicher wäre, wenn Graffiti-Fans ohne Erlaubnis ein öffentliches Gebäude in ein „Kunstwerk“ verwandeln.*

- *Die Adäquanztheorie hingegen fragt danach, ob eine Bedingung zur Herbeiführung eines Erfolges generell (!) geeignet ist; demnach ist sie zu eng: Das Recht der Gefahrenabwehr muss in der Lage sein, auch atypischen unvorhersehbaren Geschehensabläufen zu begegnen.*

Stellt man jedoch darauf ab, wer die unmittelbare, letzte steuerbare Ursache gesetzt hat, so kommen als Verantwortliche nur die „Graffiti-Künstler“ in Betracht.

hemmer-Methode: Von der Frage nach dem Vorliegen der Verantwortlichkeit ist jedoch die Problematik, wer bei mehreren Verantwortlichen in Anspruch zu nehmen ist, zu unterscheiden. Die Theorie der unmittelbaren Verursachung schließt die Verantwortlichkeit mehrerer nebeneinander nicht aus.
Beispiel: Von den obigen Graffiti-Freaks ist jeder einzelne, der sich „künstlerisch“ betätigt hat, verantwortlich. Die Auswahl zwischen den Handlungsverantwortlichen erfolgt nach pflichtgemäßem Ermessen, vgl. Rn. 244.

(2) Ausnahmen

Ausnahmen bei Problemfällen

Da die Theorie der unmittelbaren Verursachung aber sowohl beim Problem der „latenten Gefahr“, als auch in den Fällen der sog. „mittelbaren Verursachung“ Schwierigkeiten nach sich zieht, werden hier Ausnahmen gemacht:

199 Schmidbauer/Steiner, Art. 7 PAG, Rn. 9.

200 Schmidbauer/Steiner, Art. 7 PAG, Rn. 9.

(a) Latente Gefahr

Verantwortlicher bei latenter Gefahr: derjenige, dem latente Gefahr zuzurechnen ist

Die Zustandshaftung trifft ausnahmsweise nicht den letzten Verursacher, wenn bereits vorher eine latente Gefahr vom Zustand einer anderen Sache ausging.[201] 234

Vgl. das bereits oben (Rn. 126) Erwähnte.

Bsp.: *Neben ein altes Strohdachhaus wird ein Ziegelhaus mit polizeilich zulässiger Feuerstelle gebaut.*

Bevor das Ziegelhaus gebaut wurde, stellte das besonders leicht entzündliche Strohdach eine latente Gefahr dar. Aufgrund der Veränderung in der Umwelt des Strohdachhauses wird die latente Gefahr zur konkreten Gefahr.

Verantwortlich ist hier nicht der letzte Verursacher, also der, der das Ziegelhaus baute, sondern - aufgrund der latenten Gefahr - der Zustandsverantwortliche (also der Eigentümer) des alten Strohdachhauses.

hemmer-Methode: Die Abwehr latenter Gefahr ist schon wegen Art. 3 PAG meist eine Aufgabe der Sicherheitsbehörden und nicht der Polizei. Die von einem Strohdachhaus ausgehende Brandgefahr ist bspw. eine Frage des Baupolizeirechts, sprich der BayBO, hier konkret Art. 24 BayBO.

(b) Zweckveranlasser

bei mittelbarer Verursachung: Zweckveranlasser

In den Fällen sog. „mittelbarer Verursachung" verwendet man die Konstruktion des Zweckveranlassers. 235

Bsp.:[202] *Ein Geschäftsinhaber veranstaltet in seinem Schaufenster aus Werbezwecken eine Modeschau für Dessous. Mehrere attraktive Mannequins präsentieren fortlaufend die neusten Modelle aus Paris, London und Mailand. Schon nach kürzester Zeit bildet sich eine Menschentraube aus überwiegend männlichen Betrachtern. Hierdurch kommt es zu einem Verkehrschaos.*

Letzter Verursacher wäre hier eigentlich die Menschenmenge. Hier ist jedoch der Geschäftsinhaber als Zweckveranlasser Verantwortlicher. Ausgangspunkt ist dabei, dass dieser gerade das Verhalten anderer Personen herbeiführen will, das dann zu einer Gefahr führt. Im Beispielsfall will der Geschäftsinhaber gerade erreichen, dass Passanten längere Zeit vor dem Schaufenster stehen bleiben.

hemmer-Methode: Die Zurechnungskriterien zur Bestimmung des Zweckveranlassers werden nicht einheitlich beurteilt.[203] Nach der sog. subjektiven Theorie wird auf die Intention des „Veranlassers" abgestellt.
Nach der sog. objektiven Theorie ist zu fragen, ob die Gefahrenlage aus der Sicht eines unbeteiligten Dritten eine typische Folge der Veranlassung darstellt. Dieser Ansatz geht allerdings zu weit. Nur weil Dritte zwar vorhersehbar, aber völlig überzogen auf ein bestimmtes, legales Verhalten reagieren, kann dies noch nicht für eine Störerstellung ausreichen. Ein Beispiel hierfür ist das Zeigen des Mohamad-Films, der als solcher keine strafbaren Inhalte enthält, dessen Vorführung aber mit großer Wahrscheinlichkeit zu gewalttätigen Demonstrationen führen wird. Kann tatsächlich wegen dieser Demonstrationen der „Filmvorführer" als Störer in Anspruch genommen werden und ihm die Vorführung untersagt werden?

201 Vgl. zur latenten Gefahr Rn. 126 f.

202 Vgl. die Leitentscheidung zur Schaufensterwerbung PrOVGE 85, 270 ff.; ebenfalls sehr bekannt: „Borkum-Lied", PrOVGE 80, 176 ff.; eine weitere Entscheidung zu diesem Problemkreis findet sich bei VGH Kassel, NVwZ 1992, 1111. Dort geht es um die Verantwortlichkeit eines Vermieters, der im Geltungsbereich einer SperrbezirksVO wissentlich Räume an Prostituierte vermietet. Hierzu auch OVG Münster, NVwZ-RR 2007, 12 f.

203 Zum Streitstand Schoch, Grundfälle zum Polizei- und Ordnungsrecht, JuS 1994, 395 ff.

Eine dritte Ansicht lehnt die Konstruktion des Zweckveranlassers generell ab. Besonders kritisch ist diese Figur im Bereich des Versammlungsrechts zu sehen![204] Es kann keinesfalls genügen, dass eine radikale Partei aufgrund diverser Vorfälle in der Vergangenheit sicher weiß, dass ihr Auftreten gewaltsame Reaktionen Dritter provoziert, da sonst deren Fehlverhalten über kurz oder lang zu einem weitgehenden Verlust der Rechte der Partei aus Art. 5, 8, 21 GG führen würde.

bb) Verhaltensverantwortlicher, Art. 7 PAG

Gefahren, die unmittelbar von einer Person ausgehen

Art. 7 PAG regelt, wer Adressat polizeilicher Maßnahmen ist, wenn eine Gefahr unmittelbar von einer Person ausgeht. Nach Art. 7 I PAG sind Maßnahmen gegen die Person zu richten, die die Gefahr verursacht. 236

Verursachung durch Tun oder Unterlassen

Diese Verursachung kann zum einen durch positives Tun erfolgen. Zum anderen kann eine Gefahr auch durch Unterlassen verursacht werden. Dann muss aber eine besondere Pflicht zum Tätigwerden bestehen.[205]

verschuldensunabhängig

Ein Verursachen i.S.d. Art. 7 I PAG ist verschuldensunabhängig. Art. 7 II PAG eröffnet die Möglichkeit, Maßnahmen auch gegen Aufsichtspflichtige von „zurechnungsunfähigen" Handlungsverantwortlichen zu richten. Art. 7 III PAG räumt die Inanspruchnahme von Personen ein, deren Verrichtungsgehilfen die eigentlichen Verursacher der Gefahr sind.

cc) Zustandsverantwortlicher, Art. 8 PAG

Gefahren, die unmittelbar von einer Sache ausgehen

Art. 8 PAG regelt die Verantwortlichkeit für den Fall, dass die Gefahr unmittelbar von einer Sache ausgeht. 237

Inhaber der tatsächlichen Gewalt

Nach Art. 8 I PAG sind Maßnahmen in solchen Fällen gegen den Inhaber der tatsächlichen Gewalt zu richten. Tatsächliche Gewalt bedeutet die unmittelbare Verfügungsmacht über eine Sache, wobei es nicht darauf ankommt, ob sie rechtmäßig oder unrechtmäßig ausgeübt werden kann.

Eigentümer/anderer Berechtigter

Gem. Art. 8 II PAG können Maßnahmen auch gegen den Eigentümer oder einen anderen Berechtigten gerichtet werden.

Dies gilt aber dann nicht, wenn der Inhaber der tatsächlichen Gewalt diese ohne den Willen des Eigentümers oder des Berechtigten ausübt, Art. 8 II S. 2 PAG; nicht erforderlich ist, dass dies gegen den Willen des Berechtigten geschieht.[206]

Verfügungsberechtigung

Die Zustandsverantwortlichkeit trifft den Eigentümer oder die sonstigen Berechtigten jedoch nur insoweit, wie sie auch dinglich oder rechtsgeschäftlich zur Verfügung über die Sache berechtigt sind. 238

Nach Art. 4 und 5 PAG sind letztlich Maßnahmen gegen die in Art. 8 II S. 1 PAG Genannten ausgeschlossen, wenn diese weder die tatsächliche Gewalt selbst ausüben, noch auf die Ausübung der tatsächlichen Gewalt durch deren Inhaber aus rechtlichen oder tatsächlichen Gründen hinreichend Einfluss haben.

---

204 Vgl. unten Rn. 287.

205 Berner/Köhler/Käß, Polizeiaufgabengesetz, Art. 7 PAG, Rn. 3.

206 Berner/Köhler/Käß, Polizeiaufgabengesetz, Art. 8 PAG, Rn. 7.

Anders als i.R.d. § 1004 BGB kommt es aber im Polizei- und Sicherheitsrecht nicht darauf an, ob die von der Sache ausgehende Gefahr dem Eigentümer oder Inhaber der tatsächlichen Gewalt aufgrund dessen Verhalten zuzurechnen ist.[207] Art. 8 PAG erfasst gerade auch die Fälle, in denen die Beeinträchtigung ausschließlich auf Naturkräfte zurückgeht.[208]

Diese Reichweite der Zustandsverantwortlichenhaftung wird teilweise als zu weitgehend empfunden.

e.A.: normative Einschränkung der Zustandsverantwortlichenhaftung

Eine in der Literatur verbreitete Ansicht[209] nimmt deshalb ganz grundsätzlich nur dann die Möglichkeit der Inanspruchnahme des Zustandsverantwortlichen an, wenn die Störung aus Umständen herrührt, die in die Risikosphäre des Eigentümers fallen. Dies gilt z.B. bei Naturereignissen oder - wichtige Fallkonstellation - beim Fehlverhalten Dritter: Ein Öltransporter kommt von der Straße ab und verunglückt auf dem Grundstück. 238a

Arg.: Eigentumsgarantie

Begründet wird diese Auffassung mit der Eigentumsgarantie des Art. 14 GG: Erleide der Eigentümer selbst durch solche Ereignisse eine Beeinträchtigung seines Eigentums, könne er aus Gründen der Verhältnismäßigkeit nicht auch noch zur Beseitigung der damit einhergehenden Störung der öffentlichen Sicherheit/Ordnung herangezogen werden.

Rspr.: keine generelle Einschränkung

Eine solche Einschränkung der Zustandshaftung wird dagegen von der Rechtsprechung[210] mit folgender Argumentation abgelehnt: 238b

Der Eigentümer habe grundsätzlich dafür Sorge zu tragen, dass von seiner Sache keine Gefahren für andere Rechtsgüter ausgingen. Daher könne ihm grds. auch eine Maßnahme zur Gefahrenabwehr auferlegt werden. Im Übrigen liege die Beseitigung einer Störung (letztlich auch des eigenen Eigentums) meist ohnehin im Interesse des Eigentümers.[211]

Arg.: Bedenken der Gegenauffassung können i.R.d. Ermessens berücksichtigt werden

Die von den Vertretern der zuerst genannten Ansicht geäußerten Bedenken könnten i.R.d. Ermessensentscheidung bezüglich der konkreten Adressatenwahl und der konkreten Auswahl des Mittels berücksichtigt und ausgeräumt werden; mithin sollte eine Einschränkung wegen Rücksichtnahme auf das Eigentumsrecht nicht auf der Tatbestands- sondern auf der Rechtsfolgenseite erfolgen.[212]

Nach Ansicht des BVerfG ist die Heranziehung des Eigentümers als Zustandsstörers dann unverhältnismäßig, wenn die Kosten der Heranziehung den Wert des Grundstücks erreichen oder gar übersteigen.[213]

herrenlose Sachen

Nach Art. 8 III PAG können Maßnahmen, die von herrenlosen Sachen ausgehen, gegen denjenigen gerichtet werden, der das Eigentum an der Sache aufgegeben hat. Fraglich ist dabei, ob das auch für solche Gefahren gilt, die erst nach der Eigentumsaufgabe entstanden sind.[214] 238c

207 Vgl. für § 1004 BGB, Herrler in: Palandt, § 1004 BGB, Rn. 6.

208 VGH München, BayVBl. 1996, 437; 1997, 502 sowie BVerwG, NJW 1999, 231; vgl. auch OVG Koblenz, NJW 1998, 625 = **Life&Law 1998, 258**.

209 Papier, DVBl. 1985, 873 (878); Schink, DVBl. 1986, 161 (168).

210 BayVGH, BayVBl. 1986, 592; VGH Mannheim, DÖV 1986, 249; BVerwG, NVwZ 1991, 475; OVG Münster, NVwZ 1989, 988.

211 Vgl. zu allem BHKM, 3. Teil, Rn. 181 f.

212 So auch de Wall, JuS 1993, 939 (941).

213 BVerfG, NJW 2000, 2573.

214 Vgl. OVG Münster, UPR 2010, 239 ff. = **Life&Law 09/2010**.

dd) Unmittelbare Ausführung, Art. 9 PAG

(1) Systematische Stellung

systematische Stellung

Die unmittelbare Ausführung einer Maßnahme nach Art. 9 I PAG ist von ihrer systematischen Stellung eine Frage der Maßnahmerichtung einer Primärmaßnahme. Dies ist der wesentliche Unterschied zum Sofortvollzug nach Art. 53 II PAG, von dem eine unmittelbare Ausführung regelmäßig abzugrenzen ist. 238d

(2) Prüfung

Prüfung der unmittelbaren Ausführung

238e

Unmittelbare Ausführung, Art. 9 I PAG

I. Maßnahmerichtung der Primärmaßnahme als Prüfungsstandort, bis dahin „normale" Rechtmäßigkeitsprüfung der Primärmaßnahme

II. Vertretbare Handlung.

III. Maßnahmeadressat nicht (rechtzeitig) erreichbar.

Die Rechtmäßigkeitsprüfung einer unmittelbaren Ausführung unterscheidet sich nicht wesentlich von einer „normalen" Primärmaßnahme. Hauptprüfungspunkt ist die Rechtmäßigkeit einer gedachten Primärmaßnahme, die ergangen wäre, wenn der Verantwortliche rechtzeitig erreichbar gewesen wäre. Weiter muss die unmittelbare Ausführung eine vertretbare Handlung zum Gegenstand haben, da ansonsten die Polizei nicht anstelle des Verantwortlichen handeln kann, und der Verantwortliche darf nicht (rechtzeitig) erreichbar gewesen sein. Eine unmittelbare Ausführung unterscheidet sich damit letztlich von einer „normalen Primärmaßnahme" nur insoweit, dass statt den Art. 7, 8 PAG die Voraussetzungen des Art. 9 I PAG zu prüfen sind.

(3) Abgrenzung zu Sofortvollzug

Abgrenzung Sofortvollzug/unmittelbare Ausführung

Besondere Probleme ergeben sich bei der Abgrenzung der unmittelbaren Ausführung gem. Art. 9 PAG vom Sofortvollzug nach Art. 53 II PAG.[215] 238f

Beiden Vorschriften ist gemeinsam, dass die Polizei selbst Maßnahmen gegen eine Person oder eine Sache ergreifen kann, ohne vorher eine entsprechende Anordnung zu erlassen. Art. 53 II PAG verlangt nur zusätzlich, dass auch die Inanspruchnahme einer nicht verantwortlichen Person nach Art. 10 PAG ausgeschlossen ist.

Art. 9 I PAG nur bei vertretbaren Handlungen

Für ihr Verhältnis zueinander gilt, dass Art. 9 I PAG eingreift, wenn der an sich rechtlich Verantwortliche nicht oder nicht rechtzeitig zur Abwehr einer Gefahr herangezogen werden kann oder nicht in der Lage ist, die Gefahr rechtzeitig abzuwehren.

Die Polizei hat dann die Möglichkeit, anstelle des Verantwortlichen selbst die erforderliche Handlung vorzunehmen. Art. 9 I PAG bietet deshalb nach überzeugender Ansicht allein die Rechtsgrundlage für vertretbare Handlungen.[216]

215 Vgl. hierzu Schmidbauer/Steiner, PAG, Art. 9, Rn. 8 ff.; Köhler, Die unmittelbare Ausführung einer polizeilichen Maßnahme nach Art. 9 PAG, BayVBl. 1999, 582.

216 Schmidbauer/Steiner, Art. 53 PAG, Rn. 16.

hemmer-Methode: Die Abgrenzung zwischen Art. 9 PAG und Art. 53 II PAG kann demnach nur dann relevant werden, wenn die Polizei eine vertretbare Handlung vornimmt. Dies kann dann entweder eine unmittelbare Ausführung oder eine Ersatzvornahme im Sofortvollzug sein. Stellt sich die Maßnahme der Polizei aber objektiv als unvertretbare Handlung, insbesondere als unmittelbarer Zwang dar, kommt von vornherein nur der Sofortvollzug in Betracht.[217] Strittig ist allerdings, welche Maßnahmen vertretbar sind und ob insbesondere eine Sicherstellung nach Art. 25 PAG hierunter fällt.[218]

Abgrenzung nach dem (mutmaßlichen) Willen des Betroffenen

Da ein entgegenstehender Wille überhaupt nicht bekannt ist, kann von der Durchführung einer Maßnahme gegen den Willen des Betroffenen und somit von einer Vollstreckung (die begriffsnotwendig nur gegen den Willen des Betroffenen erfolgen kann), gar nicht gesprochen werden. Die Polizei nimmt in den Fällen des Art. 9 PAG eine vertretbare Handlung mit dem mutmaßlichen Willen des Betroffenen vor.

Beim Sofortvollzug nach Art. 53 II PAG hingegen ist der mögliche Adressat i.d.R. bekannt. Die Anordnung einer Maßnahme ist jedoch überflüssig, da ein entgegenstehender Wille des Betroffenen festgestellt ist. Beim Sofortvollzug liegt deshalb ein Handeln gegen den (ggf. mutmaßlichen) Willen des Betroffenen vor.[219]

hemmer-Methode: Die Abgrenzung der verschiedenen Möglichkeiten bereitet oft Schwierigkeiten und erscheint im Einzelfall auch kaum durchführbar. In der Klausur kommt es deshalb vornehmlich auf Ihre Argumentation an. Achten Sie genau auf die im Sachverhalt gegebenen Informationen, die ihr Spiegelbild in der Lösung finden müssen.[220]

Exkurs für Fortgeschrittene

Rechtsnachfolge in Polizeipflichtigkeit

Häufig stellt sich das Problem, ob auch der Gesamt- (z.B. der Erbe, § 1922 BGB) oder Einzelrechtsnachfolger (z.B. der Erwerber eines Grundstücks) eines Verantwortlichen durch die Rechtsnachfolge selbst zum Verantwortlichen wird, indem er in die Polizeipflichtigkeit einrückt. 239

Differenzierung: Verhaltens-/ Zustandsverantwortlichkeit

Hier ist zunächst zwischen Verhaltens- und Zustandsverantwortlichkeit zu unterscheiden.

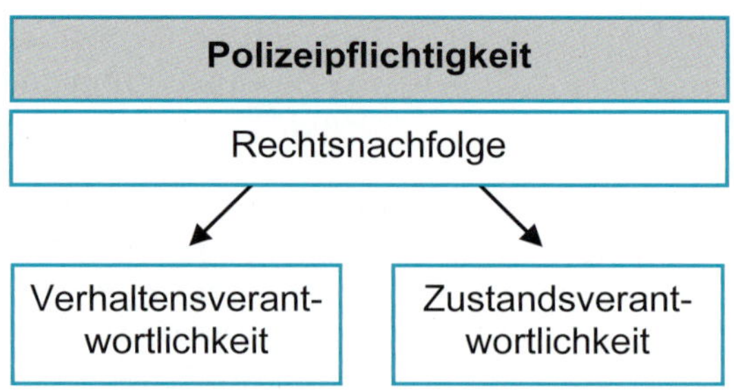

konkrete/abstrakte Polizeipflichten

Eine Rechtsnachfolge in konkrete Polizeipflichten ist grds. möglich. Eine Polizeipflicht ist konkret, wenn bereits ein polizeilicher VA vorliegt.

217 Schmidbauer/Steiner, Art. 53 PAG, Rn. 15 a.E.

218 Bejahend BayVGH, NVwZ 1990, 180, m.w.N. Schmidbauer/Steiner, Art. 53 PAG, Rn. 17.

219 Schmidbauer/Steiner, Art. 53 PAG, Rn. 15; Würtenberger/Görs, JuS 1981, 596 ff.; vgl. auch Rn. 302. Die Abgrenzung ist nicht unumstritten, es wird hier eine Vielzahl weiterer Ansichten vertreten. BHKM, 3. Teil, Rn. 279, ist der Auffassung, dass bei allen vertretbaren Handlungen Art. 9 PAG den Art. 53 PAG verdrängt. Diese Ansicht hat den Vorteil der einfachen Handhabung, steht aber mit dem Wortlaut des Art. 53 II PAG im Widerspruch, der auch auf vertretbare Handlungen anwendbar ist.

220 Vgl. zum ganzen auch Kästner, Unmittelbare Maßnahmen der Gefahrenabwehr, JuS 1994, 361.

Problematisch ist eine Rechtsnachfolge in abstrakte Polizeipflichten, d.h. in Fällen, in denen ein VA noch gar nicht erlassen wurde.

(1) Rechtsnachfolge bei Verhaltensverantwortlichkeit

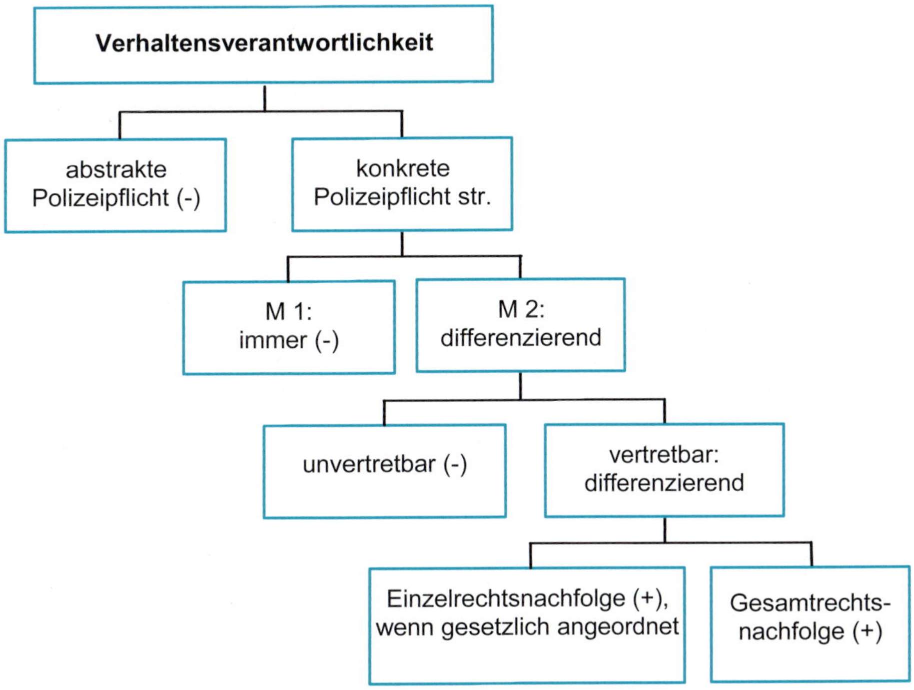

(a) Rechtsnachfolge in abstrakte Polizeipflicht

Verhaltensverantwortlichkeit: Rechtsnachfolge in abstrakte Polizeipflicht ausgeschlossen

Eine Rechtsnachfolge in die abstrakte Polizeipflicht, also wenn noch gar kein VA ergangen ist, ist bei der Handlungsverantwortlichkeit ausgeschlossen. 240

Diese knüpft von ihrem Grundcharakter her an das eigene, höchstpersönliche Verhalten an und kann deshalb von einem Dritten nicht übernommen werden.[221]

(b) Rechtsnachfolge in konkrete Polizeipflicht

Verhaltensverantwortlichkeit: Rechtsnachfolge in konkrete Polizeipflicht str.

Die Möglichkeit einer Rechtsnachfolge in eine konkrete Polizeipflicht, 241
also wenn gegenüber dem Rechtsvorgänger bereits ein VA erlassen wurde, ist bei Verhaltensverantwortlichkeit umstritten.

e.A.: keine Rechtsnachfolge

(aa) Zum Teil wird hier die Auffassung vertreten, dass eine gegen den Rechtsvorgänger wegen Verhaltensverantwortlichkeit erlassene Maßnahme grds. nicht gegen den Rechtsnachfolger wirkt.

a.A.: Differenzierung, ob vertretbar/unvertretbar

(bb) Nach anderer, im Vordringen befindlicher Ansicht ist zwischen unvertretbarer und vertretbarer Verhaltensverantwortlichkeit zu unterscheiden.[222]

unvertretbar - keine Rechtsnachfolge

Bei einer unvertretbaren Verhaltensverantwortlichkeit sei ein Übergang der öffentlich-rechtlichen Polizeipflichtigkeit wegen Höchstpersönlichkeit ausgeschlossen.

221 Unstreitig bzgl. Einzelrechtsnachfolge; teilweise einschränkend bzgl. Gesamtrechtsnachfolge: VGH München, ZfW 1989, 147 ff.; Studie, DVBl. 1990, 501 ff.; Schlabach/Simon, NVwZ 1992, 143 ff.; Schoch, JuS 1994, 1030; jede Rechtsnachfolge ablehnend Schmidbauer/Steiner, Art. 8 PAG, Rn. 9.

222 Drews/Wacke/Vogel/Martens, Gefahrenabwehr, § 19, 6, S. 301 f.; so wohl auch BHKM, 3. Teil, Rn. 192.

Bsp.: Gegenüber dem Rechtsvorgänger erging die Anordnung, eine bestimmte Impfschutzmaßnahme vornehmen zu lassen.

vertretbar - Differenzierung:

Dagegen soll eine Rechtsnachfolge in die Polizeipflichtigkeit bei vertretbarer Verhaltensverantwortlichkeit möglich sein. Hier erfolgt eine Differenzierung zwischen Gesamtrechtsnachfolge und Einzelrechtsnachfolge:

Gesamtrechtsnachfolge

Im Fall der Gesamtrechtsnachfolge soll die Verpflichtung auf den Rechtsnachfolger, z.B. den Erben nach § 1922 BGB, übergehen.

Einzelrechtsnachfolge

Bei Einzelrechtsnachfolge soll hingegen die Maßnahme nur dann gegen den Rechtsnachfolger wirken, wenn dies gesetzlich besonders angeordnet ist.

Bsp.: Gegenüber dem Rechtsvorgänger eines Grundstücks erging eine Beseitigungsanordnung nach Art. 76 S. 1 BayBO. Eine solche gilt nach Art. 54 II S. 3 BayBO auch gegenüber dem Rechtsnachfolger. Diese Vorschrift betrifft allerdings mehr die Rechtnachfolge bei Zustandsverantwortlichkeit. Die Verantwortlichkeit trifft den Erwerber als Nachfolger des Eigentümers und nicht des handlungsverantwortlichen Bauherrn.

(2) Rechtsnachfolge bei Zustandsverantwortlichkeit

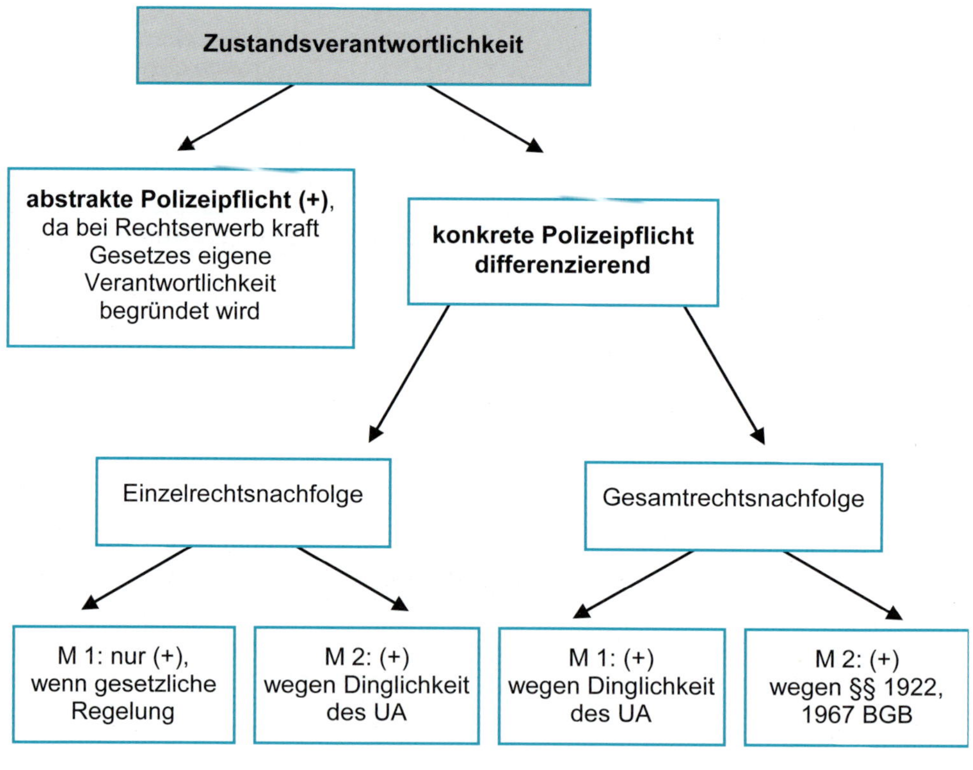

(a) Rechtsnachfolge in abstrakte Polizeipflicht

Zustandsverantwortlichkeit: Rechtsnachfolge in abstrakte Polizeipflicht automatisch kraft Gesetzes

Bei der Zustandsverantwortlichkeit ist die Rechtsnachfolge in die abstrakte Polizeipflichtigkeit, wenn also noch kein polizeilicher VA erlassen wurde, zwangsnotwendig mit dem Erwerb der Sache verbunden. 242

Mit Erwerb der Sache trifft den neuen Eigentümer die Zustandsverantwortlichkeit automatisch kraft Gesetzes, Art. 8 II PAG. Der neue Eigentümer übernimmt die Polizeipflichtigkeit.

Die Übernahme erfolgt vollkommen unabhängig davon, ob die Gefahr durch die Sache erst nach seinem Erwerb eingetreten ist oder schon vorher bestand (aber noch kein VA erlassen wurde).[223]

Da es sich in diesem Fall um eine eigene Zustandsverantwortlichkeit handelt, spielt die Frage von Einzel- oder Gesamtrechtsnachfolge hier keine Rolle.

(b) Rechtsnachfolge in konkrete Polizeipflicht

Zustandsverantwortlichkeit: Rechtsnachfolge in konkrete Polizeipflicht str.

Problematischer ist die Frage der Rechtsnachfolge bei Zustandsverantwortlichkeit in die konkrete Polizeipflicht, d.h. wenn bereits ein polizeilicher VA erlassen worden ist. Hier ist zwischen der Einzelrechtsnachfolge und der Gesamtrechtsnachfolge zu differenzieren. 243

(aa) Einzelrechtsnachfolge

Einzelrechtsnachfolge

Zum Teil wird eine Einzelrechtsnachfolge in Handlungspflichten nur bei Vorliegen einer ausdrücklichen gesetzlichen Regelung anerkannt.[224]

> ***Bsp.**: Bauordnungsrechtliche Anordnungen gegenüber dem aktuellen Eigentümer gelten nach Art. 54 II S. 3 BayBO auch gegenüber dem Rechtsnachfolger.*

BayVGH: Einzelrechtsnachfolge wegen Dinglichkeit der Verfügung, die Belastung der Sache darstellt

Die Rechtsprechung bejaht bei der Zustandsverantwortlichkeit eine Einzelrechtsnachfolge in die konkrete Polizeipflicht.[225] Sie stellt auf die Bindungswirkung eines VA ab und begründet diese mit der Sach-, Grundstücks-, bzw. Anlagenbezogenheit, letztlich also der Dinglichkeit des VAs. Beim Erwerb sei das Eigentum mit einer aktualisierten verwaltungsrechtlichen Verpflichtung belastet. Dadurch wirke die Anordnung auch gegen den Einzelrechtsnachfolger.

Lit.: Verfügung ist bloße öffentlich-rechtliche Pflicht, die für den Übergang eines besonderen Grundes bedarf

Nach einer Auffassung in der Literatur stellt eine solche aktualisierte Verfügung eine öffentlich-rechtliche Pflicht dar. Für den Übergang dieser Pflicht bedürfe es nicht nur im Zivil-, sondern auch im öffentlichen Recht eines Rechtsgrundes, der jedoch im Fall der Einzelrechtsnachfolge nicht vorliege.[226]

(bb) Gesamtrechtsnachfolge

BayVGH: Rechtsnachfolge bereits wegen Dinglichkeit des VA

Nach der Rechtsprechung folgt die Bindungswirkung bereits aus der Dinglichkeit der Verfügung (vgl. oben).

Lit.: Bei Gesamtrechtsnachfolge geht auch öffentlich-rechtliche Pflicht über

Bei der Gesamtrechtsnachfolge liegt der von Teilen der Literatur geforderte Rechtsgrund für den Eintritt des Rechtsnachfolgers in die konkrete öffentlich-rechtliche Verpflichtung vor.

Bei der Gesamtrechtsnachfolge tritt der Erbe gem. §§ 1922, 1967 BGB in die Rechte und Pflichten - also auch in die öffentlich-rechtlichen Pflichten - des Erblassers ein.

Exkursende

223 Schmidbauer/Steiner, Art. 8 PAG, Rn. 9.

224 Schmidbauer/Steiner, Art. 8 PAG, Rn. 9; Wagner, PolGNW, vor §§ 4 - 6, Rn. 82.

225 BayVGH, BayVBl. 1983, 21; maßgebend BVerwG im Jahre 1971 zu einer grundstücksbezogenen Verfügung (vgl. NJW 1971, 1624 = DÖV 1971, 640 = BayVBl. 1971, 425); aus der neueren Rspr. vgl. m.w.N. BayVGH, BayVBl. 1997, 248 (Rechtsnachfolge bei späterem Mitbesitz mit Eigentümer) sowie VGH Kassel, NVwZ 1998, 1315.

226 Drews/Wacke/Vogel/Martens, Gefahrenabwehr, § 19, 5a, S. 300.

hemmer-Methode: Ein weiteres Sonderproblem i.R.d. Maßnahmerichtung ist die Frage, ob die Polizei auch gegen Hoheitsträger vorgehen darf. Zumindest soweit diese selbst hoheitlich tätig werden, ist dies nicht unbedenklich, da die Polizei damit u.U. in die Kompetenzen einer anderen Behörde eingreift.
Andererseits lässt gerade bei akuten Gefahren das Polizeirecht keinen Raum für schwierige und langwierige Kompetenzüberlegungen (Effektivität der Gefahrenabwehr). Nach h.M. darf deshalb die Polizei auch gegen andere Hoheitsträger vorgehen, muss dabei aber die Kompetenzprobleme i.R.d. Ermessens berücksichtigen, was dazu führen kann, dass statt einer verbindlichen Maßnahme ein bloßer Hinweis an die andere Behörde ergeht.[227]

ee) Auswahl unter mehreren Verantwortlichen

Auswahl nach pflichtgemäßem Ermessen

Nach h.M. steht die Auswahl unter mehreren in Betracht kommenden Verantwortlichen im pflichtgemäßen Ermessen der Polizei, Art. 5 I PAG.[228] 244

hemmer-Methode: Demzufolge ist die „Störerauswahl“ eigentlich unter Art. 5 PAG auf der Rechtsfolgenseite der Maßnahme zu prüfen. Aus Gründen der Vollständigkeit, wird die Problematik aber hier an dieser Stelle miterörtert.

Richtlinien:

Von der Rechtsprechung wurden hierfür einige Regeln aufgestellt, die als Richtlinien herangezogen werden können: Zum einen soll der zeitlich letzte Verantwortliche in Anspruch genommen werden.[229]

Weiterhin soll i.d.R. der Handlungsverantwortliche vor dem Zustandsverantwortlichen herangezogen werden.[230] Im Ergebnis aber ist entscheidend, dass die Auswahl so erfolgen muss, dass eine effektive Gefahrenabwehr gewährleistet ist.[231] Nur wenn die Heranziehung mehrerer Verantwortlicher gleich effektiv ist, kommen andere Ermessenserwägungen überhaupt zum Zuge!

hemmer-Methode: Als Folgeproblem ist an den Innenausgleich bei Verantwortlichenmehrheit zu denken. Dabei kommen sowohl § 426 BGB analog als auch §§ 683, 670 BGB in Betracht.[232] Ein Innenausgleich gem. § 426 BGB analog wird jedenfalls in st. Rspr. des BGH abgelehnt.[233] Etwas anders müsste konsequenterweise allerdings dann gelten, wenn mehrere Verantwortliche durch die Behörde bereits als Gesamtschuldner herangezogen werden.[234]

ff) Inanspruchnahme Nichtverantwortlicher, Art. 10 PAG

polizeilicher Notstand

Art. 10 PAG regelt den sog. polizeilichen Notstand. Unter den Voraussetzungen dieser Regelung können ausnahmsweise nicht verantwortliche Personen von der Polizei in Anspruch genommen werden. Hierbei ist zu beachten, dass die Nrn. 1 - 4 des Art. 10 I PAG kumulativ vorliegen müssen.[235] 245

227 Berner/Köhler/Käß, Polizeiaufgabengesetz, Art. 8 PAG, Rn. 4 ff.; BVerwG, **Life&Law 2002, 789** = DVBl. 2003, 60; a.A. VGH Kassel, NVwZ 2002, 889 = **Life&Law 2002, 701**.

228 A.A. ist hier Knemeyer, PORe, Rn. 337 ff.: Nach seiner Auffassung erfolgt die Auswahl unter mehreren Verantwortlichen nach den Grundsätzen der Verhältnismäßigkeit. Hintergrund für diese Ansicht ist, dass nach Knemeyer dem Ermessen nach Art. 5 PAG kein eigenständiger Regelungsgehalt zukommt, da die Polizei aus verfassungsrechtlichen Gründen kein Entschließungsermessen hat, vgl. auch unten Rn. 251.

229 VGH Mannheim, DVBl. 1950, 475 (477).

230 BayVGH, DVBl. 1986, 1283 ff.; BHKM, 3. Teil, Rn. 193.

231 VGH Mannheim, NJW 2000, 3801: Die Sicherheitsbehörde kann auf den Zustandsstörer statt auf den Rechtsnachfolger des Handlungsstörers mit der Begründung zugreifen, dass die Rechtsnachfolge in die Pflichtigkeit streitig ist (und aus diesem Grund mit längeren Streitigkeiten zu rechnen ist), die effektive Gefahrenabwehr mithin nicht gewährleistet sei.

232 Vgl. zum Streitstand Grüneberg in: Palandt, § 426 BGB, Rn. 3 f. m.w.N.

233 Beachte aber die Spezialregel des § 24 II BBodSchG für den Fall einer Altlastensanierung.

234 BayVGH, BayVBl. 2005, 441.

235 Vgl. hierzu Fall Rn. 528 ff., 541.

hemmer-Methode: In Klausuren, in denen Nichtverantwortliche nach Art. 10 PAG in Anspruch genommen werden, ist häufig auch die Frage nach Entschädigungsansprüchen zu bearbeiten, vgl. Art. 70 I PAG.

e) Ermessen der Polizei

Ermessen, insbes. polizeiliche Handlungsgrundsätze

Sobald der Tatbestand einer Befugnisnorm erfüllt ist, steht der Polizei ein Handlungsermessen zu, Art. 5 PAG. 246

hemmer-Methode: Bestimmte Fragestellungen tauchen dabei – wie bereits dargestellt – sowohl im Tatbestand als auch auf Ermessensseite auf. Geht es um die Frage, ob der Adressat überhaupt herangezogen werden darf, ist dies eine Frage des Tatbestands, Art. 7 f. PAG. Geht es hingegen darum, wer von mehreren Verantwortlichen heranzuziehen ist, muss dies im Ermessen geprüft werden, sog. Störerauswahl.

aa) Reichweite des Ermessens, Art. 5 PAG

Opportunitätsprinzip

Art. 5 I PAG regelt das sog. Opportunitätsprinzip. Dieses beinhaltet, dass der Polizei grds. ein Ermessen eingeräumt ist, soweit es um die Frage geht, „ob“ überhaupt Maßnahmen zur Gefahrenabwehr ergriffen werden (Entschließungsermessen).[236] 246a

pflichtgemäße Ermessensausübung

Darüber hinaus räumt Art. 5 PAG der Polizei auch ein Ermessen ein, „wie“ der polizeiliche Zweck erreicht werden soll (Auswahlermessen). Daraus folgt nach h.M., dass i.R.d. Prüfung der polizeilichen Handlungsgrundsätze auch die pflichtgemäße Ermessensausübung zu prüfen ist. Hierbei ist insbesondere zu berücksichtigen, dass die Polizei zum einen bei der Auswahl des Verantwortlichen, zum anderen bei der Wahl des Mittels nach pflichtgemäßem Ermessen handeln muss. Wesentliches ermessensleitendes Kriterium ist dabei der Grundsatz der Verhältnismäßigkeit.

hemmer-Methode: Die Ermessensausübung ist allerdings nur in den Grenzen des § 114 S. 1 VwGO gerichtlich nachprüfbar. Das Gericht prüft lediglich, ob ein Ermessensfehlgebrauch oder eine Ermessensüberschreitung vorliegt. Vergleichen Sie dazu Hemmer/Wüst/ Christensen, Verwaltungsrecht I, Rn. 365 ff.

bb) Grundsatz der Verhältnismäßigkeit, Art. 4 PAG

Verhältnismäßigkeit

Dieser Grundsatz der Verhältnismäßigkeit hat in Art. 4 PAG eine ausdrückliche Normierung gefunden. 247

(1) Art. 4 I PAG

Nach Art. 4 I PAG hat die Polizei bei mehreren möglichen und geeigneten Maßnahmen diejenige zu treffen, die den Einzelnen und die Allgemeinheit am wenigsten beeinträchtigt. 248

Möglichkeit mehrerer Maßnahmen

Zunächst müssen mehrere Maßnahmen möglich sein. Eine Maßnahme ist als solche unmöglich, wenn sie vom Adressaten ein Verhalten fordert, dass dieser aus tatsächlichen oder rechtlichen Gründen nicht erbringen kann.

236 A.A. Knemeyer, PORe, Rn. 126 ff. (131): Er lehnt den Opportunitätsgrundsatz ab. Seines Erachtens ist die Polizei im Falle der Aufgabeneröffnung zum Handeln verpflichtet. Diese Verpflichtung ergebe sich v.a. aus Art. 99 S. 2 BV. Hiergegen wendet die ganz h.M. ein, dass Art. 99 S. 2 BV schon aufgrund seines allgemein gehaltenen Wortlautes nur eine generelle Verpflichtung des Staates zur Schaffung der Institution Polizei enthält, aber nichts über deren Tätigwerden im Einzelfall aussagt, vgl. m.w.N. Berner/Köhler/Käß, Polizeiaufgabengesetz, Art. 5 PAG, Rn. 2 ff. Die meisten Lehrbücher setzen sich mit dieser Ansicht Knemeyers bedauerlicherweise überhaupt nicht auseinander, vgl. z.B. BHKM, 3. Teil, Rn. 140 ff.

Vom Adressaten darf kein rechtswidriges Verhalten verlangt werden. Ein solches ist dem tatsächlich Unmöglichen gleichzustellen.

Es darf keine Handlung verlangt werden, zu der der Verantwortliche privatrechtlich nicht befugt ist. Jedoch kann ein Verlangen, das an sich zur Verletzung einer privatrechtlich übernommenen Rechtspflicht führen würde, unter dem Gesichtspunkt der Rechtfertigung nach § 228 BGB in Betracht kommen.

geeignet

Eine Maßnahme ist dann geeignet, wenn sie den gewünschten Erfolg herbeiführt oder zumindest fördert.

geringste Beeinträchtigung

Bei mehreren möglichen und geeigneten Maßnahmen hat die Polizei nun diejenige auszuwählen, die den Einzelnen und die Allgemeinheit am wenigsten beeinträchtigt. Art. 4 I PAG enthält den Grundsatz der geringsten Beeinträchtigung.

hemmer-Methode: Der Grundsatz der geringsten Beeinträchtigung entspricht der „Erforderlichkeit“ i.R.d. dreistufigen Prüfung des Verhältnismäßigkeitsgrundsatzes.
Beachten Sie, dass die geringste Beeinträchtigung jeden Nachteil umfasst. Auch bloße Unannehmlichkeiten oder der Ansehensverlust der Polizei fallen darunter.[237]

(2) Art. 4 II PAG

Grundsatz nicht unverhältnismäßiger Nachteile

Art. 4 II PAG normiert den Grundsatz der Verhältnismäßigkeit im engeren Sinne. 249

Hier ist die nach Art. 4 I PAG mildeste Maßnahme in Relation zum Erfolg zu setzen. Bei Unverhältnismäßigkeit der Zweck-Mittel-Relation kann u.U. auch das einzig geeignete Mittel ausgeschlossen sein. Letztlich ist eine Abwägung zwischen den durch den angestrebten Erfolg geschützten Rechtsgütern und den herbeigeführten Nachteilen für die betroffenen Rechtsgüter vorzunehmen.

Die Abwägung muss zugunsten ersterer ausfallen. Es dürfen weder unverhältnismäßige Nachteile für den Einzelnen noch für die Allgemeinheit entstehen.

(3) Art. 4 III PAG

zeitliches Übermaßverbot

Art. 4 III PAG enthält das zeitliche Übermaßverbot. Danach muss die Polizei zum einen eine Maßnahme beenden, wenn die Gefahr abgewehrt ist. Da ab diesem Zeitpunkt keine Gefahr mehr für die öffentliche Sicherheit oder Ordnung besteht, fehlt es bereits an der Aufgabeneröffnung. Weiterhin ist eine Maßnahme einzustellen, wenn sich herausstellt, dass der angestrebte Zweck nicht erreicht werden kann.[238] 250-251

III. Verletzung eines subjektiven Rechts

Kläger muss in subjektiv-öffentlichem Recht verletzt sein

Wird die Rechtswidrigkeit einer polizeilichen Maßnahme festgestellt, so ist die Klage noch nicht begründet. Der Kläger muss durch die rechtswidrige Maßnahme zudem in einem ihm zustehenden subjektiv-öffentlichen Recht verletzt sein. 252

237 Schmidbauer/Steiner, Art. 4 PAG, Rn. 11.

238 Vgl. Bsp. oben, Rn 121.

Die Verletzung eines subjektiv-öffentlichen Rechts des Klägers ist für jede rechtswidrige Maßnahme jeweils gesondert zu prüfen. Als Adressat einer rechtswidrigen Maßnahme ist er grds. zumindest in seinem Grundrecht aus Art. 2 I GG verletzt.[239]

IV. Rechtmäßigkeit von polizeilichen Sekundärmaßnahmen

polizeiliche Zwangsmaßnahmen

Unter Sekundärmaßnahmen der Polizei versteht man polizeiliche Zwangsmaßnahmen. Diese dienen der zwangsweisen Durchsetzung von polizeilichen Grundverwaltungsakten. 253

Polizeilicher Zwang ist in den Art. 70 ff. PAG geregelt. Hierbei ist vom Normalfall der Vollstreckung eines polizeilichen VA nach Art. 70 I PAG der Sonderfall des Sofortvollzugs nach Art. 70 II PAG zu unterscheiden.

1. Formelle Rechtmäßigkeit

Hier ergeben sich keine besonderen Probleme. Zum einen muss ein Handeln der Polizei im eingeschränkt institutionellen Sinne vorliegen, Art. 1 PAG, Art. 1 I POG. Weiter ergibt sich die örtliche Zuständigkeit aus Art. 3 I POG. Die sachliche Zuständigkeit ergibt sich aus Art. 70 I PAG, wonach die Polizei für die Vollstreckung ihrer (polizeilichen) Verwaltungsakte zuständig ist. 254

2. Materielle Rechtmäßigkeit

a) Polizeilicher Zwang, Art. 70 I PAG

Möglichkeit zur Durchsetzung von VAen gegen den Willen des Adressaten

Die in den Art. 70 ff. PAG geregelten Zwangsmittel geben der Polizei die Möglichkeit, Grundverwaltungsakte gegen den Willen des Adressaten durchzusetzen. Nach h.M. sind dabei sowohl die Androhung eines Zwangsmittels als auch dessen Anwendung als VA zu qualifizieren.[240] 255

Polizeilicher Zwang, Art. 70 I PAG

I. Allgemeine Voraussetzungen für polizeilichen Zwang

1. Primärmaßnahme muss auf die Vornahme einer Handlung, auf Duldung oder Unterlassung gerichtet sein.
2. Unanfechtbarkeit der Primärmaßnahme oder Rechtsmittel ohne aufschiebende Wirkung, § 80 II S. 1 Nr. 2 VwGO.
3. Rechtmäßigkeit der Primärmaßnahme (Grundsatz der Konnexität), sehr str.!
4. Zwang als solcher überhaupt verhältnismäßig, Art. 4 PAG.

II. Besondere Voraussetzungen für polizeilichen Zwang

1. Androhung eines bestimmten Zwangsmittels, Art. 76 PAG - bei unmittelbarem Zwang gelten über Art. 81 PAG besondere Voraussetzungen.
2. Prüfung der Voraussetzungen des konkret angewandten Zwangsmittels.
3. Beachtung des Verhältnismäßigkeitsprinzips bei Auswahl und konkreter Anwendung des jeweiligen Zwangsmittels, Art. 4 PAG.

239 Vgl. hierzu **Hemmer/Wüst, VerwaltungsR I, Rn. 399 ff.**

240 Siehe bereits Rn. 61 ff.

aa) Allgemeine Voraussetzungen für die Anwendung polizeilichen Zwangs

allgemeine Voraussetzungen der Zwangsanwendung

Bei der Rechtmäßigkeit von Verwaltungszwang ist zwischen den allgemeinen und den besonderen Voraussetzungen zu trennen. 256

Die allgemeinen Voraussetzungen müssen bei jeder Art von Zwangsanwendung geprüft werden. Sie stellen quasi die Grundvoraussetzungen dar. Die besonderen Voraussetzungen richten sich schließlich nach dem jeweiligen Zwangsmittel, das angewandt wurde.

Regelung in Art. 70 I PAG:

Die allgemeinen Voraussetzungen für die Anwendung polizeilichen Zwangs regelt Art. 70 I PAG:

VA auf Handlung, Duldung, Unterlassung gerichtet

(1) Die Primärmaßnahme muss zunächst auf die Vornahme einer Handlung, auf Duldung oder auf Unterlassung gerichtet sein. 257

unanfechtbar/Rechtsmittel ohne aufschiebende Wirkung

(2) Weiterhin muss diese Primärmaßnahme entweder unanfechtbar, oder ein dagegen mögliches Rechtsmittel ohne aufschiebende Wirkung sein. 258

Die Unanfechtbarkeit spielt im Polizeirecht keine große Rolle. Polizeiliche VAe werden wie grds. alle VAe mit Ablauf der Widerspruchsfrist nach § 70 VwGO unanfechtbar. Aufgrund der Typik des Polizeirechts liegen zwischen Primärmaßnahme und Sekundärmaßnahme regelmäßig keine derartig langen Zeiträume.

Besondere Relevanz hat dagegen § 80 II S. 1 Nr. 2 VwGO. Danach entfällt die aufschiebende Wirkung bei unaufschiebbaren Anordnungen und Maßnahmen von Polizeivollzugsbeamten. Die Voraussetzungen des § 80 II S. 1 Nr. 2 VwGO sind in den meisten Fällen polizeilichen Handelns erfüllt.

Grundsatz der Konnexität

(3) Soweit ein polizeilicher Grundverwaltungsakt zwangsweise durchgesetzt werden soll, entsprach es lange Zeit der in Bayern h.M., dass bereits dieser Grundverwaltungsakt selbst rechtmäßig sein musste. Nur für diesen Fall konnte die Zwangsanwendung rechtmäßig erfolgen. Man sprach hier vom Grundsatz der Konnexität. Zwar seien auch im Polizeirecht Primär- und Sekundärmaßnahme formell voneinander zu trennen. Der Erlass und der Vollzug einer Primärmaßnahme stellen sich im Polizeirecht jedoch als Einheit dar, da sie regelmäßig in engem zeitlichen Zusammenhang stünden.[241] 258a

hemmer-Methode: Beachten Sie, dass auch die Vertreter des Konnexitätsgrundsatzes diesen nur im Polizeirecht und nicht auch im allgemeinen Vollstreckungsrecht anwenden, und zwar selbst dann nicht, wenn dort nach § 80 II S. 1 Nr. 4 VwGO für sofort vollziehbar erklärte Verwaltungsakte vollstreckt werden.

Diese Ansicht ist angreifbar und außerhalb Bayerns wohl auch schon immer nur als „Mindermeinung" zu bezeichnen. Schließlich kann der Bürger auch gegen die Zwangsmaßnahme aufgrund ihrer Erledigung regelmäßig nur mittels einer Fortsetzungsfeststellungsklage vorgehen. Warum also sollte es dem Bürger, der nicht den Zwang als solchen, sondern nur den vollstreckten VA für rechtswidrig hält, unzumutbar sein, nur bezüglich des Grund-VA eine Fortsetzungsfeststellungsklage zu erheben?[242] Ggf. muss ihm der Richter ohnehin mit einem Hinweis nach § 86 III VwGO zu Hilfe kommen.

241 Vgl. Knemeyer, PORe, Rn. 358 f.

242 So wohl auch BHKM, 3. Teil, Rn. 273.

Diese Gegenansicht wurde durch eine Entscheidung des BVerfG bestätigt, in der dieses festgestellt hat, dass Verfassungsrecht, insbesondere Art. 19 IV GG, die Anwendung des Konnexitätsgrundsatzes nicht gebietet.[243] Seit dieser Entscheidung dürfte auch die h.M. in Bayern den Konnexitätsgrundsatz ablehnen.[244]

hemmer-Methode: In einer Klausur können Sie den Konnexitätsgrundsatz dann ansprechen und offen lassen, wenn die Primärmaßnahme ohnehin rechtmäßig ist.

Zwang überhaupt verhältnismäßig

(4) Darüber hinaus gelten auch hier die polizeilichen Handlungsgrundsätze. Ob überhaupt Zwang angewandt wird, muss nach dem Grundsatz der Verhältnismäßigkeit und nach pflichtgemäßem Ermessen bestimmt werden. *258b*

bb) Besondere Voraussetzungen für polizeilichen Zwang

besondere Voraussetzungen polizeilichen Zwangs

Die besonderen Voraussetzungen bestimmen sich nach der Eigenart des jeweiligen Zwangsmittels. Art. 71 I PAG zählt die Zwangsmittel abschließend auf. Die Polizei kann demnach entweder Ersatzvornahme, Zwangsgeld oder unmittelbaren Zwang wählen. Für den Fall, dass ein Zwangsgeld uneinbringlich ist, kann nach Maßgabe des Art. 74 PAG Ersatzzwangshaft angeordnet werden. Bei der Auswahl sind wiederum die polizeilichen Handlungsgrundsätze zu beachten. *259*

(1) Androhung der Zwangsanwendung

grds. Androhung von Zwang erforderlich

Die Anwendung von Zwang ist grds. nach Maßgabe der Art. 76 und gg. Art. 81 PAG anzudrohen, Art. 71 II PAG. Für die Androhung unmittelbaren Zwanges ist Art. 81 PAG gegenüber Art. 76 PAG lex specialis. *260*

hemmer-Methode: Die Androhung des Zwangs kann auch als allgemeine Vollstreckungsvoraussetzung geprüft werden, da sie bei jeder Zwangsanwendung, also „allgemein" eine Rechtmäßigkeitsvoraussetzung ist. Andererseits hängt die Art und der Inhalt der Androhung gerade von dem gewählten Zwangsmittel ab, was wiederum eine besondere Vollstreckungsvoraussetzung ist.

Art. 76 III S. 1 PAG verlangt die Androhung eines bestimmten Zwangsmittels. Eine Androhung mit dem pauschalen Inhalt, „ansonsten zur zwangsweisen Durchsetzung zu schreiten", ist unzureichend und führt zur Rechtswidrigkeit sowohl der Androhung als auch der möglichen späteren Zwangsanwendung. Unter besonderen Umständen kann ausnahmsweise von der Androhung abgesehen werden, Art. 76 I S. 3, 81 I S. 2 PAG.

hemmer-Methode: Lesen Sie die Vorschriften der Art. 76 und 81 PAG zur Erfassung der darüber hinaus geregelten einzelnen Besonderheiten einmal genau durch.
Das Gesetz selbst gibt Ihnen alle für die Lösung einer Klausur notwendigen Informationen. Arbeiten Sie immer eng am Gesetzestext!

243 BVerfG, NVwZ 1999, 290.

244 M.w.N. Geier, BayVBl. 2004, 389, wobei der Autor selbst die Konnextität fordert und dabei einen sehr „eigenen" Ansatz vertritt.

(2) Voraussetzungen des jeweils angewandten Zwangsmittels

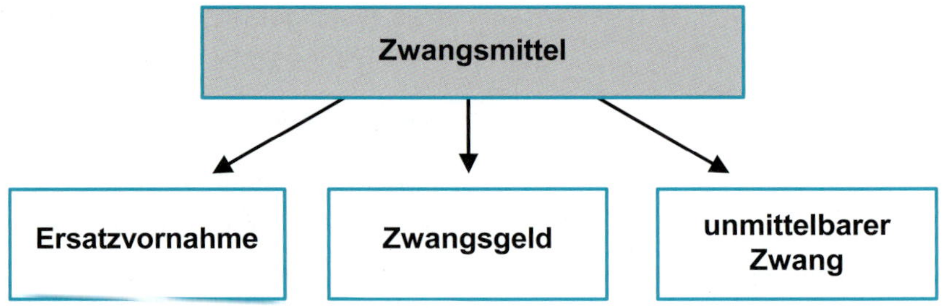

(a) Ersatzvornahme, Art. 72 PAG

Ersatzvornahme

Die Voraussetzungen der Ersatzvornahme sind: 261

⇨ Die Verpflichtung, eine Handlung vorzunehmen, wird nicht erfüllt.

nur bei vertretbaren Handlungen

⇨ Die Handlung muss eine vertretbare sein; dies ist der Fall, wenn sie auch durch einen anderen vorgenommen werden kann, nicht nur durch den Pflichtigen selbst.

Die Polizei muss die Ersatzvornahme nicht selbst ausführen, sondern kann auch einen anderen mit der Ausführung beauftragen. Die Ersatzvornahme kommt grds. nur bei Maßnahmen in Betracht, die auf die Generalklausel gestützt werden, da nur in diesem Bereich vertretbare Handlungen angeordnet werden können.

hemmer-Methode: Soweit in Klausuren eine Ersatzvornahme durchgeführt wurde, ist deren Rechtmäßigkeit häufig auch i.R.d. Anfechtung eines Kostenbescheides zu prüfen, vgl. Art. 72 I S. 2, 3 PAG (siehe Rn. 293 ff.).

Abgrenzung zur unmittelbaren Ausführung

Die Ersatzvornahme ist insbesondere von der unmittelbaren Ausführung einer Maßnahme nach Art. 9 I PAG abzugrenzen. Abgrenzungsprobleme ergeben sich jedoch nur im Falle des Art. 70 II PAG, da i.R.d. Art. 70 I PAG der Ersatzvornahme grds. eine polizeiliche Anordnung vorausgeht.[245] 262

(b) Zwangsgeld, Art. 73, 74 PAG

Zwangsgeld

Das Zwangsgeld kommt regelmäßig nur in aufschiebbaren Fällen in Betracht. Daher hat es im Bereich des Polizeirechts nur eine untergeordnete Bedeutung. 263

> **Bsp.:** *Denkbar ist die Festsetzung eines Zwangsgeldes bei der zwangsweisen Durchsetzung einer Vorladung, Art. 15 III PAG.*

Ersatzzwangshaft

Die Ersatzzwangshaft ist dagegen kein eigenständiges Zwangsmittel. Sie kommt als Beugehaft nur dann zum Einsatz, wenn ein Zwangsgeld uneinbringlich ist, vgl. Art. 74 PAG.

(c) Unmittelbarer Zwang, Art. 75, 77 ff. PAG

unmittelbarer Zwang

Die detaillierte Regelung des unmittelbaren Zwangs resultiert aus den damit verbundenen besonders intensiven Grundrechtseingriffen für den Betroffenen. 264

245 Vgl. zur Abgrenzung zwischen unmittelbarer Ausführung und Sofortvollzug, Rn. 270.

Art. 77 ff. PAG auch bei Zwangsbefugnissen außerhalb des PAG

Art. 77 I PAG normiert, dass die Befugnis zur Anwendung unmittelbaren Zwangs auch durch außerhalb des PAG normierte Rechtsvorschriften erteilt werden kann. Es gelten dann für die Anwendung unmittelbaren Zwanges die Art. 72 ff. PAG. Dies gilt v.a. für den Bereich repressiven polizeilichen Handelns.

Systematik

Art. 72 PAG enthält Begriffsbestimmungen. Art. 82 PAG stellt besondere Anforderungen für die Fesselung von Personen auf. Die Art. 83 - 85 PAG regeln den Schusswaffengebrauch und Art. 86 PAG den Einsatz besonderer Waffen und Sprengmittel.

Art. 15 III, IV PAG

Besondere Einschränkungen des polizeilichen Zwangs finden sich in Art. 15 III, IV PAG, wonach eine Vorladung nur unter besonderen Voraussetzungen zwangsweise durchgesetzt werden kann.

hemmer-Methode: Auch in diesem Bereich ist eine hervorragende Klausurlösung allein durch ein intensives Studium des Gesetzestextes erzielbar. Kennen sollten Sie allerdings den finalen Rettungsschuss nach Art. 83 II S. 2 PAG, der im Hinblick auf Art. 2 II S. 1, 19 II GG nicht unproblematisch ist, von der h.M. aber für zulässig erachtet wird.[246] Beachten Sie auch Art. 79 PAG, der für die Anwendung unmittelbaren Zwangs auf Anordnung eines Weisungsberechtigten Sonderregelungen trifft.

(3) Polizeiliche Handlungsgrundsätze

Verhältnismäßigkeit

Sowohl bei der Auswahl als auch bei der konkreten Anwendung des jeweiligen Zwangsmittels sind wiederum die polizeilichen Handlungsgrundsätze zu beachten. 265

b) Sofortvollzug, Art. 70 II PAG

Sofortvollzug

Die Polizei kann Verwaltungszwang auch ohne einen vorausgehenden VA anwenden. Man spricht hier vom sog. Sofortvollzug. 266

hemmer-Methode: Zur Abgrenzung zur unmittelbaren Ausführung nach Art. 9 PAG vgl. oben Rn. 238c ff.

Dieser ist unter den in Art. 70 II PAG aufgestellten Voraussetzungen zulässig.

Sofortvollzug, Art. 70 II PAG

I. Rechtmäßigkeit der hypothetischen Primärmaßnahme („ ..., und die Polizei hierbei innerhalb ihrer Befugnisse handelt“) (Grundsatz der Konnexität).

II. Vorliegen der weiteren besonderen Voraussetzungen des Art. 70 II PAG.

III. Ordnungsgemäße Anwendung des Zwangsmittels.

aa) Rechtmäßigkeit der hypothetischen Primärmaßnahme

hypothetische Primärmaßnahme

Art. 70 II PAG verlangt zum einen, dass die Polizei beim Sofortvollzug innerhalb ihrer Befugnisse handeln muss. Daraus folgt, dass die Voraussetzungen für die mittels Sofortvollzug durchgesetzte „gedachte Grundmaßnahme“ vorliegen müssen. 267

246 Überträgt man die Grundsätze, die das BVerfG in seiner Entscheidung zum LuftSiG aufgestellt hat, dürfte die Tötung allein des Täters weder gegen Art. 2 II S. 1 GG noch gegen Art. 19 II GG verstoßen, wenn die Tötung das einzige Mittel zur Abwehr erheblicher Gefahren, insbesondere für das Leben eines anderen, ist, vgl. BVerfG, NJW 2006, 751 = **Life&Law 2006, 269**.

Es fehlt quasi aufgrund der besonderen Umstände nur die Zeit, sie ausdrücklich anzuordnen. Diese hypothetische, gedachte Grundmaßnahme ist zunächst daraufhin zu überprüfen, ob sie rechtmäßig wäre.

hemmer-Methode: Hier ist der Konnexitätsgrundsatz gesetzlich angeordnet. Seine Geltung ist insoweit anders als im Normalfall (s. oben Rn. 258a) unstreitig. Die Anordnung in Art. 70 II PAG ist im Übrigen ein gutes Argument gegen die Geltung des Konnexitätsgrundsatzes im Normalfall des Art. 70 I PAG.

bb) Übrige Voraussetzungen des Art. 70 II PAG

Sondervoraussetzungen des Art. 70 II PAG

Ein vorausgehender VA ist nur dann entbehrlich, wenn das zur Abwehr einer Gefahr notwendig ist. 268

Gefahr i.S.d. Art. 70 II PAG ist aus Gründen der Verhältnismäßigkeit i.d.R. nur eine solche, die einen vorausgehenden VA nicht zulässt.[247] Dies ist insbesondere dann der Fall, wenn Maßnahmen gegen Personen nach den Art. 7 bis 10 PAG überhaupt nicht oder nicht rechtzeitig möglich sind oder keinen Erfolg versprechen.

cc) Ordnungsgemäße Anwendung des Zwangsmittels

bes. Voraussetzungen des konkreten Zwangsmittels/Verhältnismäßigkeit

Schließlich ist wiederum zu prüfen, ob die besonderen Voraussetzungen des konkret angewandten Zwangsmittels vorliegen. Zusätzlich sind die polizeilichen Handlungsgrundsätze bei der Frage, ob Zwang überhaupt, welches Zwangsmittel und ob die konkrete Anwendung rechtmäßig ist, zu beachten. 269

3. Verletzung eines subjektiven Rechts

subjektive Rechtsverletzung

Der Adressat einer rechtswidrigen Maßnahme ist grds. zumindest in seinem Grundrecht aus Art. 2 I GG verletzt. 270-271

V. Fallvarianten im Versammlungsrecht

1. Allgemeines

In Polizeirechtsklausuren gibt es i.R.e. jeden Klageart besondere Fallvarianten. I.R.d. Fortsetzungsfeststellungsklage sind dies v.a. die Versammlungsrechtsfälle. 272

hemmer-Methode: Diese Fallvariante kann Ihnen im Polizeirecht und im Sicherheitsrecht gleichermaßen begegnen. Während im Polizeirecht aufgrund eingetretener Erledigung meist die Fortsetzungsfeststellungsklage die statthafte Klageart sein wird, kommt im Sicherheitsrecht die Anfechtungsklage und vor allem der Eilrechtsschutz nach § 80 V VwGO in Betracht, da die Behörde ihre Maßnahme im Interesse der Effektivität i.d.R. für sofort vollziehbar erklären wird, § 80 II S. 1 Nr. 4 VwGO. Im Versammlungsrecht ist dies nicht einmal erforderlich. Hier entfällt die aufschiebende Wirkung nach § 80 II S. 1 Nr. 3 VwGO i.V.m. Art. 25 BayVersG.

247 Berner/Köhler/Käß, Polizeiaufgabengesetz, Art. 53 PAG, Rn. 4; allerdings ist die Bezeichnung als „dringende Gefahr" insoweit missverständlich, als bei dieser gerade umstritten ist, ob eine besondere zeitliche Nähe erforderlich ist, vgl. oben Rn. 91.

Versammlungsfreiheit

Art. 8 I GG gibt allen Deutschen das Recht, sich ohne Anmeldung oder Erlaubnis friedlich und ohne Waffen zu versammeln. 273

Eine Versammlung i.S.d. Art. 8 GG erfordert

⇨ eine Zusammenkunft von mindestens zwei Personen,

⇨ die in innerer Verbundenheit stehen,

⇨ zur gemeinsamen Willenskundgabe nach außen.[248]

hemmer-Methode: Der Bayerische Landesgesetzgeber hat diese Interpretation des Art. 8 I GG im Rahmen seiner Legaldefinition des Art. 2 I BayVersG übernommen. Allerdings kann diese i.R.d. Art. 8 I GG schon wegen Art. 31 GG natürlich nur deklaratorisch sein.
Beachten Sie: Jedenfalls Nicht-EU-Ausländer können sich hinsichtlich der ihnen ebenfalls zustehenden Versammlungsfreiheit nur auf Art. 5 und 2 I GG bzw. Art. 113 BV oder auf die einfach-gesetzliche Versammlungsfreiheit nach Art. 1 BayVersG berufen.[249]

Grundrechtsschranken

Nach Art. 8 II GG kann dieses Recht für Versammlungen unter freiem Himmel durch Gesetz oder auf Grund eines Gesetzes beschränkt werden.

hemmer-Methode: Berücksichtigen Sie die Grundrechtssystematik: Für Versammlungen in geschlossenen Räumen gilt Art. 8 II GG nicht. Hierfür gelten lediglich verfassungsimmanente Schranken.[250]

Versammlungsgesetz

Das BayVersG ist ein solches die Versammlungsfreiheit einschränkendes Gesetz i.S.d. Art. 8 II GG. Das BayVersG gilt dabei grundsätzlich nur für öffentliche Versammlungen, vgl. Art. 2 III BayVersG. 274

hemmer-Methode: Das BayVersG ist zum 01.10.2008 in Kraft getreten und löst damit das (Bundes-)VersammlG ab. Hintergrund hierfür ist, dass der Bund i.R.d. Föderalismusreform zum 01.09.2006 auf seine Kompetenz im Versammlungsrecht verzichtet hat und somit dem Freistaat die Möglichkeit eröffnet wurde, ein eigenes Versammlungsgesetz zu erlassen, vgl. Art. 125a I GG.

Soweit das BayVersG auch für öffentliche Versammlungen in geschlossenen Räumen zur Anwendung kommt (Art. 10 – 12 BayVersG), sind diese Bestimmungen, obwohl Art. 8 I GG insoweit unter keinem geschriebenen Gesetzesvorbehalt steht, verfassungsgemäß.

Sie enthalten lediglich Regelungen, die gar nicht vom sachlichen Schutzbereich des Art. 8 I GG erfasst werden (so z.B. wenn es sich um eine verbotene Vereinigung handelt, die in einer Gaststätte tagt, oder wenn bewaffneten Teilnehmern der Zutritt verboten wird) oder die durch den ungeschriebenen Schrankenvorbehalt kollidierenden Verfassungsrechts legitimiert sind.[251]

248 Letztere Voraussetzung ist in der Literatur nicht unumstritten, vgl. m.w.N. Hemmer/Wüst, Staatsrecht I, Rn. 235; Pieroth/Schlink, Grundrechte, Rn. 693; bestätigt wird dieses eingrenzende Tatbestandsmerkmal vom BVerfG, vgl. BVerfG, NJW 2001, 2459 = BayBl. 2001, 687 (Love-Parade keine Versammlung mangels gemeinsamer Meinungskundgabe); hierzu auch BVerwG, DÖV 2007, 883, das die Versammlungseigenschaft für die Gegenveranstaltung (Hate-Parade oder auch Fuck-Parade) bejaht. An die Meinungskundgabe sind allerdings keine hohen Anforderungen zu stellen. Auch in bloßem Schweigen kann eine konkludente Meinungskundgabe liegen, vgl. m.w.N. VGH München, Beschluss vom 02.07.2012, 10 CS 12.1419 = **Life&Law 01/2013**.

249 Auf „EU-Ausländer" kann bzw. muss aufgrund des Diskriminierungsverbots nach Art. 18 AEUV das Deutschengrundrecht des Art. 8 I GG ebenfalls angewendet werden, vgl. BVerfGE 129, 78.

250 Lesen Sie zum Grundrecht des Art. 8 GG **Hemmer/Wüst, Staatsrecht I, Rn. 232**.

251 Zum Begriff der Öffentlichkeit umfassend OVG Thüringen, DÖV 1998, 123 ff., bespr. in **Life&Law 1998, 320 ff.**

Bei nicht-öffentlichen, sog. geschlossenen Versammlungen, ist das BayVersG grundsätzlich nicht anwendbar, Art. 2 III BayVersG. Liegt eine derartige nichtöffentliche Versammlung vor, so ist nach h.M. allgemeines Polizei- bzw. Sicherheitsrecht anwendbar.[252]

öffentliche Versammlung

Eine Versammlung ist öffentlich, wenn die Teilnahme nicht auf einen namentlich oder sonst individuell bezeichneten Personenkreis beschränkt ist, sondern grds. jedermann teilnehmen kann, Art. 2 II BayVersG. Ein geschlossener Raum im Sinne der Art. 10 ff. BayVersG liegt vor, wenn eine Zugangsbegrenzung zur Seite vorliegt und damit eine Zugangskontrolle durchgeführt werden kann. Eine Versammlung unter freiem Himmel liegt hingegen vor, wenn keine Zugangsbegrenzung zur Seite gegeben ist, auf eine „Überdachung" kommt es gerade nicht an.

hemmer-Methode: Eine nicht-öffentliche Versammlung setzt die konkrete Durchführung einer Zugangskontrolle durch. Sie kann damit immer nur in geschlossenen Räumen und niemals unter freiem Himmel stattfinden, da sie zwingend auch die Möglichkeit einer Zugangskontrolle, also eine Begrenzung zur Seite voraussetzt.

Versammlungsrecht	Polizei- und Ordnungsrecht
⇨ öffentliche Versammlungen unter freiem Himmel, Art. 13 ff. BayVersG	⇨ nicht-öffentliche Versammlungen
⇨ öffentliche Versammlungen in geschlossenen Räumen, Art. 10 ff. BayVersG	⇨ vgl. zudem Ausnahmen, Rn. 299 ff.

2. Vorgehen in der Klausur

a) Eröffnung des Verwaltungsrechtswegs, § 40 VwGO

Die Streitigkeit liegt im Bereich des Versammlungsrechts und ist daher typischerweise öffentlich-rechtlich. 275

hemmer-Methode: Beachten Sie, dass bei einer Versammlung häufig auch Straftaten bzw. Ordnungswidrigkeiten nach dem Versammlungsgesetz begangen werden. Daher ist grundsätzlich auch eine ausdrückliche Zuweisung an die ordentlichen Gerichte nach § 23 I S. 1 EGGVG denkbar. Da in Versammlungsrechtsklausuren der Schwerpunkt i.d.R. nicht im repressiven, sondern im präventiven Bereich liegt, wird regelmäßig der Verwaltungsrechtsweg nach § 40 I VwGO eröffnet sein.

b) Zulässigkeit der Fortsetzungsfeststellungsklage

aa) Fortsetzungsfeststellungsklage als statthafte Klageart

I.R.d. statthaften Klageart ergeben sich keine besonderen Abweichungen. Es gelten deshalb die obigen Ausführungen. 276

Sicherstellungsfälle

Allerdings ist gerade in Versammlungsrechtsfällen darauf zu achten, ob Sachen sichergestellt und in Verwahrung genommen wurden. Solange diese Sachen noch nicht herausgegeben, verwertet oder ggf. vernichtet wurden, kommt eine Erledigung nicht in Betracht. Hier ist als statthafte Klageart dann eine Anfechtungsklage einschlägig.[253]

252 Vgl. hierzu Rn. 286 ff., 286b.

253 Vgl. hierzu Rn. 291 f.

hemmer-Methode: Soweit trotzdem eine Fortsetzungsfeststellungsklage erhoben wurde, ergeht in der Praxis grds. ein richterlicher Hinweis, nach § 86 III VwGO einen sachdienlichen Antrag zu stellen, wenn nicht bereits eine Auslegung als Anfechtungsklage gem. § 88 VwGO möglich ist.[254]

Aufgrund des Entfallens der aufschiebenden Wirkung einer Anfechtungsklage gegen Maßnahmen nach dem BayVersG, vgl. § 80 II S. 1 Nr. 3 VwGO i.V.m. Art. 25 BayVersG, gehört zu den typischen prozessualen Problemen des Versammlungsrechts auch ein Eilantrag gegen bspw. ein Versammlungsverbot.

bb) Klagebefugnis, § 42 II VwGO

Möglichkeit einer Verletzung des Art. 8 I GG

Bei der Klagebefugnis ist in Versammlungsrechtsfällen auf die Möglichkeit einer Verletzung des Grundrechts aus Art. 8 I GG abzustellen. 277

Ist der Schutzbereich des Art. 8 GG nicht einschlägig, v.a. bei Ausländern, so greift als Auffanggrundrecht Art. 2 I GG ein, sodass der Adressat eines belastenden VAs sich nach der Adressatentheorie immerhin noch auf eine mögliche Verletzung des Art. 2 I GG berufen kann. Außerdem ist hier an die einfach-gesetzliche Versammlungsfreiheit nach Art. 1 BayVersG zu denken.

Anreise zu Versammlung/Vorfeldmaßnahmen

Problematisch ist die Klagebefugnis häufig in solchen Fällen, in denen die Polizei bereits bei der Anreise zu einer Versammlung tätig wird, insbesondere eine Weiterfahrt verhindert. 278

> **Fallbeispiel:** *Die Polizei hält einen mit 60 Personen besetzten Omnibus auf einer einsamen Landstraße an. Dieser wurde für eine Fahrt zu einer Großdemonstration gegen die Versenkung von ausgedienten Ölbohrplattformen in der Nordsee angemietet. Die Polizei verfügt gegenüber dem Busfahrer, dass er die Fahrt erst in drei Stunden fortsetzen darf. Den Demonstranten wird freigestellt, auf andere Weise zu der noch 80 km entfernten Demo zu gelangen. Der Bus erreicht seinen Zielort deshalb erst nach dem Ende der Demonstration.*
>
> *Ist Demonstrant Detlef im Falle einer Klage auf Feststellung der Rechtswidrigkeit des Verbots der Weiterfahrt klagebefugt?*

Adressat der Maßnahme

Da als Adressat des Weiterfahrverbotes nur der Busfahrer in Betracht kommt, stellt sich die Frage, ob auch die Mitfahrer möglicherweise in ihrem Grundrecht aus Art. 8 I GG verletzt wurden.

hemmer-Methode: Wäre auch dem D die Weiterfahrt verboten worden oder hätte man ihm verboten, auf andere Weise zur Demonstration zu gelangen, so ergäbe sich die Klagebefugnis bereits aus seiner Adressatenstellung.

organisierte Anreise zu Versammlung selbst schon Versammlung?

Hierbei ist umstritten, ob die organisierte Anreise zu einer an einem bestimmten Ort geplanten, nicht verbotenen Versammlung schon als eigenständige Versammlung i.S.d. Art. 8 I GG angesehen werden kann.

Dies ist jedoch mit den besseren Argumenten abzulehnen: Die gemeinsame Anreise von Demonstrationsteilnehmern in einem Bus kann zwar als Zusammenkunft mehrerer Personen angesehen werden. Es fehlt aber das Merkmal des „Zwecks der gemeinsamen Willenskundgabe nach außen", sodass zu diesem Zeitpunkt noch keine Versammlung vorliegt.[255]

---

254 Zu den Grenzen richterlicher Auslegung und Umdeutung gerade bei anwaltlicher Vertretung vgl. BVerwG, NVwZ 1998, 1296.

255 Vgl. Köhler, BayVBl. 1983, 437.

hemmer-Methode: Dies kann jedoch im Einzelfall auch anders sein. Wenn z.B. bereits auf der Anfahrt durch Transparente in den Fensterscheiben des Busses eine zielgerichtete und gemeinsame Meinungskundgabe stattfindet, liegt bereits in der Anfahrt eine echte Demonstration und daher eine Versammlung. Die Abgrenzung wird man von der Zielsetzung der Demonstranten her vornehmen müssen. Wenn diese ihre kollektive Meinungskundgabe nach außen wie im Fallbeispiel erst am Versammlungsort beginnen wollen, so ist die Anreise selbst noch keine Versammlung.

Schutz einer Versammlung schon vor deren Beginn

Allerdings ist Art. 8 I GG schon deshalb zu berücksichtigen, weil der Schutz einer Versammlung nicht erst wirken darf, wenn die Versammlung bereits begonnen hat. Ansonsten könnte jede unliebsame Veranstaltung durch bloße Zutrittsverhinderung unterbunden werden.

Art. 8 I GG bei Ermessensausübung zu beachten

Es ist demnach davon auszugehen, dass jede polizeiliche oder behördliche Maßnahme, die auf eine derartige Zutrittsverweigerung hinausläuft, im Lichte des Art. 8 I GG betrachtet werden muss.

Das Grundrecht des Art. 8 I GG ist von der Polizei bei der Ausübung ihres Ermessens zu beachten. Hierdurch schützt die entsprechende Ermessensvorschrift auch das Individualinteresse des von der Maßnahme Betroffenen.

D hat deshalb aus Art. 8 I GG ein Recht auf fehlerfreie Ermessensbetätigung. Er könnte in diesem Recht auf fehlerfreie Ermessensentscheidung verletzt sein und ist aus diesem Grund klagebefugt.[256]

cc) Fortsetzungsfeststellungsinteresse

berechtigtes Interesse

Hier ergeben sich keine besonderen Abweichungen zu den oben dargestellten Grundsätzen.[257] Das BVerfG bejaht einen ausreichenden besonders schweren Grundrechtseingriff, wenn die Versammlung verboten oder aufgelöst wird.[258] 279

dd) Sonstige Zulässigkeitsvoraussetzungen

Im Übrigen gelten die bereits oben gemachten Ausführungen. Es ergeben sich i.R.d. Zulässigkeit ansonsten keine Besonderheiten.

c) Begründetheit der Fortsetzungsfeststellungsklage bei Versammlungsrechtsfällen

Begründetheit

Bei der Passivlegitimation ergeben sich keine Abweichungen. 280

materielle Rechtmäßigkeit beachten

Besonderheiten ergeben sich aber im Bereich der formellen und materiellen Rechtmäßigkeit.

aa) sachliche Zuständigkeit = Aufgabeneröffnung

Aufgabeneröffnung/Befugnisse

Die sachliche Zuständigkeit für polizeiliches Handeln bei Versammlungen ergibt sich aus Art. 2 IV PAG i.V.m. Art. 24 I, II BayVersG. 281

hemmer-Methode: Art. 2 IV PAG ist eben nicht nur im Fall repressiven polizeilichen Handelns nach § 163 StPO, § 53 OWiG einschlägig, sondern bei jeder spezialgesetzlichen Aufgabenzuweisung!

256 Birk, JuS 1982, 496; BVerfGE 69, 315 ff. (349).

257 Vgl. bereits Rn. 73 ff.

258 BVerfG, BayVBl. 2005, 463.

bb) Rechtsgrundlagen = Befugnisse

(1) Anwendbarkeit des BayVersG

Anwendbarkeit des BayVersG

Voraussetzung für die Einschlägigkeit der Befugnisnormen des BayVersG ist dessen Anwendbarkeit. 282

öffentliche Versammlung

Es ist anwendbar, wenn eine öffentliche Versammlung vorliegt, vgl. Art. 2 III BayVersG. Nur eine solche soll den letztlich privilegierenden Vorschriften des BayVersG unterfallen.

Versammlungsbegriff

Wie bereits oben erwähnt, liegt eine Versammlung vor, wenn es sich um eine Zusammenkunft von mindestens zwei Menschen[259] handelt, die in innerer Verbundenheit stehen, und den Zweck verfolgen, ihren Willen gemeinsam nach außen hin kundzugeben, vgl. Art. 2 I BayVersG. 283

„öffentliche“ Versammlung

Eine Versammlung ist öffentlich, wenn die Teilnahme nicht auf einen namentlich oder sonst individuell bezeichneten Personenkreis beschränkt ist, sondern grds. jedermann teilnehmen kann, vgl. Art. 2 II BayVersG.[260] Unter freiem Himmel findet die Versammlung statt, wenn keine Zugangsbegrenzung zur Seite existiert.[261]

Spontanversammlung

Auch eine Spontanversammlung ist eine Versammlung i.S.d. BayVersG. Sie unterscheidet sich lediglich dadurch, dass sie ohne vorherige Einladung, Bekanntmachung oder sonstige Absprache stattfindet, vgl. Art. 13 IV BayVersG.

hemmer-Methode: Bei einer Spontanversammlung entfällt die grundsätzliche Anmeldepflicht aus Art. 13 BayVersG, vgl. Art. 13 IV BayVersG. Diese Einschränkung der Anmeldepflicht ist verfassungsrechtlich zwingend, da ansonsten ein Verstoß gegen Art. 8 I GG bestehen würde.[262] Von der Spontanversammlung ist die Eilversammlung zu unterscheiden. Eine solche liegt vor, wenn die Anmeldefrist des Art. 13 I BayVersG nicht mehr vollständig eingehalten werden kann, vgl. Art. 13 III BayVersG. Auch hier muss die 48-Stunden-Frist des Art. 13 I BayVersG nicht eingehalten werden, sondern es genügt, wenn die Anmeldung sobald als möglich, spätestens aber mit der Bekanntgabe der Versammlung, erfolgt, Art. 13 III BayVersG.

Ansammlung

Fehlt dagegen eines der Merkmale des Versammlungsbegriffes, so liegt eine bloße Ansammlung vor, die nicht mehr dem Schutz der Art. 8 GG, Art. 1 ff. BayVersG unterfällt. 284

(2) Ausnahmsweise Anwendbarkeit des PAG

grds. „Polizeifestigkeit“ ab Beginn einer öffentlichen Versammlung

Der Schutz des BayVersG ist an den Beginn einer öffentlichen Versammlung gebunden.[263] Ab diesem Zeitpunkt ist eine Versammlung grds. „polizeifest“, d.h. die Polizei darf nur noch nach dem BayVersG als lex specialis tätig werden, und ein Rückgriff auf die Befugnisse des allgemeinen Polizeirechts ist ausgeschlossen.[264] 285

keine geschützte Versammlung

(a) Die Anwendbarkeit des PAG kommt aber in solchen Fällen in Betracht, in denen der Schutz des Grundrechts auf Versammlungsfreiheit nicht oder nicht mehr besteht.

259 Nach a.A. müssen es mindestens drei Personen sein; vgl. zum Streitstand BVerfG, NVwZ 2005, 80.

260 Zum Begriff der Öffentlichkeit umfassend OVG Thüringen, DÖV 1998, 123 ff., bespr. in **Life&Law 1998, 320 ff.**

261 Vgl. schon oben Rn. 274.

262 BVerfG, NVwZ 2005, 80.

263 Zum Verhältnis zwischen VersammlG und PAG auch **Life&Law 1998, 327**.

264 M.w.N. VGH Mannheim, NVwZ 1998, 761; OVG Münster, NJW 2002, 341 (Einkesselung einer Versammlung ohne vorherige Auflösung rechtswidrig).

Die Befugnisse des PAG gelten daher z.B.

- gegenüber unfriedlichen oder bewaffneten Versammlungsteilnehmern (vgl. Art. 8 I GG),[265]
- ferner zur Gefahrenabwehr im Vorfeld von Versammlungen,[266]
- sowie nach deren Auflösung oder sonstiger Beendigung.[267]

nichtversammlungsspezifische Gefahren

(b) Auch wenn es sich um nicht-versammlungsspezifische Gefahren handelt, ist nicht das BayVersG, sondern das PAG bzw. das speziellere Sicherheitsrecht (wie bspw. BayBO) einschlägig.[268] Dabei kann es sich z.B. um Gefahren nach Bauordnungs- oder Umweltrecht handeln.

> ***Bsp.:*** *Die Polizei verbietet den Demonstranten das Betreten einer Brücke, da die Gefahr besteht, dass diese unter der großen Menschenmenge einstürzen könnte.*

milderes Mittel im PAG

(c) Sollte die Polizei eine Maßnahme nach dem PAG als milderes Mittel im Vergleich zu den Mitteln des BayVersG wählen, so ist ebenfalls nicht das BayVersG, sondern das PAG einschlägig.[269] Denn das BayVersG verfolgt den Zweck, die Teilnehmer einer von Art. 8 GG geschützten Versammlung zu privilegieren, nicht schlechter zu stellen.

> ***Bsp.:*** *Anstatt die Versammlung nach Art. 15 IV BayVersG aufzulösen, greift die Polizei einzelne gewalttätige Teilnehmer heraus. Dafür stehen ihr die Befugnisse des PAG zur Verfügung.*[270]

keine Regelung im BayVersG

(d) Das allgemeine Polizeirecht ist auch dann anwendbar, wenn das BayVersG für bestimmte Bereiche keine Regelung enthält. **286**

> *Beispiel: Das BayVersG enthält hinsichtlich der Zwangsmittel keine Regelung, sodass insoweit auf allgemeines Polizeirecht zurückgegriffen werden darf.*

Vorfeldmaßnahmen

(e) Sonderfall: Vorfeldmaßnahmen

> ***Bsp.:*** *Vgl. dazu nochmals das obige Fallbeispiel „Anreise zur Großdemonstration" unter Rn. 278: Waren hier die Befugnisse des PAG durch das BayVersG ausgeschlossen?* **286a**

Allgemein gilt, dass die Vorschriften des PAG erst bei Vorliegen einer Versammlung durch das BayVersG ausgeschlossen sind. Die Anreise selbst ist hier aber noch keine Versammlung,[271] sodass grds. das PAG einschlägig wäre.

Abstellen auf Verhältnis „Vorfeldmaßnahme" zu PAG-Befugnissen:

Im Hinblick auf Art. 8 I GG erscheint aber folgende Lösung sachgerecht: Es kommt grds. darauf an, in welchem Verhältnis die sog. „Vorfeldmaßnahmen" i.R.e. Demonstration zu den polizeilichen Befugnissen des PAG stehen.

BayVersG, wenn unmittelbar Versammlungsfreiheit betroffen

Für Maßnahmen im Vorfeld einer aktuellen Versammlung sind grds. versammlungsgesetzliche Befugnisse erforderlich, soweit diese Maßnahmen unmittelbar auf die Versammlungsfreiheit der betroffenen Personen einwirken.

---

265 Str., da auch hier das BayVersG abschließende lex specialis sein könnte.

266 Dazu nachfolgend Rn. 286.

267 Berner/Köhler/Käß, Polizeiaufgabengesetz, Art. 16 PAG, Rn. 7.

268 M.w.N. VGH Mannheim, NVwZ 1998, 761.

269 Berner/Köhler/Käß, Polizeiaufgabengesetz, Art. 16 PAG, Rn. 1.

270 Beachten Sie aber Art. 15 V BayVersG, der eine versammlungsrechtliche Befugnis gibt, einzelne Versammlungsteilnehmer auszuschließen und im Verhältnis zum PAG lex specialis ist, sodass erst nach diesem rechtsgestaltenden Ausschluss Maßnahmen nach dem PAG zulässig sein dürften.

271 VG Würzburg, NJW 1980, 2541; vgl. oben, Rn. 278.

Der Schutz der Versammlungsfreiheit gilt insoweit auch für Personen, die sich auf dem Weg zu einer Versammlung befinden.[272]

Unmittelbar versammlungsbezogene Wirkung tritt ein, wenn die Teilnahme ausdrücklich untersagt oder der Zugang zur Versammlung durch polizeiliche Sperren, Be- bzw. Verhinderung der Anfahrt oder schleppende Abfertigung an präventiv-polizeilich begründeten Kontrollstellen tatsächlich verhindert wird.[273]

ansonsten PAG anwendbar

Soweit Vorfeldmaßnahmen ganz überwiegend auf die unmittelbare Verhütung, wenn auch versammlungsbezogener Straftaten oder Ordnungswidrigkeiten gerichtet sind (z.B. Verstöße gegen das Passivbewaffnungs- oder Vermummungsverbot, Art. 16 II BayVersG), gilt für notwendige Eingriffe allgemeines Polizeirecht.[274]

Danach wäre im vorliegenden Fallbeispiel das Anhalten des Busses auf eine polizeiliche Befugnis nach dem PAG, dagegen das Verbot der Weiterfahrt mittels des Busses wegen des starken Bezuges zur Versammlungsfreiheit auf das BayVersG zu stützen[275] (hier ggf. Art. 16 V BayVersG).

hemmer-Methode: Zwingend ist diese Differenzierung allerdings nicht. Sie können es sich auch einfacher machen und auf Vorfeldmaßnahmen mangels spezifischer Regelungen im BayVersG grundsätzlich das PAG anwenden. Dass Art. 8 GG auch schon die Anreise zur Versammlung schützt und eine Vorfeldmaßnahme deshalb nicht zum vollständigen Ausschluss der Versammlungsteilnahme führen darf, müssen Sie dann i.R.d. Verhältnismäßigkeit der Maßnahme nach Art. 4 PAG erörtern.

(f) Nicht-öffentliche Versammlung in geschlossenen Räumen

nicht-öffentl. Versammlung in geschlossenen Räumen

Vor Inkrafttreten des BayVersG wurde hier zum Teil vertreten, dass die Vorschriften des VersammlG auf nicht-öffentliche Versammlungen erst recht analoge Anwendung finden müsse. Unter Geltung des BayVersG ist diese Ansicht nicht mehr vertretbar, da dieses nach seinem eindeutigen Wortlaut auf nicht-öffentliche Versammlungen grundsätzlich nicht anwendbar ist, vgl. Art. 2 III BayVersG. Danach ist nur das PAG anwendbar, jedoch ist Art. 8 I GG auch hier einschlägig und ist u.a. im Rahmen des Ermessens und der Verhältnismäßigkeit zu berücksichtigen. *286b*

Dabei ist v.a. zu beachten, dass die nach Art. 8 I GG hier vorbehaltlos gewährleistete Versammlungsfreiheit nur nach den Grundsätzen der praktischen Konkordanz beschränkt werden kann.[276] Dies bedeutet insbesondere, dass eine Gefahr für die öffentliche Sicherheit und Ordnung nur dann vorliegt, wenn gerade kollidierende Verfassungsgüter gefährdet sind.

272 Birk, JuS 1982, 496; BVerfGE 69, 315 ff. (349).

273 Dietel/Gintzel/Kniesel, Demonstrations- und Versammlungsfreiheit, § 15 VersammlG, Rn. 5.

274 Drews/Wacke/Vogel/Martens, § 11, S. 177; VGH Mannheim, DÖV 1990, 572; die Möglichkeit, die entsprechenden Personen von der Versammlung auszuschließen, Art. 16 V BayVersG, dürfte die mildere Maßnahme bspw. einer Sicherstellung der zur Vermummung dienenen Gegenstände nicht verdrängen.

Sonderfall: Für polizeiliches Einschreiten zur Verhinderung einer (formal) verbotenen Versammlung gilt das PAG. Unterläge polizeiliches Einschreiten zur Verhinderung einer (formal) verbotenen Versammlung der Spezialität des Versammlungsrechts, wären Versammlungsverbote als solche unsinnig, da systemwidrig. Die Polizei wäre streng darauf verwiesen, die verbotene Versammlung zunächst zuzulassen und sofort nach Beginn aufzulösen, Art. 15 IV BayVersG. Sehenden Auges hätte sie Straftaten des Veranstalters bzw. Ordnungswidrigkeiten der Teilnehmer nach Art. 20 BayVersG abzuwarten und dann repressiv zu verfolgen (VG Würzburg, NJW 1980, 2541).

275 Dietel/Gintzel/Kniesel, Demonstrations- und Versammlungsfreiheit, § 17a VersammlG, Rn. 39.

276 Vgl. dazu Schoch, JuS 1994, 481; BVerwG, NVwZ 1999, 991 = BayVBl. 1999, 632 = **Life&Law 2000, 51**. Diese Lösung verstößt nach der Ansicht von BHKM, 3. Teil, Rn. 539 gegen das Zitiergebot des Art. 19 GG.

(3) Versammlungsrechtliche Befugnisse

Befugnisse des BayVersG

Das BayVersG normiert eine Vielzahl polizeilicher Befugnisse. Die klausurrelevantesten Befugnisnormen sind:

(a) Für öffentliche Versammlungen unter freiem Himmel

(aa) Art. 15 I BayVersG

hemmer-Methode: Art. 15 I BayVersG stellt streng genommen keine Befugnis für die Polizei, sondern für die Kreisverwaltungsbehörde dar, vgl. Art. 24 II S. 1 BayVersG, und kann damit nur Gegenstand einer sicherheitsrechtlichen Klausur sein. Die Polizei ist erst ab Beginn der Versammlung zuständig, Art. 24 II S. 2 BayVersG. Dennoch soll die Vorschrift im Gesamtzusammenhang mit den typischen versammlungsrechtlichen Klausurproblemen hier erörtert werden, da die Voraussetzungen des Art. 15 I BayVersG über Art. 15 IV BayVersG auch bei einer Auflösung einer Versammlung durch die Polizei relevant werden.[277] 287

Verbotsvoraussetzungen

Die Voraussetzungen für ein Versammlungsverbot sind nach Art. 15 I BayVersG:

- ⇨ eine Gefahr für die öffentliche Sicherheit oder Ordnung **oder**
- ⇨ das Vorliegen eines Falles des Art. 12 I BayVersG.

Der relevanteste Fall ist dabei die unmittelbare Gefahr für die öffentliche Sicherheit oder Ordnung. Das Vorliegen eines Falles des Art. 12 BayVersG wird regelmäßig zugleich eine Gefahr für die öffentliche Sicherheit darstellen.[278]

öffentliche Sicherheit

Der Begriff der öffentlichen Sicherheit wird i.R.d. Art. 15 I BayVersG genauso ausgelegt wie in Art. 2 I, 11 PAG.[279] Für eine Gefahrenprognose sind (auch hier) konkrete und nachvollziehbare tatsächliche Anhaltspunkte erforderlich; bloße Verdachtsmomente oder Vermutungen reichen hierzu nicht aus.[280]

Bspe.:

Es besteht der begründete Verdacht, dass auf der Versammlung Straftaten begangen werden. Fraglich ist allerdings, ob die Behörde in einem solchen Fall nicht die Auflage verbunden mit einer Zwangsgeldandrohung als milderes Mittel vorrangig in Betracht zu ziehen hat.

Versammlungen der gleichen Art haben sich in der Vergangenheit immer wieder als gewalttätig erwiesen. Es besteht die Gefahr, dass dies auch bei der nun geplanten Versammlung nicht anders ist.

Gerade für Versammlungen rechtsextremer Gruppierungen ist der Straftatbestand des § 130 IV StGB von großer Bedeutung, wonach die Billigung, Rechtfertigung oder Verherrlichung der NS-Herrschaft strafbar sein kann. Ist die Begehung entsprechender Straftaten auf der Versammlung zu befürchten, kommt ein Versammlungsverbot wegen einer Gefahr für die öffentliche Sicherheit in Betracht.[281]

---

277 Vgl. auch den abschließenden Fall unter Rn. 528 ff.

278 Beide Tatbestandsvoraussetzungen stellen eine Neuerung gegenüber dem § 15 I VersammlG dar. Eine wirkliche Verschärfung dürfte damit aber – entgegen der Kritik der bayerischen Opposition – nicht wirklich vebunden sein.

279 Vgl. oben Rn. 112.

280 BVerfG, Beschluss vom 12.05.2010, 1 BvR 2636/04 = **Life&Law 10/2010**.

281 Zur Verfassungsgemäßheit des § 130 IV StGB vgl. BVerfG, Beschluss v. 04.11.2009 1 BvR 2150/08 = **Life&Law 2010, 111**. Allerdings wird man an Auflagen mit dem Verbot entsprechender Äußerungen als milderes Mittel denken müssen. Angesichts des § 130 IV StGB ist die mit dem Inkrafttreten des BayVersG neu geschaffene Regelung des Art. 15 II Nr. 2 BayVersG nur deklaratorisch und weitgehend bedeutungslos.

Gefahr für die öffentliche Ordnung

Problematisch ist der Begriff der öffentlichen Ordnung im Rahmen des Art. 15 I BayVersG. Da hierunter ungeschriebene Regeln verstanden werden, die nach der Moralvorstellung der breiten Mehrheit für ein geordnetes Zusammenleben eingehalten werden müssen, würde letztlich der Wille der Mehrheit Verbotsgrund sein. Dies ist aber weder mit dem Charakter der Grundrechte als Minderheitenrechte noch mit dem Demokratiegrundsatz in Einklang zu bringen. Aus diesem Grund ist eine Gefahr für die öffentliche Ordnung nur in Extremfällen ausreichend für ein Versammlungsverbot. Das BVerfG lässt regelmäßig nur örtliche und zeitliche Verlegungen, aber kein vollständiges Verbot der Versammlung zu.[282] 287a

Bsp.: *Eine Versammlung der NPD am Volkstrauertag würde das allgemeine Bedürfnis nach stillem Gedenken gefährden, sodass es legitim ist, die Versammlung an diesem Tag zu untersagen.*

Der NPD bleibt es unbenommen, einen Tag vorher oder nachher die Versammlung abzuhalten, wobei dieser Fall auch unter Art. 15 II Nr. 1b BayVersG (dazu sogleich) subsumiert werden kann.[283]

Ein Verbot nach Art. 15 I BayVersG kommt nach Art. 15 II Nr. 1 BayVersG insbesondere dann in Betracht, wenn die Versammlung an einem Tag oder Ort stattfindet, der als Gedenkstätte von historisch herausragender, überregionaler Bedeutung an die Opfer der menschenunwürdigen Behandlung unter der nationalsozialistischen Gewalt- und Willkürherrschaft erinnert, und nach den zur Zeit des Erlasses der Verfügung konkret feststellbaren Umständen zu befürchten ist, dass durch die Versammlung oder den Aufzug die Würde der Opfer beeinträchtigt wird (a) oder grundlegende soziale und ethische Anschauungen verletzt werden (b).

hemmer-Methode: Mit dem entsprechenden „Vorgänger-Gesetz" des § 15 II VersammlG sollte parteiübergreifend eine NPD-Versammlung am 08.05.2005 am Holocaust-Denkmal in Berlin verhindert werden. Hierzu hätte es dieses gesetzgeberischen Schnellschusses allerdings gar nicht bedurft, da eine räumliche Verlegung der Demo auch wegen einer Gefahr für die öffentliche Ordnung möglich gewesen wäre.
Art. 15 II Nr. 1 BayVersG geht über § 15 II VersammlG noch hinaus, da er auch den Fall regelt, in dem der Zeitpunkt der Versammlung symbolträchtig ist, etwa eine Neonazi-Demo am 20.04. Art. 15 II Nr. 1 BayVersG erfasst dabei – gerade in Nr. 1b – viele Fälle, die bislang nur als eine Gefahr für die öffentliche Ordnung anzusehen waren. Die Verfassungsgemäßheit dieser Regelung kann angesichts des Charakters des Art. 8 I GG als Minderheitenschutzrecht durchaus in Frage gestellt werden, vgl. oben. Allerdings kann diesen Bedenken durch eine restriktive Anwendung Rechnung getragen werden. Wenn die Versammlung gerade im Hinblick auf Datum oder Ort problematisch erscheint, darf kein vollständiges Verbot, sondern nur eine Auflage oder Beschränkung angeordnet werden.
Art. 15 II Nr. 2 BayVersG ist angesichts des § 130 IV StGB weitgehend überflüssig und deklaratorisch, da bei Vorliegen seiner Tatbestandsvoraussetzungen ohnehin eine Gefahr für die öffentliche Sicherheit gegeben ist.

Gefahr unmittelbar von Versammlung ausgehend: Problem der Gegendemo

Die Gefahr für die öffentliche Sicherheit oder Ordnung muss nach dem Wortlaut des Art. 15 I BayVersG unmittelbar von der Versammlung ausgehen, d.h. diese muss Veranlasser im Sinne des Polizeirechts sein. 287b

282 BVerfG, NJW 2001, 1409 = DVBl. 2001, 558, vgl. hierzu auch BVerfG, DVBl. 2001, 721 sowie BVerfG, NJW 2001, 2069 ff.; zur Gegenansicht OVG Münster, NJW 2001, 2111 ff., 2987; zu allem Beljin, DVBl. 2002, 15 ff., Neonazistische Demonstrationen in der aktuellen Rechtsprechung, sowie Arndt, Politisch missliebige Meinung und grundgesetzliches Friedensgebot, BayBl. 2002, 653; Rühl, „Öffentliche Ordnung" als sonderrechtlicher Verbotstatbestand gegen Neonazis im Versammlungsrecht. Auch die Senatsentscheidung BVerfG, NJW 2004, 2814, bspr. von Battis/Grigoleit, NJW 2004, 3459, brachte hier keine endgültige Klarheit, da nach dieser Entscheidung ein Verbot wegen einer Gefährdung der öffentlichen Ordnung als ultima ratio denkbar sein soll, aber nur wenn es um die Art und Weise der Versammlung und nicht um den Inhalt der kundgegebenen Meinung geht.

283 BVerfG, NVwZ 2003, 602; Vorentscheidung OVG Frankfurt/Oder, NVwZ 2003, 623.

Exkurs: Zwangsmittel

Zwangsbefugnisse des PAG

Bei der Anwendung von Zwangsmitteln gelten auch im Bereich des Versammlungsrechts die Art. 70 ff. PAG. Die Polizei kann sich somit auf die Zwangsbefugnisse des PAG stützen, soweit sie Maßnahmen, die sie aufgrund des BayVersG trifft, durchsetzen will, weil das BayVersG keine Zwangsbefugnisse zu seiner Durchsetzung regelt.[291] Es gelten daher die obigen Ausführungen. 289

hemmer-Methode: Beachten Sie im Zusammenhang mit dem Versammlungsrecht auch die Rechtsprechung des BVerfG und darauf folgend des BGH zur Strafbarkeit von Sitzblockaden nach § 240 StGB.[292] Die (mögliche) Nichtstrafbarkeit wirkt sich ggf. dahingehend aus, dass zumindest im repressiven Bereich keine Aufgabeneröffnung besteht.

Exkursende

291 Berner/Köhler/Käß, Polizeiaufgabengesetz, Art. 16 PAG, Rn. 7.

292 BVerfG, NJW 1995, 1141; BGH, NJW 1995, 2643, NJW 1995, 2862 und NJW 1998, 2149 = JuS 1998, 957 = **Life&Law 1998, 655**.

§ 2 ANFECHTUNGSKLAGE, § 42 I ALT. 1 VWGO

Die Anfechtungsklage

I. Eröffnung des Verwaltungsrechtswegs, § 40 I VwGO, Art. 12 I POG

II. Zulässigkeit der Anfechtungsklage

- **1.** Anfechtungsklage als statthafte Klageart
- **2.** Besondere Sachurteilsvoraussetzungen
  - **a)** Klagebefugnis, § 42 II VwGO
  - **b)** Vorverfahren erfolglos durchgeführt, §§ 68 ff. VwGO
  - **c)** Klagefrist, § 74 VwGO
- **3.** Allgemeine Sachurteilsvoraussetzungen

III. Begründetheit, §§ 78, 113 I S. 1 VwGO

Bedeutung der Anfechtungsklage

Die Anfechtungsklage hat im Polizeirecht in den Fällen Bedeutung, 290
in denen sich der Betroffene gegen Maßnahmen wendet, die sich im Zeitpunkt der letzten mündlichen Verhandlung noch nicht erledigt haben. Nachfolgend werden nur die Abweichungen zur Fortsetzungsfeststellungsklage dargestellt. Im Übrigen gelten die Ausführungen zur Fortsetzungsfeststellungsklage.

A) Eröffnung des Verwaltungsrechtswegs gem. § 40 I VwGO

Hier gelten die Ausführungen zur Fortsetzungsfeststellungsklage entsprechend (vgl. Rn. 36 ff.).

B) Zulässigkeit

I. Statthaftigkeit der Anfechtungsklage

Aufhebung nicht erledigter polizeilicher VAe

Ausgangspunkt zur Festlegung der richtigen Klageart ist das Klage- 291
begehren. Die Anfechtungsklage ist die richtige Klageart, wenn sich das Klagebegehren auf die Aufhebung eines polizeilichen VA richtet, der sich im Zeitpunkt der letzten mündlichen Verhandlung noch nicht erledigt hat.

Die angegriffene Maßnahme muss zunächst VA-Qualität haben.[293]

Dieser VA darf in seiner Regelungswirkung nicht erledigt sein. An einer Erledigung polizeilicher Maßnahmen fehlt es regelmäßig nur in folgenden Fällen:

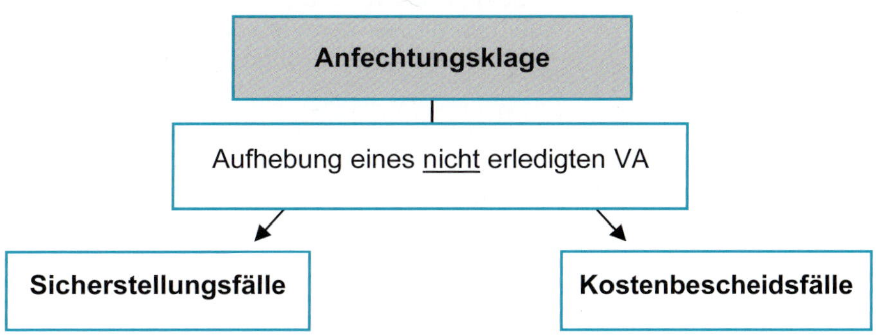

293 Vgl. zur VA-Qualität polizeilicher Maßnahmen bereits oben, Rn. 58 ff.

hemmer-Methode: In den nachfolgenden Fallgruppen fehlt es regelmäßig an einer Erledigung des VA. Trotzdem ist jeweils bei jeder einzelnen Maßnahme deren Erledigung im Einzelfall zu prüfen. Gerade in Examensklausuren werden oftmals atypische Fallkonstellationen auftauchen.
Auf diese Weise kann man den „eigenständig Denkenden" vom „stupiden Auswendiglerner" abgrenzen.

1. Sicherstellung von Sachen

Sicherstellungsfälle Dauerverwaltungsakt

Nimmt die Polizei auf der Grundlage der Befugnis des Art. 25 PAG eine Sicherstellung vor, so ist im Einzelfall darauf zu achten, ob die sichergestellte und nach Art. 26 PAG in Verwahrung genommene Sache schon wieder herausgegeben (ggf. verwertet oder vernichtet) wurde. Solange dies nicht der Fall ist, handelt es sich bei der Sicherstellung um einen Dauerverwaltungsakt, der sich noch nicht erledigt hat. 292

Fallkonstellationen

Folgende Fallkonstellationen sind in diesem Bereich möglich:

a) Die sichergestellte Sache wird bereits vor Klageerhebung herausgegeben, verwertet oder vernichtet. Damit hat sich der VA erledigt, da er keine regelnde Wirkung mehr entfaltet.

Bei Erledigung vor Klageerhebung bleibt nur die Erhebung einer Fortsetzungsfeststellungsklage nach § 113 I S. 4 VwGO analog.

b) Die sichergestellte Sache ist auch im Zeitpunkt der letzten mündlichen Verhandlung noch nicht herausgegeben etc. worden. Als richtige Klageart ist mangels Erledigung des (andauernden) VA eine Anfechtungsklage statthaft.

c) Die sichergestellte Sache wird nach Klageerhebung herausgegeben etc. Hier besteht die Möglichkeit, aufgrund der Erledigung des VA nach Klageerhebung auf die Fortsetzungsfeststellungsklage nach § 113 I S. 4 VwGO umzustellen.[294]

hemmer-Methode: Eine Anfechtungsklage gegen die noch andauernde Sicherstellung wird i.d.R. in objektiver Klagehäufung nach § 44 VwGO zu mehreren Fortsetzungsfeststellungsklagen gegen anderweitig erledigte polizeiliche VAe erhoben werden. Neben der Anfechtungsklage wir regelmäßig auch ein Leistungsantrag auf Herausgabe gestellt, § 113 I S. 2 VwGO.

2. Polizeiliche Kostenbescheide

Kostenbescheide

Die Anfechtungsklage ist grds. die richtige Klageart, soweit der Kläger gegen polizeiliche Kostenbescheide bzw. die Geltendmachung von Ersatzansprüchen vorgehen will. Ein Kostenbescheid ist ein VA i.S.d. Art. 35 S. 1 BayVwVfG. Dieser hat sich auch nicht für den Fall erledigt, dass vor Klageerhebung der festgesetzte Betrag bereits bezahlt wurde, da der Verwaltungsakt für diesen Fall Rechtsgrund für das Behaltendürfen seitens der Polizei ist. 293

294 Sollte der Kläger kein Interesse an der Sachentscheidung mehr haben, so kann er auch die Hauptsache für erledigt erklären. Je nachdem, wie der Beklagte sich nun verhält, kommt die Variante der übereinstimmenden oder der einseitigen Erledigungserklärung in Betracht. Lesen Sie hierzu **Hemmer/Wüst, VerwaltungsR II, Rn. 156 ff.**

II. Besonderheiten

Bei den besonderen und den allgemeinen Sachurteilsvoraussetzungen der Anfechtungsklage ergeben sich keine Besonderheiten.

hemmer-Methode: Zum Aufbau der Anfechtungsklage Hemmer/Wüst/Christensen Verwaltungsrecht I, Rn. 15 ff.

C) Begründetheit der Anfechtungsklage

Obersatzbildung!

Obersatz: Die Anfechtungsklage ist begründet, soweit sie gegen den richtigen Beklagten gerichtet ist, § 78 I Nr. 1 VwGO, der VA objektiv rechtswidrig ist und den Kläger in seinen subjektiv-öffentlichen Rechten verletzt, § 113 I S. 1 VwGO. 294

I. Passivlegitimation

Bei der Passivlegitimation ergeben sich keine Abweichungen zur Fortsetzungsfeststellungsklage.[295]

II. Rechtmäßigkeit des VA

Differenzierung nach Fallgestaltung

Bezüglich der Prüfung der Rechtmäßigkeit ist i.R.d. Anfechtungsklage je nach Fallgestaltung zu differenzieren: 295

Sicherstellungsvariante

Richtet sich die Anfechtungsklage gegen eine polizeiliche Maßnahme, die auf der Grundlage der Befugnisnormen der Art. 11, 12 ff. PAG ergangen ist und sich noch nicht erledigt hat, können Sie alternativ zum „klassischen Aufbau“ auch den bayerischen Prüfungsaufbau heranziehen.[296] Zu einer solchen Rechtmäßigkeitsprüfung kommt es i.R.d. Anfechtungsklage i.d.R. nur in den bereits oben angesprochenen Sicherstellungsfällen.[297]

Kostenbescheidsfälle

Ein anderer Prüfungsaufbau ergibt sich bei der Prüfung der Rechtmäßigkeit eines polizeilichen Kostenbescheides. Hier wird meist der übliche Prüfungsaufbau der Begründetheit einer Anfechtungsklage verwendet.[298]

Inzident erfolgt dann meist die Prüfung der Rechtmäßigkeit einer polizeilichen Maßnahme, da die Rechtmäßigkeit eines Kostenbescheides die Rechtmäßigkeit der polizeilichen Maßnahme, für die letztlich Kosten erhoben werden, voraussetzt. Nachfolgend wird daher aufgrund der Abweichung vom oben erörterten Prüfungsschema zur Rechtmäßigkeit polizeilicher Maßnahmen die Rechtmäßigkeitsprüfung eines Kostenbescheides dargelegt.

1. Rechtsgrundlage

Rechtsgrundlage des polizeilichen Kostenbescheides

Nach Art. 1 I S. 1 KostenG (Ziegler/Tremel Nr. 380) erheben die Behörden des Staates für Tätigkeiten, die sie in Ausübung hoheitlicher Gewalt vornehmen (Amtshandlungen), Kosten nach den Vorschriften der Art. 1 - 20 KostenG. Kosten sind danach Gebühren und Auslagen. 296

295 Vgl. oben, Rn. 79 ff.

296 Vgl. oben, Rn. 85 ff.

297 Vgl. zur Sicherstellung nochmals Rn. 215 ff.

298 Zum Aufbau der Begründetheit einer Anfechtungsklage **Hemmer/Wüst, VerwaltungsR I, Rn. 255 ff.**; Schwerdtfeger/Schwerdtfeger, Rn. 52 ff.

Grundsatz der Kostenfreiheit polizeilichen Handelns

Art. 3 KostenG regelt, in welchen Fällen keine Kosten erhoben werden. Nach Art. 3 I Nr. 10 S. 1 HS. 1 KostenG ist auch das polizeiliche Handeln zur Erfüllung der Aufgaben nach Art. 2 PAG grds. kostenfrei, soweit nichts anderes bestimmt ist.[299]

Nach Art. 93 S. 1 PAG ist Art. 3 KostenG nicht anzuwenden, soweit das PAG die Erhebung von Kosten bestimmt.

Rechtsgrundlagen

Für Kostenbescheide kommen i.R.d. Polizeirechts damit verschiedene Rechtsgrundlagen in Betracht:

- Art. 9 II PAG i.V.m. dem KostenG bei der unmittelbaren Ausführung einer Maßnahme;
- Art. 28 V PAG i.V.m. dem KostenG für die Sicherstellung, Verwertung und für Maßnahmen nach Art. 27 IV PAG;
- Art. 72 I S. 2, 3 PAG i.V.m. dem KostenG für die Ersatzvornahme;
- Art. 73 IV PAG i.V.m. dem KostenG für die Festsetzung des Zwangsgeldes;
- Art. 75 III PAG i.V.m. dem KostenG bei der Anwendung unmittelbaren Zwanges;
- Art. 76 VII PAG i.V.m. dem KostenG für die Androhung von Zwangsmitteln;
- Zudem kann die Polizei Ersatzansprüche nach Art. 89 PAG geltend machen.

Kostenhöhe

In welcher Höhe Gebühren erhoben werden, ist gem. Art. 93 S. 3 PAG jeweils nach der Bedeutung der Amtshandlung zu bemessen. Mindest- und Oberbeträge werden durch die auf der Ermächtigungsgrundlage des Art. 93 S. 4 PAG erlassene Polizeikostenverordnung (Ziegler/Tremel Nr. 574) festgelegt. § 1 PolKV regelt die Gebührenhöhe. Nach § 2 PolkV sind mit den Gebühren bereits die Auslagen i.S.d. Art. 10 I Nr. 2, 3 und 4 des KostenG n.F. abgegolten.

hemmer-Methode: Beachten Sie, dass durch die Gebühren über § 2 PolkV noch nicht die Auslagen nach Art. 10 I Nr. 1 und insbesondere Nr. 5 KostenG abgegolten werden. Hat die Polizei z.B. ein verkehrswidrig geparktes Kfz vor einer Notarztausfahrt durch einen privaten Abschleppunternehmer beseitigen lassen, weil der Fahrer nicht schnell genug zu ermitteln war, so ergeht ein Kostenbescheid auf der Rechtsgrundlage des Art. 9 II PAG.
Die darin auf der Grundlage von § 1 Nr. 1 PolkV erhobene Gebühr umfasst nach § 2 PolkV nicht bereits die dem Abschleppunternehmer zu bezahlende Vergütung, Art. 10 I Nr. 5 KostenG! Die Höhe der Abschlepprechnung ist zur Errechnung der Gesamthöhe des Kostenbescheides als Auslage auf die Gebühr nach § 1 Nr. 1 PolkV aufzuaddieren.

2. Formelle Rechtmäßigkeit

formelle Rechtmäßigkeit

Die Zuständigkeit der Polizei zum Erlass eines Kostenbescheides ergibt sich aus der jeweiligen Rechtsgrundlage. Hinsichtlich des Verfahrens und der Form etc. sind wiederum die Vorschriften des allgemeinen Verwaltungsrechts maßgebend.[300] 297

299 Beachten Sie die Ausnahmen nach Art. 3 I Nr. 10 S. 2 KostenG bei Polizeihandeln auf entsprechenden Antrag hin.

300 Vgl. zur formellen Rechtmäßigkeit eines VA **Hemmer/Wüst, VerwaltungsR I, Rn. 293 ff.**

3. Materielle Rechtmäßigkeit

materielle Rechtmäßigkeit: Subsumtion

Ausgangspunkt der Prüfung ist die jeweilige Rechtsgrundlage. Der Kostenbescheid muss unter diese subsumiert werden. 298

Grundvoraussetzung für die Rechtmäßigkeit des Kostenbescheides ist die Rechtmäßigkeit der polizeilichen Maßnahme, für deren Ausführung Kosten erhoben werden, Art. 16 V KostenG. Daher ist hier die entsprechende Maßnahme auf ihre Rechtmäßigkeit hin zu untersuchen.

hemmer-Methode: Etwas Anderes gilt, wenn der Grundverwaltungsakt im Zeitpunkt der Vollstreckung bzw. Ausführung bereits bestandskräftig war. Dann darf der VA nur noch auf Nichtigkeitsgründe i.S.d. Art. 44 BayVwVfG untersucht werden. Diese Konstellation dürfte im Polizeirecht aber schon aufgrund des Art. 3 PAG nur sehr selten vorkommen: Die Polizei handelt meist nur in eilbedürftigen Fällen, in denen kaum einmal ein Monat zwischen Erlass und Vollstreckung liegen wird.

kein Ermessen bei Kostenerhebung

Die Vorschriften, die jeweils die Erhebung von Kosten vorsehen, räumen der Polizei kein Ermessen ein. Allerdings kann nach Art. 93 S. 4 PAG von der Kostenerhebung abgesehen werden, soweit sie der Billigkeit widerspricht.

4. Verletzung subjektiv-öffentlicher Rechte

Rechtsverletzung

Die Anfechtungsklage ist nur dann begründet, wenn ein rechtswidriger Kostenbescheid den Kläger auch in seinen subjektiv-öffentlichen Rechten verletzt. Bei einem rechtswidrigen Kostenbescheid ist immer zumindest eine Verletzung des Grundrechts aus Art. 2 I GG zu bejahen. 299

D) Fallvariante: Anfechtung eines Kostenbescheides i.R.e. Abschleppfallvariante

hemmer-Methode: „Abschleppfälle" wie der folgende sind nicht nur sehr examensrelevant, sie können Ihnen auch in der juristischen Praxis jederzeit begegnen. Dementsprechend existiert eine umfangreiche aktuelle Rechtsprechung. Vertiefen Sie diesen Problemkreis durch das Studium des Aufsatzes von Gruber in Life&Law 1998, 274 ff., 341 ff. Beachten Sie auch die Ausführungen in diesem Skript (Rn. 95 ff.) zum so genannten „Münchner Modell".

Abschleppfallvariante

Fall: *Manni Manta erhält einen Bescheid des Polizeipräsidiums Würzburg, durch den er aufgefordert wird, insgesamt 250,- € zu bezahlen, davon 200,- € für das Abschleppen seines Wagens und 50,- € Gebühr.* 300

Weil er in großer Eile war, hatte er seinen Opel Manta direkt vor eine Feuerwehrausfahrt geparkt. Eine vorbeifahrende Streife entdeckte den Wagen. Nach einer Wartezeit von fünfzehn Minuten ließ POM Florian den Wagen durch einen über Funk angeforderten privaten Abschleppdienst auf den nächst gelegenen öffentlichen Parkplatz abschleppen. Manni ist der Auffassung, dass niemand außer ihm selbst das Recht hat, seinen Manta von der Stelle zu bewegen. Er ist empört, dafür auch noch zur Zahlung von 250,- € aufgefordert zu werden. Sein form- und fristgerecht eingelegter Widerspruch wurde als unbegründet zurückgewiesen. Verärgert über soviel Dreistigkeit erhebt Manni form- und fristgerecht Anfechtungsklage gegen den Kostenbescheid zum zuständigen VG Würzburg.

Hat seine Klage Aussicht auf Erfolg? Die Kosten sind der Höhe nach nicht zu beanstanden.

Abwandlung 1: Manni hat nicht vor einer Feuerwehrausfahrt, sondern unberechtigt auf einem durch ein entsprechendes Schild ausgewiesenen Behindertenparkplatz geparkt und wurde abgeschleppt. Er macht gegen den Kostenbescheid geltend, ihm könne niemand nachweisen, dass Behinderte ihren Pkw auf den Parkplatz hätten stellen wollen.

Abwandlung 2: Manni hat seinen Pkw ordnungsgemäß am Straßenrand geparkt und verreist für zwei Wochen. Kurz darauf wird wegen einer Baustelle ein absolutes Halteverbot in der Straße angeordnet, in der Manni parkt. Nach fünf Tagen wird sein Auto abgeschleppt – Manni soll zahlen.

Lösung Ausgangsfall:

I. Verwaltungsrechtsweg

Der Verwaltungsrechtsweg ist nach § 40 I VwGO eröffnet.

Zulässigkeit der Klage

II. Zulässigkeit der Klage

1. Die Anfechtungsklage ist statthaft.

Manni begehrt die Aufhebung des Kostenbescheides. Dieser stellt einen VA i.S.d. Art. 35 S. 1 BayVwVfG dar, der sich auch noch nicht erledigt hat.

hemmer-Methode: Selbst wenn Manni hier bereits gezahlt hätte, wäre der VA noch nicht erledigt. Erledigung tritt nämlich nur ein, wenn von dem VA keinerlei rechtliche Wirkungen mehr ausgehen. Im Fall der freiwilligen Zahlung durch den Bürger wirkt der VA als Rechtsgrund für das „Behaltendürfen" fort. Er steht einer Rückforderung über Folgenbeseitigung bzw. öffentlich-rechtlichem Erstattungsanspruch entgegen.[301]

2. Als Adressat eines belastenden VA ist Manni auch klagebefugt, § 42 II VwGO.

3. Manni hat das nach §§ 68 ff. VwGO erforderliche Vorverfahren erfolglos durchgeführt.

4. Die sonstigen besonderen und die allgemeinen Sachurteilsvoraussetzungen sind erfüllt.

Zwischenergebnis: Die Klage ist zulässig.

Begründetheit der Klage

III. Begründetheit der Klage

Die Klage wäre begründet, soweit sie gegen den richtigen Beklagten gerichtet ist, der VA objektiv rechtswidrig ist und der Kläger hierdurch in seinen subjektiv-öffentlichen Rechten verletzt wird, §§ 78, 113 I S. 1 VwGO.

1. Passivlegitimiert nach § 78 I Nr. 1 VwGO ist der Freistaat Bayern als Rechtsträger der Polizei, Art. 1 PAG, Art. 1 I, II POG.

2. Rechtsgrundlage

Problem: verschiedene in Betracht kommende Rechtsgrundlagen

Da der angegriffene Kostenbescheid eine Belastung für Manni enthält, müsste das Polizeipräsidium seine Forderung auf eine Rechtsgrundlage stützen können. Gem. Art. 3 I Nr. 10 S. 1 HS. 1 KostenG sind Polizeihandlungen grds. kostenfrei, wenn nicht im PAG eine spezielle Rechtsgrundlage einschlägig ist, vgl. Art. 93 S. 1 PAG als anderweitige Bestimmung i.S.d. Art. 3 I Nr. 10 S. 1 HS. 2 KostenG. *301*

Problematisch ist hier, welche von mehreren möglichen Rechtsgrundlagen des PAG für den Kostenbescheid einschlägig ist. Art. 9 II PAG wäre die Rechtsgrundlage, wenn das Abschleppen die unmittelbare Ausführung einer polizeilichen Maßnahme darstellte.[302]

301 M.w.N. Schenke in: Kopp/Schenke, Verwaltungsgerichtsordnung, § 113 VwGO, Rn. 104.

302 Gaul, VBlBW 1996, 1 ff.; Schwabe, NVwZ 1994, 629 ff.

Denkbare Rechtsgrundlage wäre auch Art. 28 V PAG i.V.m. Art. 25 PAG, sofern hier eine Sicherstellung des Manta durchgeführt wurde.

Darüber hinaus könnte auch Art. 72 I S. 2, 3 PAG i.V.m. Art. 70 II PAG einschlägig sein, falls Sofortvollzug mittels Ersatzvornahme erfolgte.

Sicherstellung; Art. 28 V PAG i.V.m. Art. 25 PAG?

a) Zunächst ist die Einschlägigkeit von Art. 28 V PAG i.V.m. Art. 25 PAG zu untersuchen. Voraussetzung wäre das Vorliegen einer Sicherstellung i.S.d. Art. 25 PAG. Sicherstellung ist die Begründung eines öffentlich-rechtlichen Verwahrungsverhältnisses durch Sicherstellungsanordnung und deren Vollzug durch Realakt, Art. 26 PAG.

e.A.: Voraussetzung ist primärer Wille der Polizei zur Inbesitznahme

Eine Sicherstellung könnte damit den primären Willen der Polizei voraussetzen, das Fahrzeug im Besitz haben zu wollen. Ein solcher Wille zu einer primären Inbesitznahme fehlt jedoch beim bloßen Abschleppen eines verbotswidrig abgestellten Pkw in aller Regel.[303]

Im Gegensatz zu der Sicherstellung eines gestohlenen Pkw kommt es der Polizei in den Abschleppfällen nicht darauf an, Besitz am Wagen zu begründen. Die primäre Absicht besteht vielmehr darin, den verbotswidrigen Zustand zu beseitigen. Es lässt sich hier deshalb die Ansicht vertreten, das Abschleppen eines Pkw sei stets als atypische Maßnahme i.S.d. Art. 11 II PAG und damit nicht als Sicherstellung nach Art. 25 PAG zu qualifizieren. Daran ändert sich selbst dann nichts, wenn das Fahrzeug auf einen amtlich eingerichteten Verwahrplatz abgeschleppt wird.

BayVGH: keine Sicherstellung bei bloßem „Versetzen“

Die Rechtsprechung unterscheidet dagegen zwischen dem Verbringen des Pkw auf einen von der Polizei eingerichteten Verwahrplatz und dem bloßen „Versetzen“.[304]

Danach kommt es nicht darauf an, ob die Polizei das Fahrzeug in erster Linie in Besitz nehmen will oder ob der polizeiliche Gewahrsam bloß als Nebenfolge eintritt. Der Polizei geht es in erster Linie darum, das Fahrzeug von einem gegenwärtigen Ort zu entfernen und eine dort bestehende Gefahr zu beheben.

Art. 25 PAG dient der Gefahrenabwehr und lässt zu diesem Zweck die Ingewahrsamnahme von Sachen zu.[305] Eine atypische Maßnahme i.S.d. Art. 11 II PAG liegt demnach nur bei dem bloßen Versetzen eines verbotswidrig abgestellten Pkw vor.

Da im vorliegenden Fall das Fahrzeug nicht zu einem amtlich eingerichteten Verwahrplatz, sondern auf einen anderen Parkplatz gebracht wurde, liegt eine Versetzung eines falsch geparkten Fahrzeugs i.S.d. oben genannten Rechtsprechung vor. Diese stellt rechtlich keine Sicherstellung i.S.d. Art. 25 PAG dar, sondern ist vielmehr als atypische Maßnahme i.S.d. Art. 11 II PAG zu qualifizieren.[306]

hemmer-Methode: Ein Fall des Art. 25 PAG wird regelmäßig dann vorliegen, wenn die Polizei unverschlossene Fahrzeuge zum Schutz des Eigentümers vor Diebstahl abschleppt.[307]

sofortige Vollziehung oder unmittelbare Ausführung?

b) Da eine Sicherstellung nach beiden Ansichten ausscheidet, ist zu klären, ob das Abschleppen die unmittelbare Ausführung einer Maßnahme nach Art. 9 I PAG oder die sofortige Vollziehung einer Ersatzvornahme nach Art. 70 II, 72 PAG darstellte. 302

303 Vgl. oben, Rn. 215.

304 Im Fall des Verbringens auf den Verwahrplatz zieht der BayVGH pauschal Art. 28 V und 9 II PAG als Grundlage für den Kostenbescheid heran, vgl. BayVGH, NJW 1999, 1130 = BayVBl. 1999, 662. Dies ist dogmatisch sicher ungenau und angreifbar, aber praxisgerecht. In der Bayerischen Examensklausur 2004 I wurde von den Korrektoren z.T. danach differenziert, ob ein SicherstellungsVA gegenüber dem Adressaten erlassen wurde oder ob es sich um die Tatmaßnahme einer unmittelbaren Ausführung nach Art. 9 PAG handelte. Art. 28 V PAG sollte dann nur in dem ersten Fall herangezogen werden. Diese Unterscheidung klingt logisch, lässt sich aber im Gesetz nicht belegen.

305 BayVGH, BayVBl. 1984, 559.

306 BayVGH, BayVBl. 1990, 434.

307 Interessant hieran ist auch die Verhältnismäßigkeit. Diese ist grundsätzlich zu bejahen, wenn nicht der Wert des Pkw die Abschleppkosten unterschreitet; BayVGH, BayVBl. 2001, 310 = NJW 2001, 1960.

hemmer-Methode: Die Entfernung des Kfz ist eine Handlung, deren Vornahme auch durch einen anderen als den Polizeipflichtigen selbst möglich ist. Das Abschleppen stellte daher die Vornahme einer vertretbaren Handlung dar. Unmittelbarer Zwang scheidet aus. Etwas anderes gilt dann, wenn das Fahrzeug etwa zur Überwindung einer Wegfahrsperre zunächst aufgebrochen werden muss.[308]

Abgrenzung sofortiger Vollzug/unmittelbare Ausführung

Eine Vollstreckung kommt dabei nur als Sofortvollzug i.S.d. Art. 70 II PAG in Betracht, weil gegenüber Manni keine polizeiliche Wegfahraufforderung erlassen wurde bzw. werden konnte, da er nicht anwesend war, Art. 43 I BayVwVfG. Fraglich ist daher, ob es sich um einen Fall des Sofortvollzugs oder der unmittelbaren Ausführung einer Maßnahme handelte.

Bei der unmittelbaren Ausführung kann der Adressat eines VA nicht in der erforderlichen Schnelligkeit festgestellt werden. Da ein entgegenstehender Wille überhaupt nicht bekannt ist, kann von der Durchführung einer Maßnahme gegen den Willen des Betroffenen und somit von einer Vollstreckung gar nicht gesprochen werden. Die Polizei nimmt in den Fällen des Art. 9 I PAG eine vertretbare Handlung mit dem mutmaßlichen Willen des Betroffenen vor.

Beim Sofortvollzug nach Art. 70 II PAG hingegen ist der mögliche Adressat i.d.R. bekannt. Die Anordnung einer Maßnahme ist jedoch überflüssig, da ein entgegenstehender Wille des Betroffenen festgestellt ist. Beim Sofortvollzug liegt deshalb ein Handeln gegen den Willen des Betroffenen vor.[309]

Abschleppen i.d.R. unmittelbare Ausführung

In Abschleppfällen wie dem Vorliegenden liegt eine unmittelbare Ausführung nach Art. 9 I PAG vor. Der Adressat kann in der gebotenen Eile nicht ermittelt werden. Sein entgegenstehender Wille ist nicht bekannt, sodass eine Vollstreckung ausgeschlossen ist. Das Abschleppen erfolgt mit dem mutmaßlichen Willen des Betroffenen. Es ist davon auszugehen, dass er bei Anwesenheit den Pkw auf die Anordnung der Polizei hin entfernt hätte.

c) Ergebnis: Rechtsgrundlage für den Kostenbescheid war daher Art. 9 II PAG.

3. Formelle Rechtmäßigkeit

formelle Rechtmäßigkeit - Zuständigkeit

Die Zuständigkeit der Polizei zum Erlass des Kostenbescheides folgt aus Art. 9 II PAG. 303

Zuständig ist die eine unmittelbare Ausführung durchführende Polizeibehörde. Hinsichtlich sonstiger formeller Rechtmäßigkeitsanforderungen ergeben sich keine Probleme.

4. Materielle Rechtmäßigkeit

materielle Rechtmäßigkeit

Rechtsgrundlage ist Art. 9 II PAG. 304

Danach werden für die unmittelbare Ausführung einer Maßnahme von den nach Art. 7 oder 8 PAG Verantwortlichen Kosten erhoben. Voraussetzung der Kostenerhebung ist zum einen, dass eine rechtmäßige unmittelbare Ausführung einer Maßnahme vorlag, Art. 9 I PAG.[310] Darüber hinaus müsste Manni nach Art. 7 oder 8 PAG verantwortlich sein.

a) Rechtmäßigkeit der unmittelbaren Ausführung, Art. 9 I PAG

Rechtmäßigkeit der unmittelbaren Ausführung

Nach Art. 9 I PAG kann die Polizei eine Maßnahme selbst oder durch einen Beauftragten ausführen, wenn der Zweck der Maßnahme durch Inanspruchnahme der nach Art. 7 oder 8 PAG Verantwortlichen nicht oder nicht rechtzeitig erreicht werden kann.

---

308 Schmidbauer/Steiner, Art. 53 PAG, Rn. 15.

309 Würtenberger/Görs, JuS 1981, 596 ff.

310 BHKM, 3. Teil, Rn. 423 f.

Art. 9 I PAG ersetzt aus Gründen der effektiven Gefahrenabwehr den Erlass einer vorherigen Anordnung an die polizeipflichtige Person, wenn die Voraussetzungen des Art. 9 I S. 1 PAG erfüllt sind. Aber auch dann, wenn diese Voraussetzungen vorliegen, ist eine unmittelbare Tatmaßnahme nur rechtmäßig, wenn zusätzlich eine entsprechende Anordnung an den jeweiligen Verantwortlichen rechtmäßig gewesen wäre.

hemmer-Methode: Das bedeutet, dass i.R.d. Art. 9 I PAG zu prüfen ist:
1. **Ob die Polizei i.S.d. Art. 1 PAG gehandelt hat,**
2. **der polizeiliche Aufgabenbereich eröffnet war,**
3. **für die Maßnahme eine entsprechende Befugnisnorm zur Verfügung stand,**
4. **eine Maßnahme gegen den Adressaten nicht in Betracht kam, weil dieser nicht greifbar war oder die Maßnahme nicht ausführen konnte und**
5. **die sonstigen polizeilichen Handlungsgrundsätze beachtet wurden.**

Merke: Art. 9 PAG ist lediglich eine Spezialregelung der Maßnahmerichtung. Die sonstigen Rechtmäßigkeitsvoraussetzungen bleiben unberührt.

Rechtmäßigkeit der „hypothetischen" Anordnung:

aa) Das Abschleppen wurde durch den im Vollzugsdienst tätigen POM Florian veranlasst. Somit hat die Polizei im eingeschränkt institutionellen Sinne gehandelt, Art. 1 PAG.

Aufgabeneröffnung

bb) Bei der Eröffnung des Aufgabenbereiches, d.h. der sachlichen Zuständigkeit, kommt sowohl eine Eröffnung über Art. 2 IV PAG i.V.m. § 53 OWiG für den Repressivbereich als auch präventiv nach Art. 2 I PAG i.V.m. Art. 3 PAG in Betracht.

Der polizeiliche Aufgabenbereich war hier über Art. 2 I PAG i.V.m. Art. 3 PAG für präventive polizeiliche Tätigkeit eröffnet. Der Schwerpunkt des polizeilichen Handelns lag nicht in der Verfolgung einer Ordnungswidrigkeit, sondern darin, die Feuerwehrausfahrt zu räumen und gefahrenabwehrend tätig zu werden.

hemmer-Methode: Hier erscheint es auch durchaus als vertretbar, rein präventives Handeln anzunehmen. Das Abschleppen erfolgt nicht zur Ermöglichung oder Durchsetzung der Verfolgung von Ordnungswidrigkeiten. Hierzu genügt es, den Halter mittels des Kennzeichens zu ermitteln.

Befugnis

cc) Da das Abschleppen des Pkw eine in Grundrechte eingreifende Maßnahme darstellt, müsste für die materielle Rechtmäßigkeit eine entsprechende Befugnis vorgelegen haben.

Die Befugnis zum Abschleppen des Mantas ergibt sich, wie bereits oben erwähnt, aus Art. 11 II Nr. 2 PAG und nicht aus Art. 25 PAG. Das Abstellen eines Pkw vor einer Feuerwehrausfahrt erfüllt den Tatbestand einer straßenverkehrsrechtlichen Ordnungswidrigkeit, §§ 6, 24 I StVG i.V.m. §§ 49 I Nr. 12, 12 I Nr. 8 StVO. Das Abschleppen des Mantas war notwendig, um die durch diese Ordnungswidrigkeit verursachten Zustände zu beseitigen.

dd) Eine Verletzung der polizeilichen Handlungsgrundsätze ist nicht ersichtlich. Insbesondere erweist sich die Maßnahme als verhältnismäßig.[311]

311 Zur Verhältnismäßigkeit des Abschleppens vgl. OVG Münster, NJW 1998, 2465, das eine solche bereits dann bejaht, wenn das abgeschleppte Fahrzeug über ½ Stunde im eingeschränkten Halteverbot stand. Die Verhältnismäßigkeit wird nach BayVGH, NJW 1999, 1130 = BayVBl. 1999, 662 auch nicht dadurch in Frage gestellt, dass die Abschleppkosten die Parkgebühren oder die entsprechenden Bußgelder um ein Vielfaches überschreiten. Neuere Urteile (OVG Hamburg, NJW 2001, 169 und OVG Münster, NJW 2001, 172) bejahen die Verhältnismäßigkeit des Abschleppens beim Parken auf einem Radweg bzw. unter Verstoß gegen den Fünf-Meter-Abstand vor Kreuzungen, wenn dadurch Radfahrer auf die Straße ausweichen müssen.

hemmer-Methode: Die Verhältnismäßigkeit des Abschleppens ist zu verneinen, wenn der Fahrer eintrifft, noch ehe das Fahrzeug abgeschleppt ist. Zur Not muss das Fahrzeug auch von dem Abschleppwagen wieder heruntergelassen werden. Fraglich ist allerdings, ob die Polizei vor dem Abschleppen versuchen muss, den Halter des Fahrzeugs telefonisch zu erreichen, um so die Gefahr für die öffentliche Sicherheit einfacher, oft schneller und für den Betroffenen jedenfalls auf eine mildere, weil billigere Art und Weise zu beseitigen.[312]

Sondervoraussetzungen des Art. 9 I PAG

ee) Darüber hinaus müssen noch die Voraussetzungen des Art. 9 I PAG vorliegen.

Der Zweck der Maßnahme, die Beseitigung des durch die Ordnungswidrigkeit verursachten Zustandes, konnte durch die Inanspruchnahme der nach Art. 7 oder 8 PAG Verantwortlichen nicht rechtzeitig erreicht werden, da insbesondere mit einem jederzeit erforderlichen Einsatz von Feuerwehrfahrzeugen gerechnet werden muss.

b) Kostenerhebung nur bei den nach Art. 7 oder 8 PAG Verantwortlichen

Kostenpflicht

Manni war hier nach Art. 7 I PAG polizeipflichtig, da die Störung der öffentlichen Sicherheit durch sein Verhalten verursacht wurde.

hemmer-Methode: Art. 9 PAG verlagert die Störerfrage von der Ausführung der Primärmaßnahme auf die Kostenebene. Während die unmittelbare Ausführung als solche bereits dann rechtmäßig ist, wenn kein Störer für die Polizei greifbar ist, darf der Kostenbescheid nur an den Verursacher der Gefahr gerichtet werden.

IV. Ergebnis

Kostenhöhe

Die Heranziehung des Manni zum Ersatz der Abschleppkosten war demnach gem. Art. 9 II S. 1 PAG berechtigt. Die Höhe der geltend gemachten Kosten ist nach dem Sachverhalt nicht zu beanstanden. **305**

hemmer-Methode: Die Höhe der Kosten bestimmt sich nach Art. 93 S. 4 PAG i.V.m. §§ 1 Nr. 1, 2 PolkV i.V.m. Art. 10 I Nr. 5 KostenG n.F.

Die Klage ist unbegründet und hat demnach keine Aussicht auf Erfolg.

Abwandlung 1

Lösung Abwandlung 1:

Die Punkte I. bis III. 1. des Ausgangsfalles bleiben unverändert.

III. 2. Rechtsgrundlage

andere Rechtsgrundlage

Im Ausgangsfall schied die Vollstreckung eines VA gem. Art. 70 I, 72 I PAG aus, da die Polizei keine Möglichkeit hatte, gegen Manni eine Wegfahranordnung zu erlassen und bekannt zu geben. In Betracht kam damit allenfalls eine Maßnahme des Sofortvollzugs nach Art. 70 II PAG. In der Abwandlung liegen die Dinge jedoch anders, da Manni ein Behindertenparkschild missachtet hatte. Wenn dieses Schild ein Wegfahrgebot enthalten würde, so könnte die Polizei dieses vollstrecken. **305a**

---

312 Nach OVG Koblenz, NJW 1999, 3573, trifft die Polizei im Regelfall auch keine Pflicht, nach dem Halter oder Fahrer des Autos zur forschen. Etwas Anderes gilt allenfalls dann, wenn im Auto ein deutlich sichtbarer Hinweiszettel o.ä. zu finden ist, wobei das BVerwG auch hier eine Nachforschungspflicht ablehnt, BVerwG, NJW 2002, 2122 = DVBl. 2002, 1560 m. Anm. Schwabe; anders noch die Vorinstanz OVG Hamburg, NJW 2001, 3647 sowie OVG Hamburg, NJW 2005, 2247, das trotz der BVerwG-Entscheidung in besonders gelagerten Fällen einen Anrufversuch vor dem Abschleppen fordert. Etwas Anderes gilt nach VGH Mannheim (NJW 2000, 2602) in Anwohnerparkzonen, da hier die Parkberechtigung durch einen Anruf bei der Stadtverwaltung festgestellt werden kann, wobei der VGH Mannheim diese Entscheidung selbst wieder relativiert hat, VGH Mannheim, NJW 2003, 3363.

Nach ganz herrschender Meinung stellen Verkehrszeichen keine Rechtsverordnungen dar, sondern VAe in Form der benutzungsregelnden Allgemeinverfügung, Art. 35 S. 2 Var. 3 BayVwVfG. Fraglich ist jedoch, ob das Behindertenparkschild auch ein Wegfahrgebot enthält. Zum einen besagt das Schild auf jeden Fall, dass dieser Parkplatz für Behinderte mit entsprechendem Berechtigungsschein zur Verfügung steht. Weiter enthält es ein Parkverbot für Autofahrer ohne diese Berechtigung. Begriffsnotwendig enthält das Schild jedoch auch die Anordnung, unberechtigt geparkte Fahrzeuge sofort wieder zu entfernen. Ohne dieses Wegfahrgebot hätte das Parkverbot nämlich keinen Sinn. Es liegt somit eine Primärmaßnahme vor, die vollstreckt werden kann. Allerdings wurde diese Maßnahme nicht von der Polizei, sondern von der Straßenverkehrsbehörde erlassen, sodass eine Vollstreckung nach Art. 70 I PAG nach richtiger Auffassung ausscheidet. Verwaltungsakte, die von einer anderen Behörde erlassen wurde, vollstreckt die Polizei nur im Wege der Vollzugshilfe nach Art. 2 III, 67 ff. PAG, wofür es hier aber schon am schriftlichen Vollzugshilfeersuchen fehlt.

Damit ist auch im vorliegenden Fall zwischen einer Maßnahme im Sofortvollzug nach Art. 70 II PAG und einer unmittelbaren Ausführung nach Art. 9 I PAG zu differenzieren. Eine unmittelbare Ausführung gem. Art. 9 I PAG scheidet dabei hier aus, da ein entgegenstehender Wille des Manni zu unterstellen ist. Schließlich parkte er im Bewusstsein seiner Nichtberechtigung auf dem Behindertenparkplatz.

hemmer-Methode: Natürlich kann auch hier argumentiert werden, dass Manni, wäre er anwesend gewesen, einer polizeilichen Wegfahranordnung nachgekommen wäre. Demnach läge ein Fall des Art. 9 PAG vor. Diesen Weg geht regelmäßig der BayVGH, der auf das Verkehrsschild als Grundmaßnahme nicht eingeht. Die Lösung über das Verkehrsschild als vollstreckbare Grundmaßnahme wird vor allen Dingen in den Bundesländern eingeschlagen, deren Polizeigesetze keine unmittelbare Ausführung i.S.d. Art. 9 PAG kennen.

Zwischenergebnis: Rechtsgrundlage für den Kostenbescheid ist daher Art. 72 I S. 2 PAG.

3. Formelle Rechtmäßigkeit (siehe Ausgangsfall)

4. Materielle Rechtmäßigkeit des Kostenbescheids

Der Kostenbescheid der Polizei ist dann materiell rechtmäßig, wenn die Ersatzvornahme (formell und materiell) rechtmäßig war und die Kosten dem richtigen Verantwortlichen auferlegt wurden. **305b**

Rechtmäßigkeit der Ersatzvornahme

a) Formelle Rechtmäßigkeit der Ersatzvornahme

Die Zuständigkeit der Polizei für die Ersatzvornahme im Wege des Sofortvollzugs ergibt sich daraus, dass die Polizei auch für die entsprechende Wegfahranordnung nach Art. 2 I PAG sachlich zuständig wäre.

b) Materielle Rechtmäßigkeit der Ersatzvornahme

aa) Art. 70 II PAG setzt zunächst voraus, dass die hypothetisch zu vollstreckende Grundmaßnahme rechtmäßig ist: **305c**

Die fiktive Primärmaßnahme (Wegfahranordnung nach Art. 11 II PAG bei Versetzung des Fahrzeugs bzw. die Sicherstellung nach Art. 25 PAG bei einer Ingewahrsamnahme) war hier rechtmäßig, da das auf einem Behindertenparkplatz parkende Fahrzeug eine Gefahr für die öffentliche Sicherheit und Ordnung darstellt.

Eine Anordnung nach Art. 7 bis 10 PAG versprach auch keinen Erfolg, da der Störer überhaupt nicht greifbar war.

Verhältnismäßigkeit des Zwangs als solchem

bb) Fraglich ist, ob hier die Anwendung von polizeilichem Zwang als solcher verhältnismäßig war (Art. 4 PAG). Die Ersatzvornahme könnte unverhältnismäßig sein, weil die Polizei nicht nachweisen kann, dass ein konkreter Parkplatzbedarf eines Behinderten bestanden hat. Der BayVGH[313] hält diesen Einwand für unbeachtlich. Behindertenparkplätze seien nach der Intention des Gesetzgebers schlechthin – nicht nur vorrangig – für Behinderte reserviert. (In der Praxis ließe sich ein derartiger Nachweis auch kaum führen und wilde Parker hätten nichts mehr zu befürchten!) Die Zwangsmaßnahme ist also verhältnismäßig.

cc) Die besonderen Voraussetzungen der Ersatzvornahme lagen vor.

Zwischenergebnis: Damit war die Ersatzvornahme materiell rechtmäßig.

c) Kostenerhebung beim Verantwortlichen 305d

Kostenpflicht

Manni war als Handlungsverantwortlicher nach Art. 7 I PAG für die Abschleppmaßnahme verantwortlich und ist daher der richtige Adressat des Kostenbescheides.

IV. Ergebnis

Die Heranziehung des Manni zum Ersatz der Abschleppkosten war demnach gem. Art. 72 I S. 2 PAG berechtigt. Die Höhe der geltend gemachten Kosten ist nach dem Sachverhalt nicht zu beanstanden.

Abwandlung 2

Lösung Abwandlung 2:

Bekanntgabe

Abwandlung 2 beinhaltet zwei Problemkreise. Zum ersten ist fraglich, ob durch das nachträgliche Aufstellen des Halteverbotsschildes ein wirksamer VA entstanden ist. 305e

hemmer-Methode: Diesen VA benötigt man bereits i.R.d. Art. 11 II PAG (bzw. Art. 25 PAG) als Befugnisnorm. Ohne wirksames Parkverbot stellt das Parken keinen Verstoß gegen die öffentliche Sicherheit dar.

Nach Art. 43 I VwVfG wird der VA erst durch Bekanntgabe beim Adressaten wirksam. Fraglich ist, ob eine solche Bekanntgabe hier vorliegt, obwohl Manni das Verkehrsschild nie gesehen hat.

BVerwG: Abstrakte Kenntnisnahmemöglichkeit

Das BVerwG bejaht hier eine Bekanntgabe.[314] Die Aufstellung des Verkehrsschildes gebe jedem Verkehrsteilnehmer einen wirksamen Wegfahrbefehl. Verkehrsteilnehmer sei dabei auch der Halter eines Fahrzeuges, solange er die tatsächliche Gewalt über das Fahrzeug ausübt. Somit sei die Bekanntgabe des VAs auch gegenüber solchen Personen erfolgt, die sich im konkreten Fall dem Verkehrsschild gar nicht genähert haben. Für die Bekanntgabe eines VA reicht also nach dem BVerwG die abstrakte Möglichkeit einer Kenntnisnahme aus. Rechtfertigen lässt sich diese Rechtsprechung u.a. mit der notwendigen Effektivität eines solchen Verkehrs-VAs und der Eigenart einer Allgemeinverfügung, die öffentlich bekannt gegeben werden kann, vgl. Art. 41 III BayVwVfG.[315]

hemmer-Methode: Die Bekanntgabe des Verkehrszeichens über die Sichtbarkeit führt aber lediglich zur Wirksamkeit des Zeichens. Hiervon zu trennen ist die Bekanntgabe als fristauslösendes Ereignis i.S.d. § 74 I S. 2 VwGO. Hier ist mit dem BVerwG auf den Zeitpunkt abzustellen, in dem der Betroffene diesem Zeichen das erste Mal „begegnet“.[316] Die weitere Prüfung der Rechtmäßigkeit folgt dem Grundfall. Es handelt sich um eine unmittelbare Ausführung durch die Polizei nach Art. 9 I PAG.

313 BayVGH, NJW 1996, 1979.

314 BVerwG, NJW 1997, 1021; hierzu Hansen/Meyer, NJW 1998, 284; zu diesem Problem auch OVG Münster, NJW 1998, 2465 m.w.N.

315 Vgl. auch VGH Kassel, NJW 1999, 2057; vgl. allerdings auch OVG Münster, NJW 2005, 1142 = Life&Law 06/2005, das eine Ausnahme für den Fall macht, dass das Verkehrzeichen nicht erkennbar ist. In diesem Sinne auch BVerwG, NJW 2008, 2867 = Life&Law 04/2009, das fordert, dass das Schild bzw. die Schilderkombination für den Verkehrsteilnehmer auch bei einem raschen Blick erfassbar sein muss.

316 BVerwG, Urteil vom 23.09.2010, 3 C 37/09 = Life&Law 03/2011; in diese Richtung auch schon BVerfG, Beschluss vom 10.09.2009, 1 BvR 814/09 = Life&Law 01/2010.

Verhältnismäßigkeit der Kostentragungspflicht

Auch wenn der Abschleppvorgang nach den obigen Ausführungen auf jeden Fall rechtmäßig ist, stellt sich noch die Frage, ob Manni hier billigerweise die Kosten dafür auferlegt werden können. Das Rechtsstaatsprinzip verbietet es, dem Handlungsverantwortlichen die Kosten aufzuerlegen, wenn dies unverhältnismäßig ist. (Die Regelungen des PAG, die diesbezüglich keinen Ermessensspielraum vorsehen, ändern daran nichts.) *305f*

Nach Ansicht der Rechtsprechung ist ein Kostenbescheid auf alle Fälle dann rechtswidrig, wenn das Fahrzeug unmittelbar im Anschluss an das nachträgliche Aufstellen des Schildes abgeschleppt wird. Die Richter verlangen eine „Schonzeit“ von zwei bis vier Tagen.[317] Da Mannis Auto erst nach fünf Tagen abgeschleppt wurde, ist von einer ausreichenden Wartezeit auszugehen.

Ergebnis

Ergebnis: Der Kostenbescheid war somit verhältnis- und damit auch rechtmäßig.

hemmer-Methode: Lernen am Fall! Bloßes Auswendiglernen von Einzelfakten führt im Examen nicht zum Erfolg! Wichtig ist vielmehr, dass Sie rechtzeitig lernen, einen anspruchsvollen Fall selbst in aller Vollständigkeit zu lösen. Führen Sie am besten selbst eine Lernkontrolle durch, und versuchen Sie, den vorangegangenen Fall noch einmal zu lösen; vergleichen Sie anschließend die beiden Ergebnisse!

317 BVerwG, NJW 1997, 1021;OVG Hamburg, Urteil vom 07.10.2008, 3 Bf 116/08, das OVG gibt dabei seine Ansicht auf, dass einer der Tage am Wochenende liegen muss; eine kurze Zusammenfassung der Probleme auch bei Michaelis, NJW 1998, 122.

§ 3 VERPFLICHTUNGSKLAGE, § 42 I ALT. 2 VWGO[318]

Die Verpflichtungsklage

I. Eröffnung des Verwaltungsrechtswegs, § 40 I VwGO, Art. 12 I POG

II. Zulässigkeit der Verpflichtungsklage

1. Verpflichtungsklage als statthafte Klageart
2. Besondere Sachurteilsvoraussetzungen
   - a) Klagebefugnis, § 42 II VwGO
   - b) Vorverfahren i.d.R. entbehrlich, § 68 II, I S. 2 VwGO, Art. 15 II AGVwGO
   - c) Klagefrist, §§ 74 II, 75 VwGO
3. Allgemeine Sachurteilsvoraussetzungen

III. Begründetheit, §§ 78, 113 V VwGO

Bedeutung der Verpflichtungsklage

Die Verpflichtungsklage spielt in Polizeirechtsklausuren keine allzu große Rolle. Sie ist einschlägig, wenn sich das Klagebegehren auf den Erlass eines polizeilichen VA richtet. Eine solche Verpflichtungsklage hat nur dann Aussicht auf Erfolg, wenn ein Anspruch auf den begehrten polizeilichen VA besteht. 306

hemmer-Methode: Hintergrund für die geringe Klausurbedeutung ist Art. 3 PAG. Wenn genügend Zeit für eine Klage bleibt, liegt kein Fall der Eilbedürftigkeit i.S.d. Art. 3 PAG vor.

Abgrenzungsschwierigkeiten zur allgemeinen Leistungsklage ergeben sich bei den Aktenvernichtungsfällen.[319]

ggf. § 113 I S. 4 VwGO analog auf die Verpflichtungsklage

Auch eine Verpflichtungsklage hat nur Aussicht auf Erfolg, solange sich die Hauptsache noch nicht erledigt hat. Allerdings ist zu berücksichtigen, dass Gegenstand der Erledigung nicht ein bereits erlassener VA ist, sondern der Anspruch auf den Erlass des begehrten VA. Hier ist nach h.M. § 113 I S. 4 VwGO analog auf die Verpflichtungsklage anwendbar.[320] Dies gilt sowohl für die Erledigung vor als auch nach Klageerhebung. 307

A) Eröffnung des Verwaltungsrechtswegs, § 40 I VwGO i.V.m. Art. 12 I POG

Eröffnung des Verwaltungsrechtswegs

I.R.d. Eröffnung des Verwaltungsrechtswegs ergeben sich auch bei der Verpflichtungsklage keine Abweichungen zu den bisherigen Ausführungen. 308

Im Einzelfall ist bei der Frage nach einer anderweitigen ausdrücklichen gerichtlichen Zuweisung der Streitigkeit § 23 I S. 1 EGGVG genauer zu berücksichtigen. Dieser könnte dann in Frage stehen, wenn zweifelhaft ist, ob die Polizei über Art. 2 IV PAG i.V.m. § 163 StPO eine auf Einleitung, Vorbereitung oder Durchführung eines Strafverfahrens gerichtete Maßnahme, also einen Justizverwaltungsakt i.S.d. § 23 EGGVG, erlassen soll.

318 Zur Verpflichtungsklage **Hemmer/Wüst, VerwaltungsR II, Rn. 1 ff.**

319 Vgl. dazu unten, Rn. 317 ff.

320 Dazu näher **Hemmer/Wüst, VerwaltungsR II, Rn. 126 ff.**

Schwerpunkt der geforderten Maßnahme

Zur Klärung dieser Frage ist wiederum auf den Schwerpunkt der geforderten Maßnahme abzustellen. Liegt der Schwerpunkt der geforderten Maßnahme im präventiv-polizeilichen Bereich, so ist der Verwaltungsrechtsweg eröffnet.

B) Zulässigkeit der Verpflichtungsklage

I. Statthaftigkeit der Verpflichtungsklage

Statthaftigkeit der Verpflichtungsklage

Eine Verpflichtungsklage ist statthaft, wenn sich das Klagebegehren auf den Erlass eines polizeilichen VA richtet und im Zeitpunkt der letzten mündlichen Verhandlung noch keine Erledigung in der Hauptsache eingetreten ist. 309

Begehren eines VA

Die begehrte Handlung muss somit VA-Qualität aufweisen.[321]

keine Erledigung der Hauptsache

Zudem darf sich, und dies ist gerade im Polizeirecht zu beachten, die Hauptsache noch nicht erledigt haben. Hierbei ist, wie bereits oben erwähnt, zu berücksichtigen, dass Gegenstand der Erledigung nicht ein bereits erlassener VA ist, sondern der Anspruch auf den Erlass des begehrten VA, bzw. der Anspruch auf eine Neubescheidung im Falle einer Bescheidungsklage, § 113 V S. 2 VwGO.

Die Fragestellung lautet also: Hätte der begehrte VA, sofern er erlassen worden wäre, inzwischen seine Erledigung gefunden? Nur wenn dies nicht der Fall ist, kann die Statthaftigkeit einer Verpflichtungsklage bejaht werden. Ansonsten ist die Fortsetzungsfeststellungsklage analog § 113 I S. 4 VwGO zur Verpflichtungsklage die statthafte Klageart.[322]

II. Klagebefugnis, § 42 II VwGO

1. Allgemeines

Möglichkeit einer Rechtsverletzung

Eine Klagebefugnis ist nur dann zu bejahen, wenn nach dem Sachvortrag des Klägers durch den Nichterlass des VAs eine Verletzung seiner subjektiv-öffentlichen Rechte möglich erscheint. 310

Anspruch nicht offensichtlich ausgeschlossen

Ein möglicherweise verletztes subjektiv-öffentliches Recht wäre zu bejahen, wenn ein Anspruch des Klägers auf den Erlass des begehrten VA nicht offensichtlich ausgeschlossen ist. Dabei ist i.R.d. Klagebefugnis nur zu prüfen, ob die Norm, auf die sich der Kläger stützt, nicht nur im Allgemein-, sondern auch im Individualinteresse besteht. Zudem muss sie gerade auch dem Interesse des Klägers dienen.

Ermessensreduzierung auf Null

Weiterhin dürfte der Polizei kein Ermessen eingeräumt sein. Da der Polizei jedoch aufgrund des Opportunitätsprinzips (Art. 5 I PAG) grds. ein Entschließungsermessen zusteht, kommt ein Anspruch nur dann in Betracht, wenn das polizeiliche Ermessen auf Null reduziert ist.

hemmer-Methode: Ob die Voraussetzungen des Anspruchs im Einzelnen erfüllt sind, ist dann keine Frage der Klagebefugnis mehr, sondern der Begründetheit der Klage.

321 Siehe hierzu Rn. 58 ff.

322 Vgl. **Hemmer/Wüst, VerwaltungsR II, Rn. 126 ff.**; außer, dass es sich um eine analoge Anwendung auf die Verpflichtungsklage handelt, ergeben sich zu den obigen Ausführungen zur Zulässigkeit der FFK bei der Anfechtungsklage keine wesentlichen Unterschiede.

Anspruch auf fehlerfreie Ermessensausübung

Sollte das Ermessen nicht auf Null reduziert sein, so kommt zumindest ein Anspruch auf fehlerfreie Ermessensausübung in Betracht. Auch ein solcher genügt für die Begründung einer Klagebefugnis.

hemmer-Methode: Beachten Sie, dass es keinen allgemeinen Anspruch auf fehlerfreie Ermessensausübung gibt. Ein solcher besteht nur, wenn die Ermessensnorm nicht ausschließlich im Allgemeininteresse steht und auch dem Interesse des Klägers dient.
In der Klausur kann i.R.d. Klagebefugnis letztlich die Prüfung einer Ermessensreduzierung auf Null dahingestellt bleiben, soweit ein Anspruch auf fehlerfreie Ermessensausübung nicht offensichtlich ausgeschlossen ist.

2. Möglichkeit eines Anspruchs auf polizeiliches Handeln[323]

Möglichkeit eines Anspruchs auf polizeiliches Handeln

Die entsprechende Norm des Polizeirechts, auf die die vom Kläger begehrte Maßnahme gestützt werden könnte, darf nicht nur dem Allgemeininteresse dienen, sondern muss auch im Individualinteresse bestehen. Zudem muss sie gerade auch dem Interesse des Klägers dienen. 311

hemmer-Methode heißt auch unnötiges Lernen zu vermeiden und so den Kopf für das Wesentliche freizuhalten. Der Kläger kann sich auf eine Norm des Polizeirechts dann berufen, wenn diese auch zum Schutz seiner Interessen bestimmt ist. Diese Formulierung sollte Ihnen aus den Fällen der Drittanfechtung im Baurecht bekannt sein. Übertragen Sie Ihr Wissen ins Polizeirecht!

a) Vorfrage

Anspruch bereits aus der Aufgabeneröffnung?

Hierbei ist zunächst einmal unabhängig von der Frage, ob die jeweilige Norm überhaupt im Individualinteresse besteht, umstritten, ob ein möglicherweise in Betracht kommender Anspruch allein auf die Aufgabeneröffnungsnorm gestützt ist, oder ob er nur von einer entsprechenden Befugnisnorm getragen werden kann. 312

Die Berufung auf die Aufgabeneröffnungsnorm wäre ausreichend, wenn sich daraus dem Grunde nach bereits ein Anspruch auf polizeiliches Handeln ergeben kann. Nach einer in der Literatur vertretenen Ansicht soll sich aus der raumeröffnenden Funktion der Aufgabenzuweisungsnorm zugleich ein Individualanspruch auf polizeiliches Einschreiten ergeben können.[324]

Dies ist jedoch als mit der Systematik des PAG nicht vereinbar anzusehen und daher abzulehnen. Mit einem Anspruch auf polizeiliches Handeln soll immer eine konkrete Polizeimaßnahme verlangt werden können.[325]

Sobald die Polizei aber in dieser Art und Weise tätig werden will, i.d.R. durch Eingriff in Rechte Dritter, bedarf sie einer Befugnisnorm. Einem Kläger wäre nicht gedient, wenn ihm das Gericht bescheinigt, zwar generell einen Anspruch auf Tätigwerden zu haben, aber die Polizei in concreto nichts unternehmen darf, weil ihr eine entsprechende Befugnisnorm fehlt. Die Aufgabeneröffnungsnorm reicht daher allein noch nicht aus.

323 Vgl. hierzu Schmidbauer/Steiner, Art. 11 PAG, Rn. 126.

324 Knemeyer, PORe, Rn. 132 ff.

325 Berner/Köhler/Käß, Polizeiaufgabengesetz, Art. 5 PAG, Rn. 4 f.

hemmer-Methode: Die Meinung Knemeyers ist in sich konsequent und stimmig. Sie fußt darauf, dass dieser ein polizeiliches Entschließungsermessen unter Berufung auf Art. 99 S. 2 BV ablehnt.[326] Dem entgegnet die h.M. zu Recht, dass Art. 99 S. 2 BV nur eine generelle Aufgabeneröffnung enthält und schon aufgrund seines weiten Wortlautes nicht die Ermessensausübung der Polizei im Einzelfall reglementieren möchte.[327]

b) Individualinteresse

Befugnisnorm auch im Individualinteresse

Bei der jeweils in Betracht kommenden Befugnisnorm, auf die eine begehrte polizeiliche Handlung gestützt werden soll, ist schließlich zu prüfen, ob sie auch im Individualinteresse besteht. 313

aa) Generalklausel, Art. 11 I HS. 1 PAG

Generalklausel

Soweit keine spezielle Befugnisnorm und auch keiner der Voraustatbestände eingreift, kann die Polizei nach Art. 11 I HS. 1 PAG die notwendigen Maßnahmen treffen, um eine im einzelnen Fall bestehende Gefahr für die öffentliche Sicherheit oder Ordnung abzuwehren.

Hier ist zur Feststellung, ob diese Norm und damit auch die aufgrund dieser Norm erfolgende polizeiliche Handlung im Individualinteresse liegt, wiederum der Begriff der öffentlichen Sicherheit heranzuziehen.

Unter öffentlicher Sicherheit versteht man die Unversehrtheit von Gesundheit, Ehre, Freiheit und Vermögen sowie der Rechtsordnung als auch der grundlegenden Einrichtungen des Staates.[328]

grundlegende Einrichtungen des Staates

Soweit nun die angestrebte polizeiliche Maßnahme die grundlegenden Einrichtungen des Staates betrifft, ist ein Individualinteresse grds. abzulehnen, da deren Schutz ausschließlich im Allgemeininteresse erfolgt.

Individualrechtsgüter

Andererseits stehen die Individualrechtsgüter Gesundheit, Ehre etc. immer im Individualinteresse.

Rechtsordnung

Soll die angestrebte Handlung dem Schutz der Rechtsordnung dienen, so ist bei der jeweils betroffenen Norm im Einzelfall zu prüfen, ob diese im Individualinteresse steht.

Bsp.: *Drohende Körperverletzung, § 223 StGB; das Schutzgut körperliche Unversehrtheit steht im Individualinteresse.*

bb) Spezialbefugnisse, Standardbefugnisse und Voraustatbestände

anderweitige Befugnisse

Soll eine angestrebte polizeiliche Handlung auf spezielle Befugnisnormen, Standardbefugnisse oder auf die Voraustatbestände des Art. 11 II PAG gestützt werden, so ist jeweils im Einzelfall im Wege der Auslegung zu ermitteln, ob die Norm auch im Individualinteresse steht.[329]

326 Hierzu Rn. 251.

327 Schmidbauer/Steiner, Art. 11 PAG, Rn. 134.

328 Berner/Köhler/Käß, Polizeiaufgabengesetz, Art. 2 PAG, Rn. 4.

329 **Hemmer/Wüst, VerwaltungsR II, Rn. 36 ff.**, sowie insbesondere **Hemmer/Wüst, VerwaltungsR I, Rn. 121 f.**

Bsp.: Begehren der Sicherstellung des Gewehres des Ehemanns, der seiner Frau deren nahes Ende angekündigt hat. Art. 25 Nr. 1 PAG ist unter Beachtung des im konkreten Fall zu schützenden Rechtsguts auszulegen; das Leben eines Einzelnen wird immer auch in dessen Individualinteresse geschützt.[330]

c) Ermessen

Ermessen

I.R.d. Klagebefugnis genügt ein möglicher Anspruch auf fehlerfreie Ermessensausübung, sodass eine Ermessensreduzierung auf Null hier nicht erforderlich ist und daher erst i.R.d. Begründetheit untersucht werden muss. *314*

III. Sonstige Sachurteilsvoraussetzungen

Hinsichtlich der übrigen Sachurteilsvoraussetzungen ergeben sich grds. keine weiteren polizeirechtsspezifischen Abweichungen vom Normalfall der Verpflichtungsklage.[331]

C) Begründetheit der Verpflichtungsklage

Obersatzbildung; Vornahmeurteil

Obersatz: Die Verpflichtungsklage, die sich gem. § 78 VwGO gegen den richtigen Beklagten wenden muss, ist begründet, soweit die Ablehnung (Unterlassung) des VA rechtswidrig, der Kläger dadurch in seinen Rechten verletzt und die Sache spruchreif ist, § 113 V S. 1 VwGO. Dies ist der Fall, wenn der Kläger einen Anspruch auf den angestrebten polizeilichen VA hat, § 113 V S. 1 VwGO - es ergeht dann ein Vornahmeurteil. *315*

Bescheidungsurteil

Ist nur die Spruchreife nicht gegeben, ist die Klage trotzdem begründet, wenn der Kläger zumindest einen Anspruch auf ermessensfehlerfreie Entscheidung hat, § 113 V S. 2 VwGO - hier ergeht dann ein Bescheidungsurteil.[332]

I. Passivlegitimation, § 78 VwGO

Rechtsträger der für den Erlass des VA zuständigen Behörde

Richtiger Beklagter i.R.d. Verpflichtungsklage ist der Rechtsträger der Behörde, die für den Erlass des VA zuständig ist. Rechtsträger von Polizeivollzugsbehörden ist der Freistaat Bayern, Art. 1 PAG, Art. 1 I, II POG.

II. Anspruchsaufbau

Anspruchsaufbau

Dem Kläger müsste ein Anspruch auf Erlass des angestrebten polizeilichen VA zustehen. *316*

Das ist der Fall, wenn

1. der polizeiliche Aufgabenbereich eröffnet ist,

2. der begehrte VA auf eine Befugnisnorm gestützt werden kann,

3. diese Befugnisnorm auch im Individualinteresse besteht,

---

330 Beachten Sie, dass hier zwar ein Fall der Eilbedürftigkeit i.S.d. Art. 3 PAG vorliegt; eine Verpflichtungsklage wird aber i.d.R. an der zeitlichen Erledigung des Geschehens scheitern. Die Ehefrau hat daneben die Möglichkeit über das GewSchG gerichtlich eine „Bannmeile" um sich herum anordnen zu lassen, vgl. § 1 GewSchG.

331 **Hemmer/Wüst, VerwaltungsR II, Rn. 43 ff.**

332 **Hemmer/Wüst, VerwaltungsR II, Rn. 57 ff.**

4. sie gerade auch im Interesse des Klägers besteht,

5. das begehrte polizeiliche Handeln sich gegen den richtigen Adressaten richtet und die polizeilichen Handlungsgrundsätze gewahrt werden **und**

6. das Ermessen auf Null reduziert ist.

hemmer-Methode: Da die Punkte 3. und 4. bei einem prozessualen Aufbau bereits bei der Klagebefugnis geprüft werden, ist in diesem Fall deren Vorhandensein lediglich mit einem Verweis auf die Klagebefugnis festzustellen.
Soweit es lediglich an einer Ermessensreduzierung auf Null fehlt, ergeht ein Bescheidungsurteil, wenn die bisherige Ablehnung des Einschreitens ermessensfehlerhaft war, § 113 V S. 2 VwGO. Der Kläger ist dann durch die Polizei unter Berücksichtigung der Rechtsauffassung des Gerichts neu zu verbescheiden.[333]

III. Verletzung subjektiver Rechte

Hat der Kläger im Ergebnis einen Anspruch auf Erlass des VA oder zumindest einen Anspruch auf fehlerfreie Ermessensentscheidung, so wurde er durch die Ablehnung auch in seinen subjektiven Rechten verletzt.

333 **Vgl. Hemmer/Wüst, VerwaltungsR II, Rn. 55 f.**

§ 4 DIE ALLGEMEINE LEISTUNGSKLAGE IM POLIZEIRECHT[334]

Bedeutung der allgemeinen Leistungsklage

Die allgemeine Leistungsklage hat in Polizeirechtsklausuren einen geringen Anwendungsbereich. Da die überwiegende Zahl polizeilicher Handlungen von der h.M. als VAe qualifiziert werden, ist in den meisten Fällen die Verpflichtungsklage einschlägig, soweit eine polizeiliche Handlung vor dem Verwaltungsgericht eingeklagt werden soll. 317

Grenzfälle sind insbesondere die Fälle mit dem Klagebegehren auf Aktenvernichtung.

⇨ Fallvariante: Aktenvernichtungsfälle

Aktenvernichtungsfälle

Fall: *Mecki Messer ist Betreiber einer Szenedisco. Innerhalb der letzten zwei Jahre wurden gegen ihn bei der Polizei insgesamt fünf Anzeigen wegen Körperverletzung erstattet.* 318

Vier Fälle standen in unmittelbarem Zusammenhang mit dem Betrieb der Disco. Mecki wurde in zwei Fällen verurteilt. In den übrigen Fällen endeten die Ermittlungsverfahren zweimal mit einem Freispruch wegen erwiesener Unschuld und einmal mit einer Einstellung des Ermittlungsverfahrens mangels hinreichenden Tatverdachts. Sämtliche Ermittlungsakten bewahrte die Polizei zu rein präventiven Zwecken auf. Mecki will nunmehr Klage auf die Vernichtung der Akten zum VG erheben.

Hat eine solche Klage Aussicht auf Erfolg?

Lösung:

Verwaltungsrechtsweg

A) Eröffnung des Verwaltungsrechtswegs,
§ 40 I VwGO i.V.m. Art. 12 I POG

1. Die Streitigkeit ist eine öffentlich-rechtliche Streitigkeit nichtverfassungsrechtlicher Art.

2. Möglicherweise käme hier als abdrängende Sonderzuweisung § 23 I S. 1 EGGVG in Betracht. Es ist daher festzustellen, ob die begehrte Handlung im Schwerpunkt den polizeilichen Präventiv- oder Repressivbereich betrifft.

Die Akten, die vernichtet werden sollen, dienen nicht der Strafverfolgung, sondern der Gefahrenabwehr. Sie sollen dazu verwendet werden, insbesondere neue Straftaten und damit eine Gefahr für die öffentliche Sicherheit zu verhindern. Da sie nicht zur weiteren Strafverfolgung dienen, ist der Verwaltungsrechtsweg eröffnet.

Zulässigkeit

B) Zulässigkeit einer Klage

I. Statthafte Klageart

Die Klageart richtet sich nach dem Klagebegehren. Mecki will die Vernichtung polizeilicher Ermittlungsakten erreichen. 319

allgemeine Leistungsklage oder Verpflichtungsklage?

Richtige Klageart könnte daher die allgemeine Leistungsklage sein. Dies wäre der Fall, wenn die Vernichtung der Akten ein schlicht hoheitliches Verwaltungshandeln darstellen würde.

Soweit man auf die Aktenvernichtung selbst abstellt, stellt diese ein schlichtes Verwaltungshandeln dar. Man könnte daher die allgemeine Leistungsklage als richtige Klageart ansehen.[335] Hierbei ist jedoch noch nicht berücksichtigt worden, dass die Polizei zunächst über die Vernichtung entscheidet.

334 Zur allgemeinen Leistungsklage **Hemmer/Wüst, VerwaltungsR II, Rn. 163 ff.**

335 König, Polizei und Datenschutz 1993, S. 91.

Die Rechtsprechung versteht ein Klagebegehren auf Aktenvernichtung deshalb als das Verlangen der entsprechenden Entscheidung über die Aktenvernichtung und deren Vollziehung durch Realakt.[336] Damit begehrt der Kläger einen VA, da die Entscheidung über die Vernichtung ein VA i.S.d. Art. 35 S. 1 BayVwVfG ist.

Richtige Klageart ist im Ergebnis die Verpflichtungsklage, weil sich das Klagebegehren auf den Erlass eines VA richtet.

hemmer-Methode: Hier wäre natürlich auch eine Leistungsklage vertretbar. Vgl. zu diesem Problemkreis die Aufgabe 10 der Zweiten Juristischen Staatsprüfung 1992 I in BayVBl. 1995, 353, 382 ff. (Antrag auf Vernichtung polizeilicher Filmaufnahmen).

II. Klagebefugnis, § 42 II VwGO

Klagebefugnis

Mecki wäre klagebefugt, wenn nach seinem Sachvortrag eine Verletzung seiner subjektiv-öffentlichen Rechte möglich wäre.

Mecki könnte in seinem Recht auf informationelle Selbstbestimmung verletzt sein, Art. 1 I, 2 I GG. Ein Anspruch könnte sich insoweit ggf. zumindest über den allgemeinen Folgenbeseitigungsanspruch ergeben.

III. Vorverfahren, §§ 68 ff. VwGO

Vorverfahren

Vor Erhebung der Verpflichtungsklage muss nach § 68 II, I VwGO, Art. 15 II AGVwGO in Bayern grundsätzlich kein Vorverfahren durchgeführt werden.

IV. Die Klagefrist, § 74 II, I S. 2 VwGO, sowie die Form, §§ 81, 82 VwGO, sind zu beachten.

Klagefrist

Unter Berücksichtigung der erwähnten Voraussetzungen ist eine Klage zulässig.

C) Begründetheit

Begründetheit

Die Klage ist begründet, soweit sie gegen den richtigen Beklagten gerichtet wird, § 78 VwGO, die Ablehnung des VA rechtswidrig ist und den Kläger in seinen subjektiv-öffentlichen Rechten verletzt, § 113 V VwGO. 320

Die Ablehnung ist rechtswidrig, wenn Mecki ein Anspruch auf eine positive Entscheidung über die Aktenvernichtung zusteht.

Passivlegitimation

I. Passivlegitimiert ist der Freistaat Bayern als Rechtsträger der Polizei, da diese zur Entscheidung über die Aktenvernichtung als aktenaufbewahrende Behörde auch zuständig ist, § 78 I Nr. 1 VwGO i.V.m. Art. 1 PAG, Art. 1 I, II POG.

Anspruch auf Aktenvernichtung?

II. Mecki müsste einen Anspruch auf die Aktenvernichtung haben. 321

Art. 14 V PAG

1. Art. 14 V PAG kommt als Anspruchsgrundlage nicht in Betracht. Die Ermittlungsakten stellen keine erkennungsdienstlichen Unterlagen i.S.d. Art. 14 PAG dar, vgl. Art. 14 II PAG.

allgemeiner FBA i.V.m. § 81b Alt. 2 StPO

2. Der allgemeine Folgenbeseitigungsanspruch i.V.m. § 81b Alt. 2 StPO entfällt ebenfalls. Auch § 81b Alt. 2 StPO ist lediglich Befugnis zur Aufbewahrung erkennungsdienstlicher Unterlagen.[337]

336 BVerwG, NJW 1961, 571; BayVGH, BayVBl. 1984, 273.

337 Vgl. bereits Rn. 45 f.; die Aufbewahrung von erkennungsdienstlichen Unterlagen, die auf der Grundlage der § 81b Alt. 1 oder 2 StPO gewonnen werden, wird auf § 81b Alt. 2 StPO gestützt. Da ein Anspruch auf Vernichtung nicht explizit geregelt wird, ist er grds. auf den allgemeinen FBA zu stützen (zum FBA Schwerdtfeger/Schwerdtfeger, Rn. 336 ff.); **Hemmer/Wüst, VerwaltungsR II, Rn. 219 ff.**

Art. 54 II S. 2 PAG

3. Ein Anspruch auf die begehrte Aktenvernichtung könnte sich aus Art. 54 II S. 2 PAG ergeben.

Art. 54 II S. 1 PAG gibt der Polizei die Befugnis, personenbezogene Daten, die sie im Rahmen strafrechtlicher Ermittlungsverfahren gewonnen hat, zu speichern, verändern und zu nutzen, soweit dies zur Gefahrenabwehr, insbesondere zur vorbeugenden Bekämpfung von Straftaten, erforderlich ist.

Dem korrespondiert in Art. 54 II S. 2 PAG die Pflicht, die Daten zu löschen, sofern der einer Speicherung zugrundeliegende Verdacht entfällt. Aus der objektiv-rechtlichen Pflicht auf der einen Seite, folgt auf der anderen Seite ein subjektives Recht des Betroffenen. Er hat aus Art. 54 II S. 2 PAG einen Anspruch auf Löschung, da diese Norm gerade auch im Individualinteresse steht.

Anspruchsvoraussetzungen:

Anspruchsvoraussetzungen sind demnach:

personenbezogene Daten

a) Es muss sich bei den Ermittlungsakten um personenbezogene Daten (Art. 4 Nr. 1 DSGVO i.V.m. Art. 2 BayDSG i.V.m. Art. 66 PAG) handeln, die von der Polizei im Rahmen strafrechtlicher Ermittlungsverfahren gewonnen wurden. Dies ist laut Sachverhalt der Fall.

Entfallen des der Speicherung zugrunde liegenden Verdachts

b) Der der Speicherung zugrundeliegende Verdacht muss entfallen sein. Ist dies der Fall, so sind die Akten zu vernichten. Vorliegend gilt es zu differenzieren:

Soweit Mecki freigesprochen wurde, ist der Verdacht entfallen. Für die entsprechenden Akten kann Mecki deren Vernichtung verlangen.

Allerdings muss der Verdacht nicht entfallen, wenn ein Ermittlungsverfahren mangels hinreichenden Tatverdachts eingestellt wird. Sollte ein Restverdacht bestehen, so können die entsprechenden Akten weiterhin aufbewahrt werden.

Soweit der Kläger verurteilt wurde, ist ein Verdacht einer Straftat nicht entfallen. Insoweit besteht kein Anspruch auf Vernichtung.

Art. 45 II PAG

4. Ein Anspruch auf Vernichtung von Akten ergibt sich grds. auch aus Art. 45 II PAG. Der Anspruch setzt aber voraus, dass die personenbezogenen Daten bereits suchfähig gespeichert, also Inhalt einer Datei sind. Der Anspruch auf Vernichtung der Akten bezieht sich nur auf den Fall, dass über die unzulässige Speicherung hinaus noch Akten geführt werden, nicht aber auf den Fall der alleinigen Aktenführung.[338]

Vorliegend fehlt es jedoch an einer suchfähigen Speicherung, sodass Art. 45 PAG nicht in Betracht kommt.

Rechtsverletzung

III. Soweit ein Anspruch auf Aktenvernichtung besteht, ist der Kläger durch die Ablehnung in seinem subjektiven Recht aus Art. 38 II S. 2 PAG verletzt.

IV. Ergebnis: Die Klage ist nur teilweise begründet.

338 Vgl. Nr.45.3 der Vollzugsbekanntmachung.

§ 5 DIE ALLGEMEINE FESTSTELLUNGSKLAGE[339]

allgemeine Feststellungsklage

Für die allgemeine Feststellungsklage bleibt im Bereich des Polizeirechts nur dort Raum, wo nicht bereits die Fortsetzungsfeststellungsklage eingreift. Somit kann die allgemeine Feststellungsklage nur dann eingreifen, wenn sich das Klagebegehren nicht auf die Feststellung der Rechtswidrigkeit einer polizeilichen Handlung mit VA-Qualität richtet. 322

Das Klagebegehren muss sich auf die Feststellung der Nichtigkeit eines VA richten oder auf die Feststellung des Bestehens oder Nichtbestehens eines Rechtsverhältnisses.

hemmer-Methode: Da polizeiliches Handeln nach überwiegender Meinung[340] aufgrund der damit verbundenen Rechtseingriffe regelmäßig als Handeln mittels VA zu qualifizieren ist, ergibt sich in Polizeirechtsklausuren selten Raum für eine allgemeine Feststellungsklage. Unter Berufung auf das BVerwG erscheint es aber durchaus vertretbar an Stelle der analogen Anwendung des § 113 I S. 4 VwGO eine allgemeine Feststellungsklage heranzuziehen.[341]
Größere Bedeutung kommt der Feststellungsklage jedenfalls im Sicherheitsrecht zu.

339 Zur allgemeinen Feststellungsklage **Hemmer/Wüst, VerwaltungsR II, Rn. 292 ff.**

340 Es sei aber nochmals daran erinnert, dass die Annahme eines Realaktes durchaus vertretbar, wenn nicht aus dogmatischer Sicht sogar vorzugswürdig sein kann, vgl. oben Rn. 59.

341 Vgl. oben Rn. 67.

§ 6 OBJEKTIVE KLAGEHÄUFUNG, § 44 VWGO

regelmäßig objektive Klagehäufung

Bei prozessual aufgebauten Polizeirechtsklausuren ergibt sich regelmäßig die Situation der objektiven Klagehäufung, § 44 VwGO. 323

Häufig werden mehrere Klagebegehren miteinander verbunden.

> ***Bsp.:** Ein Polizist hält Detlef auf einer Straße im Rotlichtbezirk an. Er verlangt von ihm die Aushändigung seines Personalausweises. Weil sich darin kein Passbild mehr befindet, nimmt der Polizist Detlef mit auf die Polizeistation. Dort werden ihm Fingerabdrücke abgenommen. Detlef erhebt Klage auf Feststellung der Rechtswidrigkeit aller polizeilichen Maßnahmen.*
>
> *Detlef begehrt die Feststellung der Rechtswidrigkeit mehrerer bereits erledigter polizeilicher VAe:*

- ⇨ Anhaltung
- ⇨ Aushändigungsanordnung
- ⇨ Anordnung auf die Polizeistation zu folgen
- ⇨ Abnahme der Fingerabdrücke

> Hinsichtlich der Feststellung der Rechtswidrigkeit eines jeden einzelnen erledigten polizeilichen VA ist eine Fortsetzungsfeststellungsklage nach § 113 I S. 4 VwGO analog die richtige Klageart.
>
> Im Beispiel sind vier Fortsetzungsfeststellungsklagen zu erheben. Diese können unter den Voraussetzungen des § 44 VwGO objektiv klagegehäuft werden.

Voraussetzungen des § 44 VwGO

Voraussetzungen einer objektiven Klagehäufung, § 44 VwGO[342] 324

- ⇨ mehrere Klagebegehren
- ⇨ gerichtet gegen denselben Beklagten
- ⇨ müssen im Zusammenhang stehen
- ⇨ es muss dasselbe Gericht zuständig sein

keine Zulässigkeitsvoraussetzung

Liegen diese Voraussetzungen vor, so können sämtliche Klagebegehren in einer einzigen Klage verfolgt werden. Es wird also nur ein Prozess, der aber mehrere Klagen zum Inhalt hat, geführt.

Fehlen die Voraussetzungen, so werden die Verfahren lediglich nach § 93 VwGO getrennt. Die Klage wird dadurch nicht unzulässig, da § 44 VwGO keine Zulässigkeitsvoraussetzung darstellt.

hemmer-Methode: Es handelt sich bei der objektiven Klagehäufung nicht um eine Zulässigkeitsvoraussetzung. § 44 VwGO stellt eine Verfahrensvorschrift dar. Im Prüfungsaufbau ist diese Norm daher nach der Prüfung der Zulässigkeit sämtlicher Klagen zu prüfen, bevor mit der Begründetheitsprüfung begonnen wird.

342 Dazu im Einzelnen **Hemmer/Wüst, VerwaltungsR I, Rn. 248 ff.**

§ 7 DAS WIDERSPRUCHSVERFAHREN, §§ 68 FF. VWGO[343]

keine Relevanz des Widerspruchsverfahrens

Dem Widerspruchsverfahren kommt in Polizeirechtsklausuren mit der Änderung der AGVwGO zum 01.07.2007 keine Bedeutung mehr zu, da in den polizeirechtlich relevanten Fällen das Vorverfahren nach § 68 VwGO i.V.m. Art. 15 II AGVwGO entfällt. 325-327

343 Zum Widerspruchsverfahren **Hemmer/Wüst, VerwaltungsR III, Rn. 1 ff.**

§ 8 SCHADENSERSATZ- UND ENTSCHÄDIGUNGSANSPRÜCHE FÜR POLIZEILICHES HANDELN

Schadensersatz/Entschädigung

Unter besonderen Voraussetzungen stehen dem Einzelnen gegenüber der Polizei bzw. deren Rechtsträger Ansprüche auf Schadensersatz und/oder Entschädigung wegen des polizeilichen Handelns zu. 328

hemmer-Methode: Eine Fallfrage nach dem Bestehen von Schadensersatz- oder Entschädigungsansprüchen ist regelmäßig nicht prozessual eingekleidet. Dies folgt aus dem Umstand, dass kraft ausdrücklicher gesetzlicher Sonderzuweisung nicht die Verwaltungsgerichte, sondern die ordentlichen Gerichte zuständig sind, vgl. Art. 90 I PAG, § 40 II VwGO, Art. 34 S. 3 GG.
Eine solche Frage wird meist als Annex zu dem zuvor zu erstellenden Gutachten über die Erfolgsaussichten der Klage in die Klausur eingebaut.

Differenzierung: Adressat/Unbeteiligter

Es empfiehlt sich hier, eine Differenzierung danach vorzunehmen, ob derjenige, der Ansprüche geltend macht, Adressat einer polizeilichen Verfügung oder unbeteiligter Dritter war.

A) Ansprüche des Adressaten einer erlassenen polizeilichen Maßnahme

I. Ansprüche bei rechtmäßiger Maßnahme

1. Verantwortliche, Art. 7, 8 PAG

rm. Maßnahme - Verantwortlicher

Einem Verantwortlichen nach Art. 7, 8 PAG stehen im Falle einer rechtmäßigen polizeilichen Verfügung grds. keinerlei Ansprüche auf Entschädigung oder Schadensersatz zu, vgl. Art. 70 I, II PAG. 329

2. Ansprüche des Nichtverantwortlichen, Art. 10 PAG

a) Gesetzliche Unfallversicherung

rm. Maßnahme - Nichtverantwortlicher/gesetzliche Unfallversicherung

Ansprüche aus der gesetzlichen Unfallversicherung sind allenfalls unter den engen Voraussetzungen des § 2 Nr. 13a SGB VII denkbar. Aufgrund des für den Nichtverantwortlichen aus Art. 70 I PAG resultierenden Anspruchs folgt daraus praktisch aber keine unangemessene Positionsverschlechterung. 330

b) Art. 70 I PAG

rm. Maßnahme - Nichtverantwortlicher Art. 70 I PAG

Art. 70 I PAG gewährt dem Nichtverantwortlichen einen Entschädigungsanspruch. Diese spezielle Regelung ist lex specialis zu den allgemeinen Entschädigungsansprüchen aus enteignendem Eingriff und Aufopferung. Voraussetzung ist, dass gegen einen Nichtverantwortlichen nach Art. 10 PAG Maßnahmen getroffen werden und diesem ein Schaden durch die polizeiliche Maßnahme entsteht. Dieser Anspruch wird jedoch durch die Regelungen des Abs. 4 und Abs. 7 beschränkt, wobei Abs. 4 nach seinem Wortlaut „gedient hat" nicht nur die entsprechende Absicht der Polizei, sondern auch den tatsächlichen Schutzerfolg fordert. 331

Art. 70 I PAG ausgeschlossen, soweit Ansprüche aus gesetzlicher Unfallversicherung bestehen

Der Anspruch ist auch ausgeschlossen, soweit der Geschädigte von einem anderen Ersatz erlangen kann. „Ersatz von einem anderen" i.S.d. Abs. 1 können z.B. gesetzliche oder vertragliche Versicherungsleistungen sein.

Sehr geehrte Kunden,

leider ist uns in den Randnummern 328 – 348 ein Fehler unterlaufen. Soweit dort von Art. 70 PAG die Rede ist, ist Art. 87 PAG n.F. gemeint.

Art. 73 PAG entspricht Art. 90 PAG n.F.

Wir bitten Sie, dieses Versehen zu entschuldigen.

Ihr Hemmer-Team

Soweit also Ansprüche gegen den Träger der gesetzlichen Unfallversicherung bestehen (vgl. oben), scheiden Ansprüche aus Art. 70 I PAG aus.[344] Der Geschädigte muss insbesondere nachweisen, dass ein anderweitiger Ersatzanspruch nicht besteht oder nicht realisierbar ist.

3. „Anscheinsstörer"

rm. Maßnahme - „Anscheinsstörer"

Umstritten sind die Fälle, in denen eine polizeiliche Maßnahme gegenüber einer Person ergeht, die lediglich „Anscheinsstörer" ist. Hier stellt sich die Frage, ob auch derjenige, welcher den Anschein einer Gefahr erweckt und eine gegen ihn schädigende Maßnahme der Polizei ausgelöst hat, als Nichtverantwortlicher Entschädigung nach Art. 70 I PAG begehren kann oder ob er als Verantwortlicher zu gelten hat, dem ein Anspruch auf Entschädigung nicht zusteht. 332

Eine direkte Anwendung des Art. 70 I PAG scheidet von vornherein aus, da der Anscheinsstörer nicht unter den Voraussetzungen des Art. 10 PAG in Anspruch genommen wird. Allerdings kommt eine analoge Anwendung in Betracht.

Lit.: Anscheinsstörer entspricht Verantwortlichem

a) Teilweise wird vertreten, dass er als Verantwortlicher zu behandeln sei, wenn er die Anscheinsgefahr verursacht hat. Für diesen Fall seien Ansprüche aus Art. 70 I PAG analog abzulehnen.[345]

BGH: Art. 70 I PAG analog, wenn Anschein nicht schuldhaft erweckt

b) Demgegenüber wird in der Rechtsprechung die Auffassung vertreten, dass eine Gleichstellung des Verursachers einer Anscheinsgefahr mit dem wirklich Verantwortlichen im Entschädigungsrecht nur dann als begründet angesehen werden könne, wenn der Betroffene den Anschein einer Gefahr schuldhaft erweckt habe.[346]

Ein Anspruch nach Art. 70 I PAG analog stehe damit dem Anscheinsstörer zu, der den Anschein der Gefahr schuldlos verursacht habe.[347]

hemmer-Methode: Nach der Rechtsprechung fällt somit der Begriff des Verantwortlichen auf Primärebene und auf der Ebene der Entschädigung auseinander. Während der Anscheinsverantwortliche auf Primärebene in Anspruch genommen werden darf, Maßnahmen gegen ihn also rechtmäßig sind, wird er in Entschädigungsfragen als Nichtverantwortlicher behandelt. Für diese Differenzierung spricht, dass der Grundsatz der effektiven Gefahrenabwehr, der auf Primärebene eine Gleichstellung von tatsächlich Verantwortlichem und Anscheinsstörer rechtfertigt, auf der Ebene der Entschädigung keine wesentliche Rolle mehr spielt.[348]

II. Ansprüche bei rechtswidriger Maßnahme

1. Verantwortlicher, Art. 7, 8 PAG

a) Amtshaftung, § 839 BGB, Art. 34 GG

rw. Maßnahme - Verantwortlicher/Amtshaftung

Bei rechtswidrigen Maßnahmen seitens der Polizei gegenüber dem nach Art. 7, 8 PAG Verantwortlichen kann diesem unter den Voraussetzungen von § 839 BGB, Art. 34 GG ein Anspruch auf Schadensersatz zustehen.[349] 333

344 Vgl. Berner/Köhler/Käß, Polizeiaufgabengesetz, Art. 70 PAG, Rn. 4.

345 Schmidbauer/Steiner, Art. 70 PAG, Rn. 11 ff., 74.

346 BGHZ 5, 144 ff. (152); BGH, NJW 1992, 2639 = DVBl. 1992, 1158.

347 LG Köln, NJW 1998, 317; Schenke, Polizei- und Ordnungsrecht, 9. Auflage 2015, Rn. 685 ff.; in: Steiner, Besonderes Verwaltungsrecht, 8. Auflage 2006, Polizei-und Ordnungsrecht, Rn. 57. ff.

348 Vgl. auch BHKM, 3. Teil, Rn. 454.

349 I.R.d. Staatshaftung ist auch ein Anspruch auf Schmerzensgeld gem. §§ 253 II, 839 BGB, Art. 34 GG möglich (Sprau in: Palandt, § 839 BGB, Rn. 79).

Voraussetzungen Amtshaftung

Die Voraussetzungen dieses Anspruchs sind im Einzelnen:[350]

⇨ Handeln eines Beamten im haftungsrechtlichen Sinn = Jeder, der mit der Ausübung eines öffentlichen Amts vertraut ist: Polizeibeamte des Freistaates Bayern sind Beamte im haftungsrechtlichen Sinne.

⇨ Handeln in Ausübung des öffentlichen Amtes, Art. 34 S. 1 GG ⇔ Handeln nur bei Gelegenheit des öffentlichen Amtes, fiskalisches Tätigwerden eines Beamten (im Polizeirecht selten!).

⇨ Verletzung einer Amtspflicht, hier insbesondere der Pflicht zu rechtmäßigem Handeln.

⇨ Die verletzte Amtspflicht muss gerade dem Betroffenen gegenüber bestehen, d.h. sie muss gerade im Interesse des Geschädigten bestehen.

⇨ Verschulden des Polizeibeamten, § 276BGB.

⇨ Schaden beim Adressaten der Maßnahme.

⇨ Haftungsausfüllende Kausalität
zwischen Amtspflichtverletzung und Schaden.

⇨ Kein Eingreifen einer Haftungsbeschränkung,
insbesondere §§ 839 I S. 2, 839 III oder 254 BGB.

Der Anspruch richtet sich nach Art. 34 GG, § 839 BGB gegen den Freistaat Bayern.

b) Ansprüche nach dem PAG

rechtswidrige Maßnahme - Verantwortlicher/Ansprüche aus PAG

Das PAG regelt den Fall, dass eine rechtswidrige Maßnahme gegenüber dem Verantwortlichen nach Art. 7, 8 PAG ergeht, nicht. 334

⇨ Art. 70 I PAG gilt nur für Nichtverantwortliche nach Art. 10 PAG.

⇨ Art. 70 II PAG gilt nur für völlig Unbeteiligte, also Personen, die weder nach Art. 7, 8 oder 10 PAG zur Gefahrenabwehr herangezogen werden.

enteignungsgleicher/aufopferungsgleicher Eingriff

Da also in Bayern eine Spezialregelung fehlt, greifen hier die subsidiären Entschädigungsansprüche wegen enteignungsgleichen Eingriffs sowie wegen aufopferungsgleichen Eingriffs. 335

Die Voraussetzungen sind im Einzelnen:[351]

⇨ Rechtsgrundlage ist der allgemeine Aufopferungsgedanke aus den §§ 74, 75 EinlALR.

⇨ Es ist grds. die Subsidiarität zu spezialgesetzlichen Regelungen zu beachten; in dieser Fallkonstellation bestehen keine Spezialregelungen.

350 **Hemmer/Wüst, Staatshaftungsrecht, Rn. 7 ff.**

351 Schwerdtfeger/Schwerdfeger, Rn. 408 ff., 420 ff.

⇨ Eingriffsobjekte sind beim

1) enteignungsgleichen Eingriff: Vermögenswerte Rechte wie das Eigentum i.S.d. Art. 14 GG; hierauf wird die Entschädigung bei Sachschäden gestützt;

2) beim aufopferungsgleichen Eingriff: Immaterielle Rechte i.S.d. Art. 2 II GG; hierauf wird die Entschädigung bei Personenschäden gestützt;

⇨ Der Eingriff muss hoheitlich sein, unmittelbar (oder wenigstens wertend zurechenbar) zu einem Sonderopfer führen und rechtswidrig sein.

⇨ Der Eingriff muss ein Sonderopfer herbeiführen; ein solches ist bei materiell rechtswidrigen Eingriffen bereits indiziert; ansonsten liegt es vor, wenn der Betroffene gleichheitswidrig beeinträchtigt wird.

⇨ Der Eingriff muss dem Allgemeinwohl dienen.

⇨ Ein Mitverschulden ist gem. § 254 BGB analog zu berücksichtigen.

c) „Anscheinsstörer"

rw. Maßnahme - Anscheinsstörer

Unter bestimmten Voraussetzungen ist eine analoge Anwendung des Art. 70 I PAG für Entschädigungsansprüche des „Anscheinsstörers" selbst bei rechtmäßiger Inanspruchnahme möglich (vgl. Rn. 332). Im Falle einer rechtswidrigen Inanspruchnahme, gelten die obigen Ausführungen aufgrund eines erst-Recht-Schlusses. 336

hemmer-Methode: Beachten Sie, dass der „Putativstörer" kein Verantwortlicher ist. Ihm gegenüber können auch keine rechtmäßigen Maßnahmen ergehen, da die Gefahrenprognose auf einer verschuldeten Fehleinschätzung der Polizei beruht. Fraglich ist allerdings, ob ihm ein Anspruch nach Art. 70 I, II PAG zusteht. Er wurde zwar als Verantwortlicher herangezogen, sodass man einen solchen Anspruch ablehnen könnte.[352] Andererseits ist er objektiv dem unbeteiligten Dritten gleichzustellen. Jedenfalls aus Wertungsgesichtspunkten ist ein solcher Anspruch geboten. Wenn schon dem Anscheinsverantwortlichen analog Art. 70 PAG eine Entschädigung zugestanden wird, muss dies erst recht auch für den Putativstörer gelten.

2. Nichtverantwortlicher, Art. 10 PAG

rw. Maßnahme - Nichtverantwortlicher

Dem Nichtverantwortlichen können im Falle von rechtswidrigen polizeilichen Maßnahmen nachfolgende Ansprüche zustehen: 337

a) Ansprüche gegenüber dem Träger der gesetzlichen Unfallversicherung, ggf. aus § 2 Nr. 13a SGB VII

b) Schadensersatzansprüche aus Amtshaftung, § 839 BGB, Art. 34 GG

c) Entschädigungsansprüche nach Art. 70 I PAG

352 Schmidbauer/Steiner, Art. 70 PAG, Rn. 70, 74.

hemmer-Methode: Der Anspruch nach Art. 70 PAG besteht ohne Rücksicht darauf, ob die polizeiliche Maßnahme rechtmäßig oder rechtswidrig, und, falls rechtswidrig, schuldhaft oder -los begangen wurde. Insofern enthält er eine Besserstellung der Berechtigten gegenüber § 839 BGB, der den Nachweis des Verschuldens voraussetzt. Allerdings ist Schmerzensgeld gem. § 253 II BGB nur bei unerlaubter Handlung nach § 839 BGB erzielbar.

B) Ansprüche unbeteiligter Dritter

unbeteiligte Dritte

Unbeteiligten Dritten können je nach Fallgestaltung Schadensersatz- und Entschädigungsansprüche aus folgenden Vorschriften zustehen: 338

I. Unter den Voraussetzungen der § 839 BGB, Art. 34 GG Ansprüche auf Schadensersatz aus Amtshaftung.

II. Entschädigungsansprüche aus Art. 70 II PAG.

Beispiel für Art. 70 II PAG:

Die Polizeibeamten Smith & Wessels schießen auf einen angriffslustigen Bullterrier, da dies die einzige Möglichkeit zum Schutz von Leib und Leben der umstehenden Passanten darstellt. Ein Querschläger trifft den abseits stehenden Passanten Fridolin Flüchtig.

C) Ansprüche bei rechtswidriger Unterlassung einer polizeilichen Maßnahme

rw. Unterlassung: ggf. Amtshaftungsansprüche

Im Falle einer rechtswidrigen Unterlassung von polizeilichen Maßnahmen kommen regelmäßig allein Ansprüche aus Amtshaftung gem. § 839 BGB, Art. 34 GG in Betracht. 339

Amtspflichtverletzung durch Unterlassen

I. Problematisch ist hier grds. der Prüfungspunkt der Amtspflichtverletzung. Eine Amtspflichtverletzung kann sowohl durch aktives Tun als auch durch Unterlassen erfolgen.

Eine Amtspflichtverletzung durch Unterlassen setzt voraus, dass eine Pflicht zum Tätigwerden besteht. Die Pflicht eines Polizeibeamten zum Tätigwerden liegt aber nur dann vor, wenn das der Polizei grds. aufgrund des Opportunitätsprinzips zustehende Entschließungsermessen auf Null reduziert ist.

Pflicht im Interesse des Betroffenen

II. Die Pflicht muss gerade gegenüber dem Geschädigten bestehen. Dies ist der Fall, wenn die entsprechend vorzunehmende polizeiliche Maßnahme gerade auch in seinem Interesse vorzunehmen war.

D) Sonderfall: Schadensersatzansprüche bei öffentlich-rechtlicher Verwahrung nach Art. 26 PAG

öffentlich-rechtliches Verwahrungsverhältnis

Soweit eine sichergestellte Sache nach Art. 26 PAG in Verwahrung genommen wird, wird ein öffentlich-rechtliches Verwahrungsverhältnis begründet.[353] 340

§§ 688 ff. BGB sinngemäß anwendbar

Hier können zur Bestimmung der wechselseitigen Rechte, Pflichten und Ansprüche §§ 688 ff. BGB, die den zivilrechtlichen Verwahrungsvertrag regeln, sinngemäß herangezogen werden. Dies gilt jedoch nur, soweit die Art. 25, 26 PAG entsprechenden Raum dafür lassen.[354]

353 Vgl. Nr. 25.2 Vollzugsbekanntmachung.

354 Berner/Köhler/Käß, Polizeiaufgabengesetz, Art. 26 PAG, Rn. 4.

Bsp.: Die Polizisten B und C entdecken bei einer Routinekontrolle auf einem Großparkplatz den Porsche des S. Der Wagen war von seinem Eigentümer vor wenigen Tagen als gestohlen gemeldet worden. Die beiden Polizisten lassen den Porsche auf einen amtlichen Verwahrparkplatz bringen. Bevor der informierte Eigentümer sein Fahrzeug abholen kann, rammen B und C infolge leichter Unachtsamkeit den Porsche mit ihrem Dienstfahrzeug. Der Porsche wird dadurch stark beschädigt.

Stehen S Schadensersatzansprüche gegen den Freistaat Bayern zu?

I. Schadensersatzanspruch aus §§ 688, 695, 280, 283 BGB? 341

§§ 688, 280 BGB analog

Zwischen S und dem Freistaat Bayern ist ein öffentlich-rechtliches Verwahrungsverhältnis zustande gekommen, indem der Porsche gem. Art. 25 Nr. 2 PAG sichergestellt und nach Art. 26 I S. 1 PAG in Verwahrung genommen wurde.

Für das öffentlich-rechtliche Verwahrungsverhältnis gelten die §§ 688 ff. BGB entsprechend.[355]

Für einen Anspruch aus §§ 280 I, III, 283 BGB analog müsste jedoch die Herausgabe des Pkw unmöglich geworden sein. Die Herausgabe einer verwahrten Sache ist eine einseitige Abwicklungspflicht.

Es fehlt aber hier an einer Unmöglichkeit, da der Wagen lediglich beschädigt, nicht aber zerstört wurde und somit noch herausgegeben werden kann.

hemmer-Methode: Beachten Sie, dass auch im Öffentlichen Recht bei Ansprüchen die Beweislastumkehr des § 280 I S. 2 BGB analog gilt. Dies führt im Gegensatz zur Amtshaftung (§ 839 BGB) zu einer wesentlichen Vereinfachung für den Anspruchsführer. Dass in der Klausur nach diesem Problem gefragt ist, erkennt man z.B. an Formulierungen wie: „Ob der Untergang von der Polizei verschuldet wurde, lässt sich nicht mehr klären".

II. Anspruch aus pVV des Verwahrungsverhältnisses, §§ 241 II, 280 BGB 342

pVV des öffentlich-rechtlichen Verwahrungsverhältnisses

Das öffentlich-rechtliche Verwahrungsverhältnis stellt ein Schuldverhältnis i.S.d. §§ 241 II, 280 BGB dar.[356]

I.R.d. Verwahrung nach Art. 26 PAG hat die Polizei nach Art. 26 III S. 1 PAG die Pflicht, nach Möglichkeit Wertminderungen vorzubeugen. Diese der Polizei nach Art. 26 III S. 1 PAG obliegende Pflicht zur Vorbeugung gegenüber Wertminderungen wurde durch die Beschädigung des Porsche verletzt.

kein Raum für § 690 BGB analog

Das Verschulden der Polizisten B und C wird dem Freistaat als Dienstherren nach § 278 BGB analog zugerechnet.[357]

Möglicherweise könnte jedoch die Haftungsprivilegierung des § 690 BGB analog eingreifen. I.R.d. öffentlich-rechtlichen Verwahrung nach Art. 26 PAG ist jedoch fraglich, ob aufgrund des Charakters der Art. 25, 26 PAG überhaupt Raum für eine Haftungsprivilegierung bleibt.

Insoweit ist insbesondere Art. 26 III S. 1 PAG zu beachten. Er normiert, dass die Polizei nach Möglichkeit Wertminderungen vorzubeugen hat. Daraus folgt eine Sorgfaltspflicht, die über die eigenübliche Sorgfalt nach §§ 690, 277 BGB hinausgehen kann.

Darüber hinaus übernimmt die Polizei die Aufbewahrung nicht aus eigenem Antrieb, sondern kraft einer ihr auferlegten Amtspflicht. Der Maßstab des Art. 26 III S. 1 PAG lässt folglich gar keinen Raum mehr für eine analoge Anwendung des § 690 BGB.[358]

355 Herrler in: Palandt, Einf. v. § 688 BGB, Rn. 7; Berner/Köhler/Käß, Polizeiaufgabengesetz, Art. 26 PAG, Rn. 7.

356 Grüneberg in: Palandt, § 280 BGB, Rn. 10, 11.

357 Grüneberg in: Palandt, § 280 BGB, Rn. 10.

358 Berner/Köhler/Käß, Polizeiaufgabengesetz, Art. 26 PAG, Rn. 7.

Der durch die Pflichtverletzung entstandene Schaden ist daher zu ersetzen.

III. Anspruch aus § 839 BGB i.V.m. Art. 34 GG. 343

Amtshaftung

Die Polizisten B und C haben in Ausübung des ihnen zugewiesenen öffentlichen Amtes ihre dem Eigentümer aus Art. 26 III S. 1 PAG obliegende Pflicht, nach Möglichkeit Wertminderungen vorzubeugen, verletzt. Diese Pflicht besteht gerade auch im Interesse des Eigentümers, ist also drittbezogen.

Sie haben hierdurch schuldhaft einen Schaden verursacht. Eine anderwoitige Ersatzmöglichkeit nach § 839 I S. 2 BGB sowie ein Ausschluss des Anspruches nach § 839 III BGB kommen nicht in Betracht.

Der Anspruch richtet sich über Art. 34 GG gegen den Freistaat.

E) Prozessuale Geltendmachung der Ansprüche

I. Amtshaftungsansprüche, § 839 BGB, Art. 34 GG

prozessuale Geltendmachung: Amtshaftungsansprüche

1. Rechtsweg: Amtshaftungsansprüche sind nach Art. 34 S. 3 GG vor den ordentlichen Gerichten geltend zu machen. 344

2. Sachlich ausschließlich zuständig sind in Erster Instanz nach § 71 II Nr. 2 GVG die Landgerichte.[359]

II. Entschädigungsansprüche nach Art. 87 PAG

Ansprüche nach Art. 70 PAG

1. Rechtsweg: Nach Art. 90 I PAG ist der Rechtsweg zu den ordentlichen Gerichten eröffnet. 345

2. Sachlich ausschließlich zuständig sind ohne Rücksicht auf den Streitwert gem. § 71 III GVG i.V.m. Art. 9 Nr. 1 AGGVG die Landgerichte.

III. Gesetzliche Unfallversicherungsansprüche

gesetzliche Unfallversicherungsansprüche

Ansprüche aus (unechter) Unfallversicherung sind gem. § 51 SGG vor den Sozialgerichten geltend zu machen. 346

IV. Ansprüche aus enteignungs- und aufopferungsgleichem Eingriff

enteignungs-/aufopferungsgleicher Anspruch

1. Rechtsweg: Nach § 40 II S. 1 VwGO sind solche Streitigkeiten vor der ordentlichen Gerichtsbarkeit zu führen. 347

2. Für Entschädigungsansprüche sind über § 71 III GVG gem. Art. 9 Nr. 1 AGGVG in erster Instanz die Landgerichte ohne Rücksicht auf den Wert des Streitgegenstandes ausschließlich zuständig.

V. Ansprüche aus öffentlich-rechtlichem Verwahrungsverhältnis

Ansprüche aus öffentlich-rechtlichem Verwahrungsverhältnis

Schadensersatzansprüche aufgrund der Verletzung eines öffentlichrechtlichen Verwahrungsverhältnisses, die nicht auf einem öffentlich-rechtlichen Vertrag beruhen, sind nach § 40 II S. 1 VwGO vor den ordentlichen Gerichten geltend zu machen. 348

359 Art. 22 I BayAGGVG sowie §§ 16, 17 VertrV, wonach früher zunächst ein Abhilfeverfahren durchzuführen war, wurden mit Gesetz vom 26.07.1995 (GVBl, S. 392) aufgehoben.

§ 9 DIE POLIZEIRECHTSKLAUSUR BEI REPRESSIVEM HANDELN DER POLIZEI

Repressivmaßnahmen

Soweit festgestellt wurde, dass die Polizei nicht im Präventiv-, sondern im Repressivbereich tätig geworden ist, scheidet eine Überprüfung des polizeilichen Handelns vor den Verwaltungsgerichten aufgrund der anderweitigen gesetzlichen Zuweisungsnormen der § 23 I S. 1 EGGVG bzw. § 62 II S. 1, 68 I OWiG aus. Je nachdem, ob die Polizei straf- oder ordnungswidrigkeitenverfolgend tätig wurde, kommen unterschiedliche Rechtsbehelfe gegen polizeiliche Maßnahmen in Betracht. 350

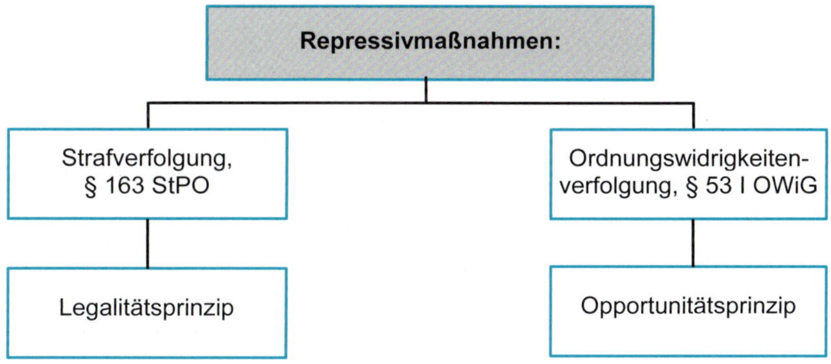

hemmer-Methode: Richtige Einordnung! Der Bereich des repressiven polizeilichen Handelns ist in der Regel nicht Gegenstand der Polizeirechtsklausur. Dies gilt zumindest für den Bereich des gerichtlichen Vorgehens gegen Repressivmaßnahmen, da diese aufgrund der fehlenden Rechtswegeröffnung abzutrennen sind (vgl. § 23 EGGVG).
Repressive Aufgaben und Befugnisse können aber auch in der „normalen“ Polizeirechtsklausur eine Rolle spielen, z.B. dann, wenn in einem Gutachten allein nach der Rechtmäßigkeit des polizeilichen Handelns gefragt ist: Hier müssen Sie normalerweise sowohl präventive als auch repressive Befugnisse prüfen. Die nachfolgenden Ausführungen dienen dem vertieften Verständnis. Sie sollten deshalb vom Fortgeschrittenen aufmerksam durchgearbeitet werden.

A) Straftatenverfolgung, § 163 StPO

Straftatenverfolgung

Neben einer Aufsichtsbeschwerde nach Art. 12 III POG zur Staatsanwaltschaft gegen strafprozessuale Maßnahmen der Polizei, deren Ablehnung oder Unterlassung, besteht die Möglichkeit eines Antrags auf gerichtliche Entscheidung nach §§ 23 ff. EGGVG. 351

I. Rechtsweg zu den ordentlichen Gerichten

Justizverwaltungsakt

§ 23 I S. 1 EGGVG eröffnet den Rechtsweg zu den ordentlichen Gerichten, soweit die Polizei einen Justizverwaltungsakt erlassen hat. 352

Justizbehörde im funktionellen Sinn

Ein solcher liegt dann vor, wenn der Schwerpunkt des polizeilichen Handelns auf der Strafverfolgung liegt. Strafverfolgungsmaßnahmen der Polizei werden als Justizverwaltungsakte angesehen, da der Begriff der Justizbehörde im funktionellen Sinn zu verstehen ist.

Alle Strafverfolgungsmaßnahmen sind wegen des besonderen Verhältnisses zwischen Staatsanwaltschaft und Polizei nach der StPO dem Bereich der Justizbehörden zuzurechnen.[360]

Dabei ist gleichgültig, ob ein Polizeibeamter als Hilfsbeamter der Staatsanwaltschaft handelte oder nicht.

II. Zulässigkeit eines Antrags

1. Antragsarten

Antragsarten

Im Strafverfolgungsrecht gelten grds. die §§ 23 ff. EGGVG. 353

Subsidiarität der §§ 23 ff. EGGVG

Diese sind jedoch nach § 23 III EGGVG ausgeschlossen, soweit eine richterliche Kontrolle insbesondere nach § 98 II S. 2 StPO (richterliche Überprüfung von Beschlagnahmen) bzw. § 98 II S. 2 StPO analog oder § 128 StPO (Entscheidung des Amtsrichters über die vorläufige Festnahme) in Betracht kommt.[361]

§ 28 EGGVG enthält die möglichen Antragsarten:

a) Anfechtungsantrag, § 28 I S. 1 EGGVG

Anfechtungsantrag

§ 28 I S. 1 EGGVG beinhaltet die Regelung eines Anfechtungsantrages, der der Anfechtungsklage aus der VwGO ähnlich ist. Dieser ist statthaft, wenn sich das Antragsbegehren auf die Aufhebung eines Justizverwaltungsakts richtet, der sich noch nicht erledigt hat.

b) Folgenbeseitigungsantrag, § 28 I S. 2 EGGVG

Folgenbeseitigungsantrag

Auf Antrag kann das Gericht bei vollzogener Maßnahme auch aussprechen, dass und wie die Polizei die Vollziehung rückgängig zu machen hat.

c) Fortsetzungsfeststellungsantrag, § 28 I S. 4 EGGVG

Fortsetzungsfeststellungsantrag

Der Fortsetzungsfeststellungsantrag aus § 28 I S. 4 EGGVG entspricht der verwaltungsgerichtlichen Fortsetzungsfeststellungsklage nach § 113 I S. 4 VwGO. Ihm kommt im Bereich der Überprüfung repressiver polizeilicher Maßnahmen die größte Bedeutung zu.

Die Regelung gilt sowohl bei Erledigung vor als auch nach Antragstellung.[362]

2. Beschwer, § 24 I EGGVG

Beschwer

Ein Antrag ist nur zulässig, wenn der Antragsteller gem. 354
§ 24 I EGGVG eine Rechtsverletzung als mögliche Beeinträchtigung behauptet. Dafür muss er Tatsachen vortragen, die, wenn sie zuträfen, die Rechtsverletzung ergäben.[363]

360 Knemeyer, PORe, Rn. 412.

361 Schmitt in: Meyer-Goßner/Schmitt, Strafprozessordnung, § 23 EGGVG, Rn. 12; § 98 StPO, Rn. 19 und 23.

362 Schmitt in: Meyer-Goßner/Schmitt, Strafprozessordnung, § 28 EGGVG, Rn. 5 ff.

363 Schmitt in: Meyer-Goßner/Schmitt, Strafprozessordnung, § 24 EGGVG, Rn. 1 f.

3. Feststellungsinteresse, § 28 I S. 4 EGGVG

berechtigtes Interesse

Im Falle des Fortsetzungsfeststellungsantrags gem. § 28 I S. 4 EGGVG ist ein berechtigtes Interesse erforderlich. Dieses entspricht weitestgehend dem berechtigten Interesse der verwaltungsgerichtlichen Fortsetzungsfeststellungsklage nach § 113 I S. 4 VwGO.[364]

hemmer-Methode: Beachten Sie, dass auch im Bereich des Antrags nach § 28 I S. 4 EGGVG die neuere Rechtsprechung des BVerfG zum Rechtsschutz gegen erledigte Maßnahmen zu Erweiterungen führen kann.[365]

4. Beschwerdeverfahren, § 24 II EGGVG

Beschwerdeverfahren

Die Durchführung eines Beschwerdeverfahrens nach § 24 II EGGVG ist eine von Amts wegen zu prüfende Sachentscheidungsvoraussetzung. Im Falle des § 28 I S. 4 EGGVG gilt § 24 II EGGVG nicht, da hier eine Beschwerde rechtlich nicht mehr möglich ist.[366]

5. Antragsfrist

Frist

Die Antragstellung muss innerhalb der nach § 26 EGGVG vorgeschriebenen Fristen erfolgen.

6. Zuständigkeit

Zuständigkeit

Instanziell zuständig ist gem. § 25 I EGGVG ein Strafsenat des Oberlandesgerichtes, in dessen Bezirk die jeweilige Justiz- oder Verwaltungsbehörde (Polizeibehörde) ihren Sitz hat.

III. Begründetheit des Antrags

Obersatz

Der Antrag ist begründet, wenn die Maßnahme rechtswidrig ist/war und der Antragsteller hierdurch in seinen Rechten verletzt ist/wurde, § 28 I S. 1 EGGVG/§ 28 I S. 4 EGGVG. 355

1. Es muss ein Handeln der Polizei im eingeschränkt institutionellen Sinne vorliegen, Art. 1 PAG.

sachliche Zuständigkeit = Aufgabe

2. Die sachliche Zuständigkeit folgt bei strafverfolgender Tätigkeit der Polizei aus Art. 2 IV PAG i.V.m. § 163 StPO.

Befugnis

3. Die Polizei nimmt i.R.d. Strafverfolgung eingreifende Maßnahmen aufgrund der Befugnisse der StPO vor, Art. 11 III S. 1 PAG i.V.m. Befugnissen der StPO.[367]

StPO abschließend

I.R.d. repressiven Handelns aufgrund der Befugnisse der StPO ist ein Rückgriff auf die Befugnisse des PAG ausgeschlossen, da die StPO insoweit eine abschließende Regelung bildet.

Maßnahmerichtung/ Handlungsgrundsätze

4. Der richtige Maßnahmeadressat ergibt sich aus der jeweiligen Befugnisnorm. Soweit er nicht in der einschlägigen Befugnisnorm besonders geregelt ist, gilt auch i.R.d. Repressivhandelns grds. der in der Verfassung verankerte Grundsatz der Verhältnismäßigkeit. 356

364 Schmitt in: Meyer-Goßner/Schmitt, Strafprozessordnung, § 28 EGGVG, Rn. 6.

365 Zu dieser Rspr. vgl. oben, Rn. 75.

366 Schmitt in: Meyer-Goßner/Schmitt, Strafprozessordnung, § 24 EGGVG, Rn. 4.

367 Befugnisse für repressives Tätigwerden sind z.B. in §§ 81a, 81b Alt. 1, 98 I, 100c f., 110a ff., 111, 163b i.V.m. 163c oder 164 StPO geregelt.

Legalitätsprinzip

Im Gegensatz zum Handeln im Präventivbereich hat die Polizei bei der Strafverfolgung kein Entschließungsermessen hinsichtlich des „Ob" ihrer Tätigkeit. Aufgrund des Legalitätsprinzips, §§ 152 II, 163 StPO, ist sie im Falle eines Anfangsverdachts zum Einschreiten verpflichtet.

Zwang

5. Die Befugnis zur Anwendung unmittelbaren Zwangs ergibt sich regelmäßig bereits aus den StPO-Befugnissen für die Grundmaßnahmen. Über Art. 60 I PAG gelten hinsichtlich der Art und Weise der Anwendung unmittelbaren Zwanges die Art. 60 - 69 PAG.

B) Ordnungswidrigkeitenverfolgung, § 53 I OWiG

Ordnungswidrigkeitenrecht

Im Ordnungswidrigkeitenrecht sind zunächst folgende polizeiliche Aufgaben und Befugnisse zu unterscheiden: 357

I. Ordnungswidrigkeiten außerhalb des Straßenverkehrsrechts

1. Zuständigkeit

Ordnungswidrigkeiten außerhalb des Straßenverkehrsrechts

Nach § 35 OWiG obliegen die Verfolgung sowie die Ahndung von Ordnungswidrigkeiten grds. der nach §§ 36, 37 OWiG zuständigen Verwaltungsbehörde als Verfolgungsbehörde.[368] 358

sachliche Zuständigkeit = Aufgabe

Außerhalb des Straßenverkehrsrechts hat die Polizei grds. nur die Aufgabe der Ermittlung (Erforschung) von Ordnungswidrigkeiten als Ermittlungsorgan der zuständigen Verwaltungsbehörde, § 53 I OWiG i.V.m. Art. 2 IV PAG. Die Verfolgung i.e.S. sowie die Ahndung obliegt dagegen grds. ausschließlich der jeweiligen Verwaltungsbehörde.

2. Befugnisse

Befugnisse

Nach § 53 II OWiG können die Beamten des Polizeidienstes, die zu Hilfsbeamten der Staatsanwaltschaft bestellt sind, Beschlagnahmen, Durchsuchungen, Untersuchungen und sonstige Maßnahmen nach den für sie geltenden Vorschriften der StPO anordnen. Andere Polizeibeamte können solche Maßnahmen, die die StPO den Hilfsbeamten der Staatsanwaltschaft vorbehält, nur auf besondere Weisung der Verfolgungsbehörde durchführen. Ein Festnahmerecht steht der Polizei nach § 46 III S. 1 OWiG bei der Verfolgung von Ordnungswidrigkeiten nicht zu. Zur Identitätsfeststellung sind alle Beamten des Polizeidienstes nach § 163b I S. 1 StPO befugt.

3. Verwarnungen

Verwarnungen

Lediglich zu Verwarnungen ist die Polizei im Bereich der Ordnungswidrigkeitenverfolgung außerhalb des Straßenverkehrsrechts nach Maßgabe der §§ 56, 57 II, 58 OWiG i.V.m. § 6 IV S. 2 ZuVOWiG[369] ermächtigt.[370]

368 Vgl. zu den Begriffen bereits oben, Rn. 39 (Fn. 28).

369 Ziegler/Tremel, Nr. 540.

370 Die entsprechende Ermächtigung, die keines Rechtssatzes bedarf, ist in der Bekanntmachung des BayStMin des Inneren vom 08.03.1977 (MABl. S. 385) mit Änderung durch Bek. vom 26.09.1977 (MABl. S. 700) und vom 07.07.1983 MABl. S. 521) Ziff. 5.2 festgelegt.

II. Ordnungswidrigkeiten nach dem Straßenverkehrsrecht

1. Zuständigkeit

Ordnungswidrigkeiten nach dem Straßenverkehrsrecht

Durch die Regelung des § 26 I StVG ist die Polizei in dem hier geregelten Bereich selbst Verwaltungsbehörde und nicht nur Ermittlungsorgan. 359

sachliche Zuständigkeit = Aufgabe

Nach § 4 I Nr. 1 ZuVOWiG ist die zentrale Bußgeldstelle im Bayerischen Polizeiverwaltungsamt zuständig für die Verfolgung und Ahndung von Verkehrsordnungswidrigkeiten auf der Grundlage der §§ 24, 24a StVG; sie erlässt auch den Bußgeldbescheid.

Nach Maßgabe des § 6 IV S. 2 ZuVOWiG i.V.m. Art. 2 IV PAG sind insbesondere die Dienststellen der Landespolizei für die Verfolgung (nicht für die Ahndung!) von Verkehrsordnungswidrigkeiten nach §§ 24, 24a StVG zuständig.

2. Befugnisse

Befugnisse

Die Befugnisse bei der Verfolgung von Ordnungswidrigkeiten nach §§ 24, 24a StVG richten sich nach § 46 II OWiG, da die Polizei insoweit nun selbst Verwaltungsbehörde ist. Danach hat sie, soweit das OWiG nichts anderes bestimmt (vgl. §§ 46 III bis VI, 55 OWiG), dieselben Rechte und Pflichten wie die Staatsanwaltschaft bei der Verfolgung von Straftaten. Eine Unterscheidung zwischen Hilfsbeamten der Staatsanwaltschaft und anderen Polizeibeamten findet hier nicht statt.

3. Verwarnungen

Verwarnungen

Die Beamten der Landes- und der Bereitschaftspolizei sind nach Maßgabe der §§ 56, 57 II, 58 OWiG, § 27 StVG für Verwarnungen zuständig, § 6 IV ZuVOWiG, Art. 2 IV PAG.

hemmer-Methode: Natürlich gehört der Bereich der Ordnungswidrigkeiten nur ganz ausnahmsweise zum Prüfungsstoff einer Examensklausur. Gleichwohl gehört besonders der Bereich des Straßenverkehrs in der Praxis zum Alltag der Polizei; er hat somit große praktische Bedeutung - nicht zuletzt auch für den Rechtskundigen, der sich diesbezüglich mit der Rechtslage in Konflikt setzt. Kenntnisse im Bereich des Ordnungswidrigkeitenrechts sind gelegentlich im mündlichen Examen Prüfungsgegenstand.

III. Rechtsbehelfe

Rechtsbehelfe

Hinsichtlich der Rechtsbehelfe bei der Verfolgung von Ordnungswidrigkeiten gilt daher Folgendes: 360

1. Ordnungswidrigkeiten außerhalb des Straßenverkehrsrechts

a) Maßnahmen der Polizei als Ermittlungsorgan

außerhalb des Straßenverkehrsrechts/Ermittlungsorgan

Gegen Maßnahmen der Polizei als Ermittlungsorgan bei der Erforschung von Ordnungswidrigkeiten besteht lediglich die Möglichkeit der Gegenvorstellung und der Aufsichtsbeschwerde. 361

Gegenvorstellung

aa) Über die Gegenvorstellung entscheidet die Dienststelle, die der Beamte angehört, dessen Sachentscheidung beanstandet wird.

Aufsichtsbeschwerde

bb) Bei der Aufsichtsbeschwerde prüft zunächst der Dienstvorgesetzte, ob er der Beschwerde abhelfen will oder nicht. Hilft er nicht ab, so entscheidet die Verfolgungsbehörde (§§ 35 ff. OWiG). Erst deren Entscheidung unterliegt unter den Voraussetzungen des § 62 OWiG der gerichtlichen Kontrolle.[371]

b) Verwarnungen, §§ 56, 57 II, 58 OWiG

außerhalb des Straßenverkehrsrechts/Verwarnungen

Verwarnungen außerhalb des Straßenverkehrsrechts werden von der Polizei als Ermittlungsorgan der Verwaltungsbehörden ausgesprochen. 362

Anfechtung in beschränktem Umfang

Eine wirksame Verwarnung mit Verwarnungsgeld kann angefochten werden, soweit ein zulässiger Anfechtungsgrund vorliegt. Hier ist jedoch lediglich eine Anfechtung in beschränktem Umfang möglich. Das Einverständnis des Betroffenen mit der Verwarnung (§ 56 II OWiG) lässt nur noch folgende Rügen zu:

aa) Fehlen der Belehrung über das Weigerungsrecht bzw. Fehlen des Einverständnisses.[372]

bb) Abgabe des Einverständnisses infolge Täuschung, Drohung oder Zwang.[373]

cc) Erteilung der Verwarnung durch eine absolut unzuständige Stelle, insbesondere durch einen Polizeibeamten, der zur Erteilung nicht wirksam ermächtigt wurde, vgl. § 58 OWiG.

dd) Die Höhe des Verwarnungsgeldes liegt über dem zulässigen Betrag.[374]

Die Anfechtung der Verwarnung ist zunächst bei der Polizeidienststelle anzubringen, der der handelnde Polizeibeamte angehört. Nimmt diese die Verwarnung nicht zurück, so entscheidet die zuständige Verwaltungsbehörde. Gegen deren ablehnende Entscheidung ist Antrag auf gerichtliche Entscheidung nach § 62 OWiG möglich.[375]

2. Ordnungswidrigkeiten nach dem Straßenverkehrsrecht

a) Anordnungen, Verfügungen und sonstige polizeiliche Maßnahmen

Straßenverkehrsrecht/Anordnungen, Verfügungen etc.

Bei Anordnungen, Verfügungen und sonstigen polizeilichen Maßnahmen i.R.d. Verfolgung von Ordnungswidrigkeiten nach §§ 24, 24a StVG ist als Rechtsbehelf der Antrag auf gerichtliche Entscheidung nach Maßgabe des § 62 OWiG gegeben, weil die Polizei hier selbst als Verfolgungsbehörde handelt. 363

371 Der Antrag nach § 62 OWiG ist nach § 306 I StPO i.V.m. § 62 II S. 2 OWiG bei der jeweiligen Verwaltungsbehörde zu stellen; vgl. zu den Antragsvoraussetzungen Seitz/Bauer in: Göhler, Ordnungswidrigkeitengesetz, § 62 OWiG, Rn. 1 ff.

372 BVerwGE 24, 9 ff. (11).

373 OVG Koblenz, NJW 1965, 1781.

374 Gürtler in: Göhler, Ordnungswidrigkeitengesetz, § 56 OWiG, Rn. 18 ff.

375 Gürtler in: Göhler, Ordnungswidrigkeitengesetz, § 56 OWiG, Rn. 31 ff.

b) Bußgeldbescheide

Straßenverkehrsrecht/Bußgeldbescheide

Gegen Bußgeldbescheide ist der Einspruch nach §§ 67 ff. OWiG zu erheben.[376] 364

c) Verwarnungen

Straßenverkehrsrecht/Verwarnungen

Bei einem Verwarnungsgeld auf der Grundlage der §§ 24, 27 StVG ist die Möglichkeit des Antrags auf gerichtliche Entscheidung nach § 62 OWiG gegeben, soweit ein zulässiger Anfechtungsgrund vorliegt.[377] 365

hemmer-Methode: Der Abschnitt des eigentlichen Polizeirechts ist damit zu Ende! Vergegenwärtigen Sie sich abschließend noch, dass das erfolgreiche Bestehen einer Klausur v.a. von der praktischen Klausurerfahrung abhängt: Gerade Polizeirechtsklausuren zeichnen sich häufig durch eine kaum zu bewältigende Menge an rechtlichen Problemen aus, die innerhalb von fünf Stunden in einer Klausur sinnvoll geordnet und gelöst werden müssen! Trainieren Sie deshalb frühzeitig die Arbeit „am großen Fall"!

376 Vgl. zur Einspruchsprüfung Knemeyer, PORe, Rn. 424 (427).

377 Vgl. dazu entsprechend Rn. 362.

3. KAPITEL: DIE SICHERHEITSRECHTSKLAUSUR

Einleitung

die Sicherheitsrechtsklausur

Im Bereich von Sicherheitsrechtsklausuren ergeben sich einige Abweichungen zu Polizeirechtsklausuren. 366

Aus dem Umstand, dass die Sicherheitsbehörden nicht auf die Gefahrenabwehr im Eilfall beschränkt sind,[378] folgen für die Sicherheitsrechtsklausur zwei Konsequenzen:

Handeln durch VA und VO

⇨ Im Gegensatz zur Polizei im institutionellen Sinne können die Sicherheitsbehörden nicht nur mittels Handelns durch VA, sondern auch durch Erlass von Verordnungen gefahrenabwehrend tätig werden.

hemmer-Methode: Für die Sicherheitsrechtsklausur hat dies zur Konsequenz, dass nicht nur die bereits im Polizeirecht gegen VAe bzw. Realakte in Betracht kommenden Rechtsbehelfe zu beachten sind. Zusätzlich gewinnen das verwaltungsgerichtliche Normenkontrollverfahren nach § 47 VwGO sowie ggf. die Popularklage nach Art. 98 S. 4 Bay. Verfassung (BV) besondere Bedeutung.

regelmäßig Anfechtungsklage

⇨ Zudem sind sicherheitsrechtliche Verfügungen (VAe) - anders als polizeiliche VAe - regelmäßig mit der Anfechtungsklage angreifbar, da mangels Handelns in Eilfällen Situationen, die zu einer Erledigung führen (Konsequenz dann: Fortsetzungsfeststellungsklage), eher unwahrscheinlich sind.

Rechtmäßigkeit von VAen

Im Hinblick auf die Rechtmäßigkeit sicherheitsrechtlicher Grund-VAe kann in einigen Punkten auf die Ausführungen i.R.d. Polizeirechts verwiesen werden; LStVG und PAG weisen viele Gemeinsamkeiten auf. Dennoch tauchen beim allgemeinen Sicherheitsrecht einige Spezialprobleme (häufig „Klausur-Klassiker") und Besonderheiten auf.

Rechtmäßigkeit von VOen/ Stufenprüfung

Eine Neuerung stellt die bereits angesprochene Rechtmäßigkeitskontrolle von sicherheitsbehördlichen Verordnungen dar. Besondere Beachtung ist hierbei der Stufenprüfung im Rahmen eines Rechtsmittels gegen einen VA zu widmen. Hier gilt es, die Rechtmäßigkeit einer VO, welche die Rechtsgrundlage für den zu überprüfenden VA darstellt, inzident zu prüfen.

allgemeines/besonderes Sicherheitsrecht

Im Bereich des Sicherheitsrechts ist zudem zwischen dem allgemeinen und dem besonderen Sicherheitsrecht zu differenzieren. Den Regelungen des allgemeinen Sicherheitsrechts aus dem LStVG gehen die des besonderen Sicherheitsrechts vor.

Die wichtigsten Gebiete des besonderen Sicherheitsrechts sind:

⇨ Bauordnungsrecht

⇨ Versammlungsrecht

⇨ Vereinsrecht

⇨ Immissionsschutzrecht

⇨ Gaststätten- und allg. Gewerberecht

378 Zum Verhältnis von Sicherheitsbehörden und Polizei vgl. Rn. 24 ff.

§ 1 DIE NORMENKONTROLLE, § 47 VWGO

Die Normenkontrolle im Sicherheitsrecht

I. Zulässigkeit

1. Statthaftigkeit, § 47 I Nr. 2 VwGO i.V.m. Art. 5 AGVwGO (Ziegler/Tremel, Nr. 901)
2. Entscheidung des VGH nur im Rahmen seiner Gerichtsbarkeit
3. Antragsberechtigung, § 47 II S. 1 VwGO
4. Antragsbefugnis, § 47 II S. 1 VwGO
5. Antragsfrist, § 47 II S. 1 VwGO
6. Landesverfassungsrechtlicher Vorbehalt, § 47 III VwGO
7. Ordnungsgemäße Antragstellung
8. Allgemeines Rechtsschutzbedürfnis

II. Begründetheit

Richtiger Antragsgegner und (nur!) objektive Rechtmäßigkeit der Norm.

A) Zulässigkeit

Zulässigkeit, § 47 VwGO

Die Zulässigkeitsvoraussetzungen des verwaltungsgerichtlichen Normenkontrollverfahrens ergeben sich aus § 47 VwGO. *367*

I. Statthaftigkeit, § 47 I Nr. 2 VwGO

Statthaftigkeit, § 47 I Nr. 2 VwGO i.V.m. Art. 5 BayAGVwGO

Nach § 47 I Nr. 2 VwGO ist eine Normenkontrolle gegen unter dem Landesgesetz stehende Rechtsvorschriften statthaft, sofern das Landesrecht dies bestimmt. In Bayern stellt Art. 5 BayAGVwGO eine entsprechende Bestimmung dar. *368*

Derartige - im Rang unter dem Landesrecht stehende - Rechtsvorschriften stellen auch die sicherheitsrechtlichen Verordnungen dar, die von Sicherheitsbehörden der unmittelbaren bzw. der mittelbaren Landesverwaltung erlassen werden.[379]

II. Entscheidung des VGH nur im Rahmen seiner Gerichtsbarkeit

„Vollzugsstreitigkeiten" unterfallen § 40 I VwGO

Eine Normenkontrolle nach § 47 VwGO kann nur i.R.d. Gerichtsbarkeit des VGH[380] durchgeführt werden. *369*

Der Rahmen der Gerichtsbarkeit ist eröffnet, wenn die sich aufgrund der entsprechenden untergesetzlichen Norm ergebenden Streitigkeiten solche sind, die unter § 40 I VwGO fallen würden.[381]

379 Kontrollfähig sind dabei ausschließlich bereits erlassene Normen. Der Wortlaut in § 47 I Nr. 1 VwGO ist insoweit in Nr. 2 vorauszusetzen. Der Erlass einer Norm ist mit der Verkündung vollzogen; sie muss noch nicht in Kraft getreten sein. Prüfbar ist aber auch die Frage, ob eine Norm noch in Kraft ist oder mittlerweile außer Kraft getreten ist, BVerwG, NVwZ 1999, 986.

380 Vgl. zur Bezeichnung „BayVGH" Art. 1 I BayAGVwGO i.V.m. § 184 VwGO.

381 Vertiefend hierzu **Hemmer/Wüst, VerwaltungsR II, Rn. 365**.

Sicherheitsrechtliche Verordnungen sind i.R.d. Normenkontrolle überprüfbar, da sich aus deren Vollzug gem. § 40 I VwGO i.d.R. im Verwaltungsrechtsweg anfechtbare oder ggf. mit der Verpflichtungsklage erzwingbare VAe ergeben. Eine Ausnahme gilt allerdings für etwaige Bußgeldtatbestände der Verordnung. Streitigkeiten aus dem Bereich des Ordnungswidrigkeitenrechts sind vor den ordentlichen Gerichten auszutragen. Die Bußgeldtatbestände sind demnach einer Überprüfung durch den VGH entzogen.[382]

III. Antragsberechtigung, § 47 II S. 1 VwGO

Antragsberechtigung, § 47 II S. 1 VwGO

Nach § 47 II S. 1 VwGO kommt als Antragsteller jede natürliche oder juristische Person des privaten oder öffentlichen Rechts in Betracht.[383] Darüber hinaus sind Behörden[384] antragsberechtigt. 370

IV. Antragsbefugnis, § 47 II S. 1 VwGO

1. Ausgangspunkt

natürliche oder juristische Personen

Soweit natürliche oder juristische Personen Antragsteller sind, müssen diese geltend machen, dass sie durch die sicherheitsrechtliche Verordnung oder deren Anwendung in Rechten verletzt sind oder in absehbarer Zeit verletzt werden.[385] 371

Behörden

Falls eine Behörde Antragsteller ist, muss sie nach § 47 I S. 1 VwGO keine Rechtsverletzung geltend machen. Hier ergibt sich die Antragsbefugnis bereits aus der Antragsberechtigung.[386]

2. Rechtsverletzung

Der Begriff der Rechtsverletzung entspricht dem des § 42 II VwGO. I.R.d. § 47 II VwGO genügt allerdings auch eine in absehbarer Zeit eintretende Rechtsverletzung.

V. Antragsfrist, § 47 II S. 1 VwGO

Der Antrag ist gem. § 47 II S. 1 VwGO binnen eines Jahres nach Bekanntmachung der Rechtsvorschrift einzureichen.

VI. Landesverfassungsrechtlicher Vorbehalt, § 47 III VwGO

§ 47 III VwGO ist keine Zulässigkeitsvoraussetzung (str.)

§ 47 III VwGO ist nach überwiegender Ansicht keine Zulässigkeitsvoraussetzung, da immer auch eine Verletzung der Grundrechte des Grundgesetzes möglich ist.[387] Er beschränkt ausschließlich den Prüfungsmaßstab der Begründetheitsprüfung.[388] 372

382 Schenke in: Kopp/Schenke, Verwaltungsgerichtsordnung, § 47 VwGO, Rn. 17, 25; BVerwG, BayVBl. 2005, 474.

383 Nach h.M. sind Personenmehrheiten, die hinsichtlich der Parteifähigkeit den jur. Personen gleichgestellt werden (z.B. OHG: § 124 I HGB; Parteien: § 3 ParteiG), in diesen Kreis miteinzubeziehen (Schenke in: Kopp/Schenke, Verwaltungsgerichtsordnung, § 47 VwGO, Rn. 38).

384 Zum Behördenbegriff Art. 1 II BayVwVfG; vgl. hierzu auch VGH Mannheim, JuS 2000, 617.

385 Zum Begriff der Rechtsverletzung vgl. BVerwG, NVwZ 2000, 806.

386 Für Behörden ist allerdings ein Antragsbedürfnis zu fordern. Prüfungsstation für das Antragsbedürfnis ist das allgemeine Rechtsschutzbedürfnis, vgl. Rn. 374. Siehe auch **Hemmer/Wüst, VerwaltungsR II, Rn. 381**.

387 Eine Ausnahme und damit ein Fall der Unzulässigkeit wegen § 47 III VwGO liegt dann vor, wenn sich eine Gemeinde alleine und ausschließlich auf ihr Eigentum als verletztes Recht beruft. Die Eigentumsfähigkeit von Gemeinden ist aber nur i.R.d. Art. 103 BV und nicht auch i.R.d. Art. 14 GG anerkannt.

388 Schmitt Glaeser, Rn. 437 ff.; Pietzner/Ronellenfitsch, § 23, Rn. 824; differenzierend Schenke in: Kopp/Schenke, Verwaltungsgerichtsordnung, § 47 VwGO, Rn. 101 f.

hemmer-Methode: I.R.d. Zulässigkeitsprüfung sollten Sie § 47 III VwGO kurz anprüfen und klarstellen, dass hierdurch ausschließlich der Prüfungsmaßstab der Begründetheitsprüfung beschränkt wird (vgl. dazu nachfolgend Rn. 377). Natürlich wäre die Prüfung des § 47 III VwGO als Zulässigkeitsvoraussetzung ebenso vertretbar.
Zeigen Sie, dass Ihnen der Streit geläufig ist.

VII. Ordnungsgemäße Antragstellung

§§ 81, 82 VwGO entsprechend

Für die Antragstellung gelten die Vorschriften zur Klageerhebung, §§ 81, 82 VwGO, entsprechend.[389] Nach § 67 IV VwGO besteht bei dem VGH Anwaltszwang, sodass der Antrag nur bei Einreichung durch einen Anwalt wirksam ist. 373

VIII. Allgemeines Rechtsschutzbedürfnis

Differenzierung:

Bei der Prüfung des allgemeinen Rechtsschutzbedürfnisses ist zwischen den verschiedenen möglichen Antragstellern zu differenzieren. 374

1. Natürliche und juristische Personen

Rechtsschutzbedürfnis bei natürlichen und juristischen Personen

Grundsatz: Die zu erwartende Rechtsverletzung muss noch verhindert werden können. Die erlittene Rechtsverletzung muss noch beseitigt oder gemindert werden können.

Aufgrund der unterschiedlichen Zielrichtung der Normenkontrolle (objektive Rechtskontrolle) und dem klaren Wortlaut des § 47 II S. 1 VwGO („oder deren Anwendung") kann ein Normenkontroll-Antrag auch neben oder unabhängig von einer Anfechtungs- oder Verpflichtungsklage erhoben werden.[390]

2. Behörden

Rechtsschutzbedürfnis bei Behörden

Bei Behörden ist das Vorliegen eines objektiven Kontrollinteresses erforderlich. Die Behörde muss mit der zu überprüfenden Verordnung im Rahmen ihres gesetzlichen Wirkungskreises befasst sein. Das kann zum einen die normvollziehende Behörde sein oder zum anderen die Aufsichtsbehörde.[391]

B) Begründetheit

begründet bei Ungültigkeit der VO (Obersatz)

Obersatz: Die Normenkontrolle ist begründet, wenn die Verordnung ungültig ist, § 47 V S. 2 VwGO. Eine Verordnung ist ungültig und damit grds. nichtig, wenn sie an formellen oder an materiellen Fehlern leidet. 375

389 Die angegriffene Verordnung ist eindeutig zu bezeichnen. Aufgrund § 47 V S. 2 VwGO hat der Antrag grds. auf Feststellung der Nichtigkeit der Norm, ggf. auf Teilnichtigkeit einzelner Bestimmungen der Norm, zu lauten; ein Antrag auf ausdrückliche Feststellung der Gültigkeit der Verordnung ist unzulässig.

390 Ein Rechtsschutzbedürfnis kann aber fehlen, wenn die Rechtsstellung des Antragstellers durch die Nichtigerklärung der Verordnung nicht mehr verbessert werden kann; dazu **Hemmer/Wüst, VerwaltungsR II, Rn. 379**.
Ferner besteht ein Rechtsschutzbedürfnis auch nur, solange die Verordnung noch Rechtswirkungen entfaltet.

391 Gegen die Möglichkeit einer Normverwerfungskompetenz der Verwaltung als einfacheren Weg sprechen insbesondere die Rechtssicherheit und die gesetzliche Zuweisung der Nichtigerklärungskompetenz durch § 47 VwGO an den VGH; vgl. **Hemmer/Wüst, VerwaltungsR II, Rn. 381**.

Einer subjektiven Rechtsverletzung des Antragstellers bedarf es im Gegensatz zu § 113 I S. 1 VwGO nicht, da es sich bei der Normenkontrolle um ein objektives Rechtsbeanstandungsverfahren handelt.[392]

I. Richtiger Antragsgegner, § 47 II S. 2 VwGO

richtiger Antragsgegner, § 47 II S. 2 VwGO

Bei der Frage nach der Passivlegitimation stellt § 47 II S. 2 VwGO die gegenüber § 78 VwGO speziellere Regelung dar. Richtiger Antragsgegner ist der Rechtsträger, dem der Erlass der angegriffenen Norm zuzurechnen ist. 376

II. Landesverfassungsrechtlicher Vorbehalt, § 47 III VwGO

§ 47 III VwGO

Wie bereits i.R.d. Zulässigkeit erwähnt, schränkt § 47 III VwGO den Prüfungsmaßstab der Begründetheitsprüfung ein.[393] An diesem Punkt ergeben sich als bayerische Besonderheit Abgrenzungsfragen zur Popularklage nach Art. 98 S. 4 BV: 377

keine NK im Anwendungsbereich der Popularklage, Art. 98 S. 4 BV

Die Popularklage behält dem BayVfGH (u.a. auch) die Prüfung der Frage, ob unter dem Landesgesetz stehende sicherheitsrechtliche Verordnungen Grundrechte der Bayerischen Verfassung verletzen, ausschließlich vor.[394] Für das Normenkontrollverfahren gegen eine sicherheitsrechtliche Verordnung folgt daraus, dass eine Prüfung der Vereinbarkeit der Verordnung mit Grundrechten der Bayerischen Verfassung ausgeschlossen ist.

Der VGH ist hierdurch aber nicht gehindert, die zu kontrollierende Rechtsvorschrift auf ihre Vereinbarkeit mit einfachem Landesrecht bzw. mit Bundesrecht, also auch mit den Grundrechten des Grundgesetzes, zu überprüfen.

hemmer-Methode: Soweit sich der Antragsteller auf Grundrechte der Bayerischen Verfassung beruft, ist es Aufgabe des VGH, den Inhalt des Antrags nach § 88 VwGO dahingehend auszulegen, dass das entsprechende Grundrecht des Grundgesetzes herangezogen werden soll.[395]

III. Gültigkeit der Verordnung

Überblick - Prüfungsaufbau

Eine Verordnung ist ungültig und damit grds. nichtig, wenn sie mit formellen oder materiellen Fehlern behaftet ist. Die Prüfung einer sicherheitsrechtlichen Verordnung gestaltet sich ebenso wie die Rechtmäßigkeitsprüfung eines VA schematisch. Zunächst soll hier ein Überblick in Form eines allgemeinen Aufbauschemas gegeben werden. 378

392 Schmitt Glaeser, Rn. 405; Pietzner/Ronellenfitsch, § 23, Rn. 822; Schenke in: Kopp/Schenke, Verwaltungsgerichtsordnung, § 47 VwGO, Rn. 3.

393 Vgl. Rn. 372.

394 Dabei ist allerdings strittig, ob die bayerische Popularklage wirklich ein „ausschließlicher" Rechtsbehelf i.S.d. § 47 III VwGO ist, da sich dies weder der BV noch dem Verfassungsgerichtshofgesetz entnehmen lässt; bejahend aber der BayVerfGH; vgl. Schenke in: Kopp/Schenke, Verwaltungsgerichtsordnung, § 47 VwGO, Rn. 120.

395 Hier könnte man an auch anderer Ansicht sein, da einer Auslegung dann enge Grenzen gesetzt sind, wenn der Antrag – wie i.R.d. § 47 VwGO zwingend – von einem Anwalt gestellt wird.

Gültigkeit einer Verordnung - Prüfungsaufbau:

I. Ermächtigungsgrundlage

II. Formelle Rechtmäßigkeit

1. Zuständigkeit

a) Verbandskompetenz

b) Organkompetenz

2. Verfahren

a) Ordnungsgemäße Beschlussfassung

b) Angabe der Rechtsgrundlage

c) Angabe der Geltungsdauer

d) Ggf. Genehmigung bzw. Vorlage

e) Ausfertigung

f) Verkündung

g) Inkrafttreten

III. Materielle Rechtmäßigkeit

1. Subsumtion unter die Ermächtigungsgrundlage

2. Ggf. Gültigkeit der Ermächtigungsgrundlage selbst

3. Vereinbarkeit der VO mit höherrangigem Recht, insbesondere Grundrechten etc.

IV. Ermächtigungsgrundlage

Neben den im LStVG für das allgemeine Sicherheitsrecht geregelten Ermächtigungsgrundlagen gibt es auch Regelungen in speziellen Gesetzen. I.R.d. Klausur ist die jeweils in Betracht kommende Ermächtigungsgrundlage aufzusuchen, um daraus zu ermitteln, welche juristische Person als Verband zuständig ist.

Klausurrelevante Ermächtigungsgrundlagen sind z.B.:

⇨ Art. 18 I LStVG - Verordnungsermächtigung zur Einschränkung des freien Umherlaufens von großen Hunden und Kampfhunden

⇨ Art. 28 I LStVG - Verordnungsermächtigung zur Beschränkung öffentlicher Anschläge

hemmer-Methode: Es gibt in Bayern – anders als in vielen Bundsländern – keine Generalklausel, die zum Verordnungserlass ermächtigen würde![396]

V. Formelle Rechtmäßigkeit der Verordnung

formelle Rechtmäßigkeit

I.R.d. formellen Rechtmäßigkeit von sicherheitsrechtlichen Verordnungen stellen die Zuständigkeit der die Verordnung erlassenden Sicherheitsbehörde sowie die Einhaltung des vorgeschriebenen Verfahrens die Hauptprüfungspunkte dar. 379

hemmer-Methode: Der formellen Rechtmäßigkeitsprüfung einer Verordnung kommt eine weitaus größere Bedeutung zu als der Prüfung der formellen Rechtmäßigkeit eines VA. Insbesondere beim „Verfahren" sind häufig eine Vielzahl einzelner Verfahrensvoraussetzungen abzuprüfen. Sprechen Sie aber auch hier immer nur die problematischen Punkte umfassender an!

396 Vgl. BVerwG, DVBl. 2002, 1562 = NVwZ 2003, 95 = **Life&Law 2003, 122** zur Zulässigkeit einer Kampfhunde-VO auf Grundlage einer Generalklausel.

1. Zuständigkeit

Zuständigkeit

I.R.d. Zuständigkeitsprüfung ist zwischen der Verbandskompetenz und der Organkompetenz zu differenzieren. 380

a) Verbandskompetenz

Verbandskompetenz

Die Verbandskompetenz bestimmt den Verband, folglich die juristische Person, die zum Erlass der entsprechenden VO ermächtigt ist. Sie ergibt sich grds. aus der jeweiligen der Verordnung zugrunde liegenden Ermächtigungsgrundlage. 381

Je nach Verordnungsermächtigung des LStVG liegt die Verbandskompetenz bei den Gemeinden, Landkreisen, Bezirken und/oder dem Staatsministerium des Innern. Sind mehrere Stellen verbandskompetent, gilt nach Art. 44 I LStVG das sog. Subsidiaritätsprinzip. Verstöße dagegen werden allerdings für die Rechtmäßigkeit der Verordnung als irrelevant erachtet.

b) Organkompetenz

Organkompetenz/Art. 42 LStVG

Die Organkompetenz bestimmt, welches Organ des entsprechenden zuständigen Verbandes zum Verordnungs-Erlass zuständig ist. 382
Art. 42 I S. 1 LStVG legt die Organkompetenz für Verordnungen der Gemeinden, Landkreise und Bezirke auf der Grundlage des LStVG sowie anderer Rechtsvorschriften fest. Sie liegt bei den Kollegialorganen Gemeinderat, Kreistag und Bezirkstag.

dringliche Verordnungen

Eine Ausnahme besteht nach Art. 42 II S. 1 LStVG (lex specialis zu Art. 37 III GO) für den Fall, dass der Erlass einer Verordnung dringlich ist und keinen Aufschub bis zum Zusammentritt des jeweils zuständigen Kollegialorgans duldet. Hier kann stellvertretend der erste Bürgermeister, der Landrat oder der Bezirkstagspräsident die sog. dringliche Verordnung erlassen. Nach Art. 42 II S. 2 LStVG ist dies dem Kollegialorgan in der nächsten Sitzung bekannt zu geben.

2. Verfahren beim Verordnungs-Erlass

Verfahren

Das LStVG normiert in seinem vierten Teil, Art. 42 ff. LStVG, besondere Vorschriften für das Verfahren beim Erlass sicherheitsrechtlicher Verordnungen. Diese werden insbesondere hinsichtlich der Beschlussfassung seitens der jeweiligen Kollegialorgane durch die entsprechenden Regelungen der Kommunalgesetze ergänzt. 383

a) Ordnungsgemäße Beschlussfassung

Beschlussfassung bei Kollegialorganen

Die Beschlussfassung des jeweiligen Kollegialorgans regelt sich grundsätzlich nach den Vorschriften, die für das Organ gelten, das die Verordnung erlässt. 384

Für den Gemeinderat sind dies die Art. 45 ff. GO, für den Kreistag die Art. 40 ff. LKrO und für den Bezirkstag die Art. 37 ff. BezO.

hemmer-Methode: Die Beschlussfassung des jeweils zuständigen Kollegialorgans über eine Verordnung stellt in Sicherheitsrechtsklausuren meist die Brücke in das Kommunalrecht dar. Examensklausuren prüfen i.d.R. nicht nur ein isoliertes Gebiet des Verwaltungsrechts ab, sondern kombinieren zunehmend mehrere Gebiete des besonderen mit dem allgemeinen Verwaltungsrecht. Erarbeiten Sie sich daher parallel zur Verordnungs-Prüfung die Beschlussfassung kommunaler Kollegialorgane in Hemmer/Wüst, Kommunalrecht/Bayern, Rn. 372.

b) Angabe der Rechtsgrundlage

Art. 45 II LStVG ist lediglich Sollvorschrift

Grundsätzlich stellt die Angabe der jeweiligen Rechtsgrundlage eine Rechtmäßigkeitsvoraussetzung für den Erlass einer Verordnung aufgrund einer bundesgesetzlichen Ermächtigungsgrundlage dar. Dies ergibt sich aus Art. 80 I S. 3 GG. Ein Verstoß gegen das Zitiergebot führt zur Nichtigkeit der entsprechenden Verordnung.[397] 385

Für landesgesetzliche Ermächtigungsgrundlagen greift Art. 45 II LStVG. Danach „soll" lediglich in jeder Verordnung ihre jeweilige Rechtsgrundlage angegeben werden. Das Unterlassen führt deshalb grds. nicht zur Rechtswidrigkeit.[398] Das zwingende Zitiergebot des Art. 80 I S. 3 GG gilt auch über Art. 28 I GG nicht zwingend für landesrechtliche Rechtsverordnungen.

c) Angabe der Geltungsdauer

Angabe der Geltungsdauer, Art. 50 II LStVG

Nach Art. 50 II S. 1 LStVG soll nur eine bewehrte Verordnung ihre Geltungsdauer festsetzen. Bewehrte Verordnungen sind solche, die selbst die Sanktionierung eines Verstoßes gegen die in der Verordnung enthaltenen Gebote und Verbote enthalten. Für nicht bewehrte Verordnungen, sowie für bewehrte Verordnungen, die auf Bundesrecht, dem bayerischen NaturschutzG oder dem bayerischen WasserG beruhen, gilt die Sollvorschrift des Art. 50 II LStVG nicht, vgl. Art. 50 III LStVG. 386

d) Genehmigung bzw. Vorlage

Eine grundsätzliche Genehmigungs- bzw. Vorlagepflicht besteht in Bayern nicht (mehr). Etwas anders kann sich immer nur aus dem jeweils einschlägigen Spezialgesetz ergeben. 387

e) Ausfertigung, Verkündung

Bekanntmachung, Art. 51 ff. LStVG

Die Ausfertigung und Verkündung (Bekanntmachung) einer sicherheitsrechtlichen Verordnung richten sich nach Art. 51 ff. LStVG. 388

Nach Art. 51 I LStVG gelten für die amtliche Bekanntmachung von Verordnungen der Gemeinden, Landkreise, Landratsämter, Bezirke und Regierungen die Vorschriften über die Bekanntmachung kommunaler Satzungen entsprechend.

Bei gemeindlichen Verordnungen richten sich Ausfertigung und Verkündung daher nach Art. 51 ff. LStVG i.V.m. Art. 26 II GO: Verordnungen sind auszufertigen und zwingend im Amtsblatt der Gemeinde amtlich bekannt zu machen, sofern sie ein solches unterhält.

Ausfertigung

Die Ausfertigung, d.h. die urkundliche Festlegung des Verordnungstextes mittels Unterzeichnung, erfolgt nach Art. 36 GO durch den ersten Bürgermeister.[399]

397 BVerfG, NJW 1999, 3253.

398 Sollte die Verordnung eine Bewährung, d.h. die Sanktionierung eines Verstoßes gegen die in der Verordnung enthaltenen Gebote und Verbote enthalten, so muss die Möglichkeit einer solchen Bewährung in der Ermächtigungsnorm selbst vorgesehen sein. Nach Art. 4 I LStVG können Zuwiderhandlungen gegen die Verordnung nur dann geahndet werden, wenn die Verordnung für einen bestimmten Tatbestand auf die zugrundeliegende gesetzliche Straf- oder Bußgeldvorschrift verweist.

399 Das Rechtsstaatsprinzip verlangt eine Ausfertigung zur Dokumentation der Übereinstimmung der veröffentlichten gemeindlichen Vorschrift mit dem zugrundeliegenden Beschluss, vgl. Art. 82 I GG, Art. 76 I BV (BVerwG, NVwZ 1990, 285; OVG Schleswig-Holstein, IBR 2005, 446). Die Ausfertigung bildet daher den Abschluss des Verfahrens. Aus diesem abschließenden Charakter ergibt sich aber auch, dass die Unterschrift erst erfolgen kann, wenn eine erforderliche Genehmigung, die als solche Teil des Rechtsetzungsverfahrens ist, bereits erteilt wurde (BayVGH, BayVBl. 1991, 23).

Verkündung

Sofern eine amtliche Bekanntmachung im Amtsblatt der Gemeinde nach Art. 26 II GO nicht erfolgt, weil ein solches nicht unterhalten wird, haben die Gemeinden nach Art. 52 LStVG in ortsüblicher Art darauf hinzuweisen.[400] Zusätzlich muss dann eine Mitteilung nach Art. 53 LStVG erfolgen.

Weitere Vorschriften über die amtliche Bekanntmachung finden sich für die Verordnungen der Landkreise und der Landratsämter in Art. 20 II, 33 S. 2 LKrO, für die Verordnungen der Bezirke und Regierungen in Art. 19 II, 32 S. 2 BezO.[401]

f) Inkrafttreten

Inkrafttreten, Art. 50 I LStVG

Nach Art. 50 I S. 1 LStVG treten bewehrte Verordnungen eine Woche nach ihrer Bekanntmachung in Kraft. Es kann aber nach S. 2 ein anderer Zeitpunkt bestimmt werden, frühestens aber der auf die Bekanntmachung folgende Tag. Art. 50 I S. 1 LStVG ist auf sonstige Verordnungen entsprechend anzuwenden.[402] Art. 50 I S. 3 LStVG enthält eine Sonderregelung für Verordnungen nach Art. 51 IV LStVG, die durch Notbekanntmachung veröffentlicht wurden. 389

VI. Materielle Rechtmäßigkeit

materielle Rechtmäßigkeit

I.R.d. Prüfung der materiellen Rechtmäßigkeit einer sicherheitsrechtlichen Verordnung ist zunächst die zu kontrollierende Verordnung unter ihre Ermächtigungsgrundlage zu subsumieren. Nur in Ausnahmefällen ist auch die Gültigkeit der Ermächtigungsgrundlage zu prüfen. 390

Über die Subsumtion der Verordnung unter die Ermächtigungsgrundlage hinaus ist regelmäßig eingehend zu überprüfen, ob ggf. ein Verstoß der Verordnung gegen höherrangiges Recht in Betracht kommt.

hemmer-Methode: Die einschlägige Ermächtigungsgrundlage wird bereits bei der Prüfung der Verbandskompetenz festgelegt (vgl. Rn. 381). Selbstverständlich ist es ebenso möglich, die einschlägige Ermächtigungsgrundlage schon vor der Prüfung der formellen Rechtmäßigkeit zu fixieren.
Zur Erinnerung: Beachten Sie die Terminologie! Von einer Ermächtigungsgrundlage spricht man, wenn die betreffende Norm die Rechtsgrundlage zum Erlass generell-abstrakter Regelungen darstellt; in welchen Fällen spricht man dann von Befugnissen?

1. Ermächtigungsgrundlage (Subsumtion)

Ermächtigungsgrundlage/ Subsumtion

Die angegriffene Verordnung ist unter ihre Ermächtigungsgrundlage zu subsumieren. 391

400 Art. 26 II S. 2 GO enthält für den Fall, dass die Gemeinde kein Amtsblatt unterhält, weitere, für die ortsübliche Bekanntmachung zur Verfügung stehende Möglichkeiten. Art. 26 II GO wird näher erläutert in § 1 I und II BekV (Z/T Nr. 282). Dort ist die Rede davon, dass bei Fehlen eines Amtsblattes eine Bekanntmachungsart in der Geschäftsordnung oder durch Beschluss des Gemeinderates gewählt werden muss und eine Abweichung hiervon nur aus wichtigem Grund erfolgen darf. Sollte die Gemeinde die VO dennoch ohne wichtigen Grund auf abweichende Art und Weise bekannt machen, so führt dies nicht zu einer fehlerhaften Bekanntmachung. Das in Art. 26 II GO gesetzlich vorgesehene Wahlrecht zu einer jeweils fallabhängigen Entscheidung wird durch die im Rang unter dem Gesetz stehende BekV nicht eingeschränkt. Begründet wird dies damit, dass über die Bekanntmachung der Gemeinderat beschließt, der auch seine Geschäftsordnung sowie seine Beschlüsse jederzeit ändern könnte (vgl. Masson/Samper, Art. 26 GO, Rn. 5).

401 Unter den Voraussetzungen des Art. 51 IV LStVG ist zudem eine Notbekanntmachung möglich.

402 Allerdings ist bei nicht bewehrten Verordnungen eine Rückwirkung nach den allgemeinen Grundsätzen (hierzu **Hemmer/Wüst, Staatsrecht II; Rn. 131 ff.**) theoretisch möglich, wenngleich im Sicherheitsrecht praktisch eher selten.

Bsp.: Die Gemeinde Röttingen, Landkreis Würzburg, erlässt folgende Verordnung:

„§ 1 Kampfhunde

Als Kampfhunde i.S. dieser Verordnung gelten die in § 1 der „Verordnung über Hunde mit gesteigerter Aggressivität und Gefährlichkeit" des Bayer. Staatsministeriums des Innern vom 10.07.1992, GVBl. S. 268, BayRS 2011-2-7-I genannten Hunderassen.[403]

§ 2 Leinen- und Maulkorbzwang

(1) Zur Aufrechterhaltung der öffentlichen Sicherheit und Ordnung dürfen Kampfhunde i.S.v. § 1 auf öffentlichen Straßen, Wegen, Plätzen und Anlagen im Gemeindegebiet von Röttingen nur von aufsichtsfähigen Personen und an reißfesten Leinen geführt werden; ausgenommen sind die Freiflächen außerhalb des bebauten Stadtgebietes. Kampfhunde müssen einen das Beißen verhindernden Maulkorb tragen.

(2) Absatz 1 gilt nicht für:

- *Blindenführhunde;*
- *Diensthunde der Polizei, der Zollverwaltung, des Strafvollzugs, der Bundeswehr im Einsatz;*
- *Hunde, die zum Hüten einer Herde eingesetzt werden;*
- *Rettungshunde;*
- *im Bewachungsgewerbe eingesetzte Hunde.*

§ 3 Ordnungswidrigkeiten

Verstöße gegen § 2 können als Ordnungswidrigkeit mit Geldbußen bis 1.000,- € geahndet werden."

Gibt es eine entsprechende Ermächtigungsgrundlage, und erfüllt die Verordnung deren Voraussetzungen?

a) Ermächtigungsgrundlage

Ermächtigungsgrundlage/ Art. 18 I S. 1 LStVG

Als Ermächtigungsgrundlage für den Erlass der gemeindlichen Verordnung kommt Art. 18 I S. 1 LStVG in Betracht. 392

Danach sind die Gemeinden als Sicherheitsbehörden befugt, durch Verordnung Einschränkungen des freien Umherlaufens generell für alle großen Hunde und Kampfhunde im Sinne des Art. 37 I S. 2 LStVG oder differenziert für einzelne Rassen oder Gruppen von Hunden anzuordnen.[404]

Subsumtion

b) Übereinstimmung mit der gesetzlichen Ermächtigung 393

Die gemeindliche Verordnung müsste sich i.R.d. gesetzlichen Ermächtigung bewegen.

Art. 18 I LStVG ermächtigt die Gemeinden zur Verhütung von Gefahren für Leben, Gesundheit, Eigentum oder die öffentliche Reinlichkeit zum Erlass sicherheitsrechtlicher Verordnungen, die das freie Umherlaufen von großen Hunden und Kampfhunden im Sinne des Art. 37 I S. 2 LStVG in öffentlichen Anlagen sowie auf öffentlichen Wegen, Straßen oder Plätzen einschränken.

403 Vgl. Art. 37 I S. 2 BayLStVG.

404 Die gesetzliche Ermächtigung selbst ist ihrerseits mit höherrangigem Recht, der Bayerischen Verfassung, vereinbar (vgl. BayVerfGH, Entscheidung vom 12.10.1994, Az. Vs. 16-VII-92 und Vs. 5-VII-93).

aa) Die Verordnung der Stadt Röttingen ist eine sicherheitsrechtliche Verordnung i.S.d. Art. 18 I LStVG, da der Leinen- und Maulkorbzwang erkennbar zur Abwehr von Gefahren für die in Art. 18 I LStVG genannten Rechtsgüter durch gefährliche Hunde angeordnet wurde.

bb) Der Leinen- und Maulkorbzwang gilt auch, wie in der Ermächtigung vorgesehen, für öffentliche Anlagen, Straßen, Wege und Plätze.

Art. 18 I LStVG ermächtigt nicht zur Anordnung eines Maulkorbzwangs

cc) Wie sich bereits aus dem Wortlaut des Art. 18 I S. 1 LStVG ergibt („... das freie Umherlaufen ... einschränken"), ermächtigt Art. 18 I LStVG allerdings nur zur Anordnung eines Leinenzwangs, nicht hingegen auch eines Maulkorbzwangs. Jedenfalls insoweit erweist sich die Verordnung als rechtswidrig.[405]

dd) Es könnte zudem gegen Art. 3 I GG verstoßen, dass die Gemeinde von der Ermächtigungsgrundlage des Art. 18 I LStVG nur im Hinblick auf Kampfhunde Gebrauch gemacht hat und sonstige große Hunde nicht dem Leinenzwang unterwirft. Allerdings ist Art. 3 I GG nur dann verletzt, wenn die Gemeinde für ihre Ungleichbehandlung keinen sachlichen Grund anführen kann. Hier durfte die Gemeinde von einer besonderen Gefährlichkeit von Kampfhunden auch im Vergleich mit sonstigen großen Hunden ausgehen.[406] Ein Verstoß gegen Art. 3 I GG ist damit zu verneinen.

c) Ergebnis

Teilnichtigkeit

Die Verordnung der Gemeinde Röttingen überschreitet deshalb in ihrem § 2 I S. 2 den Rahmen der gesetzlichen Ermächtigung. 394

Sie verstößt somit gegen Art. 55 Nr. 2 S. 3 BV sowie das Rechtsstaatsprinzip des Art. 3 I BV und ist zumindest aus diesem Grund teilnichtig. Die Teilnichtigkeit ist dann möglich, soweit der Rest der Verordnung noch eine sinnvolle Regelung darstellt, die isoliert aufrechterhalten werden kann.[407]

hemmer-Methode: Um in der Klausur eine über dem Durchschnitt liegende Leistung zu erzielen, ist es nicht erforderlich, sämtliche Ermächtigungsgrundlagen mit den jeweiligen Einzelproblemen auswendig zu lernen. Diesen Wissensstand mit adäquatem Aufwand zu erreichen, wird für den „Normalsterblichen" sowieso außerhalb seiner menschlichen Fähigkeiten liegen.
Deshalb ist der beste Freund des Juristen das Gesetz.
Wer effektiv arbeitet, sucht systematisch die entsprechende Ermächtigungsgrundlage auf:
In welchem Rechtsgebiet wurzelt die Klausur - spezielles oder allgemeines Sicherheitsrecht? Welches Gesetz gilt für das Rechtsgebiet? Welche Systematik steckt hinter dem einschlägigen Gesetz? - Dies lässt sich oft durch einen Blick in die Inhaltsübersicht bzw. durch Nachlesen der einzelnen Abschnittsüberschriften ermitteln. In welchem Abschnitt könnte sich eine entsprechende Ermächtigungsnorm systematisch befinden? Festlegung der in Betracht kommenden Norm. Danach subsumiert man sie mit juristischem Verstand. Das Gedächtnis sollte nicht als Festplatte zweckentfremdet, sondern im jeweiligen konkreten Einzelfall zum Denken genutzt werden. „Speichern" Sie die juristische Systematik und häufig wiederkehrende, nicht aber unnütze Einzelheiten!

2. Gültigkeit der Ermächtigungsgrundlage

Rechtmäßigkeit der Ermächtigungsgrundlage

Eine Verordnung kann nur auf eine gültige Ermächtigungsgrundlage gestützt werden. Die Prüfung der Rechtmäßigkeit der Ermächtigungsgrundlage selbst spielt in rein sicherheitsrechtlich orientierten Klausuren regelmäßig keine Rolle. Soweit an deren Gültigkeit keine Zweifel bestehen, stellt man dies mit einem Satz kurz fest. 395

405 Vgl. auch VollzBekLStVG, AllMBl. Nr. 17/1992, S. 555, Ziff. 18.2.

406 BVerwG, BayVBl. 2005, 313 = NVwZ 2005, 398.

407 BVerwG, BayVBl. 2005, 474.

Sollten jedoch im Sachverhalt Hinweise vorhanden sein, dass schon Zweifel an der Rechtmäßigkeit der Ermächtigungsgrundlage bestehen (z.B. durch die im Sachverhalt geschilderten Rechtsauffassungen), so ist darauf näher einzugehen.

hemmer-Methode: In der Klausur ist die Überprüfung der Gültigkeit einer Ermächtigungsgrundlage die Schnittstelle zum Staatsrecht. Hier fügt sich die Überprüfung der Gültigkeit eines formellen Gesetzes ein. Verordnungsklausuren lassen sich ideal mit Staatsrechtsklausuren kombinieren. Lesen Sie zur Überprüfung der Rechtmäßigkeit von Gesetzen Hemmer/Wüst, Staatsrecht II, Rn. 144!

Prüfungsreihenfolge

Für die Prüfung der Rechtmäßigkeit der Ermächtigungsgrundlage empfiehlt sich folgende allgemeine Prüfungsreihenfolge: 396

formelle Rechtmäßigkeit

a) Formelle Rechtmäßigkeit

aa) Hatte der die Ermächtigungsgrundlage erlassende Gesetzgeber überhaupt die Gesetzgebungskompetenz, Art. 70 ff. GG?

bb) Wurde das Gesetzgebungsverfahren korrekt durchgeführt, die Ermächtigungsgrundlage ordnungsgemäß ausgefertigt und verkündet?

materielle Rechtmäßigkeit

b) Materielle Rechtmäßigkeit

Hier ist die Vereinbarkeit der Ermächtigungsgrundlage mit höherrangigem Recht zu untersuchen.

aa) Zunächst sind die allgemeinen Gültigkeitsanforderungen eines Gesetzes hinsichtlich der inhaltlichen Vereinbarkeit mit höherrangigem Recht zu prüfen:

(1) Vereinbarkeit mit dem Grundgesetz, insbesondere den Grundrechten.

(2) Landesgesetzliche Ermächtigungsgrundlagen müssen zudem mit der Landesverfassung konform sein.

bb) Darüber hinaus müssen noch die speziellen Gültigkeitsanforderungen an eine Ermächtigungsgrundlage geprüft werden:

(1) Durfte der Gesetzgeber überhaupt delegieren oder besteht ein Totalvorbehalt zugunsten des Gesetzgebers (sog. Parlamentsvorbehalt nach den Grundsätzen der Wesentlichkeitstheorie)?[408]

Die wesentlichen Entscheidungen muss der Gesetzgeber selbst treffen. Kriterium für die Wesentlichkeit ist die Intensität des Grundrechtseingriffes.

(2) Bundesgesetzliche Verordnungsermächtigungen müssen nach Inhalt, Zweck und Ausmaß hinreichend bestimmt sein, Art. 80 I GG. Dies gilt aufgrund des Homogenitätsgebots des Art. 28 I GG als Ausprägung des Rechtsstaatsprinzips auch für landesrechtliche Verordnungsermächtigungen.

hemmer-Methode: Hier zeigt sich einmal mehr: Öffentliches Recht funktioniert häufig nach dem „Baukastenprinzip“. Ein gutes Systemverständnis ist daher in öffentlich-rechtlichen Klausuren äußerst hilfreich!
Beachten Sie, dass die Unwirksamkeit der Ermächtigungsgrundlage als einem formellen nachkonstitutionellen Gesetz nach Art. 100 I GG nur durch das BVerfG festgestellt werden darf.

408 M.w.N. zu diesem Problemkreis BVerfG, NJW 1998, 669; BVerwG, BayVBl. 1999, 87; BVerfG, NJW 2003, 3111.

Gerichte haben diesbezüglich eine Vorlagepflicht, Behörden hingegen müssen die Ermächtigungsgrundlage, auch wenn sie diese für verfassungswidrig halten, anwenden.

3. Vereinbarkeit der Verordnung mit höherrangigem Recht

Vereinbarkeit mit höherrangigem Recht

Besondere Beachtung gilt dem Prüfungspunkt, ob die Verordnung selbst mit sonstigem höherrangigen Recht vereinbar ist. 397

Am wichtigsten ist die Frage nach der Vereinbarkeit mit Grundrechten des Grundgesetzes.[409]

Exkurs

Fallvariante: Popularklage gegen sicherheitsrechtliche Verordnungen

Popularklage gegen VO

Eine beliebte Klausurvariante ist in Bayern die Prüfung der Erfolgsaussichten einer Popularklage gegen eine sicherheitsrechtliche Verordnung. 398

I. Zulässigkeit der Popularklage

Zulässigkeit

Die Zulässigkeit einer Popularklage richtet sich nach Art. 98 S.4 BV, Art. 2 Nr. 7 BayVfGHG i.V.m. Art. 55 BayVfGHG. 399

1. Antragsberechtigung

Antragsberechtigung

Die Antragsberechtigung zur Erhebung einer Popularklage steht nach Art. 55 I S. 1 BayVfGHG jedermann zu.

Eine konkrete Rechtsbeziehung zu Bayern ist nicht erforderlich.

Bei einer Popularklage ist kein besonderes Rechtsschutzinteresse erforderlich (!). Die angefochtene Rechtsvorschrift braucht den Antragsteller nicht einmal zu berühren.[410]

2. Prüfungsgegenstand

Prüfungsgegenstand

Prüfungsgegenstand einer Popularklage können nach Art. 55 I S. 1 BayVfGHG alle Rechtsvorschriften des bayerischen Landesrechts sein.

Sicherheitsrechtliche Verordnungen sind als Rechtsnormen des bayerischen Landesrechts tauglicher Prüfungsgegenstand.[411]

Die Verordnungen müssen existent, d.h. verkündet, aber noch nicht in Kraft getreten sein.

---

409 Bei einer Verordnungs-Prüfung i.R.d. Normenkontrolle ist wegen Art. 98 S. 4 BV, § 47 III VwGO eine Überprüfung der Vereinbarkeit mit Grundrechten der Bayerischen Verfassung ausgeschlossen! (Vgl. Rn. 377); vgl. allgemein zur Grundrechtsprüfung das gesamte Skript **Hemmer/Wüst, StaatsR I**.

410 Meder/Brechmann, Art. 98 BV, Rn. 7 ff.

411 Sicherheitsrechtliche Verordnungen, die lediglich den Inhalt höherrangiger Normen einfach wiedergeben, können nach der Rechtsprechung des BayVerfGH aufgrund des fehlenden eigenständigen Regelungsgehalts grds. nicht mit der Popularklage angefochten werden (Meder/Brechmann, Art. 98 BV, Rn. 9 ff.).
Soweit aber auch gegen die entsprechende höherrangige Norm eine Popularklage anhängig ist, wäre im Falle deren Erfolges aus Gründen der Rechtsklarheit die Feststellung veranlasst, dass auch die (von dieser abkopierte) Verordnung gegenstandslos ist. Deshalb ist bei Anhängigkeit einer Popularklage gegen die höherrangige Norm auch gegen die Verordnung der Weg für eine Popularklage eröffnet (vgl. BayVerfGH, Entscheidung vom 12.10.94, Az.: Vf. 16-VII-92 und Vf. 5-VII-93, S. 34 f., n.v.).

3. Form und Frist, Art. 14, 55 I S. 2 BayVfGHG

Form

Der Antrag bedarf der Schriftform, Art. 14 I S. 1 BayVfGHG. Eine Frist ist nicht vorgesehen. Als zeitliche Grenze kommen allein die Grundsätze der Verwirkung in Betracht.[412]

Der Beschwerdeführer muss die beanstandete Verordnung und das verletzte Grundrecht der Bayerischen Verfassung eindeutig bezeichnen und erkennen lassen, inwiefern eine Grundrechtsverletzung vorliegt, Art. 55 I S. 2 BayVfGHG.

Unzulässigkeit

Die Popularklage ist unzulässig, wenn das als verletzt angeführte Grundrecht der Bayerischen Verfassung offensichtlich nicht einschlägig ist, oder die behauptete Grundrechtsverletzung begrifflich gar nicht möglich ist, weil der Schutzbereich des angeblich verletzten Grundrechts überhaupt nicht berührt wird.

II. Begründetheit

Begründetheit

Prüfungsmaßstab sind nur die in der Bayerischen Verfassung enthaltenen Grundrechte und grundrechtsähnlichen Rechte. 400

I.R.e. zulässigen Popularklage prüft der BayVfGH letztlich, ob die angefochtene Verordnung auch gegen andere, nicht als verletzt bezeichnete Grundrechte oder gegen sonstige, objektive Verfassungsnormen, institutionelle Garantien oder Programmsätze der Bayerischen Verfassung verstößt.

Geprüft wird also auch die Vereinbarkeit mit dem Rechtsstaatsprinzip in Art. 3 I S. 1 BV.

Das Rechtsstaatsprinzip aus Art. 3 I BV ist bereits verletzt und damit die Verordnung nichtig, ohne dass es darauf ankommt, ob sie Grundrechte der Bayerischen Verfassung unzulässig einschränkt, soweit die zu prüfende sicherheitsrechtliche Verordnung gegen objektives Verfassungsrecht verstößt.[413]

Exkursende

412 BayVerfGH, BayVBl. 1997, 751.

413 Problematisch ist, inwieweit der BayVerfGH die Kompetenz des Landesgesetzgebers überprüft, da sich diese aus dem Grundgesetz ergibt, Prüfungsmaßstab der Popularklage aber allein die Bayerische Verfassung sein darf. Der BayVerfGH beschränkt sich auf eine Evidenzkontrolle, vgl. BayVerfGH, BayVBl. 1999, 13.

§ 2 ANFECHTUNGSKLAGE, § 42 I ALT. 1 VWGO

ÜBERSICHT zur Anfechtungsklage:

siehe oben, Rn. 290

A) Eröffnung des Verwaltungsrechtswegs, § 40 I VwGO

I. Öffentlich-rechtliche Streitigkeit

öffentl.-rechtl. Streitigkeit

Hier ergeben sich, wie auch im Polizeirecht, keine besonderen Probleme. 401

Sicherheitsrechtliche Normen sind immer öffentlich-rechtlicher Natur. Die insoweit streitentscheidenden Gesetze sind hier anzuführen. Deshalb ist es wichtig, bereits im Vorfeld eine Sichtung und Selektierung der maßgeblichen Normen vorzunehmen.[414]

II. Nichtverfassungsrechtlicher Art

doppelte Verfassungsunmittelbarkeit

Die Streitigkeit auf dem Gebiet des Sicherheitsrechts ist regelmäßig nichtverfassungsrechtlicher Art, da es zumindest bezüglich der rechtlichen Stellung des Klägers an der doppelten Verfassungsunmittelbarkeit fehlen wird.[415] 402

III. Keine anderweitige gerichtliche Zuweisung

Sonderzuweisung?

Die abdrängende Sonderzuweisung des Art. 10 VII UnterbringungsG haben Sie bereits i.R.d. Polizeirechts kennengelernt.[416] Primär zuständig für die Ausführung der sofortigen vorläufigen Unterbringung nach Art. 10 UnterbringungsG ist gem. Art. 10 I, 8 I UnterbringungsG die Kreisverwaltungsbehörde, sodass Art. 10 VII UnterbringungsG auch hier gilt. 403

B) Zulässigkeit

hemmer-Methode: Nehmen Sie die Zulässigkeit einer Klage nicht „zu lässig"!
Öffentlich-rechtliche Klausuren mit prozessualem Teil sind sog. „Punkteklausuren". Hier liegt der Schwerpunkt meist nicht nur auf einem Problem (wie häufig im Zivilrecht), sondern es sind einige Einzelprobleme eingebaut, für deren Erkennen und zutreffendes Abhandeln (Wertungs-)Punkte verteilt werden. Gerade i.R.d. Zulässigkeit handelt es sich dabei oft um „Standardprobleme". Sammeln Sie diese Punkte!
Verschenken Sie hier nichts! Vergessen Sie andererseits aber auch nicht, richtig zu gewichten - also: Keine Punkte übersehen, völlig Unproblematisches aber auch nur kurz abhaken.

414 Siehe dazu bereits oben, Rn. 19 ff.

415 **Hemmer/Wüst, VerwaltungsR I, Rn. 44 ff.**

416 Vgl. oben, Rn. 52 ff.

I. Anfechtungsklage als statthafte Klageart, § 42 I Alt. 1 VwGO

Klagebegehren auf Aufhebung eines VA gerichtet

Für die Untersuchung, welche Klageart statthaft ist, ist wie immer vom Klagebegehren auszugehen. 404

Begehrt der Kläger die Aufhebung eines noch nicht erledigten Verwaltungsaktes, so ist die Anfechtungsklage die statthafte Klageart.

hemmer-Methode: Hier zeigt sich einer der wesentlichen Unterschiede zum Polizeirecht: Die Polizei handelt entsprechend ihres Aufgabenraumes gem. Art. 2, 3 PAG in unaufschiebbaren Fällen. Hier wird sich die Maßnahme, gegen die der Kläger vorgehen will, deshalb i.d.R. gerade aufgrund der Eilbedürftigkeit durch Vollziehung sofort erledigen, sodass in den meisten Fällen die Fortsetzungsfeststellungsklage (analog) statthaft sein wird. Aus dem entsprechenden Rückschluss ergibt sich nun, dass in den Fällen, in denen Art. 3 PAG, nicht greift (also eine Sicherheitsbehörde handelt), eine sofortige Erledigung aufgrund des fehlenden „Zeitdrucks“ eher die Ausnahme ist. Der Anfechtungsklage kommt im Sicherheitsrecht somit eine wesentlich größere Bedeutung zu.

VA-Qualität

Bei der Prüfung, ob die angegriffene Maßnahme als VA i.S.v. Art. 35 BayVwVfG zu qualifizieren ist, können sich im Sicherheitsrecht eine Reihe von Problemen ergeben, die es im Folgenden darzustellen gilt: 405

1. VA-Qualität der Anwendung von Zwangsmitteln (Vollstreckungsmaßnahmen)

Vollstreckungsmaßnahmen

Die VA-Qualität der Anwendung von Zwangsmitteln ist auch im Sicherheitsrecht problematisch. Die einschlägigen Regelungen finden sich im BayVwZVG (dazu im Einzelnen später). Eine Übersicht über die möglichen Zwangsmittel gibt Art. 29 II VwZVG. 406

bloßer Realakt?

Teilweise wird hier vom Vorliegen eines bloßen Realaktes ausgegangen, da i.R.d. Art. 35 S. 1 BayVwVfG die unmittelbare Rechtswirkung und damit der Regelungscharakter verneint wird.

Es empfiehlt sich, insoweit zu unterscheiden zwischen:

⇨ Zwangsmitteln, die gem. Art. 35 VwZVG ohne Androhung angewendet wurden,

Bsp.: Entgegen einer Allgemeinverfügung wegen Trockenheit bewässert A den Garten. Der gerade vorbeikommende Beamte B dreht den Hahn für den Rasensprenger aus und verplombt ihn.

und

⇨ Zwangsmitteln, die erst nach entsprechender Androhung (Art. 36 VwZVG) angewendet wurden.

Bsp.: A ist gerade im Garten. B droht zunächst unmittelbaren Zwang an und wendet ihn, nachdem A nicht Folge leistet, an.

nicht angedrohte Zwangsmittel: ausdrückliche gesetzliche Regelung in Art. 38 II VwZVG

Grund: Der Streit um die VA-Qualität kann zumindest bei nicht angedrohten Zwangsmitteln dahingestellt bleiben, denn hier hilft die ausdrückliche gesetzliche Regelung des Art. 38 II VwZVG. 407

Es existiert zwar in Art. 38 III VwZVG auch eine Regelung bezüglich des Rechtsschutzes gegen angedrohte Zwangsmittel, diese verweist jedoch nicht ausdrücklich auf die Rechtsbehelfe, die gegen VAe gegeben sind.

angedrohte Zwangsmittel: Argumentation wie bei polizeilichen Zwangsmaßnahmen

Letztlich ist hier dann mit der gleichen Argumentation wie bei polizeilichen Zwangsmaßnahmen[417] die VA-Qualität positiv festzustellen. Im Ergebnis ist also auch hier bei der Anwendung sämtlicher Zwangsmittel die VA-Qualität zu bejahen. 408

hemmer-Methode: Denken Sie daran, den Korrektor durch genaues Arbeiten, also Subsumieren, zu überzeugen!
Stellen Sie zumindest kurz klar, warum die VA-Qualität hier problematisch ist: I.R.d. Art. 35 S. 1 BayVwVfG ist es das Tatbestandsmerkmal der (rechtsfolgenbegründenden) Regelung, das evtl. bei der Anwendung einer Zwangsmaßnahme nicht erfüllt ist.

2. Androhung von Zwangsmitteln als VA

Androhung von Zwangsmitteln

Auch die bloße Androhung von Zwangsmitteln, die gem. Art. 36 VwZVG grundsätzlich der Anwendung vorausgehen muss, ist im Hinblick auf die „unmittelbare Rechtswirkung" (= rechtsfolgenbegründende Regelung) problematisch. 409

ausdrückliche gesetzliche Regelung in Art. 38 I S. 1 VwZVG

Der Streit bezüglich der VA-Qualität kann aber auch hier unentschieden bleiben, da beim Begehren der Kassation einer solchen Maßnahme die Anfechtungsklage aufgrund der ausdrücklichen Regelung des Art. 38 I S. 1 VwZVG für statthaft erklärt wird.

hemmer-Methode: Für eine Regelung und damit für eine VA-Qualität spricht auch hier wiederum, dass die Behörde sich mit der Androhung auf ein bestimmtes Zwangsmittel festlegt, vgl. Art. 36 III BayVwZVG. Für die Zwangsgeldandrohung ergibt sich ein Regelungsgehalt jedenfalls daraus, dass diese nach Art. 31 III S. 2 VwZVG als vollstreckbarer Leistungsbescheid i.S.d. Art. 23 I VwZVG gilt.

3. Kostenverfügung für Zwangsmaßnahmen nach dem VwZVG als VA

Kostenverfügung

Auch eine Kostenverfügung, etwa gem. Art. 41 I VwZVG, Art. 2 I S. 1 KostenG, ist als VA i.S.v. Art. 35 S. 1 BayVwVfG anzusehen. Da die Kostenverfügung keine bloße Zahlungsaufforderung darstellt, fehlt es insoweit nicht am Regelungsgehalt. 410

> **Bsp.:** *Zehn Tage nach Verplombung des Hahns ergeht ein Bescheid, der hierfür eine Gebühr von 150,- € festsetzt, zu zahlen bis zum 03.07.1997; vgl. Art. 6 I KostenG i.V.m. LfdNr. 1.I.8, Tarifstelle 2 des Kostenverzeichnisses.*

VA-Qualität (+), da Regelungsgehalt = rechtliche Verpflichtung, binnen Frist Zahlung zu leisten

Eine Kostenverfügung gibt dem Adressaten rechtlich verpflichtend auf, binnen Frist eine Zahlung in Höhe der Kosten, z.B. einer erfolgten Ersatzvornahme, zu leisten.

Zwar wird die Ersatzvornahme bereits vorher mit einem Kostenvoranschlag angekündigt worden sein (Art. 36 I, IV VwZVG); allerdings kann die Kostenverfügung dennoch nicht als bloße wiederholende Verfügung angesehen werden. Es wird mit der Kostenverfügung nämlich erstmalig die konkrete Zahlungspflicht des Adressaten in rechtlich erheblicher Weise verbindlich geregelt. Erst die Kostenverfügung und nicht der Kostenvoranschlag kann ggf. mit Zwangsmitteln durchgesetzt werden.

417 Zur Argumentation mit den entspr. Nachweisen Rn. 63.

4. Unmittelbare Ausführung einer Maßnahme als VA

unmittelbare Ausführung

Auch im Sicherheitsrecht ist gem. Art. 7 III LStVG die unmittelbare Ausführung einer Maßnahme möglich. 411

hemmer-Methode: Erinnern Sie sich, dass an dieser Stelle in der Klausur evtl. bereits Abgrenzungsprobleme „abzuarbeiten" sind!
Problematisch kann die Abgrenzung der unmittelbaren Ausführung einer Maßnahme nach Art. 7 III LStVG zur Ersatzvornahme gem. Art. 32 VwZVG sein (dazu im Einzelnen später). Allerdings ist diese Abgrenzung im Sicherheitsrecht nicht von der gleichen Klausurrelevanz wie im Polizeirecht, da es hier einen Sofortvollzug vergleichbar Art. 70 II PAG grds. nicht gibt.
Sie dürfen die unmittelbare Ausführung durch einen Beauftragten auch nicht mit der Inanspruchnahme Nichtverantwortlicher nach Art. 9 III LStVG verwechseln!

Problem der fehlenden Bekanntgabe

Das Problem ist auch hier, dass eventuell die fehlende Bekanntgabe der VA-Qualität entgegensteht.

Hierzu gelten im Einzelnen die gleichen Ausführungen wie i.R.d. Fortsetzungsfeststellungsklage.[418]

5. Vorbereitungshandlungen als VA?

bloße Vorbereitungshandlungen

Das Tatbestandsmerkmal „Regelung" i.S.v. Art. 35 S. 1 VwVfG setzt voraus, dass diese Regelung endgültig ist. 412

keine endgültige Regelung

Dies ist aber dann nicht der Fall, wenn eine Maßnahme einen VA lediglich vorbereiten soll, selbst dann, wenn sie etwa als „Anordnung" von der erlassenden Behörde bezeichnet ist.

Bloße Vorbereitungshandlungen kommen insbesondere im Sicherheitsrecht in Betracht, weil die Sicherheitsbehörde ihr Ermessen bezüglich der Maßnahme- und Adressatenauswahl richtig ausüben muss; hierzu muss sie i.R.v. Vorbereitungshandlungen zunächst den Sachverhalt von Amts wegen ermitteln (Art. 24 BayVwVfG).

somit kein VA, Anfechtungsklage damit nicht statthaft

In solchen Fällen von bloßen Vorbereitungshandlungen ist daher mangels endgültiger Regelung die Anfechtungsklage grds. nicht statthaft.[419]

6. Allgemeinverfügung

Allgemeinverfügung oder Rechtsnorm?

Fraglich kann mitunter sein, ob ein VA in der Form der Allgemeinverfügung gem. Art. 35 S. 2 BayVwVfG (und somit ein VA i.S.v. § 42 I VwGO) vorliegt oder vielmehr eine Rechtsnorm. 413

Bsp.: *In der Stadt S und in der näheren Umgebung ist eine Typhusepidemie ausgebrochen, deren wahrscheinliche Ursache Endiviensalat ist. Daher gibt das Innenministerium über Rundfunk Folgendes bekannt:*

„Ab sofort ist der Verkauf von Endiviensalat durch Groß- und Einzelhändler in allen von Typhus betroffenen Städten und Gemeinden des Landes untersagt."

---

418 Vgl. dazu auch bereits Rn. 64.

419 Vgl. zur Vorbereitungsmaßnahme **Hemmer/Wüst, VerwaltungsR I, Rn. 74 f.**

Weitere Beispiele:

- *Verkehrszeichen*[420]
- *Parkuhr*[421]

hemmer-Methode: Die Qualifizierung dieser Maßnahmen als VAe entspricht vor allen Dingen praktischen Bedürfnissen. Nur wenn ein VA bejaht wird, ist eine Vollstreckung ohne weiteres möglich, da eine VO als solche nicht vollstreckt werden kann, vgl. Art. 18 LStVG.[422]

Bei dieser Abgrenzung kommt es - wie auch sonst bei der Frage nach dem Vorliegen eines VA - in erster Linie auf die äußere Form an.[423] Nur wenn diese äußere Form indifferent ist, ist zu prüfen, ob nach dem Inhalt der Maßnahme eine Allgemeinverfügung (AV) i.S.d. Art. 35 S. 2 BayVwVfG vorliegt.

Übersicht zur Vorgehensweise

⇨ adressatenbezogene AV (S. 2 Fall 1)
= neben den übrigen Voraussetzungen ist der Adressatenkreis nach allg. Merkmalen bestimmt oder bestimmbar (Maßnahme betrifft konkreten Fall, S. 1 (!), Adressatenkreis aber generell).

⇨ dingliche AV (S. 2 Fall 2)
= durch hoheitliche Anordnung werden einer Sache öffentl.-rechtl. Eigenschaften verliehen, entzogen oder geändert (Maßnahme regelt einen konkreten Fall, S. 1, richtet sich aber nicht an einen individuellen Personenkreis <generell>).

⇨ Benutzungsregelung (S. 2 Fall 3)
= Regelung der Benutzung einer bestimmten Sache (konkreter Fall, S. 1, Benutzer-, also Adressatenkreis unbestimmt und somit generell).

II. Besondere und allgemeine Sachurteilsvoraussetzungen

Sachurteilsvoraussetzungen

I.R.d. Klagebefugnis ergeben sich keine Besonderheiten.[424] Der Kläger muss auch grundsätzlich ein Vorverfahren ordnungsgemäß und erfolglos durchgeführt haben und die Klagefrist des § 74 VwGO berücksichtigen. Auch bei den allgemeinen Sachurteilsvoraussetzungen ergeben sich bezogen auf das Sicherheitsrecht keine Besonderheiten.[425] ***414***

420 Die Deutung von Verkehrszeichen als Allgemeinverfügung hat sich nach langem Streit in der Rechtsprechung mit der Entscheidung BVerwGE 27, 181 (NJW 1967, 1627) endgültig durchgesetzt. Gegenüber dem BayVGH, der Verkehrszeichen weiterhin als Rechtsverordnung ansah, hat das BVerwG die Deutung als Allgemeinverfügung noch einmal ausdrücklich in BVerwGE 59, 221 bestätigt. Vgl. zur Bekanntgabe des Verkehrszeichens auch VGH Kassel, NJW 1999, 2057, sowie BVerwG, NJW 2008, 2867 = **Life&Law 04/2009**. Diese schwierige Abgrenzungsfrage wurde Ihnen also bereits „abgenommen“; sie ist lange geklärt und deshalb ist auch eine ausufernde Problematisierung in der Klausur nicht angebracht, vgl. auch oben Rn. 305e.

421 Die Parkuhr wird von der Rechtsprechung als modifiziertes Halteverbot angesehen; es gilt das Gleiche wie für die Verkehrszeichen (vgl. BVerwG, DÖV 1988, 694). Zu den Verkehrszeichen vgl. oben, Rn. 305a ff.

422 Arbeiten Sie den Problemkreis der Allgemeinverfügung i.S.v. Art. 35 S. 2 BayVwVfG bei **Hemmer/Wüst, VerwaltungsR I, Rn. 80 ff.** nach.

423 **Hemmer/Wüst, VerwaltungsR I, Rn. 60 f.**

424 Zur Klagebefugnis **Hemmer/Wüst, VerwaltungsR I, Rn. 146**.

425 Vgl. zu den allg. Sachurteilsvoraussetzungen **Hemmer/Wüst, VerwaltungsR I, Rn. 211 ff.**

C) Begründetheit

Begründetheitsprüfung

Die Begründetheitsprüfung der Anfechtungsklage wird wie immer mit folgendem, die Prüfungsreihenfolge vorgebenden, Obersatz eingeleitet: *415*

Obersatz!

Die Anfechtungsklage ist begründet, wenn sie gem. § 78 I Nr. 1 VwGO gegen den richtigen Beklagten gerichtet, der angegriffene VA rechtswidrig ist und der Kläger hierdurch in seinen subjektiven öffentlichen Rechten verletzt wird, § 113 I S. 1 VwGO.

I. Passivlegitimation, § 78 I Nr. 1 VwGO

Passivlegitimation

Die Passivlegitimation folgt den allgemeinen Regeln. Auf folgende Punkte ist jedoch besonders zu achten: *416*

1. Weisung, Amtshilfe, Vollzugshilfe

Weisung, Amtshilfe, Vollzugshilfe

Vom Ergebnis her ist jeweils passivlegitimiert: *417*

⇨ die angewiesene Stelle (deren Rechtsträger) bei Weisungen,

⇨ die ersuchte Stelle (deren Rechtsträger) i.R.d. Amtshilfe bzw. Vollzugshilfe.

vgl. Ausführungen i.R.d. Polizeirechts

Zur Begründung wird auf die ausführlichen Darstellungen der Problemkreise i.R.d. Polizeirechts verwiesen, die hier entsprechend heranzuziehen sind.[426]

2. VAe des Landratsamts

VAe des Landratsamts

Bei Verwaltungsakten des Landratsamts (LRA) ist darauf zu achten, ob das LRA als Behörde des Freistaates Bayern (Rechtsträger Freistaat Bayern) oder als Behörde des Landkreises (Rechtsträger Landkreis) gehandelt hat, vgl. Art. 37 I LKrO.[427] Soweit das Landratsamt als Sicherheitsbehörde nach Art. 6 LStVG auftritt, ist es Staatsbehörde im Sinne des Art. 37 I S. 2 LKrO, richtiger Beklagter ist damit der Freistaat Bayern. *418*

II. Rechtmäßigkeit einer Primärmaßnahme nach dem LStVG

hemmer-Methode: Der Schwerpunkt der folgenden Darstellungen liegt im allgemeinen Sicherheitsrecht. Auf sicherheitsrechtliche Spezialnormen wird nur eingegangen, soweit dies klausurrelevant bzw. des Verständnisses wegen erforderlich ist.[428]

Prüfungsaufbau

Beachten Sie aber zum Prüfungsaufbau:

Für Klausuren, in denen Maßnahmen aufgrund des LStVG in Frage stehen, können Sie entsprechend der Ausführungen zum Polizeirecht wegen der Systematik dieses Gesetzes zwischen dem „bayerischen“ Aufbau und dem allgemeinen Aufbau wählen. *419*

---

426 Vgl. Rn. 80 ff.

427 **Hemmer/Wüst, VerwaltungsR I, Rn. 259 f.**

428 Eine Abhandlung des kompletten besonderen Sicherheitsrechts mit all seinen relevanten Gesetzen führt in den Bereich der Schwerpunktbereiche und gehört nicht zum Pflichtfachstoff des allgemeinen Sicherheitsrechts. Lesen Sie zum ebenfalls examensrelevanten Bauordnungsrecht **Hemmer/Wüst, Baurecht/Bayern, Rn. 214 ff.**

Das besondere Sicherheitsrecht zeichnet sich hingegen dadurch aus, dass seine Gesetze nicht dieser Systematik, die das PAG und das LStVG kennzeichnet, folgen. Eine Einhaltung des Schemas, das auf das LStVG angewendet wird, ist zwar möglich, aber nicht empfehlenswert. So enthält fast kein Gesetz des besonderen Sicherheitsrechts eine ausdrückliche Aufgabenzuweisungsnorm. 420

Hier müsste entweder die Aufgabenzuweisung aus sog. Zwecknormen hergeleitet werden, d.h. von der Befugnis (Rechtsgrundlage) auf die Aufgabe geschlossen werden, oder aber auf die allgemeine Aufgabeneröffnungsnorm des Art. 6 LStVG zurückgegriffen werden.[429]

Sinnvoller erscheint es daher, i.R.d. besonderen Sicherheitsrechts den bekannten allgemeinen VA-Prüfungsaufbau einzuhalten.[430]

Vorab Übersichten zum allgemeinen Prüfungsaufbau (hier auf eine Primärmaßnahme nach dem LStVG angewendet) und zum „bayerischen" Aufbau: 421

Übersicht: Allgemeiner Prüfungsaufbau (hier auf Primärmaßnahme nach dem LStVG angewendet)

<u>Allgemeiner Prüfungsaufbau:</u>

1. **Rechtsgrundlage für den VA**
   - **a)** (Keine) spezialgesetzliche Rechtsgrundlage, vgl. Art. 7 II LStVG (auch Verordnung!)?
   - **b)** Greift eine Standardbefugnisnorm, Art. 12 ff. LStVG?
   - **c)** Falls auch solche nicht einschlägig: Generalklausel des Art. 7 II LStVG.
2. **Formelle Rechtmäßigkeit des VA**
   - **a)** Zuständigkeit für den Erlass
     - **aa)** Verbandskompetenz (= sachliche/örtliche Zuständigkeit), Art. 6 LStVG
     - **bb)** Organkompetenz
   - **b)** Verfahren ordnungsgemäß
   - **c)** Form
3. **Materielle Rechtmäßigkeit des VA**
   - **a)** Subsumtion unter die Rechtsgrundlage (= VA von der Befugnis gedeckt?)
   - **b)** (ggf.) Überprüfung der Rechtmäßigkeit der Rechtsgrundlage = „Stufenprüfung" (insbes. bei Verordnung)
   - **c)** Prüfung der Ermessensausübung anhand des § 114 S. 1 VwGO, dabei ist insbesondere zu beachten:
     - **aa)** Richtige Auswahl des Maßnahmeadressaten, Art. 9 LStVG
     - **bb)** Verhältnismäßigkeit, Art. 8 LStVG

429 Vergleiche bezüglich dieses Prüfungsaufbaus insbes. Knemeyer, PORe, Rn. 435 ff.

430 Hierzu **Hemmer/Wüst, VerwaltungsR I, Rn. 263 ff.**

Übersicht: „Bayerischer“ Prüfungsaufbau (für Primärmaßnahmen nach dem LStVG)

Bayerischer Prüfungsaufbau:

1. **Formelle Rechtmäßigkeit**
   a) Zuständigkeit (wie oben)
   b) Verfahren (wie oben)
   c) Form
2. **Materielle Rechtmäßigkeit**
   a) Aufgabeneröffnung aus Art. 6 LStVG bei Gefahr für öffentliche Sicherheit und Ordnung
   b) Befugnis
      aa) Auffinden
         ⇨ Spezialgesetzliche Regelung
         ⇨ Standardbefugnis in Art. 12 ff. LStVG
         ⇨ Sonst: **Generalklausel** des Art. 7 II LStVG
      bb) Subsumtion (= ist der VA von der Befugnis gedeckt?)
   c) (ggf.) Überprüfung der Rechtmäßigkeit der Befugnisnorm (insbes. bei VO) ⇨ Stufenprüfung
   d) Richtige Auswahl des Maßnahmeadressaten, Art. 9 LStVG
   e) Verhältnismäßigkeit der Maßnahme, Art. 8 LStVG
   f) Prüfung der Ermessensausübung anhand des § 114 S. 1 VwGO

hemmer-Methode: Nach dem Bayerischen Aufbau müssen Sie Art. 6 LStVG zweifach prüfen: Einmal als Regelung der sachlichen Zuständigkeit in der formellen Rechtmäßigkeit und einmal als Aufgabenbereichseröffnung als materielle Voraussetzung!

Demnach wird die Begründetheit der Anfechtungsklage gegen eine sicherheitsrechtliche Primärmaßnahme nach dem „Allgemeinen Aufbau“ wie folgt geprüft:

1. Rechtsgrundlage für den VA

Nach dem allgemeinen Vorbehalt des Gesetzes benötigt die Behörde für jede Maßnahme, die in Rechte eines Betroffenen eingreift, eine gesetzliche Grundlage. Die Einzelheiten hierzu sind in Rn. 431 ff. dargestellt. 421a

2. Formelle Rechtmäßigkeit des angefochtenen VA

a) Zuständigkeit

formelle Rechtmäßigkeit / Art. 6 LStVG: Verbandszuständigkeit

aa) Art. 6 LStVG regelt die Verbandszuständigkeit hinsichtlich sicherheitsrechtlicher Anordnungen. 422

Danach haben die Sicherheitsbehörden „die Aufgabe“, die öffentliche Sicherheit und Ordnung

⇨ durch Abwehr von Gefahren und

⇨ durch Unterbindung und Beseitigung von Störungen

aufrechtzuerhalten.

keine repressiven Maßnahmen

Die Verfolgung von strafbaren Handlungen oder von solchen, die als Ordnungswidrigkeiten mit Geldbuße bedroht sind, ist dagegen nicht Aufgabe der Sicherheitsbehörden, sondern Aufgabe der in der StPO oder im OWiG genannten Stellen (§§ 35 ff., 53 OWiG; §§ 160, 163 StPO), vgl. Art. 2 und 3 LStVG.

öffentl. Sicherheit/Ordnung

Bezüglich der Definitionen der öffentlichen Sicherheit und der öffentlichen Ordnung wird auf die Ausführungen i.R.d. Polizeirechts verwiesen.[431]

Gefahr

Gleiches gilt für die umfangreiche Problematik des Gefahrbegriffs.[432]

Nach Art. 6 LStVG sind alle Ebenen der staatlichen Verwaltung sowie die kommunale Verwaltung zur Abwehr von Gefahren sachlich zuständig, nämlich:

Gemeinden

⇨ die Gemeinden

hemmer-Methode: Auch Mitgliedsgemeinden in Verwaltungsgemeinschaften sind Sicherheitsbehörde, soweit es sich um Angelegenheiten des eigenen Wirkungskreises handelt (Art. 4 II S. 1 VGemO). Im übertragenen Wirkungskreis wird grds. die Verwaltungsgemeinschaft selbst als Sicherheitsbehörde tätig, vgl. Art. 4 I S. 1 VGemO. Beachten Sie insoweit aber auch, dass nach Art. 4 I S. 3 VGemO i.V.m. der entsprechenden Verordnung[433] bestimmte Aufgaben des übertragenen Wirkungskreises der Gemeinden verbleiben.

Landratsämter

⇨ die Landratsämter: unterste staatliche Ebene ⇨ Staatsbehörde i.S.v. Art. 37 I S. 2 LKrO

hemmer-Methode: Die Landkreise als solche sind (ebenso wie die Bezirke) kommunale Gebietskörperschaften. Sie können daher zwar, soweit sie dazu speziell im LStVG ermächtigt sind, als Sicherheitsbehörde Verordnungen, nicht aber sicherheitsrechtliche Einzelanordnungen (also VAe) erlassen.

Regierungen/StMI

⇨ die Regierungen: mittlere staatliche Ebene

⇨ das Staatsministerium des Inneren (StMI): höchste staatliche Ebene

Verhältnis der Behörden zueinander?

Damit legt Art. 6 LStVG zwar den Kreis der zuständigen Behörden fest, trifft aber keine Regelung bezüglich des Verhältnisses dieser Behörden untereinander, also welche der Behörden im Einzelfall zuständig ist und welche Auswirkung somit das Handeln einer vermeintlich unzuständigen Behörde hat. 423

hemmer-Methode: Beachten Sie, dass es allerdings teilweise im PAG leges speciales zur sachlichen Zuständigkeit gibt. Anordnungen nach Art. 18 II PAG können bspw. nur von den Gemeinden ausgesprochen werden!

h.M.: Mehrfachkompetenz auf der Ebene der Verbandszuständigkeit

Gerade aus der fehlenden Regelung einer Primärzuständigkeit ergibt sich aber, dass der Gesetzgeber eine Mehrfachkompetenz auf der Ebene der Verbandszuständigkeit wollte.[434] Somit ist also jede der in Art. 6 LStVG genannten Behörden zum Handeln zuständig. Direkte Zuständigkeitsschranken bestehen nicht.[435]

431 Vgl. oben, Rn. 111 ff.

432 Vgl. oben, Rn. 116 ff.

433 Ziegler/Tremel Nr. 286.

434 Gallwas/Wolff, Bayerisches Polizei- und Sicherheitsrecht, Rn. 163 ff.

435 BayVGH, BayVBl. 1974, 471 (472).

kein anderes Ergebnis durch Rechtsauslegung

Auch die Rechtsauslegung vermag hieran nichts zu ändern, etwa wenn versucht würde, auf allgemeine Kompetenzverteilungsprinzipien, wie das Prinzip des ersten Zugriffs, zurückzugreifen. Es gibt eben keine Kompetenzverteilungsnorm, die dies rechtfertigen und tragen könnte.[436]

wohl stärkstes Argument für Mehrfachkompetenz: Effektivitätsprinzip

Letztlich ist als Argument für die Mehrfachkompetenzlösung auch folgende Überlegung zu beachten: Durch die Mehrfachkompetenz werden Kompetenzkonflikte vermieden, die letztlich zu Lasten der Aufgabenerfüllung gehen könnten. Das Sicherheitsrecht wird aber vom Effektivitätsprinzip beherrscht, weshalb diejenige Sicherheitsbehörde wirksam handeln können muss, die dazu in der Lage und auch zur Stelle ist. Genau dieses Ziel wird von dieser „Nebeneinanderkompetenz" in der Form der Mehrfachkompetenz erreicht.

Auswirkungen einer analogen Anwendung von Art. 44 LStVG?

In diesem Rahmen wird vertreten, dass Art. 44 LStVG sinngemäß für die Abgrenzung der Zuständigkeiten anzuwenden ist, um eben effektives sicherheitsrechtliches Handeln zu ermöglichen, also Doppelarbeit und sich widersprechende Maßnahmen zu vermeiden. Hiernach wäre die unterste Sicherheitsbehörde für die auf ihren örtlichen Bereich und ihre tatsächlichen Mittel beschränkten Aufgaben zuständig. Die nächsthöhere Behörde soll erst dann eingreifen können, wenn diese untere nicht bzw. nicht ausreichend tätig werden kann.[437] 424

Ein solcher Subsidiaritätsgrundsatz ist aber einerseits nicht als allgemeiner Rechtsgrundsatz (v.a. nicht als allgemeiner Verfassungsgrundsatz des Bundes- oder Landesverfassungsrechts) anerkannt,[438] andererseits führt er zu keinem anderen Ergebnis, da eine Verletzung dieses Grundsatzes nach allgemeiner Ansicht nicht zur formellen Rechtswidrigkeit der Maßnahme führt.[439]

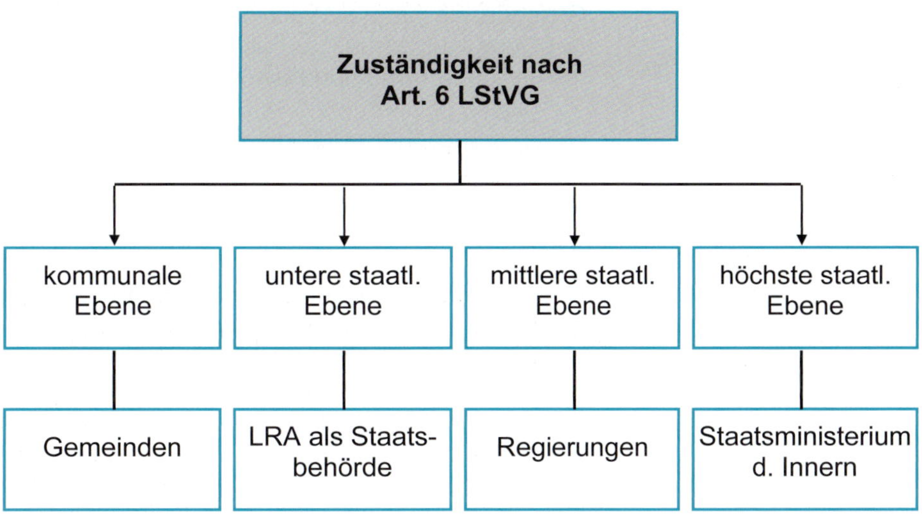

Probleme i.R.d. Organzuständigkeit

Die Organzuständigkeit kann beim Handeln einer Gemeinde von Bedeutung sein.[440] 425

Die Organzuständigkeit ergibt sich bei (kreisfreien und kreisangehörigen) Gemeinden aus den Art. 29 und 37 GO.

436 Gallwas/Wolff, Bayerisches Polizei- und Sicherheitsrecht, Rn. 169.
437 BayVGH, BayVBl. 1974, 471 (472).
438 BVerwGE 23, 304 (306 f.).
439 Vgl. BHKM, 3. Teil, Rn. 488.
440 Zur Organzuständigkeit ausführlich **Hemmer/Wüst, KommunalR/Bayern, Rn. 481**.

Art. 37 I Nr. 1 GO greift nicht mehr bei möglicher Entstehung einer hohen Entschädigungsforderung

Hier kann bei sicherheitsrechtlichen Anordnungen des Ersten Bürgermeisters im Hinblick auf eine mögliche, verhältnismäßig hohe Kostenfolge der Anordnung nach Art. 11 LStVG zweifelhaft werden, ob die konkrete Maßnahme noch als „laufende Angelegenheit" i.S.d. Art. 37 I Nr. 1 GO angesehen werden kann, da sie ja „erhebliche Verpflichtungen" in Form der Entschädigung „erwarten lässt".

beachte aber Art. 37 III GO

Dann ist **zu beachten**, dass der Erste Bürgermeister gem. Art. 37 III GO auch an Stelle des an sich zuständigen Gemeinderates handeln kann, falls es sich um eine dringliche Anordnung (wie meist im Bereich des Sicherheitsrechts) handelt.[441]

bb) Die örtliche Zuständigkeit ergibt sich, soweit keine speziellen Vorschriften existieren, aus Art. 3 BayVwVfG.

b) Verfahren

Verfahren, insbes. Anhörung

Bezüglich der grundsätzlich nötigen Anhörung vor dem Erlass belastender VAe (Art. 28 I BayVwVfG) ist Art. 28 II Nr. 4 BayVwVfG für VAe i.F.d. Allgemeinverfügung zu beachten sowie die Heilungsmöglichkeit des Art. 45 I Nr. 3 BayVwVfG. 426

ordnungsgem. Beschlussfassung

Ferner kann an dieser Stelle die Prüfung der ordnungsgemäßen Beschlussfassung durch Kollegialorgane, v.a. durch den Gemeinderat, erforderlich werden. Dies ist der Fall, wenn die Gemeinde als Sicherheitsbehörde gehandelt hat[442] und die Organzuständigkeit beim Gemeinderat lag. 427

ausreichende (Amts-)Ermittlung

Darüber hinaus ist im Sicherheitsrecht oft die Frage nach dem richtigen Verantwortlichen und somit nach dem Maßnahmeadressaten problematisch. 428

Gleiches gilt für die Wahl der richtigen Maßnahme zur Einhaltung des Grundsatzes der Verhältnismäßigkeit (was in der ausdrücklichen gesetzlichen Regelung des Art. 8 LStVG seinen Ausdruck findet).

Umso gründlicher muss die Sicherheitsbehörde vor Erlass eines VA aber ihrer Amtsermittlungspflicht nach Art. 24 I und II BayVwVfG nachkommen und den Sachverhalt ausreichend aufklären (beachte insbes. Abs. 2).

Nur in engen Ausnahmefällen darf die Behörde aus Gründen der Zweckmäßigkeit und Kostenersparnis mögliche, aber dennoch unverhältnismäßig schwierige oder kostspielige Ermittlungen unterlassen, wenn dies zugunsten des Bürgers gehen soll und mit dem öffentlichen Interesse vereinbar ist (auch bei Ermessensentscheidungen).

Hat die Behörde also keine ausreichenden Ermittlungen vorgenommen und liegt kein Ausnahmefall vor, so macht dieser Verstoß gegen Art. 24 BayVwVfG den VA nach h.L. rechtswidrig und, v.a. wenn es sich um eine Ermessensentscheidung handelt, auch aufhebbar.

hemmer-Methode: I.d.R. wird in einem solchen Fall auch eine materielle Rechtswidrigkeit zu bejahen sein, da regelmäßig ein Ermessensfehler in Form des Heranziehungsdefizits vorliegen wird.[443]

441 So auch im berühmten „Obdachlosenfall" für eine Einweisungsverfügung in eine gekündigte und bereits zwangsgeräumte Privatwohnung; Samper, BayVBl. 1974, 8.

442 Dazu näher **Hemmer/Wüst, KommunalR/Bayern, Rn. 84**.

443 Hierzu Schenke/Schenke in: Kopp/Schenke, Verwaltungsgerichtsordnung, § 114 VwGO, Rn. 12.

c) Form

Form/insbes. Begründung

Hingewiesen sei darauf, dass alle Befugnisnormen für VAe im LStVG Ermessensnormen sind und dass der Auswahl des richtigen Adressaten besondere Bedeutung zukommt. Hinsichtlich der Entscheidung, eine konkrete Maßnahme zu treffen, der Auswahl des Adressaten, der Notwendigkeit und des Umfangs der angeordneten Maßnahme ist der VA also im Hinblick auf Art. 39 I (vgl. S. 2) BayVwVfG ausreichend zu begründen. 429 f.

hemmer-Methode: Auf die obigen Punkte b) und c) ist in der Klausur nur dann vertieft einzugehen, wenn sie wirklich problematisch sind! Unproblematische Punkte sind möglichst knapp abzuhandeln (... „Bezüglich Verfahren und Form bestehen keine Bedenken.").

3. Materielle Rechtmäßigkeit des angefochtenen VA

a) Rechtsgrundlage = Befugnis

Befugnis/Vorbehalt des Gesetzes

Für in Rechte des Betroffenen eingreifende Maßnahmen gilt (wie immer) der Vorbehalt des Gesetzes nach Art. 20 III GG (bzw. Art. 55, 70 BV). 431-436

In diesen Fällen muss also eine Befugnisnorm als Rechtsgrundlage gegeben sein.

Klarstellung in Art. 7 I LStVG

Dies stellt Art. 7 I LStVG wiederholend klar (Art. 7 I LStVG spricht von „Anordnungen und sonstigen Maßnahmen" und meint damit Einzelfallregelungen, Verordnungen und Tatmaßnahmen nach Art. 7 III LStVG).

aa) Auffinden der Befugnisnorm

Auffinden der Befugnisnorm

Das Auffinden der in Betracht kommenden Befugnisnorm („Selektierung") erfolgt nach der Rangvorgabe des Art. 7 II LStVG: 437

Spezialbefugnis in SpezialG?

- ⇨ Spezialbefugnis in Spezialgesetz (auch Rechtsvorschriften im Rang unter formellen Gesetzen, also Verordnungen, insbesondere solche, die nach dem LStVG erlassen wurden)?
- ⇨ Standardbefugnis in Art. 12 ff. LStVG?
- ⇨ Generalklausel des Art. 7 II LStVG?

hemmer-Methode: Bezüglich der Frage, wann auf welche Befugnisnorm letztlich zurückgegriffen werden darf und wann nicht, gelten die Ausführungen im Polizeirecht zu Art. 11 PAG entsprechend.[444] Auf die Generalklausel des Art. 7 II LStVG darf also nur zurückgegriffen werden, wenn keine oder keine abschließende Spezialregelung existiert.

bb) Subsumtion unter die gefundene Befugnisnorm

Subsumtion

Dem Aufsuchen der einschlägigen Befugnisnorm folgt der Subsumtionsvorgang. Hier ist zu prüfen, ob die Maßnahme von der Befugnisnorm getragen wird. 438

444 Vgl. oben, Rn. 150.

hemmer-Methode: Im Bereich Auffinden der Befugnis bzw. Subsumtion unter die in Betracht kommenden Befugnisse liegt häufig einer der Schwerpunkte der Klausur: Oft wird erwartet, dass mehrere möglicherweise in Betracht kommenden Spezialnormen exakt angeprüft werden, um dann im Ergebnis schließlich bei der Generalklausel des Art. 7 II LStVG zu landen. Steuern Sie deshalb aus klausurtaktischen Gründen die einschlägige Rechtsgrundlage nicht direkt, sondern über mögliche anderweitige in Betracht kommende Befugnisse an (Retardation).
Wichtig ist, dass Ihnen bereits im Vorfeld klar ist, welche Befugnisnorm letztlich einschlägig ist - nicht zuletzt deshalb, um Ihren Prüfungsaufbau danach auszurichten. Sie sehen: Die Selektierung bei der Vorbereitung Ihrer Lösung hat mitunter „kampfentscheidende" Bedeutung!

(1) Befugnisnorm in einer Verordnung

hemmer-Methode: Der Fall, dass die Befugnis einem Spezialgesetz entnommen wird, wird hier zunächst ausgeklammert, da sich der Aufbau dann nicht nach dem hier befolgten bayerischen Schema richten sollte (vgl. oben Rn. 420 f.).

Befugnisnorm in VO

Wie bereits erwähnt, können auch Verordnungen, insbesondere Verordnungen nach dem LStVG,[445] Befugnisnormen enthalten. 439

Die Ermächtigung zum Erlass einer Verordnung ermächtigt den „Verordnungsgeber" auch dazu, eine solche mit entsprechenden Befugnissen auszustatten.[446]

hemmer-Methode: Besondere Vorkenntnisse bezüglich solcher Befugnisnormen sind so gut wie ausgeschlossen. Es kommt daher allein auf gekonnte (also genaue) Subsumtionsarbeit an.

hier insbes.: Rmk. der Befugnisnorm selbst

Befindet sich die Befugnisnorm in einer sicherheitsrechtlichen Verordnung und kann die konkrete Maßnahme unter diese Befugnis subsumiert werden, ist unter Umständen als gesonderter Schritt die 440

Rechtmäßigkeit der Rechtsgrundlage (Befugnisnorm)
= Verordnung

⇨ Stufenprüfung: Rmk. der VO

selbst zu überprüfen (Stufenprüfung).[447]

Die Rechtmäßigkeitsprüfung erfolgt nach der i.R.d. Normenkontrollverfahrens dargestellten Vorgehensweise.[448] Sie wird nach dem „Baukastenprinzip" hier eingefügt.

hemmer-Methode: Die Stufenprüfung ist ebenfalls häufig ein Schwerpunkt in Klausuren. Sie stellt eine zusätzliche, manch einem Klausurersteller faszinierende Möglichkeit dar, Wissen und Systemverständnis gebietsübergreifend abzuprüfen.

445 Vgl. dazu die Ausführungen i.R.d. Normenkontrollklage, Rn. 378 ff.

446 BayObLGSt 5, 397; BayObLGSt 27, 62.

447 Zur Stufenprüfung bereits oben, Rn. 366, sowie **Hemmer/Wüst, VerwaltungsR I, Rn. 284** und **Rn. 336**.

448 Vgl. oben, Rn. 378 ff.

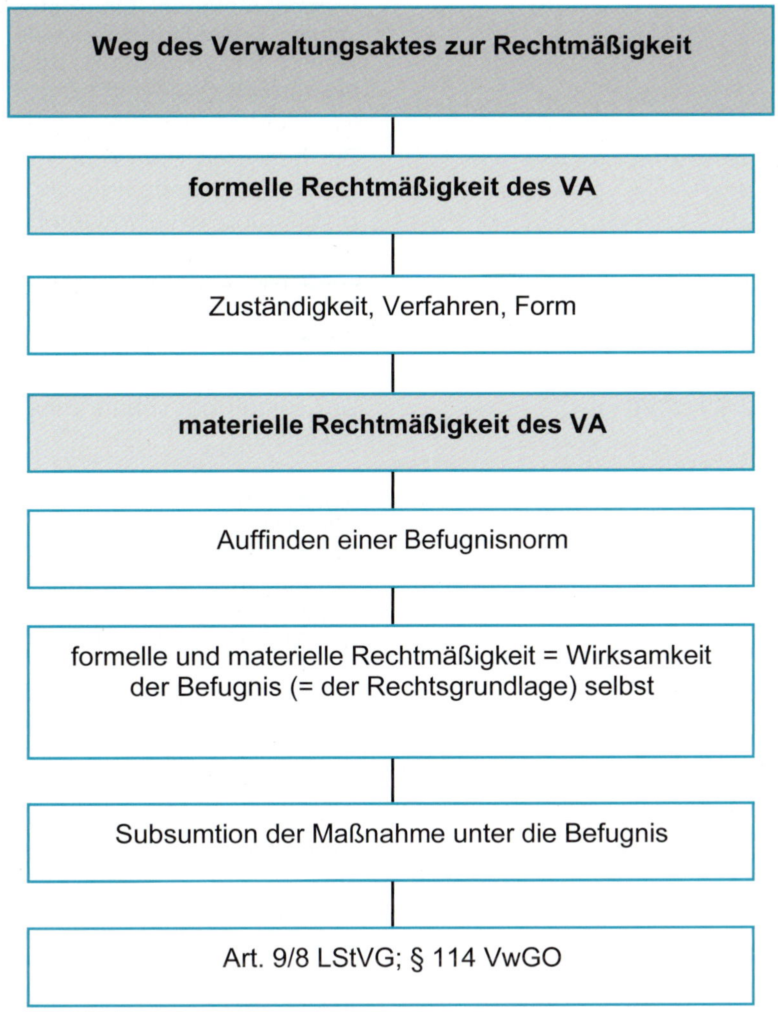

VO unwirksam: VA rechtswidrig

Stellt sich bei dieser Inzidentkontrolle heraus, dass die Verordnung 441
rechtswidrig, d.h. unwirksam ist, ist der (eigentlich) angegriffene VA rechtswidrig, da er ohne Rechtsgrundlage (Befugnis) erlassen wurde.

hemmer-Methode: Beachten Sie, dass eine rechtswidrige Verordnung grundsätzlich automatisch unwirksam ist. Nur VAe sind trotz Rechtswidrigkeit wirksam und nur anfechtbar, vgl. Art. 43 II BayVwVfG.

VO gilt aber fort!

Durch ein insoweit ergehendes Urteil wird die Unwirksamkeit der Norm allerdings nicht allgemeinverbindlich festgestellt. Dies ist dem VGH vorbehalten, § 47 V S. 2 VwGO.

In Bezug auf die inzident festgestellte Unwirksamkeit der Verordnung erwächst das Urteil nicht in Rechtskraft. Um die unwirksame Verordnung zu beseitigen, ist entweder die Aufhebung durch die zuständige Behörde selbst oder ein Urteil in einem Normenkontroll-, bzw. Popularklageverfahren nötig.

(2) Standardbefugnisse des LStVG, Art. 12 ff. LStVG

Art. 12 ff. LStVG

Das LStVG enthält, ebenso wie das PAG, eine Reihe von Spezialbe- 442
fugnissen für typische Maßnahmen.

hemmer-Methode: Eine detaillierte Kenntnis der Definitionen der einzelnen Tatbestandsmerkmale ist in der Regel nicht erforderlich. Es kommt hier vorwiegend auf das genaue Lesen des Tatbestandes und die korrekte Subsumtion an.

Zur besseren Übersicht sollen die einzelnen Normen, die eine Befugnis zum Handeln durch Einzelmaßnahme (VA) geben, mit kurzer Erläuterung von etwaigen Besonderheiten vorgestellt werden:

(a) Art. 12 II i.V.m. I LStVG (Verhütung von übertragbaren Krankheiten)

Art. 12 II, I LStVG

Der Begriff der „übertragbaren Krankheiten" ist in § 1 BSeuchG legaldefiniert. 443

hemmer-Methode: Art. 12 BayLStVG schränkt als Rechtsgrundlage für Eingriffe die von Art. 12 I GG geschützte Berufsausübung ein. Nach der Drei-Stufen-Theorie des BVerfG[449] handelt es sich um eine verhältnismäßige Einschränkung, da der Schutz des Lebens und der Gesundheit die Einschränkung als „vernünftige Erwägung des Allgemeinwohls" (erste Stufe) zweckmäßig erscheinen lässt.

(b) Art. 18 II i.V.m. I LStVG (Halten von Hunden)

Art. 18 II, I LStVG

Die Gemeinden können zum Schutz der in Abs. 1 genannten Rechtsgüter (und nur dieser![450]) Einzelfallanordnungen treffen, die die Haltung von Hunden betreffen. 444

Tatbestand

Die tatbestandlichen Beschränkungen des Abs. 1 (vgl. den „Maulkorbfall" i.R.d. Normenkontrollklage[451]) gelten im Übrigen nicht:

Abs. 2 spricht nur von „Hunden", nicht also z.B. von „Hunden i.S.v. Abs. 1" oder „i.S.v. Art. 37 I S. 2 LStVG". Es besteht somit keine Einschränkung, etwa auf bestimmte Rassen oder Größen.[452] Auch ist die Gemeinde nicht auf einen Anleinzwang beschränkt, sondern kann alle die Haltung betreffenden, erforderlichen Maßnahmen treffen.

Verhältnis zu Art. 7 II LStVG?

Aus dem eben Gesagten ergibt sich, dass Maßnahmen bezüglich der Haltung von Hunden von Art. 18 II LStVG gedeckt sind. 445

Bsp.: *Anordnung von Zwingerhaltung, Maulkorbpflicht, Anordnung einen Warnhinweis am Gartenzaun anzubringen etc.*

Insoweit muss also nicht auf Art. 7 II LStVG zurückgegriffen werden. Art. 7 II LStVG ist aber dann einschlägig, wenn über das Halten von Hunden hinausgehende Maßnahmen getroffen werden.

Bsp.: *Anordnung der Weggabe*

Solche Maßnahmen lassen sich nicht mehr unter die „Haltung" subsumieren.

449 Hierzu grundlegend im „Apothekenurteil", BVerfGE 7, 377; vgl. auch **Hemmer/Wüst, StaatsR I, Rn. 370**.

450 Art. 18 II i.V.m. I LStVG gibt also keine allgemeine Befugnis für Einzelfallanordnungen zum Schutz der gesamten öffentlichen Sicherheit und Ordnung, sondern ist vielmehr auf die Rechtsgüter Leben, Gesundheit, Eigentum und öffentliche Reinlichkeit beschränkt; siehe dazu schon oben i.R.d. Normenkontrollklage Rn. 391 ff.

451 Rn. 391 ff.

452 BayVGH, BayVBl. 2004, 535, bspr. v. Scheidler BayVBl. 2004, 715; so auch ausdrücklich VollzBekLStVG vom 02.07.1992, AllMBl. Nr.17/1992, S. 555, Ziff. 18.3.

hemmer-Methode: Diese vermeintlichen „Besonderheiten“ ergeben sich letztlich alle aus dem Wortlaut der Vorschrift.
Sie sehen also, dass insoweit jegliches Vergießen von Angstschweiß überflüssig ist! Durch genaues Lesen und Subsumieren lassen sich diese Probleme ohne weiteres erkennen und lösen, auch wenn Sie die Vorschrift zum ersten Mal sehen.

Exkurs für Fortgeschrittene

konkrete Gefahr bei Art. 18 II, I LStVG

Ebenfalls aus dem Wortlaut der Vorschrift („... für den Einzelfall ...“) ergibt sich das Erfordernis des Vorliegens einer konkreten Gefahr für die genannten Schutzgüter.[453] Dies kann dann fraglich sein, wenn ein Hund durch aggressives Verhalten Anlass zu sicherheitsbehördlichem Einschreiten gegeben hat, sich jedoch anschließend bis zum Zeitpunkt des Erlasses einer Anordnung nachweislich friedlich verhalten hat. 446

Anforderung an Wahrscheinlichkeit des Schadenseintrittes

I.R.d. konkreten Gefahr sind an die Wahrscheinlichkeit des Schadenseintrittes jedoch um so geringere Anforderungen zu stellen, je größer der zu erwartende Schaden ist und je ranghöher das bedrohte Rechtsgut ist.

Im vorliegenden Fall ist dabei maßgeblich, dass es tierischem Verhalten (ungeachtet der gesetzlichen Aggressivitätsvermutung nach Art. 37 I LStVG i.V.m. § 1 I, II der Verordnung vom 10.07.1992[454]) eigen ist, nicht immer und zwangsläufig in derselben Weise Aggressionen zum Ausdruck zu bringen, sodass eine konkrete Gefahr zu bejahen ist.

Exkursende

(c) Art. 23 I S. 1 und II LStVG (Menschenansammlungen)

Art. 23 I S. 1 u. II LStVG

Schutzgüter und Anwendungsbereich (bzw. Einschränkungen) ergeben sich unmittelbar aus Art. 23 LStVG selbst. 447

Unter „Ansammlung“ ist die Zusammenkunft einer größeren Anzahl von Menschen zu verstehen (z.B. Volksfest), ohne dass es auf den Anlass dieser Zusammenkunft ankommt (Unterschied zur „Versammlung“ nach BayVersG, vgl. Art. 2 I BayVersG).[455]

(d) Art. 24 II LStVG, (Ski-, Skibobfahren, Rodeln)

Art. 24 II LStVG

Beachte: Die Befugnis umfasst nur die vorübergehende Untersagung oder Beschränkung. 448

(e) Art. 26 II i.V.m. I LStVG (Betreten u. Befahren von Grundstücken)

Art. 26 II, I LStVG

Beachten Sie die durch Abs. 1 S. 1 gesetzte zeitliche Grenze, die voraussichtliche Dauer der Gefahr. 449

vorrangige Normen i.S.d. Vorschrift

Vorrangig gem. Art. 26 II i.V.m. I S. 2 LStVG sind insbesondere § 7 II FStrG[456] und § 45 I S. 1 StVO (dagegen enthält das StrWG keine dem Schutz der Verkehrssicherheit dienende Vorschrift).

453 Zur konkreten Gefahr Rn. 118.

454 Verordnung über Hunde mit gesteigerter Aggressivität vom 10.07.1992, GVBl. S. 268, BayRS 2011-2-7-I.

455 LG Freiburg, NJW 1976, 2176; zum Versammlungsbegriff oben Rn. 283.

456 Vgl. Sartorius Nr. 932.

Verhältnis zu Art. 16 PAG?

Art. 26 LStVG steht grundsätzlich neben der polizeilichen Befugnis aus Art. 16 PAG. Während die Sicherheitsbehörden über Art. 26 LStVG das Betreten und Befahren untersagen können, hat die Polizei über Art. 16 PAG die Befugnis, Personen, die sich bereits auf dem Grundstück befinden, des Platzes zu verweisen. Beide Rechtsgrundlagen überschneiden sich damit grundsätzlich nicht.

Sonderfall*:* Es befindet sich zum Zeitpunkt des Erlasses des Verbots eine Person auf dem Grundstück. In diesem Fall geht es nicht (nur) um ein Betretungsverbot, sondern gerade darum, diese Person von dem Grundstück zu entfernen.

Für eine entsprechende Maßnahme gibt Art. 26 LStVG keine Befugnis; die Person kann allerdings nach Art. 16 PAG von der Polizei zum Verlassen aufgefordert werden.[457]

hemmer-Methode: Dies ergibt sich wiederum ohne weiteres aus der Subsumtion: Es kann nach Art. 26 BayLStVG nur das „Betreten und Befahren“ verboten, nicht aber das Verlassen angeordnet werden.

(f) Art. 28 III i.V.m. I LStVG (öffentliche Anschläge)

Art. 28 III, I LStVG

Beachten Sie die als unmittelbare bundesrechtliche Normen vorgehenden § 33 I Nr. 3 und II StVO, sowie im Hinblick auf Art. 28 I S. 2 LStVG die Art. 2 I S. 2, 91 I Nr. 2 BayBO. *450*

(g) Art. 29 I LStVG (fliegende Verkaufsanlagen)

Art. 29 I LStVG

Systematisch und im Hinblick auf den (kaum bedeutsamen) Anwendungsbereich ist zu beachten, dass die Vorschrift eine Lücke zwischen Straßenverkehrsrecht (dort § 33 I Nr. 2 StVO) und Bauordnungsrecht (dort Art. 85 BayBO) ausfüllt. *451*

(3) Generalklausel des Art. 7 II LStVG

Art. 7 II LStVG

Eine weitaus größere Bedeutung als den Spezialbefugnissen des LStVG kommt der generellen Befugnisnorm des Art. 7 II LStVG zu. *452*

Hier ergibt sich folglich auch eine größere Palette von Problemkreisen.

Die Vorschrift befugt (falls nicht subsidiär[458]) bei Vorliegen der Voraussetzungen im Grunde zu allen für eine effektive Gefahrenbekämpfung erforderlichen Anordnungen. Der Inhalt der möglichen Ge- und Verbote ist dabei so umfassend wie auch die Fülle der Gefahren und Störungen, deren Abwehr bzw. Beseitigung in Betracht kommt.[459]

konkrete Gefahr

Hier ist immer eine konkrete Gefahr nötig.[460]

hemmer-Methode: Anders ist dies – soweit Sie den bayerischen Aufbau verwenden – i.R.d. Aufgabenbereichseröffnung. Dort genügt bereits eine allgemeine oder abstrakte Gefahr!

---

457 Allerdings erscheint auch ein Platzverweis durch die Sicherheitsbehörde auf Grundlage des Art. 7 II LStVG denkbar, soweit man nicht Art. 26 LStVG insoweit als abschließende Regelung sieht.

458 Zum Problem der Einschlägigkeit der Generalklausel bzw. der Subsidiarität siehe bereits oben, Rn. 437 und die Ausführungen zum Parallelproblem i.R.d. Art. 11 PAG im PolizeiR, Rn. 147 ff.

459 Bengl/Berner/Emmerig, Art. 7 LStVG, Rn. 10.

460 Vgl. Art. 7 II LStVG „... für den Einzelfall ...“.

Voraussetzungen

Die Voraussetzungen:

Art. 7 II Nr. 1 LStVG

a) Art. 7 II Nr. 1 LStVG 453

1. Mögl.: Straftat/OWi

⇨ Vorliegen einer rechtswidrigen Tat, die den Tatbestand eines Strafgesetzes oder einer Ordnungswidrigkeit verwirklicht.

OWi-/Straftatbestand

Es muss also (als erste Möglichkeit) eine Vorschrift vorliegen, die eine Handlung als Straftat oder Ordnungswidrigkeit ausweist.[461]

Relevant ist dabei u.a. § 118 OWiG, wonach ordnungswidrig handelt, wer eine grob ungehörige Handlung vornimmt, die geeignet ist, die Allgemeinheit zu belästigen oder zu gefährden und die öffentliche Ordnung zu beeinträchtigen (sog. Belästigung der Allgemeinheit). Diese Norm ist wichtig, da die öffentliche Ordnung in der Generalklausel des Art. 7 LStVG als Schutzgut ansonsten nicht erwähnt ist!

auch Ahndungsnormen

Das kann auch eine sog. Ahndungsnorm nach dem LStVG sein.

Diese Ahndungsnormen ermöglichen bei einem direkten Verstoß gegen sie selbst (sog. selbstständige Ahndungsnormen[462]) oder gegen eine aufgrund ihrer ergangenen Verordnung/Einzelanordnung (sog. unselbstständige Ahndungsnormen[463]) die Verhängung einer Strafe oder Geldbuße (vgl. Art. 1 I und II LStVG).

Tatbestand durch die Handlung verwirklicht

Die Tat (also ein Tun oder Unterlassen) muss den objektiven Tatbestand einer solchen Vorschrift verwirklichen.

Tat ist rechtswidrig

Diese Tat muss (nach den allgemeinen Regeln) rechtswidrig sein. Auf ein Verschulden oder das (Nicht-)Vorliegen von Schuld-/Strafausschließungsgründen kommt es dagegen nicht an.

2. Mögl.: Verfassungsfeindliche Hdlg.

⇨ Vorliegen einer verfassungsfeindlichen Handlung

Eine solche Handlung ist in Art. 7 V BayLStVG legaldefiniert.

Maßnahmeziel: Verhütung / Unterbindung der Tat

Die Maßnahme muss getroffen werden, um die Tat bzw. Handlung zu verhüten oder zu unterbinden. Die Begriffe sind mit denen des Art. 6 LStVG identisch.[464]

hemmer-Methode: Aus den Begriffen „verhüten"/„unterbinden" als Tatbestandsvoraussetzungen folgt, dass die Tat noch nicht beendet sein darf.
Aus dem LStVG ergibt sich also weder die Aufgabe (Art. 6 LStVG) noch die Befugnis (Art. 7 II LStVG) für Sicherheitsbehörden, Straftaten oder Ordnungswidrigkeiten zu verfolgen.
Hierfür sind die in anderen Gesetzen genannten Behörden zuständig, vgl. Art. 2 und 3 LStVG.[465]
Auch die Verhängung einer Buße aufgrund von Ahndungsnormen des LStVG fällt nicht in die Zuständigkeit der in Art. 6 LStVG genannten Sicherheitsbehörden.

Art. 7 II Nr. 2 LStVG

b) Art. 7 II Nr. 2 LStVG 454

Maßnahmeziel

Maßnahmeziel: Beseitigung von Zuständen, die durch Handlungen i.S.v. Abs. 2 Nr. 1 verursacht wurden.

---

461 Maßnahmen nach Art. 7 II Nr. 1 LStVG werden daher auch „unselbstständige Verfügungen" genannt.

462 Beispiele: Art. 19 VIII Nr. 1, 21, 22 II Nr. 2, 3, 25 III Nr. 2, 37 V Nr. 1 LStVG usw.

463 Beispiele: Art. 12 III, 22 II Nr. 1, 28 II LStVG usw.; bei den unselbstständigen Ahndungsnormen ist die Vorschrift des Art. 4 I LStVG zu beachten (vgl. Rn. 385, Fn. 362).

464 Definitionen, Rn. 435.

465 Vgl. bereits oben, Rn. 432.

auch wenn Tat kein Dauerdelikt ist

Diese Befugnis ist auch dann gegeben, wenn es sich bei der Tat nicht um ein Dauerdelikt handelt.

Art. 7 II Nr. 3 LStVG

c) Art. 7 II Nr. 3 LStVG 455

Abwehr von Gefahren, Beseitigung von Störungen

Nach Art. 7 Nr. 3 LStVG dürfen die erforderlichen Maßnahmen getroffen werden, um Gefahren abzuwehren oder Störungen zu beseitigen, die Leben, Gesundheit oder die Freiheit von Menschen oder Sachwerte, deren Erhaltung im öffentlichen Interesse geboten erscheint, bedrohen oder verletzen.

Abwehr einer Gefahr

Eine Gefahr ist wie im Polizeirecht als ein Zustand zu definieren, der bei ungehindertem Geschehensablauf zu einem Schadenseintritt führen wird. Abgewehrt wird eine solche Gefahr, wenn die drohende Schädigung der Schutzgüter vorbeugend verhindert wird.

Störung

Störung ist die bereits eingetretene Gefahr.

Unterbindung

Eine solche Störung wird unterbunden, wenn verhindert wird, dass eine bereits begonnene, aber noch nicht abgeschlossene störende Handlung fortgesetzt wird.

Beseitigung

Die Störung wird beseitigt, wenn der Schädigungszustand bzgl. des Schutzgutes aufgehoben oder beendet wird, oder wenn die ihn verursachende Handlung rückgängig gemacht und der ordnungsgemäße Zustand wiederhergestellt wird.

Schutzgüter

Leben, Gesundheit und Freiheit von Menschen entsprechen den Schutzgütern des Art. 2 II GG.

Sachwerte i.S.d. Vorschrift

Sachwerte sind bewegliche und unbewegliche Sachen.

Auf sie bezieht sich der in der Norm folgende Halbsatz, der nur solche Sachwerte für relevant i.R.d. Art. 7 II Nr. 3 LStVG erklärt, deren Erhaltung im öffentlichen Interesse für geboten erscheinen.

Unerheblich ist dabei, ob es sich um öffentliches Eigentum oder Privateigentum handelt.[466]

Bsp.: *Telefonzelle, Energieversorgungseinrichtung*

hemmer-Methode: Beachten Sie, dass es im bayerischen Sicherheitsrecht keine Generalklausel gibt, wonach die Behörde bei jeder beliebigen Gefahr für die öffentliche Sicherheit oder Ordnung handeln darf! Allerdings kann die Verletzung der öffentlichen Ordnung nach § 118 OwiG eine Ordnungswidrigkeit darstellen, deren Unterbindung die Befugnis des Art. 7 II Nr. 1 LStVG ermöglicht, vgl. schon oben Rn. 453.

d) Sonderproblem: Gefahrenverdacht und Gefahrerforschungseingriffe

Gefahrerforschungseingriff

Wichtigstes Spezialproblem i.R.d. Generalklausel des Art. 7 II LStVG ist der Gefahrerforschungseingriff beim Vorliegen eines bloßen Gefahrenverdachts. Als Gefahrerforschungseingriff bezeichnet man insbes. die Anordnung von Untersuchungsmaßnahmen wie die Vornahme einer Probebohrung oder die Erstellung eines Sachverständigengutachtens. Einen solchen Gefahrerforschungseingriff ordnet die Behörde an, da bei einem bloßen Gefahrenverdacht die Anordnung endgültiger, gefahrbeseitigender Maßnahmen unverhältnismäßig wäre. 455a

466 Vgl. VollzBekLStVG vom 02.07.1992, AllMBl. Nr.17/1992, S. 555, Ziff. 7.4.1.

Gefahrerforschungsmaßnahme auf Art. 7 II Nr. 3 LStVG stützbar? str.

Ein auf Tatsachen begründeten Gefahrenverdacht (also nicht eine vage bloße Vermutung) ist dabei grundsätzlich der Gefahr i.S.d. Art. 7 II LStVG gleichzustellen. Fraglich ist aber, ob die Gefahrerforschungsmaßnahme überhaupt auf die Generalbefugnis gestützt werden kann, da sie keine Gefahrbeseitigung, sondern nur Sachverhaltsaufklärung zum Ziel hat. Zu diesem Problem werden verschiedene Lösungsansätze vertreten: *455b*

e.A.: stets unzulässig

Nach einer Ansicht soll der Gefahrerforschungseingriff stets unzulässig sein.[467] *455c*

Arg.: Art. 24 BayVwVfG

Begründet wird dies mit dem im Verwaltungsverfahren gem. Art. 24 BayVwVfG geltenden Amtsermittlungsgrundsatz.

Dieser treffe eine insoweit klare Abgrenzung:

Die Sicherheitsbehörden hätten zu ermitteln, ob und in welchem Umfang eine Gefahr für die öffentliche Sicherheit vorliege. Bei diesen Ermittlungen seien die Beteiligten nach Art. 26 II BayVwVfG nur zu den gesetzlich bestimmten Mitwirkungshandlungen verpflichtet. Dagegen unterliege die Beseitigung der Gefahr vorrangig dem (dann ermittelten) Verantwortlichen.

a.A.: als notwendige Vorstufe zur Gefahrenabwehr von Art. 7 II Nr. 3 LStVG mitumfasst

Hiergegen wird eingewendet, dass die Anordnung von Gefahrerforschungsmaßnahmen im Hinblick auf die Verhältnismäßigkeit (Art. 8 LStVG) meist die einzige in Betracht kommende Maßnahme sei. Auf welche Befugnis solle dann aber eine entsprechende Maßnahme gestützt werden? Art. 24, 26 II BayVwVfG enthalte eine solche nicht. Sie sei aber selbst dann nötig, wenn die Behörde selbst ermitteln wollte, etwa um eine Duldungsverfügung durchsetzen zu können! *455d*

Arg.: Effektivitätsprinzip

Konsequenz sei, dass die Sicherheitsbehörden ihre Aufgabe der effektiven Gefahrenabwehr nicht wirksam erfüllen könnten.[468]

Arg.: genaue Trennung (prakt.) kaum möglich

Hauptargument ist aber, dass diese strikte Trennung zwischen Maßnahmen der Sachverhaltsermittlung und der Gefahrenabwehr dem (praktischen) Umstand nicht gerecht werde, dass die vorgenommene Handlung meist gar nicht einem dieser Bereiche eindeutig zugeordnet werden könne. Bei solchen Verdachtslagen sei die Gefahr- und Ursachenerforschung vielmehr als notwendige Vorstufe der Gefahrenbeseitigung von der Generalbefugnis (mit-)umfasst.[469] *455e*

vermittelnd BayVGH:

Im Hinblick auf diese Abgrenzungsschwierigkeiten (= solche fraglichen Maßnahmen könnten sowohl der reinen Ermittlung dienen, als auch bereits der erste Schritt zur Beseitigung einer Gefahr sein)[470] vertritt der BayVGH[471] eine vermittelnde Auffassung: *455f*

Entscheidung im Ermessen der Behörde

Danach soll die Entscheidung zwischen beiden Vorgehensweisen (Selbstermitteln/Heranziehung eines Dritten) im pflichtgemäßen Ermessen der Behörde stehen. Bei dieser Entscheidung soll die Behörde folgende Punkte berücksichtigen:

⇨ Effektivität der Gefahrenabwehr: Ist die Heranziehung des Bürgers gleich effektiv?[472]

⇨ Welche der Maßnahmen bedeutet für den Betroffenen den geringeren Eingriff? (Beachten Sie insoweit die Kostentragungspflicht[473])

---

467 Breuer, Gedächtnisschrift für Wolfgang Martens (1987), S. 342; Papier, DVBl. 1985, 873 ff.

468 De Wall a.a.O.

469 VGH Mannheim, DÖV 1985, 687; Schink, DVBl. 1989, 1187.

470 VGH Mannheim, DÖV 1985, 687.

471 BayVGH, BayVBl. 1986, 590 (592).

472 Dies ist regelmäßig zu bejahen, da sowohl Behörde wie auch Bürger i.d.R. einen privaten Unternehmer mit der Untersuchung beauftragen werden.

473 Diese ergibt sich aus Art. 1 und 2 I S. 1 KostG, sowie Art. 3 I Nr. 2 und Art. 14 KostG - Kostenschuldner ist derjenige, der die Amtshandlung veranlasst, also der sicherheitsrechtlich Verantwortliche.

⇨ Ist die Maßnahme einfacher durch die Behörde durchzuführen?[474]

⇨ Liegt der Schwerpunkt der Maßnahme eher auf der Ermittlung oder der Abwehr? Wenn der Schwerpunkt auf der Ermittlung liegt, insbesondere wenn noch nicht klar ist, „ob" überhaupt eine Gefahr vorliegt, ist nur ein Selbstermitteln der Behörde ermessensfehlerfrei![475]

Problem: Vorliegen einer konkreten Gefahr?
(+), wenn aufgrund Verdachts großer und folgenschwerer Schaden für hochrangige Schutzgüter zu befürchten ist.

Problem: Gefahrerforschung auf Grundlage des Art. 7 LStVG möglich?

e.A.: unzulässig!
Argument:
⇨ Amtsermittlungsgrundsatz gem. Art. 24 VwVfG

a.A.: zulässig!
Argumente:
⇨ Effektivitätsprinzip
⇨ keine eindeutige Abgrenzung möglich; Gefahrerforschung notwendig; Vorstufe zur Gefahrbeseitigung

vermittelnd: BayVGH
Entscheidung zwischen Selbstermitteln/Heranziehen Dritter im pflichtgemäßen Ermessen der Behörde.
Kriterien:
⇨ Geringerer Eingriff?
⇨ Wer ist zur Durchführung eher in der Lage?
⇨ Schwerpunkt der Maßnahme?

e) Einschränkungen der Generalklausel

Art. 7 IV LStVG

Zu beachten sind i.R.d. sicherheitsrechtlichen Generalbefugnis noch die Grundrechtsschranken des Art. 7 IV LStVG: 456

Art. 7 IV LStVG schließt Maßnahmen aufgrund der Art. 7 II und III LStVG, die in die dort genannten Grundrechte eingreifen, ausdrücklich aus.

hemmer-Methode: Über die Einschränkung des Art. 7 IV LStVG eröffnen sich interessante verfassungsrechtliche Fragen. So wäre bspw. ein dauerhaftes Platzverbot durch die Sicherheitsbehörde auf der Grundlage des Art. 7 II LStVG rechtswidrig, wenn dadurch die Freiheit der Person i.S.d. Art. 2 II S. 2 GG beschränkt würde. Allerdings erfasst dieses Grundrecht nach wohl h.M. gerade nicht das Recht, jeden beliebigen Ort aufzusuchen, sondern schützt vor allen Dingen dagegen, gegen seinen Willen an einem bestimmten Ort festgehalten zu werden.[476]

474 Beachten Sie hier, dass z.B. ein Sachverständiger oder ein Unternehmen, das Probebohrungen durchführt, ebenso von dem Grundstückseigentümer wie von der Sicherheitsbehörde beauftragt werden kann.

475 BayVGH, BayVBl. 1997, 406.

476 BayVGH, BayVBl. 2006, 671 = **Life&Law 02/2007**.

Art. 11 GG ist ebenfalls nicht einschlägig, da dieser nur Aufenthalte von gewisser Dauer erfasst, sodass die Tatsache, dass Art. 11 GG in Art. 58 LStVG nicht zitiert ist, der Anwendung des Art. 7 II LStVG ebenfalls nicht entgegensteht.

Möglichkeit: Weisung an die Polizei

Trotzdem können die Sicherheitsbehörden bei Vorliegen der Beschränkung des Art. 7 IV LStVG der Polizei eine entsprechende Weisung erteilen, Art. 10 S. 2 LStVG, Art. 9 II POG. Die Polizei kann aber ihrerseits nur dann handeln, wenn ihr Aufgabenbereich eröffnet ist und eine Befugnis vorliegt.

b) Auswahl des richtigen Maßnahmeadressaten, Art. 9 LStVG

richtiger Adressat der Maßnahme

Hier kann im Wesentlichen auf die Ausführungen zur Maßnahmerichtung i.R.d. Polizeirechts verwiesen werden.[477] 457

Diese Ausführungen gelten für das LStVG sinngemäß.

hemmer-Methode: Lesen Sie Art. 9 I bis III LStVG und vergleichen Sie die Vorschriften mit Art. 7, 8 und 10 PAG.

c) Verhältnismäßigkeit der getroffenen Maßnahme, Art. 8 LStVG

Verhältnismäßigkeit

Art. 8 LStVG konkretisiert lediglich den aus dem Rechtsstaatsprinzip hervorgehenden Grundsatz der Verhältnismäßigkeit (= Übermaßverbot).[478] 458

„Exkurs für Fortgeschrittene“::

Verhältnismäßigkeit bei „Wiedereinweisungsfällen“

I.R.d. „**Obdachlosenfälle**“[479] (= Wiedereinweisungsfälle) ist zu beachten, dass zunächst versucht werden muss, den Betroffenen unterzubringen, ohne dadurch in Rechte des Vermieters einzugreifen, da dieser Nichtverantwortlicher nach Art. 9 III LStVG ist (z.B. Unterbringung in der städt. Obdachlosenunterkunft, Anmietung von Zimmern u.Ä.). 459

zeitliche Grenze

Sind solche Möglichkeiten nicht gegeben, taucht die Problematik der zeitlichen Begrenzung der Maßnahme[480] auf. Es handelt sich bei der Wiedereinweisung als ultima ratio um einen schweren Eingriff in das Eigentumsgrundrecht des Vermieters, der auf einen, infolge der Suche nach anderen Unterbringungen, unvermeidbaren Zeitraum zu begrenzen ist. An die Bemessung dieses Zeitraumes sind strenge Anforderungen zu stellen. Die oberste Grenze nach dem BayVGH beträgt zwei Monate.[481] Diese Befristung muss dem entsprechenden Einweisungsbescheid hinreichend bestimmt zu entnehmen sein, Art. 37 I BayVwVfG.

Exkursende

d) Ermessen

Ermessen/§ 114 VwGO

Auch i.R.d. Sicherheitsrechts ist das Handeln der Behörde nur in den Grenzen des § 114 VwGO auf einen etwaigen Ermessensfehlgebrauch oder eine Ermessensüberschreitung hin zu überprüfen.[482] 460

477 Siehe Rn. 230 ff.

478 Vgl. hierzu sinngemäß die Ausführungen unter Rn. 247 ff.

479 Ausführlich hierzu unter Rn. 467 ff.

480 Vgl. bereits Rn. 430.

481 BayVGH, BayVBl. 1984, 116 und NVwZ-RR 1991, 196.

482 Dazu im Einzelnen **Hemmer/Wüst, VerwaltungsR I, Rn. 365 ff.**

4. Fallvarianten

a) „Altlastenfälle“

Altlastenfälle

461 *Bsp.: Bei Bauarbeiten werden Bodenveränderungen festgestellt, die von einer ehemaligen Chemiefabrik herrühren und giftige Dämpfe absondern.*

„Altlastenfälle“ wie der Beispielsfall weisen regelmäßig zwei Problemschwerpunkte auf. Zunächst braucht die Sicherheitsbehörde eine Rechtsgrundlage (= Befugnisnorm), um eine Gefahrerforschungsmaßnahme[483] zu treffen. Dies bereitet deswegen Schwierigkeit, weil eine tatsächliche Gefahr nur vermutet werden kann, aber nicht sicher feststeht. Des Weiteren ist zu erörtern, welcher von mehreren Verantwortlichen (Eigentümer, Alteigentümer, Fabrikbetreiber) der Adressat der Maßnahme sein soll.

materielle Rechtmäßigkeit

Im Folgenden werden die Probleme der materiellen Rechtmäßigkeit einer Gefahrerforschungsmaßnahme untersucht:

aa) Sachliche Zuständigkeit 462

sachliche Zuständigkeit

Die sachliche Zuständigkeit ergibt sich entweder aus Spezialnormen wie dem Bodenschutzrecht oder aus der Generalklausel des Art. 6 LStVG.

Befugnis

bb) Befugnisnorm für Gefahrerforschungseingriff 463

Als Befugnisnorm für einen Gefahrenerforschungseingriff kommt entweder eine spezialgesetzliche Regelung oder die Generalklausel des Art. 7 II Nr. 3 LStVG in Betracht. Da i.R.v. Altlastenfällen regelmäßig Unsicherheiten bei der Diagnose des Sachverhaltes gegeben sind, liegt meist nur ein Gefahrenverdacht[484] vor.

inzwischen: gesetzl. Grundlage in Art. 55 BayWG

Inzwischen hat der Gefahrerforschungseingriff speziell bei Besorgnis einer Verunreinigung des Grundwassers durch Bodenbelastungen in Art. 55 BayWG eine gesetzliche Grundlage gefunden. Diese stellt nunmehr in Abs. 1 klar, dass auch Maßnahmen „zur Ermittlung,...“ durchgeführt werden können.

Art. 55 II Nr. 1 BayWG gibt der zuständigen Behörde dann die ausdrückliche Befugnis, Untersuchungsmaßnahmen anzuordnen.

andere Gefahrerforschungseingriffe

Für andere Fälle musste in der Vergangenheit weiter auf Art. 7 II Nr. 3 LStVG zurückgegriffen werden. Es stellte sich dabei insbesondere die Problematik des Gefahrerforschungseingriffs[485], der normativen Beschränkung der Zustandsverantwortlichenhaftung[486] sowie der Verantwortlichenauswahl.[487]

Durch die Einführung des BBodSchG[488] und des BayBodSchG[489] haben sich diese Probleme erledigt. Diese Gesetze enthalten spezialgesetzliche Regelungen der Altlastenfrage und verdrängen auch Art. 55 BayWG, vgl. Art. 55 I S. 1 HS. 2 BayWG. 464

483 Losch, Zur Dogmatik der Gefahrerforschungsmaßnahme, DVBl. 1994, 781 ff.

484 Vgl. Rn. 124.

485 Vgl. oben, Rn. 124, 434, 455a ff.

486 Vgl. dazu oben, Rn. 237.

487 Vgl. dazu unten, Rn. 465.

488 Vgl. Sartorius Nr. 299.

489 Vgl. Ziegler/Tremel Nr. 115.

Nach Art. 4 III, II BBodSchG bestehen Sanierungspflichten im Fall schädlicher Bodenveränderungen i.S.d. § 2 III BBodSchG. Die Behörde hat gem. § 10 BBodSchG die Befugnis diese Pflichten durch Anordnungen im Einzelfall durchzusetzen. Auch das Problem der Gefahrerforschungsmaßnahmen ist nun explizit gelöst. Nach § 9 II BBodSchG kann die Behörde entsprechende Untersuchungsanordnungen gegenüber den Sanierungspflichtigen erlassen. Daneben kann die Behörde den Sachverhalt gem. § 9 I BBodSchG auch selbst ermitteln, Art. 4 BayBodSchG ordnet insoweit eine Duldungspflicht des Grundstückseigentümers an. Für Art. 7 LStVG bleibt demnach kaum ein Anwendungsspielraum.

hemmer-Methode: Eine interessante Regelung enthält § 24 II BBodSchG, der in Abkehr von der bisherigen BGH-Rspr. einen Ausgleichsanspruch der Sanierungspflichtigen untereinander enthält.

cc) Maßnahmerichtung

Maßnahmerichtung

In den meisten Fällen stehen mehrere Verantwortliche „zur Auswahl“, sodass eine Entscheidung der Sicherheitsbehörde in Bezug auf die richtige Ermessensausübung hinsichtlich des Maßnahmeadressaten problematisch sein kann. 465

> ***Bsp.:*** *Im Ausgangsfall kommen Eigentümer, Alteigentümer und Fabrikbetreiber in Betracht.*

Für den Fall einer Bodenbelastung und somit Gefährdung des Grundwassers steht nunmehr Art. 55 BayWG als Befugnisnorm zur Verfügung,[490] der auch gleichzeitig in Abs. 1 S. 2 eine Regelung über den Verantwortlichen enthält.

In Art. 55 I S. 3 BayWG wird jedoch auch auf Art. 9 LStVG verwiesen, andererseits wird eine „Rangfolge“ bei der Inanspruchnahme auch hier nicht ausdrücklich festgelegt, sodass die nachfolgenden Ausführungen weiterhin auch bei den Bodenbelastungs-/Altlastenfällen Geltung behalten dürften.

Auch im vorrangig zu prüfenden BBodSchG ist die Verantwortlichkeit explizit geregelt. Die Sanierungspflichten treffen den Verursacher, dessen Rechtsnachfolger, den Eigentümer des Grundstücks sowie den Inhaber der tatsächlichen Gewalt, § 4 III BBodSchG. Daneben kann gem. § 4 VI BBodSchG auch ein früherer Eigentümer in Anspruch genommen werden.[491] Allerdings fehlt auch hier eine Vorgabe zur Rangfolge der Pflichtigkeit.

hemmer-Methode: Gerade im Bereich der Altlastenfälle wird die Frage relevant, ob die Zustandsstörerhaftung wegen Art. 14 I GG nicht einzuschränken ist. Die h.M. lässt solche Einschränkungen aber nicht bereits auf Tatbestandsseite i.R.d. Verantwortlichkeit, sondern erst i.R.d. Ermessens zu.[492]

welcher der Verantwortlichen ist nun im konkreten Fall heranzuziehen?

Fraglich ist demnach, welcher der Verantwortlichen konkret heranzuziehen ist. 466

Nach ganz h.M. besteht zwischen der Haftung des Zustands- und des Handlungsverantwortlichen kein gesetzliches Rangverhältnis. Vielmehr steht die Auswahl im pflichtgemäßen Ermessen der Behörde.

490 Dazu bereits oben, Rn. 456.

491 Vgl. zu dieser Ausdehnung der Haftung Spieth/Wolfers, NVwZ 1999, 355.

492 Vgl. oben, Rn. 238a f.; BVerfG, NJW 2000, 2573 = BayVBl. 2001, 269, vgl. dazu auch BVerfG, NVwZ 2001, 65 sowie die Bspr. von Bickel, NJW 2000, 2562 und Müggenborg, NVwZ 2001, 39, zudem OVG Hamburg, NVwZ 2001, 215.

meist: Handlungsverantwortlicher

I.R. dieses Ermessens wird aus Gründen der Verhältnismäßigkeit meistens der Handlungsverantwortliche vorrangig in Anspruch zu nehmen sein.

Zu beachten sind dabei allerdings die Fragen, ob eine Inanspruchnahme des Handlungsverantwortlichen überhaupt möglich ist, und ob seine Inanspruchnahme nicht sogar im Hinblick auf das Effektivitätsprinzip (effektive und schnelle Gefahrenabwehr) ausscheidet.

Ausnahmen aber durchaus denkbar

Deshalb kann im Einzelfall eine Inanspruchnahme des Zustandsverantwortlichen statt des Handlungsverantwortlichen also durchaus dem pflichtgemäßen Ermessen entsprechen.

hemmer-Methode: Der oft pauschal behauptete Vorrang der Inanspruchnahme des Handlungs- vor dem Zustandsverantwortlichen ist so also nicht korrekt. Die Frage, wer von mehreren Verantwortlichen im Einzelfall heranzuziehen ist, stellt sich nur bei gleicher Effektivität der Gefahrenabwehr.[493]

Speziell für die Altlastenfälle hat der BayVGH daher Kriterien für das Auswahlermessen entwickelt:[494]

insbes. bei Altlastenfällen; Kriterien des BayVGH

- ⇨ Das Grundstück wurde nicht ausreichend gegen Einwirkungen von Dritten (Ablagerungen) geschützt: Dies spricht für eine Verantwortlichkeit des Eigentümers.
- ⇨ Die Abfälle erscheinen äußerlich noch als von Grund und Boden getrennte Gegenstände: Dies spricht gegen eine Verantwortlichkeit des Eigentümers. Hierbei ist aber zu beachten: Eine solche klare Trennung dürfte nur bei Ablagerungen aus allerjüngster Zeit möglich sein, weshalb mit fortschreitender Zeit die Verantwortlichkeit des Eigentümers zunehmen wird.
- ⇨ Schließlich ist zu fragen: Wer ist letztlich zivilrechtlich verantwortlich? Bei der Auswahl ist zu berücksichtigen, ob der Eigentümer ggf. Ausgleichsansprüche gegen den Voreigentümer geltend machen kann. Kann er dies nicht, so spricht dies ebenfalls für seine Heranziehung als Verantwortlichen. In diesem Zusammenhang ist der eingeführte § 24 II BBodSchG zu beachten.

hemmer-Methode: Ein weiteres Problem der Gefahrerforschungseingriffe ist die Kostentragung. Hat die Behörde die Untersuchung durchgeführt, kann sie dem Bürger die Kosten nur dann auferlegen, wenn sich bei der Untersuchung tatsächlich eine Gefahr herausgestellt hat. In anderen Fällen verbieten Art. 2 I, 3 I Nr. 2 KostenG einen Rückgriff auf den Bürger.[495] **Hat der Bürger die Untersuchung durchgeführt, stellt sich die Frage, wie er die Kosten von der Behörde zurückverlangen kann, wenn sich der Gefahrenverdacht als unbegründet erweist. Am saubersten erscheint der Weg über einen öffentlich-rechtlichen Erstattungsanspruch oder über Art. 11 LStVG i.V.m. Art. 70 PAG analog.**
Der Verantwortliche eines Gefahrenverdachts ist wie der Anscheinsverantwortliche auf der Entschädigungsebene dem Nichtverantwortlichen gleichzustellen, wenn sich ex post herausstellt, dass objektiv keine Gefahr und damit auch keine Verantwortlichkeit vorlag.[496]

b) Obdachlosenfälle

Obdachlosenfälle

Fall: *In der Gemeinde S wohnt seit geraumer Zeit die Familie Arm in der Wohnung des Vermieters Hai zur Miete. Nachdem die Arms ihre Miete aufgrund einer Krankheit des Familienvaters nicht mehr zahlen können, verschafft sich Hai einen gerichtlichen Titel zur Räumung der Wohnung.* 467

493 Berner/Köhler/Käß, Polizeiaufgabengesetz, Art. 7 PAG, Rn. 3; BHKM, 3. Teil, Rn. 193.

494 BayVGH, BayVBl. 1986, 598.

495 M.w.N Weiß, Der Gefahrerforschungseingriff bei Altlasten - Versuch einer Neubestimmung, NVwZ 1997, 737 (741).

496 Weiß, Der Gefahrerforschungseingriff bei Altlasten - Versuch einer Neubestimmung, NVwZ 1997, 737, 742.

Da die Arms keine Ersatzunterkunft finden können, befürchtet die Gemeindeverwaltung, dass Familie Arm obdachlos werden würde. Da der Räumungstermin unmittelbar bevorsteht, erlässt der Erste Bürgermeister nach Anhörung des Hai gegenüber diesem die Verfügung, dass er für den Zeitraum, bis eine andere Unterkunft gefunden werden kann und für höchstens zwei Monate, die Arms weiterhin in seiner Mietwohnung dulden muss. Begründet wird der Bescheid damit, dass die Obdachlosigkeit der Arms eine Gefahr für die öffentliche Sicherheit und Ordnung darstelle und es der Gemeindeverwaltung nicht möglich sei, kurzfristig eine andere Unterkunft zu finden. Außerdem sei es Hai aufgrund des kurzen Zeitraums von zwei Monaten durchaus zumutbar, weiterhin seine Wohnung zur Verfügung zu stellen. Nachdem sein Widerspruch beim zuständigen Landratsamt erfolglos blieb, erhebt Hai Klage.[497]

Abwandlung: *Der Einweisungsbescheid ist zeitlich auf zwei Monate befristet. Drei Monate nach der Einweisung der Arms in seine Wohnung beantragt Hai erfolglos, dass die Gemeinde die Arms wieder aus der Wohnung weisen solle. Daraufhin erhebt er Klage gegen die Gemeinde, mit dem Antrag, die Wohnung zu räumen.*

Ausgangsfall

Lösung Ausgangsfall

I. Verwaltungsrechtsweg 468

Der Verwaltungsrechtsweg nach § 40 I VwGO ist eröffnet, da es sich hier nicht um eine Streitigkeit auf dem Gebiet des privaten Mietrechts, sondern um eine des öffentlichen Sicherheitsrechts handelt.

II. Zulässigkeit der Klage

1. Statthaftigkeit: Das Begehren des H ist auf Aufhebung der Verfügung der Gemeinde gerichtet. Da diese einen Verwaltungsakt darstellt, ist die Anfechtungsklage statthaft.

2. Klagebefugnis: H ist durch den Bescheid möglicherweise in seinen Rechten aus Art. 14 GG oder subsidiär aus Art. 2 I GG verletzt. Ob eine Verletzung des Art. 13 GG hier möglich ist, kann deshalb dahinstehen.

3. Widerspruchsverfahren: Ein Widerspruchsverfahren ist laut Sachverhalt ordnungsgemäß und erfolglos durchgeführt worden.

III. Begründetheit der Klage

Die Klage ist begründet, wenn sie gegen den richtigen Beklagten gerichtet ist, der Bescheid rechtswidrig ist und H dadurch in seinen Rechten verletzt ist, § 113 I S. 1 VwGO.

1. Passivlegitimation

Die Klage ist gegen die Gemeinde S zu richten, § 78 I Nr. 1 VwGO.

2. Formelle Rechtmäßigkeit

a) Die Gemeinde S ist nach Art. 6 LStVG Sicherheitsbehörde und damit für den Erlass von sicherheitsrechtlichen Anordnungen zuständig.

b) Fraglich ist, ob der Erste Bürgermeister hier innerhalb der Gemeinde zuständig ist. Da die Familie A akut von Obdachlosigkeit bedroht ist, liegt auf jeden Fall eine Eilzuständigkeit des Ersten Bürgermeisters nach Art. 37 III GO vor.

c) Der Wohnungseigentümer H wurde laut Sachverhalt nach Art. 28 I BayVwVfG ordnungsgemäß angehört.

497 Beachten Sie, dass aus zeitlichen Gründen eine Anfechtungsklage in der Praxis nur selten vorkommen wird.

3. Materielle Rechtmäßigkeit

Befugnis: Generalklausel

a) Da spezielle Rechtsgrundlagen für die Einweisung nicht existieren, kann nur auf die Generalklausel des Art. 7 II Nr. 3 LStVG zurückgegriffen werden. Die aufgrund der bevorstehenden Obdachlosigkeit drohende Gesundheitsgefährdung stellt eine von Art. 7 II Nr. 3 LStVG vorausgesetzte konkrete Gefahr für Leben und Gesundheit von Menschen dar.

Verantwortlichkeit

b) H könnte Handlungsverantwortlicher nach Art. 9 I LStVG sein, weil er einen Räumungstitel erstritten hat. Obwohl es bei der Frage des Handlungsverantwortlichen nur auf die unmittelbare Verursachung der Gefahrenlage und nicht auf ein Verschulden ankommt, ist H dennoch nicht Handlungsverantwortlicher, da sonst ein Widerspruch zur Rechtsordnung bestünde. Denn H kann getreu der Rechtsordnung so vorgehen, dass dieses Verhalten keine Störung der Rechtsordnung darstellen kann.

Somit ist H Nichtverantwortlicher im Sinne des Art. 9 III LStVG. Um gegen ihn vorzugehen, ist eine unmittelbar bevorstehende erhebliche Gefahr erforderlich. Da die Räumung unmittelbar bevorsteht und mit der Gesundheit ein elementares Rechtsgut gefährdet ist, liegt eine solche qualifizierte Gefahr vor.

Art. 13 GG

c) Der VA ist nach Art. 7 IV LStVG rechtswidrig, wenn ein Eingriff in das Grundrecht des H aus Art. 13 GG vorliegt. Dann müsste es sich um die Wohnung des H im Sinne des Art. 13 GG handeln. Art. 13 GG bezweckt jedoch lediglich den Schutz der Privatsphäre, sodass sich der Inhaber einer Wohnung nur dann auf Art. 13 GG berufen kann, wenn er die Wohnung selbst bewohnt. Da H nur Vermieter und Eigentümer der Wohnung ist, diese aber nicht selbst bewohnt,[498] ist Art. 13 GG nicht einschlägig.

Bestimmtheitsgebot

d) Ein Verstoß gegen das Bestimmtheitsgebot des Art. 37 I BayVwVfG liegt vor, wenn der Bescheid keine Regelung über die Dauer der Einweisung enthält. Jedoch ist die zeitliche Dauer ausdrücklich befristet auf einen Zeitraum von zwei Monaten, sodass hinreichende Bestimmtheit vorliegt.

Verhältnismäßigkeit

e) Die Maßnahme muss auch dem Grundsatz der Verhältnismäßigkeit entsprechen: Die Einweisung ist geeignet, die Obdachlosigkeit der A zu verhindern. Sie ist auch erforderlich, da davon auszugehen ist, dass die Gemeinde keine anderen Räumlichkeiten zur Verfügung hat. Fraglich ist, ob sie auch angemessen ist. Es liegt eine große und unmittelbar drohende Gefahr für die Gesundheit als ein sehr bedeutendes Rechtsgut vor. Da die Einweisung auf nur zwei Monate befristet ist und die Familie A dem H bereits aus dem Mietverhältnis bekannt sind, ist die Angemessenheit zu bejahen.

Ergebnis

Ergebnis: Der Einweisungsbescheid ist rechtmäßig. Daher ist die Klage zwar zulässig, aber unbegründet.

Abwandlung

<u>Lösung Abwandlung</u>: **468a**

I. Verwaltungsrechtsweg, § 40 I VwGO

Der Verwaltungsrechtsweg ist eröffnet (siehe bereits oben).

II. Zulässigkeit der Klage

Statthaftigkeit

1. Statthaftigkeit: Fraglich ist, welche Klageart hier statthaft ist. In Betracht kommt eine Verpflichtungsklage, da hier der Erlass eines VA gegenüber A begehrt wird. Jedoch erginge dieser VA im Verhältnis Gemeinde zu A.

H geht es lediglich um die Räumung der Wohnung, also um einen Realakt, der mit der allgemeinen Leistungsklage geltend zu machen ist. Der VA gegenüber A stellt nur die Erfüllung des Leistungsanspruchs des H dar, wobei es H nicht darauf ankommt, wie die Gemeinde diesem Anspruch nachkommt. Daher ist die allgemeine Leistungsklage statthaft.

---

498 Jarass in: Jarass/Pieroth, Grundgesetz für die Bundesrepublik Deutschland, Kommentar, 14. Auflage 2016, Art. 13 GG, Rn. 5.

hemmer-Methode: Eine Verpflichtungsklage lässt sich allerdings auch darüber begründen, dass die Entscheidung der Gemeinde, dem Antrag des H nachzukommen, einen VA darstellt.

Klagebefugnis

2. Klagebefugnis, § 42 II VwGO analog: Der H kann geltend machen, dass ihm möglicherweise ein Folgenbeseitigungsanspruch auf Räumung der Wohnung zusteht.

3. Allgemeines Rechtsschutzbedürfnis: H hat vorher einen erfolglosen Antrag bei der Gemeinde gestellt, sodass hier das allgemeine Rechtsschutzbedürfnis für eine Klage vorliegt.

III. Begründetheit der Klage

Die Klage ist begründet, wenn sie gegen den richtigen Beklagten gerichtet ist und H ein Anspruch auf Räumung der Wohnung zusteht.

1. Passivlegitimation:

Richtiger Beklagter ist nach § 78 I Nr. 1 VwGO analog die Gemeinde S.

FBA

2. Folgenbeseitigungsanspruch des H

Rechtsgrundlage

a) Rechtsgrundlage: Als Rechtsgrundlage für den Folgenbeseitigungsanspruch wird teilweise das Rechtsstaatsprinzip aus Art. 20 III GG, teilweise die Abwehrfunktion der Grundrechte herangezogen.

Jedenfalls ist das Institut des Folgenbeseitigungsanspruchs mittlerweile Gewohnheitsrecht.[499]

hoheitlicher Eingriff

b) Hoheitlicher Eingriff in subjektives Recht: Durch die Einweisung wurde in das Eigentumsrecht des H aus Art. 14 GG eingegriffen.

rechtswidriger Zustand

c) Andauernder rechtswidriger Zustand: Fraglich ist, ob das Bewohnen der Wohnung des H rechtswidrig ist. Da die zeitliche Geltungsdauer des Einweisungsbescheides nach zwei Monaten abgelaufen ist und somit keine Rechtfertigung mehr darstellt, ist der danach eingetretene Zustand rechtswidrig.

hemmer-Methode: An dieser Stelle ist normalerweise inzident die gesamte Prüfung der Rechtmäßigkeit des Einweisungsbescheides vorzunehmen. Hier jedoch war der Bescheid zwar ursprünglich rechtmäßig (siehe oben Ausgangsfall), jedoch ist nach der zweimonatigen Befristung die Geltungsdauer des Bescheides abgelaufen.

Wiederherstellung zulässig

d) Wiederherstellung möglich, zumutbar und rechtlich zulässig: Fraglich ist hier nur, ob die Räumung der Wohnung rechtlich zulässig ist. Da diese einen Eingriff in Rechte der A darstellen würde, muss die Gemeinde sachlich zuständig sein, eine Befugnis vorliegen und die Räumung auch ansonsten rechtmäßig sein. Als Aufgabeneröffnungs- und Befugnisnormen kommen hier lediglich die Art 6, 7 LStVG in Betracht.

Die Aufgabeneröffnung = sachliche Zuständigkeit für die Gemeinde nach Art. 6 LStVG ist hier unproblematisch. Soweit nicht der Tatbestand des Hausfriedensbruches nach § 123 StGB verwirklicht ist (dann Art. 7 II Nr. 1 LStVG), ist für die Eingriffsbefugnis Art. 7 II Nr. 3 LStVG einschlägig. Hier liegt eine Störung vor, die Sachwerte bedroht, deren Erhaltung im öffentlichen Interesse geboten erscheint. Fraglich ist jedoch noch, ob der Gemeinde hier ein Entschließungsermessen zusteht, wegen dem ein Einschreiten gegenüber A möglicherweise ermessensfehlerhaft sein könnte. Jedoch führt der ansonsten gegebene Folgenbeseitigungsanspruch des H zu einer Ermessensreduzierung auf Null, sodass nur ein Vorgehen gegen A ermessensfehlerfrei ist. Letztlich kann die Ermessensreduktion auf Null aber auch offenbleiben. Die Folgenbeseitigung muss der Gemeinde schließlich nur möglich sein. Dies ist aber auch bei noch offenem Ermessen der Fall!

499 Zum FBA **Hemmer/Wüst, Staatshaftungsrecht, Rn. 314 ff.**

hemmer-Methode: Die Frage der rechtlichen Zulässigkeit dient als Einfallstor für die inzidente Prüfung eines noch zu erlassenden Räumungsbescheides.

Ergebnis

Ergebnis: H steht ein Folgenbeseitigungsanspruch gegen die Gemeinde zu, der auf Räumung der Wohnung gerichtet ist. Damit ist die zulässige Klage des H auch begründet.

hemmer-Methode: Für einen Wohnungseigentümer ergeben sich also zwei Konstellationen:
1. Es besteht ein wirksamer Einweisungsbescheid, dessen zeitliche Geltungsdauer noch nicht abgelaufen ist. Dann muss der Wohnungseigentümer Anfechtungsklage erheben, um den Einweisungsbescheid aus der Welt zu schaffen. Diese kann er mit einem Annexantrag nach § 113 I S. 2 VwGO verbinden.
Dieser Antrag ist auf Räumung gerichtet und nur dann erfolgreich, wenn materiell ein Folgenbeseitigungsanspruch besteht.
2. Sollte der Einweisungsbescheid aufgrund des Ablaufs der zeitlichen Befristung keine Wirkung mehr entfalten, so muss dieser auch nicht mehr kassiert werden. Dann genügt die Erhebung einer allgemeinen Leistungsklage (vgl. oben).

III. Sonderfall: Unmittelbare Ausführung nach Art. 7 III LStVG

unmittelbare Ausführung bei FFK

Die sog. Tatmaßnahme als „Sonderfall“ einer sicherheitsbehördlichen Maßnahme nach dem BayLStVG soll erst i.R.d. Fortsetzungsfeststellungsklage abgehandelt werden, da sie wegen Erledigung i.d.R. typischerweise mit einer solchen, nicht aber mit der Anfechtungsklage anzugreifen ist.[500] 469

IV. Rechtmäßigkeit von VAen aufgrund eines Spezialgesetzes

Rmk. von VAen aufgrund SpezialG

Bezüglich der Rechtmäßigkeit von VAen, die aufgrund von Spezialgesetzen ergehen, sei (insbesondere bezüglich des Aufbaus) auf die einleitenden Ausführungen zur Rechtmäßigkeitsprüfung verwiesen.[501] 470

Hingewiesen werden soll hier nur auf folgende Punkte:

wichtige Gebiete

Wichtige sicherheitsrechtliche Bereiche und Spezialgesetze, die dem LStVG vorgehen, sind u.a.: 471

- ⇨ Bauordnungsrecht (BayBO)
- ⇨ Umweltschutzrecht (BImSchG, AtG, KrW-/AbfG, BayAbfAlG)
- ⇨ Gewerberecht (GewO, GastG, HandwO)
- ⇨ Ausländerrecht (AufenthaltG, AsylVfG)
- ⇨ Versammlungsrecht (BayVersG)

hemmer-Methode: Diese Spezialgesetze sind beliebte „Aufhänger“ für Klausuren!
Verschaffen Sie sich daher bezüglich des Gesetzesaufbaus und der wichtigsten Probleme zumindest einen groben Überblick.[502]

allg. Grundsätze sicherheitsrechtlichen Handelns

Die allgemeinen Grundsätze sicherheitsrechtlichen Handelns, die im PAG (Art. 4, 5, 7, 8, 10), im LStVG (Art. 8, 9) ausdrücklich normiert sind, haben im speziellen Sicherheitsrecht ebenfalls Geltung. 472

500 Vgl. unten, Rn. 515 ff.

501 Vgl. oben Rn. 420 f.

502 Vgl. zum Bauordnungsrecht **Hemmer/Wüst, Baurecht/Bayern, Rn. 214**.

Bsp.: *Ein Versammlungsverbot darf grundsätzlich nur dann auf Grundlage des Art. 15 I BayVersG ergehen, wenn die Gefahren auch von der Versammlung ausgehen.*[503]

Für den Grundsatz der Verhältnismäßigkeit versteht sich dies von selbst, denn er folgt aus dem verfassungsrechtlich verankerten Übermaßverbot i.R.d. Rechtsstaatsprinzips, Art. 20 III GG. Insbesondere, soweit es um die Maßnahmerichtung geht, kann auf die Regelung des Art. 9 LStVG zurückgegriffen werden. Oft wird insoweit auch eine analoge Anwendung praktiziert.[504]

V. Rechtmäßigkeit von Maßnahmen nach dem BayVwZVG

Rmk. von Maßnahmen nach dem VwZVG

Während feststellende und gestaltende VAe schon mit Bekanntgabe ihre Wirkung entfalten, müssen die im Sicherheitsrecht relevanten befehlenden VAe bei Nichtbefolgung zwangsweise durchgesetzt werden. Dies geschieht im Wege der Verwaltungsvollstreckung. 473

Einschlägigkeit des VwZVG

Für polizeiliche GrundVAe ist die Vollstreckung im PAG selbst geregelt.[505] Für VAe, die eine Bundesbehörde vollstreckt, ist das VwVG des Bundes einschlägig.

Für VAe, die eine bayerische Sicherheitsbehörde vollstreckt, finden sich die Regelungen im BayVwZVG, soweit nicht die Vollstreckung durch Bundesrecht unmittelbar geregelt ist oder bundesrechtliche Vollstreckungsvorschriften (insbesondere die des VwVG) durch Landesrecht für anwendbar erklärt sind, Art. 18 I VwZVG. Regelmäßig gilt aber das VwZVG.

relevant im SiR: Vollstreckung nach Art. 29 - 39 VwZVG

Das VwZVG trifft bei der Vollstreckung von VAen eine Unterscheidung zwischen: 474

⇨ VAen, durch die eine Geldleistung gefordert wird (Art. 23 - 28 VwZVG) und

⇨ VAen, durch die eine Handlung, Duldung oder Unterlassung gefordert wird (Art. 29 - 39 VwZVG).

Ablauf der Vollstreckung

I.R.d. Sicherheitsrechtsklausur kommen speziell die letztgenannten Vorschriften in Betracht. Die Vollstreckung läuft grundsätzlich nach folgendem Muster ab:

⇨ Androhung der Vollstreckung

⇨ Anwendung des Zwangsmittels

Danach i.d.R.:

⇨ Erhebung der Kosten für die Vollstreckungsmaßnahme

hemmer-Methode: Erinnern Sie sich daran, dass alle drei Maßnahmen als VAe zu qualifizieren sind.[506]

503 BVerfG, NJW 1998, 2965 = NVwZ 1998, 834; vgl. auch oben, Rn. 272 ff.

504 Für denjenigen, der auch im speziellen Sicherheitsrecht dem „bayerischen“ Aufbau folgen will, noch folgender systematischer Hinweis: I.R.d. Aufgabeneröffnung kann, falls im einschlägigen Spezialgesetz keine Aufgabeneröffnungsnorm vorhanden ist, auf die allgemeine Aufgabenzuweisungsnorm (Art. 6 LStVG) zurückgegriffen werden. Insoweit besteht zwischen dem LStVG und den Spezialgesetzen kein Spezialitätsverhältnis.

505 Vgl. oben, Rn. 255 ff.

506 Vgl. oben, Rn. 406 ff.

Festsetzung des Zwangsmittels

Eine Festsetzung des Zwangsmittels durch VA als weitere Stufe 475 (neben Androhung und Anwendung), wie sie in § 14 VwVG vorgesehen ist, ist dem BayVwZVG dagegen unbekannt. Nach der Androhung folgt hier ohne weiteres der Vollzug.

Bsp.: *E gegenüber ergeht eine Anordnung der Gemeinde, seine Sträucher zu kürzen. Es wird der Sofortvollzug angeordnet. Für den Fall, dass er dem nicht innerhalb von zwei Wochen nachkommt, wird ihm ein Zwangsgeld angedroht. Da E nicht zur Tat schreitet, wird das Zwangsgeld fällig.*

hemmer-Methode: I.R.d. Anfechtungsklage werden regelmäßig nur die Androhung eines Zwangsmittels und ein Kostenbescheid für die Vornahme eines Zwangsmittels Bedeutung erlangen, dazu gesondert unten, Rn. 487 und Rn. 490.
Die Zwangsmaßnahme selbst ist dagegen meist wegen eingetretener Erledigung mit der Fortsetzungsfeststellungsklage anzugreifen. Ausnahme: Zwangsgeld. Zumindest aber bei der Prüfung der Rechtmäßigkeit eines Kostenbescheides muss geprüft werden, ob die Zwangsmaßnahme, für welche die Kosten erhoben werden, rechtmäßig war. Daher wird die Rechtmäßigkeit von Zwangsmaßnahmen, unter a), bereits hier im Gesamtkontext abgehandelt.

⇨ Verwaltungsvollstreckung nach VwZVG:

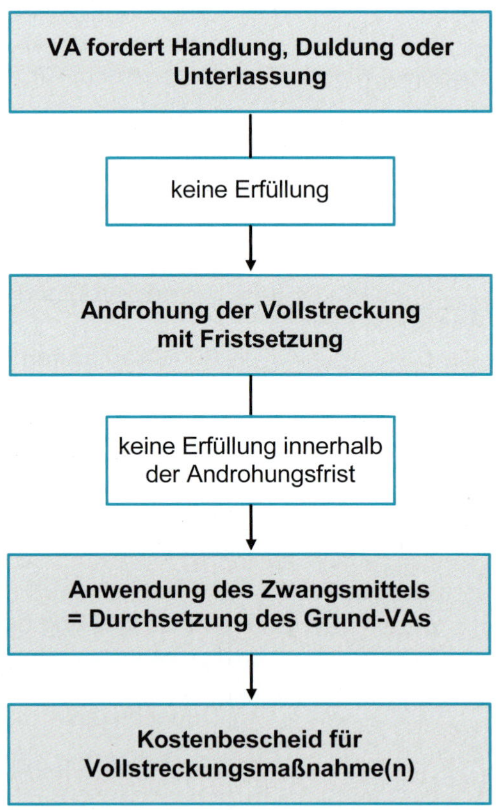

hemmer-Methode: Bei einer Zwangsgeldandrohung bedarf es nach Ablauf der Frist keiner weiteren Vollstreckungsmaßnahmen. Die Androhung gilt ohne weiteres als Leistungsbescheid, vgl. Art. 31 III S. 2 VwZVG. Zahlt der Bürger das Zwangsgeld nicht freiwillig, beginnt damit streng genommen eine neue Vollstreckung nach Art. 23 ff. VwZVG wegen einer Geldschuld des Bürgers.

Vorweg wiederum ein Überblick über den Prüfungsaufbau der Rechtmäßigkeit einer Vollstreckungsmaßnahme nach dem VwZVG bei VAen, mit denen eine Handlung, Duldung oder Unterlassung gefordert wird:

Übersicht: Rmk. der Vollstreckung befehlender VAe nach dem VwZVG (Verwaltungsvollstreckung)

476

Verwaltungsvollstreckung nach VwZVG

a) Allgemeine Vollstreckungsvoraussetzungen

aa) Art. 18 I VwZVG: (wirksamer) VA, mit dem eine Handlung, Duldung oder Unterlassung gefordert wird.

bb) Art. 19 I VwZVG: Vollziehbarkeit des VA nach Nr. 1 bis 3 (alternativ).

cc) Art. 19 II VwZVG: Verpflichteter ist der Verpflichtung nicht rechtzeitig (binnen Frist) nachgekommen.

b) Besondere Vollstreckungsvoraussetzungen

aa) Zuständigkeit nach Art. 30 VwZVG.

bb) Androhung des Zwangsmittels, Art. 36 VwZVG, nach Maßgabe der Abs. 1 bis 3, also:

(1) schriftlich,

(2) Fristsetzung,

(3) bestimmtes Zwangsmittel; abhängig vom konkret angedrohten Zwangsmittel zusätzlich: Abs. 4 oder Abs. 5, also:

(4) Kostenvoranschlag bei Ersatzvornahme,

(5) bestimmte Höhe bei Zwangsgeld ⇨ Ausnahme vom Erfordernis der Androhung: Art. 35 VwZVG.

cc) Keine Erfüllung der Verpflichtung innerhalb der in der Androhung bestimmten Frist, Art. 37 I VwZVG.

dd) Vorliegen der besonders normierten Voraussetzungen für das konkrete Zwangsmittel, Art. 31 - 34 VwZVG.

ee) Verhältnismäßigkeit

1. Rechtmäßigkeit einer Vollstreckungsmaßnahme nach dem VwZVG

a) Allgemeine Vollstreckungsvoraussetzungen

aa) Vorliegen eines wirksamen Verwaltungsaktes gem. Art. 18 I VwZVG

Rmk. einer Vollstreckungsmaßnahme: wirksamer VA i.S.v. Art. 18 I VwZVG

Zunächst muss ein Grund-VA i.S.d. Art. 18 I VwZVG vorliegen, der vollstreckt werden soll. 477

Bsp.: *Anordnung der Gemeinde, die Sträucher bis zum 31.08.2017 zu kürzen (vgl. Rn. 475).*

Dieser VA muss nicht rechtmäßig, sondern lediglich nach Art. 43 BayVwVfG wirksam sein. Erforderlich ist daher nur die Bekanntgabe des VA; darüber hinaus darf letztlich keine Nichtigkeit vorliegen, Art. 44 BayVwVfG.[507] 477a

keine Geltung des Konnexitätsgrundsatzes

Der im Polizeirecht z.T. noch vertretene Grundsatz der Konnexität[508] gilt im Sicherheitsrecht nicht. Dieser Grundsatz ist eine Besonderheit des Polizeirechts und nicht auf die allgemeine Verwaltungsvollstreckung übertragbar.

507 BayVGH, BayVBl. 2005, 536.

508 Vgl. oben, Rn. 258a.

Er resultiert daraus, dass bei polizeilichen Maßnahmen Grund-VA und Vollstreckungsmaßnahme regelmäßig zeitlich zusammenfallen. Damit hat aber der Betroffene von vornherein gar nicht die Möglichkeit, die Vollstreckung eines rechtswidrigen VA durch Einlegung von Rechtsbehelfen zu verhindern.

Außerdem wäre, wenn man es allein bei den allgemeinen Vollstreckungsvoraussetzungen beließe, die polizeiliche Vollstreckungsmaßnahme i.d.R. rechtmäßig. Dieser Einschränkung des Rechtsschutzes greift die Anwendung des Konnexitätsgrundsatzes vor.

Bei der allgemeinen Verwaltungsvollstreckung dagegen besteht diese Gefahr wegen des zeitlichen Auseinanderfallens von Grund-VA und Vollstreckungsmaßnahme nicht: Der Betroffene kann sich in der Regel bereits gegen die sicherheitsrechtliche Grundanordnung zur Wehr setzen.

hemmer-Methode: Konsequent wäre es, den Konnexitätsgrundsatz zumindest in den Fällen anzuwenden, in denen aufgrund einer Anordnung nach § 80 II Nr. 4 VwGO für den Bürger keine Möglichkeit besteht, zwischen Erlass und Vollstreckung des Verwaltungsaktes die Gerichte anzurufen. Die ganz h.M. wendet aber auch in diesen Fällen den Konnexitätsgrundsatz nicht an.

bb) Vollziehbarkeit des Grund-VA nach Art. 19 I VwZVG

Grund-VA vollziehbar, Art. 19 I VwZVG

Der VA muss alternativ nach Art. 19 I Nr. 1, 2 oder 3 VwZVG vollziehbar sein: *478*

⇨ (Nr. 1) Unanfechtbarkeit durch Ablauf der Rechtsmittelfrist

⇨ (Nr. 2) keine aufschiebende Wirkung eines Rechtsbehelfs gem. § 80 II Nr. 1 – 3 VwGO; § 80 II Nr. 2 VwGO gilt aber nur für die Polizei im institutionellen Sinne, nie für Sicherheitsbehörden; wichtig ist insoweit Art. 21a VwZVG;

⇨ (Nr. 3) Anordnung der sofortigen Vollziehbarkeit nach § 80 II Nr. 4 VwGO.

cc) Keine rechtzeitige Erfüllung der Verpflichtung durch den Verpflichteten, Art. 19 II VwZVG

keine rechtzeitige Erfüllung

***Bsp.:** E schneidet in obigem Bsp. die Sträucher nicht innerhalb der gesetzten Frist, Art. 19 II VwZVG.* *479*

b) Besondere Vollstreckungsvoraussetzungen

aa) Zuständigkeit, Art. 30 VwZVG

besondere Vollstreckungsvoraussetzungen/Zuständigkeit, Art. 30 i.V.m. 20 VwZVG

Die Zuständigkeit für die Vollstreckung von VAen, durch die eine Handlung, Duldung oder Unterlassung gefordert wird, ergibt sich aus Art. 30 VwZVG. *480*

Die Begriffe der Anordnungsbehörde und Vollstreckungsbehörde sind in Art. 20 Nr. 1 und Nr. 2 VwZVG legaldefiniert. Im Beispiel (Rn. 478) vollstreckt die Gemeinde die Anordnung als Anordnungsbehörde selbst.

bb) Androhung des Zwangsmittels, Art. 36 VwZVG

Androhung, Art. 36 VwZVG

Zwangsmittel müssen grundsätzlich ordnungsgemäß angedroht werden, Art. 36 I VwZVG.[509] 481

beachte Art. 28 II Nr. 5 BayVwVfG

Eine vorherige Anhörung ist dabei gem. Art. 28 II Nr. 5 BayVwVfG nicht nötig.

hemmer-Methode: Merken Sie sich also die Ausnahme des Art. 28 II Nr. 5 BayVwVfG im Kontext zu Vollstreckungsmaßnahmen, insbesondere aber zur Androhung nach Art. 36 VwZVG!

bei allen Zwangsmitteln:

Für alle Zwangsmittel gilt dabei: 482

Schriftform

Sie müssen schriftlich angedroht werden, Art. 36 I S. 1 VwZVG.

Fristsetzung

Die Androhung muss eine angemessene Frist zur Erfüllung der Verpflichtung enthalten, Art. 36 I S. 2 VwZVG.

schon im VA selbst möglich

Die Androhung kann schon im zu vollstreckenden VA enthalten sein, Art. 36 II VwZVG. Bei sofort vollziehbaren VAen soll dies sogar so sein, Art. 36 II S. 1 VwZVG.

Bestimmtheit

Es muss ein bestimmtes Zwangsmittel angedroht werden, Art. 36 III VwZVG. Nachdem im Beispiel (Rn. 479) die Sträucher nicht geschnitten werden, droht die Gemeinde an, dass im Falle der Nichterfüllung bis 14.09.2014 ein Zwangsgeld in Höhe von 500,- € fällig wird.

numerus clausus

Zu beachten ist der numerus clausus der möglichen Zwangsmittel:

Mögliche Zwangsmittel sind nur die in Art. 29 II VwZVG aufgeführten, sodass auch nur diese angedroht werden können.[510]

Zustellung

Die Androhung muss zugestellt werden, Art. 36 VII VwZVG.

zusätzlich:

Zusätzlich gilt bei den einzelnen Zwangsmitteln: 483

bei Ersatzvornahme Kostenvoranschlag

Für den Fall der Ersatzvornahme ist außerdem Art. 36 IV VwZVG zu **beachten**:

Die Androhung muss einen Kostenvoranschlag für die voraussichtlichen Kosten der Ersatzvornahme enthalten.

bei Zwangsgeld Höhe

Für den Fall der Androhung eines Zwangsgeldes gilt ferner Art. 36 V VwZVG:

Die Androhung muss die Höhe des Zwangsgeldes enthalten.

Androhung ausnahmsweise entbehrlich gem. Art. 35 VwZVG

Die Androhung ist in den Ausnahmefällen des Art. 35 VwZVG entbehrlich.

cc) Keine Erfüllung der Verpflichtung innerhalb der in der Androhung gesetzten Frist, Art. 37 I VwZVG

ergebnisloser Fristablauf, Art. 37 I VwZVG

Das Zwangsmittel darf erst angewendet werden, wenn die dem Verpflichteten in der Androhung gesetzte Frist zur Erfüllung der Verpflichtung (Art. 36 I S. 2 VwZVG, s.o.) ergebnislos verstrichen ist, Art. 37 I VwZVG. 484

509 Dazu insbesondere Rn. 487 ff.

510 Vgl. dazu den Beispielsfall Rn. 489.

Das Zwangsgeld wird wegen Nichterfüllung fällig, Art. 31 III S. 3 VwZVG.

dd) Vorliegen der besonders normierten Voraussetzungen für das konkrete Zwangsmittel, Art. 31 - 34 VwZVG

besondere Voraussetzungen des jeweiligen Zwangsmittels

Schließlich ist durch Subsumtion festzustellen, ob die in Art. 31 - 34 VwZVG normierten Voraussetzungen für das jeweilige Zwangsmittel vorliegen. 485

hemmer-Methode: Auch hier wird von Ihnen wiederum nur genaues Lesen und Subsumieren der einschlägigen Norm verlangt.[511]

c) Verhältnismäßigkeit

Verhältnismäßigkeit

Natürlich ist auch i.R.d. Verwaltungsvollstreckung nach dem VwZVG der Grundsatz der Verhältnismäßigkeit zu beachten. Es gilt daher stets zu prüfen, ob die Anwendung von Zwang überhaupt, die Auswahl sowie die konkrete Anwendung des Zwangsmittels verhältnismäßig sind. 486

2. Insbesondere: Rechtmäßigkeit der Androhung eines Zwangsmittels

Rmk. der Androhung eines Zwangsmittels

Im Gegensatz zur Vollstreckung selbst (oben a) müssen für die Androhung der Vollstreckungsmaßnahme die allgemeinen Vollstreckungsvoraussetzungen noch nicht vorliegen. Dies ergibt sich aus Art. 36 II S. 1 VwZVG, da im Zeitpunkt des Erlasses des VA die allgemeinen Vollstreckungsvoraussetzungen grds. noch nicht vorliegen können. Vor allem die Frage der Nichtbefolgung oder nicht rechtzeitigen Befolgung der auferlegten Verpflichtung ist noch offen. 487

Androhung bereits vor Vollstreckbarkeit möglich

Insbesondere muss zum Zeitpunkt der Androhung noch kein vollstreckbarer VA i.S.v. Art. 19 I VwZVG vorliegen. Es ist lediglich ein wirksamer Leistungs-VA erforderlich. Die Prüfung der Rechtmäßigkeit der Androhung folgt dem allgemeinen VA-Prüfungsschema.

Rechtsgrundlage ist Art. 36 VwZVG (siehe bereits oben Rn. 481). Bezüglich des Verfahrens sei insbesondere nochmals auf Art. 28 II Nr. 5 BayVwVfG hingewiesen.

a) Angemessenheit der in der Androhung zu setzenden Frist

Problem: Angemessenheit der Frist, wenn Widerspruchsverfahren noch läuft

Problematisch kann die Angemessenheit der in der Androhung zu setzenden Frist, Art. 36 I S. 2 VwZVG, sein, wenn diese Frist so gesetzt wird, dass sie (z.B.) während des Laufes eines Widerspruchsverfahrens abläuft und eine sofortige Vollziehbarkeit des Grund-VAs nicht angeordnet wurde. 488

Das Problem ergibt sich also unmittelbar daraus, dass (wie bereits eingangs erwähnt) die Vollstreckbarkeit des VA keine Voraussetzung für die Androhung ist.

> ***Bsp.:*** *Gegenüber Louie ergeht die Anordnung, seinen Pitbull „Killer", der schon des Öfteren bei Auseinandersetzungen seines Herrchens Menschen lebensgefährlich verletzt hat, einschläfern zu lassen. Der Sofortvollzug wurde dabei nicht angeordnet.*

511 Ziehen Sie hierzu vergleichend die Ausführungen unter Rn. 261 ff. heran.

Louie legt sofort entsetzt gegen den Bescheid Klage bei dem zuständigen Gericht ein.

Zwei Tage später wird Louie schriftlich die Ersatzvornahme angedroht, falls er der im Bescheid genannten Verpflichtung nicht binnen drei Tagen nachkomme. Louie ist verzweifelt.

Verstoß gegen Art. 36 I S. 2 VwZVG

Die Anfechtungsklage gegen den Grund-VA hat gem. § 80 I VwGO aufschiebende Wirkung. Es kann dem Adressaten aber nicht zugemutet werden, die von ihm geforderte Maßnahme zu einem Zeitpunkt vorzunehmen, zu dem er wegen der aufschiebenden Wirkung der Klage noch gar nicht zur Erfüllung der Anordnung verpflichtet war.

Eine solche Anordnung verstößt gegen Art. 36 I S. 2 VwZVG da es an der Angemessenheit der Frist fehlt - der Vollzug ist innerhalb der Frist von drei Tagen nicht billigerweise zuzumuten.

Auswirkung strittig

Zur Auswirkung eines solchen Verstoßes sind zwei Meinungen vertretbar:

⇨ Zum einen kann angenommen werden, dass lediglich die Frist wirkungslos war; d.h., dass vor der Vollstreckung nur eine neue Frist zu setzen ist (Argument: Regelung des Art. 31 VII BayVwVfG).

⇨ Andererseits wird (konsequent) angenommen, dass die Androhung rechtswidrig war und vor einer Vollstreckung vollständig wiederholt werden muss.

Der BayVGH ist schon nach beiden Möglichkeiten vorgegangen.

b) Zum numerus clausus der Zwangsmittel

Problem: n.c. der Zwangsmittel/Abgrenzung Androhung - Ankündigung

Ein weiteres Problem kann sich i.R.d. Art. 36 III S. 1 VwZVG ergeben: Vor allem hier kann sich die Tatsache des numerus clausus der Zwangsmittel, Art. 29 II VwZVG, auswirken. 489

Bsp.: *Auf dem Abraumgrundstück des Kiesgrubenbesitzers Kurt Kies sind starke Ölverschmutzungen durch die Förderfahrzeuge vorhanden.*

Die zuständige Behörde gibt ihm daher auf, diese Rückstände zu beseitigen. Dem Großunternehmer Kies ist dies aber zu teuer. Deshalb legt er die Verfügung unter der Ablage „Auf-Nimmer-Wiedersehen“ (Papierkorb) ab.

Kurze Zeit später droht ihm die Behörde schriftlich an, seine Kiesgrube zu schließen, falls er die Verschmutzung nicht innerhalb von vierzehn Tagen beseitigt.

Kies sieht nun seine Einnahmen gefährdet und fragt an, was es mit dieser „Androhung“ auf sich habe, wie ernst sie zu nehmen sei und was er zu befürchten habe.

Ausgangspunkt

Es wäre verfehlt, hier anzunehmen, dass diese „Androhung nach Art. 36 VwZVG“ rechtswidrig sei, weil der „angedrohte unmittelbare Zwang“ unverhältnismäßig sei, da eine Ersatzvornahme als milderes Mittel in Betracht komme.

Es handelt sich bei der beabsichtigten Maßnahme weder um unmittelbaren Zwang, noch ist das zweite Schreiben der Behörde eine Androhung i.S.d. Vollstreckungsrechts:

kein unmittelbarer Zwang

Unmittelbarer Zwang läge nur dann vor, wenn die Behörde durch die beabsichtigte Maßnahme (Schließung) die Rückstände selbst beseitigen wollte; die Schließung führt aber nicht zur Beseitigung der bereits vorhandenen Rückstände.

Hier hat die Behörde aber versucht, die Beseitigung mittelbar durch Ausübung von Druck auf ein ganz anderes Rechtsgut (den monetären „Kies" des Kies) zu erreichen. Ein solcher Druck kann aber nur durch das Zwangsmittel Zwangsgeld (Art. 29 II Nr. 1, 31 VwZVG) ausgeübt werden ⇨ numerus clausus der Zwangsmittel.

keine vollstreckungsrechtliche Androhung

Deshalb ist das zweite Schreiben auch nicht als Androhung (Maßnahme der Zwangsvollstreckung), sondern als nicht verbindliche Ankündigung eines neuen, selbstständigen Grund-VA anzusehen.[512] Erst dann, wenn dieser VA tatsächlich ergangen ist, kann er später (durch unmittelbaren Zwang) vollstreckt werden (Art. 18 I VwZVG), sodass Kies vorerst keine (rechtmäßige) Schließung zu befürchten hat.

hemmer-Methode: Sie befinden sich in dieser Konstellation also nicht i.R.e. Androhung im Vollstreckungsrecht.
Bei der Annahme einer solchen handelt es sich um einen häufigen, aber vermeidbaren Klausurfehler.

3. Insbesondere: Rechtmäßigkeit von Kostenbescheiden nach dem VwZVG

Rmk. von Kostenbescheiden

Gem. Art. 41 I VwZVG i.V.m. dem Kostengesetz können für „Amtshandlungen im Vollstreckungsverfahren" Kosten erhoben werden. 490

Vornehmlich kommt die Kostenerhebung für eine durchgeführte Ersatzvornahme nach Art. 32 VwZVG in Betracht. Es empfiehlt sich für die Prüfung der Rechtmäßigkeit eines solchen Kostenbescheides folgender Aufbau:

Übersicht: Rmk. eines Kostenbescheids für eine Ersatzvornahme

Rechtmäßigkeit eines Kostenbescheides für eine Ersatzvornahme nach Art. 32 VwZVG

a) Rechtsgrundlage
Art. 41 I, 32 VwZVG i.V.m. Art. 1 I, 2 I KostenG

b) Formelle Rechtmäßigkeit
- **aa)** Zuständigkeit Art. 30, 20 VwZVG i.V.m. Art. 1 I KostenG
- **bb)** Verfahren (allg. Regeln)
- **cc)** Form (allg. Regeln)

c) Materielle Rechtmäßigkeit
- **aa)** Rechtmäßigkeit der Ersatzvornahme (Prüfung entsprechend oben a) (Rn. 476 ff.)
- **bb)** (tatsächliche) Übereinstimmung der Ersatzvornahme:
  - **(1)** mit der vom Kläger im Grund-VA verlangten Handlung
  - **(2)** mit der erfolgten Androhung
- **cc)** Höhe der verlangten Kosten
- **dd)** Richtiger Kostenschuldner, Art. 41 I S. 2 VwZVG, Art. 2 I S. 1 KostenG

a) Rechtsgrundlage

Rechtsgrundlage

Rechtsgrundlage eines Kostenbescheides für eine vorgenommene Ersatzvornahme ist Art. 41 I, 32 VwZVG i.V.m. Art. 1 I, 2 I KostenG. 491

512 Ähnliche Fälle: Vogel, JuS 1961, 93; JA 1969, 109; Erbel, JuS 1971, 35.

b) Formelle Rechtmäßigkeit

formelle Rmk./Zuständigkeit

Die Zuständigkeit für den Erlass des Kostenbescheids ergibt sich aus Art. 30, 20 VwZVG i.V.m. Art. 1 I KostenG. 492

Verfahren: beachte 28 II Nr. 5 BayVwVfG

Bezüglich des Verfahrens ist zu beachten, dass vor dem Erlass des Kostenbescheids eine Anhörung gem. Art. 28 I BayVwVfG entbehrlich ist, denn auch beim Kostenbescheid handelt es sich um eine „Maßnahme in der Vollstreckung“ gem. Art. 28 II Nr. 5 BayVwVfG. Dieses Merkmal ist weit auszulegen.

c) Materielle Rechtmäßigkeit

aa) Rechtmäßigkeit der Ersatzvornahme

materielle Rmk./Rmk. der Ersatzvornahme selbst

Der Kostenbescheid ist nur dann rechtmäßig, wenn auch die Vollstreckungsmaßnahme, für die die Kosten erhoben werden, rechtmäßig ist. An dieser Stelle muss daher eine komplette Rechtmäßigkeitsprüfung der Vollstreckungsmaßnahme in oben dargestellter Weise erfolgen.[513] 493

hemmer-Methode: Hier liegt regelmäßig der Klausurschwerpunkt. Denkbar ist, dass die Ersatzvornahme (VA) bereits durch Ablauf der Rechtsmittelfristen unanfechtbar und somit bestandskräftig geworden ist. Dann kann sich der Betroffene i.R.d. Anfechtung des Kostenbescheids nicht mehr auf die Rechtswidrigkeit, sondern allenfalls noch auf eine denkbare Nichtigkeit berufen, was häufig übersehen wird; dies ist insbesondere zu beachten, wenn der Kläger sich in der Sachverhaltsangabe auffällig über die „eindeutige Rechtswidrigkeit der Ersatzvornahme“ auslässt.

bb) Übereinstimmung

Übereinstimmung

Die durchgeführte Ersatzvornahme muss in jedem Fall mit der vom Kläger im Grund-VA verlangten Handlung übereinstimmen sowie im gleichen Umfang, wie tatsächlich vorgenommen, angedroht worden sein. 494

cc) Höhe der verlangten Kosten

Kostenhöhe

Es dürfen nur die tatsächlich entstandenen Kosten gefordert werden. 495

Problem: tatsächliche Kosten übersteigen Kostenvoranschlag

Problematisch kann im Einzelfall sein, dass die tatsächlich entstandenen Kosten die in der Androhung veranschlagten (Art. 36 IV VwZVG) übersteigen.

e.A.: Vertretbarkeitsgrenze

Hierzu wird teilweise angenommen, dass eine Vertretbarkeitsgrenze bestehe, weil der Sinn des Kostenvoranschlages darin liege, dem Verpflichteten vor Augen zu führen, welche Kosten auf ihn zukommen, wenn er es bis zur Ersatzvornahme kommen lasse. Der Kostenerstattungsanspruch dürfe daher nicht außer Verhältnis zum veranschlagten Betrag stehen.

BVerwG: vollständige Kostenerstattung

Gegen dieses teleologische Argument spricht einerseits der Gesetzeswortlaut, der in Art. 36 IV S. 3 VwZVG eine Kostennachforderung und somit einen Anspruch der Behörde auf Erstattung der tatsächlich entstandenen Kosten ausdrücklich zulässt (Prinzip der vollständigen Kostenerstattung).

513 Vgl. oben, Rn. 477 ff.

Die Begründung der Gegenmeinung vermag aber auch im Hinblick auf den von ihr angeführten Sinn und Zweck nicht zu überzeugen:

Der durch den Grund-VA Verpflichtete hat keine Wahlbefugnis, die Maßnahme selbst durchzuführen oder der Behörde die Durchführung zu überlassen. Vielmehr ist und bleibt er bis zuletzt verpflichtet, den VA zu befolgen. Die Ersatzvornahme ist keine „alternative Art", die Verpflichtung zu erfüllen. Sie ist vielmehr einer Sanktion für die Nichterfüllung gleichzustellen. Wer sich durch Nichterfüllung auf eine Ersatzvornahme einlässt, hat kein schutzwürdiges Vertrauen in die Einhaltung der veranschlagten Kosten, weil er ja weiß, dass er die Verpflichtung selbst erfüllen muss. Er kann sich nicht darauf stützen, dass die Behörde es hätte billiger bewerkstelligen können. Der Kostenvoranschlag hat also lediglich eine Warn-, nicht aber eine Schutzfunktion.[514]

dd) Richtiger Kostenschuldner

richtiger Kostenschuldner

Kostenschuldner ist gem. Art. 41 I S. 2 VwZVG, Art. 2 I S. 1 KostenG der Vollstreckungsschuldner, d.h. also der Verpflichtete. 496

VI. Verletzung subjektiv-öffentlicher Rechte

Verletzung in subj.-öffentl. Recht

Für alle hier abgehandelten, mit der Anfechtungsklage angegriffenen Maßnahmen gilt gem. § 113 I S. 1 VwGO, dass der Kläger durch die rechtswidrige Maßnahme in einem subjektiv-öffentlichen Recht verletzt sein muss. Nur dann ist die Anfechtungsklage begründet. 497

hemmer-Methode: Denken Sie an den Obersatz und vergessen Sie diesen Prüfungspunkt nicht, falls die angegriffene Maßnahme sich tatsächlich als rechtswidrig herausstellt.

Als Adressat einer rechtswidrigen Maßnahme ist der Kläger grds. zumindest in seinem Grundrecht aus Art. 2 I GG verletzt.[515]

---

514 So BVerwG, NJW 1984, 2591.

515 **Hemmer/Wüst, VerwaltungsR I, Rn. 399 ff.**

§ 3 DIE VERPFLICHTUNGSKLAGE, § 42 I ALT. 2 VWGO

Bedeutung der Verpflichtungsklage im Sicherheitsrecht

Die Verpflichtungsklage spielt in Klausuren im Bereich des allgemeinen Sicherheitsrechts eher eine untergeordnete Rolle. Sie kommt in Betracht, wenn sich das Klagebegehren auf den Erlass eines VA nach dem LStVG richtet oder wenn eine Genehmigung aufgrund einer sicherheitsrechtlichen Verordnung begehrt wird. 498

Ungleich größer ist Ihre Bedeutung für Klausuren, die besonderes Sicherheitsrecht (insbes. Baurecht, Immissionsschutzrecht, Gewerberecht) zum Gegenstand haben, soweit es etwa um die Versagung von Genehmigungen oder nachbarrechtliche Probleme geht. Im Rahmen dieses Skripts, das sich auf das allgemeine bayerische Sicherheitsrecht konzentriert, soll daher insoweit nur auf die wesentlichen Punkte eingegangen werden.[516]

ÜBERSICHT zur Verpflichtungsklage:
Siehe bereits oben, Rn. 306.

A) Eröffnung des Verwaltungsrechtswegs, § 40 I VwGO

öffentl.-rechtl. Streitigkeit? ⇨ Dreierschritt

Bei der Überprüfung der Eröffnung des Verwaltungsrechtswegs wird hinsichtlich der Frage nach dem Vorliegen einer öffentlich-rechtlichen Streitigkeit am besten nach folgendem Dreierschritt vorgegangen:[517] 499

1. Schritt: Festlegung des Streitgegenstandes[518]

2. Schritt: Festlegung der streitentscheidenden Normen (Zuordnung)

3. Schritt: Qualifikation der streitentscheidenden Normen[519]

Sicherheitsrechtliche Normen sind grds. öffentlich-rechtlicher Natur.

B) Zulässigkeit

I. Verpflichtungsklage als statthafte Klageart, § 42 I Alt. 2 VwGO

Statthaftigkeit der Verpflichtungsklage

Die Verpflichtungsklage ist statthaft, wenn der Kläger mit seiner Klage den Erlass eines VA[520] begehrt und noch keine Erledigung in der Hauptsache[521] eingetreten ist. Die Verpflichtungsklage ist also einerseits von der allgemeinen Leistungsklage (Klagebegehren: andere Leistung als VA), andererseits von der Fortsetzungsfeststellungsklage (bei Erledigung) abzugrenzen. 500

516 Zur Vertiefung des besonderen Sicherheitsrechts: Umfassende Darstellung der wesentlichen Problematiken in Hemmer/Wüst/Christensen, VerwaltungsR II, Rn. 1 ff.; zum nachbarschaftlichen Rechtsschutz im Bauordnungsrecht Steiner, BauR, 5. Auflage 2010, Nr. 85 ff.; des Weiteren **Hemmer/Wüst, BauR/Bayern**.

517 Vgl. **Hemmer/Wüst, VerwaltungsR II, Rn. 5**.

518 Vgl. **Hemmer/Wüst, VerwaltungsR I, Rn. 24 ff.**

519 Vgl. **Hemmer/Wüst, VerwaltungsR I, Rn. 39 ff.**

520 Zu den einschlägigen Problematiken hinsichtlich der VA-Qualität einzelner Maßnahmen oben, Rn. 405 ff.

521 Zur Erledigung bei der Verpflichtungsklage oben, Rn. 309.

richtige Klageart zur Bewirkung des Endes einer Wiedereinweisung

An dieser Stelle sei nochmals auf das Problem der richtigen Klageart i.R.d. Wiedereinweisung Obdachloser nach Ablauf der Einweisungszeit hingewiesen.[522] 501

In Betracht kommen:

⇨ die allgemeine Leistungsklage auf Herausgabe der Wohnung oder

⇨ die Verpflichtungsklage auf Erlass eines Ausweisungs-VA an die Bewohner

h.M.: FBA ⇨ allg. Leistungsklage

Es handelt sich im Verhältnis Hauseigentümer - Behörde um einen Folgenbeseitigungsanspruch, der immer mit der allgemeinen Leistungsklage geltend zu machen ist (vgl. auch die Regelung in § 113 IV VwGO). Dass die Behörde ihrer Verpflichtung in der Regel durch einen Ausweisungs-VA an die Bewohner nachkommen wird, muss insoweit unbeachtlich sein. Der Erlass dieses VA stellt nur die Erfüllung des Folgenbeseitigungsanspruchs dar; die Behörde kommt also durch den VA nur ihrer Pflicht gegenüber dem Hauseigentümer nach.[523]

hemmer-Methode: Hier zahlt sich Genauigkeit aus: Maßgeblich ist das Verhältnis Behörde - Hauseigentümer. Dem Hauseigentümer ist es grds. egal, wie letztlich die Behörde ihrer Verpflichtung aus dem FBA nachkommt; erst recht, wenn der hierfür in Frage kommende VA gegen einen Dritten ergehen muss.
Die Gegenmeinung,[524] die hier einen Anspruch auf Erlass eines VA statt eines FBA annimmt, vermag wegen eben dieser Ungenauigkeit nicht zu überzeugen: Sie führt die Differenzierung zwischen dem Anspruch Eigentümer - Behörde einerseits, und der Erfüllung dieses Anspruchs bzw. dem Handeln der Behörde gegenüber den Hausbewohnern andererseits, nicht exakt durch.

Die Verpflichtungsklage ist hier somit nicht statthaft. Statthafte Klageart ist die allgemeine Leistungsklage.

II. Klagebefugnis, § 42 II VwGO

Klagebefugnis

Die Klagebefugnis ist nach der Möglichkeitstheorie festzustellen. Sie ist zu bejahen, wenn nach dem eigenen Sachvortrag des Klägers durch den Nichterlass des begehrten VA eine Verletzung seiner subjektiv-öffentlichen Rechte zumindest möglich erscheint, d.h. nicht offensichtlich ausgeschlossen ist. 502

1. Ausgangspunkt: Möglicher Anspruch des Klägers?

Ausgangspunkt

Zunächst ist zu untersuchen, ob eine Anspruchsgrundlage für den vom Kläger begehrten VA in Betracht kommt. Wird eine Genehmigung als eigene Begünstigung angestrebt, ist dies meist unproblematisch (z.B. Art. 68 I BayBO, §§ 6, 4 BImSchG, § 4 I GastG, §§ 30 ff. GewO). 503

522 Dazu bereits Rn. 430 sowie Rn. 467 i.R.d. Anfechtungsklage, welche die richtige Klageart gegen die an den Wohnungseigentümer gerichtete Wiedereinweisungsverfügung ist.

523 Vgl. Hemmer/Wüst, VerwaltungsR II, Rn. 20.

524 So etwa VGH Bad.-Württ., NVwZ 1987, 1101.

2. Ermessen der Behörde

Ermessensnorm ⇨ Individualinteresse?

Ist der Behörde in der aufgefundenen, in Betracht kommenden Norm ein Ermessen eingeräumt, wie es im LStVG regelmäßig der Fall ist, so kann die Klagebefugnis zumindest unter dem Gesichtspunkt der Möglichkeit eines Anspruches auf fehlerfreie Ermessensentscheidung gegeben sein. *504*

Voraussetzung hierfür ist allerdings immer, dass die Norm nicht nur die Interessen der Allgemeinheit schützen soll, sondern auch dem Individualinteresse des einzelnen Bürgers zu dienen bestimmt ist, was im Wege der Auslegung der in Betracht kommenden Norm zu ermitteln ist.[525]

hemmer-Methode: Erinnern Sie sich, dass i.R.d. Klagebefugnis eine Ermessensreduzierung auf Null noch nicht nötig ist. Die Klagebefugnis ist bereits gegeben, wenn aufgrund des subjektiv-rechtlichen Einschlags der Norm ein Anspruch auf fehlerfreie Ermessensentscheidung möglich erscheint.[526]

III. Sonstige Sachurteilsvoraussetzungen

sonstige Sachurteilsvoraussetzungen

Bei den sonstigen Sachurteilsvoraussetzungen[527] tauchen keine sicherheitsrechtsspezifischen Besonderheiten auf. *505*

C) Beiladung

ggf. Beiladung

Bei mehrstufigen VAen kann eine notwendige Beiladung, § 65 II VwGO, der am Genehmigungs-/Erteilungsverfahren zu beteiligenden Behörde in Betracht kommen.[528] *506*

D) Begründetheit

Obersatz

Obersatz: Die Verpflichtungsklage ist begründet, wenn die Klage gegen den richtigen Beklagten gerichtet ist (§ 78 I Nr. 1 VwGO), die Ablehnung des VA rechtswidrig und der Kläger durch die Ablehnung des VA in seinen subjektiv-öffentlichen Rechten verletzt ist (§ 113 V VwGO). *507*

I. Passivlegitimation, § 78 I Nr. 1 VwGO

Passivlegitimation

Passivlegitimiert ist der Rechtsträger der Behörde, die für den Erlass des VA zuständig ist. *508*

hemmer-Methode: Denken Sie daran, dass eine Selektierung der in Betracht kommenden Normen bei der Vorbereitung Ihrer Lösung unerlässlich ist: Es muss an dieser Stelle für Sie bereits feststehen, auf welche Anspruchsgrundlage die Klage letztlich gestützt wird, da sonst die Zuständigkeit für die Feststellung der Passivlegitimation eigentlich gar nicht ermittelt werden kann.[529]

---

525 Vgl. hierzu bereits Rn. 310 ff. sowie Hemmer/Wüst, VerwaltungsR I, Rn. 36 ff.

526 Vgl. oben, Rn. 311; Hemmer/Wüst, VerwaltungsR II, Rn. 41.

527 Dazu Hemmer/Wüst, VerwaltungsR II, Rn. 43 ff.

528 Vgl. **Hemmer/Wüst, VerwaltungsR II, Rn. 54**, sowie **Hemmer/Wüst, VerwaltungsR I, Rn. 251 ff.**

529 Beispiel (vgl. **Hemmer/Wüst, VerwaltungsR II, Rn. 61**): Klage auf Untersagung eines Hardrock-Konzertes in einer Kleinstadt, zu dem sich bereits eine Gruppe gewaltbereiter Jugendlicher „angemeldet" hat, um hier ein wenig „aufzuräumen und Dampf abzulassen".
Als Rechtsgrundlage kommen letztlich § 15 I VersammlungsG oder Art. 19 V S. 2 LStVG in Betracht. Für die Begründung der Passivlegitimation muss jedoch bereits die die Zuständigkeit begründende Norm herangezogen werden, also im ersten Fall Art. 7 I BayAGVersammlungsG, im zweiten Art. 19 V S. 1 LStVG. Selbst wenn in beiden Fällen die Gemeinde zuständig ist muss zur Begründung genau zitiert werden.

II. Anspruchsaufbau

1. Anspruch auf Erlass eines VA aufgrund des BayLStVG

Anspruch auf Erlass eines VA aufgrund des BayLStVG

Der Gesetzessystematik des LStVG sollte auch i.R.d. Prüfung, ob ein Anspruch auf Erlass eines sicherheitsrechtlichen VA besteht, Rechnung getragen werden („bayerischer Aufbau“).[530] 509

Demnach ist wie folgt zu prüfen:

Übersicht: Anspruchsaufbau nach BayVGH

Anspruch auf Erlass eines VA aufgrund des LStVG

Der Kläger hat einen Anspruch auf Erlass des begehrten VA, wenn:

A) Formell

die Behörde zum Erlass zuständig ist.

B) Materiell

- **I.** der begehrte VA auf die Befugnisnorm gestützt werden kann,
- **II.** diese Befugnisnorm (auch) im Individualinteresse besteht,
- **III.** sie gerade auch im Interesse des Klägers besteht,
- **IV.** der begehrte VA
  - **1.** sich gegen den richtigen Adressaten richten würde und
  - **2.** die sicherheitsrechtlichen Handlungsgrundsätze wahren würde,
- **V.** das Ermessen auf Null reduziert ist.

hemmer-Methode: Bei einer Klausur mit prozessualem Aufbau wurde das Individualinteresse (vgl. die obige Übersicht - Punkte II. und III.) bereits bei der Klagebefugnis (s.o.) bejaht, sodass hier ein entsprechender Verweis ausreichend ist.

bei Anspr. auf fehlerfreie Ermessensentscheidung ⇨ Bescheidungsurteil

Sollte sich herausstellen, dass eine Ermessensreduzierung auf Null nicht vorliegt, sondern lediglich ein Anspruch auf fehlerfreie Ermessensentscheidung, so ergeht gem. § 113 V S. 2 VwGO ein Bescheidungsurteil.[531] Nur im Falle einer Ermessensreduzierung auf Null ergeht ein Vornahmeurteil auf Erlass des begehrten VA, § 113 V S. 1 VwGO. 510

2. Anspruch auf Erlass anderer VAe

Anspruch auf Erlass anderer VAe

Wird der Erlass eines Verwaltungsaktes aufgrund eines anderen Gesetzes (BayBO, BImSchG, GastG usw.) begehrt, so erfolgt die Prüfung nach dem allgemeinen Schema:[532] 511

530 Vgl. dazu parallel den Aufbau im PolizeiR, Rn. 316.

531 Vgl. Rn. 315 sowie **Hemmer/Wüst, VerwaltungsR II, Rn. 57 ff.**

532 Hierzu **Hemmer/Wüst, VerwaltungsR II, Rn. 61 ff.**

Übersicht: Anspruch auf Erlass eines VA

Anspruch auf Erlass eines VA - Voraussetzungen

A) Formell

I. Zuständigkeit der Behörde

II. Ordnungsgemäßer Antrag des Bürgers bei der zuständigen Behörde[533]

III. Ggf. Mitwirkung anderer Behörden

B) Materiell

I. Anspruchsgrundlage

II. Besteht überhaupt Genehmigungspflichtigkeit?

III. Genehmigungsfähigkeit = Subsumtion, Ermessensreduzierung auf Null bzw. pflichtgemäße Ermessensausübung

Anspruchsgrundlagen

Klausurrelevante sicherheitsrechtliche Anspruchsgrundlagen außerhalb des LStVG auf ein behördliches Einschreiten sind etwa: 512

⇨ Art. 75, 76, 54 II S. 2 BayBO,

⇨ § 5 GastG

⇨ § 12 BImSchG.

Genehmigungspflichtigkeit

Der Anspruch auf baupolizeiliches Einschreiten wird vor allen Dingen dann wichtig, wenn eine Anfechtungsklage einer Baugenehmigung ausscheidet, etwa deshalb weil das Vorhaben verfahrens- bzw. genehmigungsfrei ist, Art. 57 f. BayBO, oder weil nur Vorschriften verletzt werden, die nicht zum Prüfprogramm der Baubehörde gehören, Art. 68 I, 59 BayBO. In diesen Fällen macht eine Anfechtungsklage gegen die Baugenehmigung keinen Sinn – weil entweder überhaupt eine vorliegt oder aber die gerügten Vorschriften bei deren Erlass nicht zu prüfen waren. Nach Art. 55 II BayBO ändert dies aber nichts daran, dass der Bauherr diese Vorschriften beachten muss und die Baubehörde dies durch ein bauaufsichtliches Einschreiten erzwingen kann. Die Frage ist, ob dem Nachbarn hierauf auch ein Anspruch zusteht. 513

III. Verletzung subjektiv-öffentlicher Rechte

Verletzung subj.-öffentl. Rechte

Wird der geltend gemachte Anspruch auf Erlass des VA oder ein Anspruch auf fehlerfreie Ermessensentscheidung bejaht, so hat die Ablehnung den Kläger in seinem subjektiv-öffentlichen Recht (auf Erlass/auf fehlerfreie Ermessensausübung) verletzt, und die Verpflichtungsklage ist (ggf. teilweise) begründet. 514

hemmer-Methode: Besteht mangels Ermessensreduktion kein Anspruch des Klägers auf Erlass des Verwaltungsaktes, kommt nach § 113 V S. 2 VwGO nur ein Verbescheidungsurteil in Betracht, wenn die bisherige Ablehnung des VAs ermessensfehlerhaft war. In diesem Fall kann die Verpflichtungsklage auch anders aufgebaut werden. Dann ist getreu dem Wortlaut des § 113 I S. 5 VwGO zunächst die Rechtswidrigkeit der Ablehnung sowie die subjektive Rechtsverletzung und dann die Rechtsfolge, d.h. die Spruchreife zu klären.

533 Nicht bei prozessualer Klausur: Hat der Kläger noch gar keinen Antrag gestellt, fehlt es bereits i.R.d. Zulässigkeit an der Klagebefugnis bzw. am Rechtsschutzbedürfnis.

§ 4 FORTSETZUNGSFESTSTELLUNGSKLAGE, § 113 I S. 4 VWGO (ANALOG)

ÜBERSICHT zur Fortsetzungsfeststellungsklage:
siehe oben, vor Rn. 36 und Rn. 56

A) Eröffnung des Verwaltungsrechtswegs und Zulässigkeit

§ 40 I VwGO u. Zulässigkeit

Die Eröffnung des Verwaltungsrechtswegs sowie die Zulässigkeit der Fortsetzungsfeststellungsklage wurden bereits ausführlich i.R.d. Polizeirechts abgehandelt.[534] 515

Bezüglich der sicherheitsrechtlichen Besonderheiten sei im Wesentlichen auf die Ausführungen bei der Anfechtungsklage[535] verwiesen. Diese gelten gleichermaßen bei der Fortsetzungsfeststellungsklage.

Erledigung regelmäßig bei: Tatmaßnahmen/Vollstreckungsmaßnahmen

Typischerweise werden wegen eingetretener Erledigung mit der Fortsetzungsfeststellungsklage Tatmaßnahmen aufgrund des Art. 7 III LStVG[536] sowie Vollstreckungsmaßnahmen nach dem VwZVG angegriffen. Gegen beide Maßnahmen ist die Fortsetzungsfeststellungsklage statthaft, da es sich jeweils um VAe handelt (strittig):

Die Argumentation bei der Tatmaßnahme entspricht im Wesentlichen der bei der unmittelbaren Ausführung im Polizeirecht (Art. 9 I PAG),[537] diejenige bezüglich der Anwendung von Zwangsmitteln der Argumentation i.R.v. Art. 70 ff. PAG.[538]

B) Begründetheit, § 113 I S. 4 VwGO

Begründetheit

I.R.d. Begründetheit sollen hier die oben bereits angesprochenen Hauptanwendungsfälle näher erläutert werden. 516

Die Begründetheit der Fortsetzungsfeststellungsklage wird nach der bekannten Vorgehensweise geprüft:

I. Obersatz

II. Passivlegitimation, § 78 I Nr. 1 VwGO

III. Rechtswidrigkeit des erledigten VA bzw. Anspruch auf den versagten, erledigten VA

Hier gilt grundsätzlich dasselbe wie bei der Anfechtungs- und der Verpflichtungsklage.

534 Rn. 36 ff.; **Hemmer/Wüst, VerwaltungsR II, Rn. 99 ff.**

535 Vgl. oben, Rn. 401 ff.

536 Nach a.A. ist wegen der Qualifikation als Realakt die allg. Feststellungsklage einschlägig, vgl. bereits Rn. 64, 411, 469 und nachfolgend Rn. 524 ff.

537 Vgl. oben, Rn. 64.

538 Vgl. oben, Rn. 61 ff., sowie bereits i.R.d. Anfechtungsklage Rn. 406 ff.

Die typischen Fälle im Sicherheitsrecht sind:

1. Tatmaßnahme gem. Art. 7 III BayLStVG

Art. 7 III LStVG

Art. 7 III LStVG kann als „Auffangbefugnis" oder „Rettungsanker" für die Fälle angesehen werden, für die eine Maßnahme nach Art. 7 II LStVG nicht möglich/nicht zulässig/nicht erfolgversprechend ist. 517

Abgrenzung zur Ersatzvornahme

Art. 7 III LStVG ist von der Ersatzvornahme nach Art. 32 VwZVG abzugrenzen.

Bei der Ersatzvornahme nach Art. 32 VwZVG geht im Gegensatz zur Tatmaßnahme gegenüber dem Verantwortlichen eine Anordnung voraus. Letztlich muss bei der Tatmaßnahme, anders als bei der Ersatzvornahme, kein entgegenstehender Wille durch den Verwaltungszwang überwunden werden.

Eine dem Art. 70 II PAG entsprechende Regelung kennt das VwZVG hingegen nicht. I.R.d. VwZVG gibt es daher keine sofortige Vollziehung einer Maßnahme.[539] Eine solche Regelung der sofortigen Vollziehung kennt hingegen das VwVG des Bundes, vgl. § 6 II VwVG.

Liegen die Voraussetzungen des Art. 7 III LStVG vor, nimmt die Behörde die Maßnahme entweder selbst, durch die Polizei oder durch (vertraglich) beauftragte Dritte vor.[540]

hemmer-Methode: Überschneidung mit dem Polizeirecht: Schaltet die Behörde zur Vornahme der Handlung nach Art. 7 III LStVG die Polizei ein, handelt es sich nicht um eine Weisung gem. Art. 10 S. 2 LStVG. Das geltende Recht ist das, welches für die Sicherheitsbehörde gilt. Die Polizei handelt also gem. Art. 2 IV PAG i.V.m. Art. 7 III LStVG.

Rechtmäßigkeitsprüfung

Die Rechtmäßigkeit einer Maßnahme nach Art. 7 III LStVG wird wie folgt geprüft: 518

a) Formelle Rechtmäßigkeit

Insbesondere Zuständigkeit nach Art. 6 LStVG.

b) Materielle Rechtmäßigkeit

aa) Vorliegen der Voraussetzungen des Art. 7 III LStVG (Befugnis)

(1) „Anordnung nach Absatz 2" könnte rechtmäßig ergehen

Möglichkeit, eine entsprechende Anordnung auf Art. 7 II LStVG zu stützen

Aus der Formulierung des Art. 7 III LStVG sowie dem Sinn der Regelung ergibt sich, dass grundsätzlich eine Anordnung nach Art. 7 II Nr. 1 bis 3 LStVG ergehen können muss:

Die Vorschrift regelt den Fall, dass eine (denkbare) Anordnung nach Art. 7 II LStVG unmittelbar von der Behörde selbst ausgeführt wird (werden muss). 519

539 Aus diesem Grund ist die Abgrenzung auch weniger problematisch als i.R.d. Polizeirechts, vgl. Rn. 411.

540 Zur Anfechtung/Rechtmäßigkeit eines Kostenbescheids für eine erfolgte unmittelbare Ausführung siehe bereits Rn. 300 ff. i.R.d. Anfechtungsklage.

⇨ Prüfung, ob Maßnahme aufgr. der Generalbefugnis ergehen könnte

Das heißt nichts anderes, als dass eine (hypothetische) Prüfung der Vereinbarkeit einer Maßnahme mit Art. 7 II LStVG vorzunehmen ist.[541] Es ist also zu prüfen, ob ein VA unter die Befugnis des Art. 7 II LStVG subsumiert werden könnte.

(2) Anordnung nach Abs. 2 ist „nicht möglich, nicht zulässig oder verspricht keinen Erfolg"

dem wirklichen Erlass stehen Gründe des Abs. 3 entgegen

Alternativ müssen dem wirklichen Erlass der Anordnung folgende Gründe entgegenstehen, sodass die Maßnahme nur durch die Behörde selbst, die Polizei oder beauftragte Dritte ausgeführt werden kann: 520

nicht möglich

⇨ Die Anordnung ist nicht möglich.

Das ist dann der Fall, wenn tatsächliche Gründe ihrem Erlass entgegenstehen. Hauptfall: Nicht feststellbarer Adressat.

nicht zulässig

⇨ Die Anordnung ist nicht zulässig.

Zu bejahen, wenn rechtliche Gründe ihrem Erlass entgegenstehen, etwa wenn das Handeln für den Adressaten einen Gesetzesverstoß darstellen würde oder er bei Erfüllung der Anordnung eigene privatrechtliche Verpflichtungen verletzen würde.

nicht erfolgversprechend

⇨ Die Anordnung ist nicht erfolgversprechend.

Dieser Grund liegt vor, wenn die Befolgung der Anordnung für den Betroffenen objektiv oder subjektiv unmöglich wäre oder wenn der Adressat zwar bekannt ist, aber nicht so rechtzeitig in Anspruch genommen werden kann, wie es zur Abwehr der (konkreten) Gefahr oder Beseitigung der Störung nötig ist.

bb) Ermessen, insbesondere Verhältnismäßigkeit

Ermessen

Auch Art. 7 III LStVG räumt der Behörde Ermessen ein, sodass eine Überprüfung nur i.R.d. § 114 S. 1 VwGO möglich ist. Wichtig ist dabei vor allen Dingen, dass sich die Maßnahme als Verhältnismäßig erweist, Art. 8 LStVG. 521

2. Vollstreckungsmaßnahmen nach dem VwZVG

Vollstreckungsmaßnahmen nach dem VwZVG

Die Prüfung der Rechtmäßigkeit von Vollstreckungsmaßnahmen nach dem VwZVG (Zwangsgeld, Ersatzvornahme, Ersatzzwangshaft, unmittelbarer Zwang, vgl. Art. 29 II VwZVG) wurde bereits im Zusammenhang mit der Anfechtungsklage ausführlich behandelt.[542] 522

IV. Verletzung in subjektiv-öffentlichen Rechten

541 Vgl. dazu bereits Rn. 452 ff.

542 Vgl. oben, Rn. 473 ff.

§ 5 ALLGEMEINE LEISTUNGSKLAGE[543]

Bedeutung der allg. Leistungsklage

I.R.d. allgemeinen Leistungsklage kann der Kläger all diejenigen Handlungen von Sicherheitsbehörden verlangen, die nicht als VA mit der Verpflichtungsklage nach § 42 I Alt. 2 VwGO einzuklagen sind. Die Statthaftigkeit entscheidet sich daher mit der Prüfung, ob die begehrte Handlung VA-Qualität hat oder nicht. 523

Da die meisten begehrten Handlungen im Bereich des (allgemeinen) Sicherheitsrechts als VAe qualifiziert werden, tritt die allgemeine Leistungsklage in Sicherheitsrechtsklausuren in den Hintergrund.

„Obdachlosenfälle"

Wichtiger klausurrelevanter Fall der allgemeinen Leistungsklage i.R.d. Sicherheitsrechts ist folgende, bereits i.R.d. Verpflichtungsklage angesprochene, Fallkonstellation:

Der Kläger begehrt nach Ablauf der in der Zwangseinweisungsverfügung gesetzten Frist von der einen Obdachlosen einweisenden Behörde die Freigabe der Wohnung.[544]

§ 6 DIE ALLGEMEINE FESTSTELLUNGSKLAGE, § 43 VWGO[545]

allgemeine Feststellungsklage

Die allgemeine Feststellungsklage nach § 43 VwGO findet nur dann Anwendung, wenn sich das Klagebegehren des Klägers auf die Feststellung des Bestehens oder Nichtbestehens eines Rechtsverhältnisses oder auf die Feststellung der Nichtigkeit eines VA richtet. 524

Soweit jedoch nach dem Klagebegehren bereits eine Fortsetzungsfeststellungsklage nach § 113 I S. 4 VwGO, ggf. analog, in Betracht kommt, fehlt es für die allgemeine Feststellungsklage an den Statthaftigkeitsvoraussetzungen.

str. insbes. bei Tatmaßnahme nach Art. 7 III LStVG

Insbesondere bei einem Klagebegehren auf Feststellung der Rechtswidrigkeit einer Tatmaßnahme nach Art. 7 III LStVG wird teilweise von der Statthaftigkeit einer allgemeinen Feststellungsklage ausgegangen. Die allgemeine Feststellungsklage findet dann Anwendung, wenn die VA-Qualität der Tatmaßnahme verneint wird.[546]

§ 7 DIE OBJEKTIVE KLAGEHÄUFUNG, § 44 VWGO

objektive Klagehäufung

Auch i.R.v. Sicherheitsrechtsklausuren ist die Möglichkeit einer objektiven Klagehäufung zu bedenken.[547] 525-526

543 Zur allgemeinen Leistungsklage **Hemmer/Wüst, VerwaltungsR II, Rn. 163 ff.**

544 Vgl. bereits Rn. 467, 501.

545 Zur allgemeinen Feststellungsklage **Hemmer/Wüst, VerwaltungsR II, Rn. 292 ff.**

546 Vgl. bereits Rn. 515 ff.

547 Zur objektiven Klagehäufung bereits Rn. 323 f.

§ 8 EINSTWEILIGER RECHTSSCHUTZ

einstweiliger Rechtsschutz

Hauptproblem im Bereich des einstweiligen Rechtsschutzes ist auch im Sicherheitsrecht meist die Frage der Statthaftigkeit des jeweiligen Rechtsbehelfes, insbesondere die Abgrenzung zwischen einem Antrag nach § 80 V VwGO auf Anordnung bzw. Wiederherstellung der aufschiebenden Wirkung und einem Antrag auf Erlass einer einstweiligen Anordnung nach § 123 VwGO.[548] 527

In Klausurgestaltungen mit der Frage nach den Erfolgsaussichten einstweiligen Rechtsschutzes lassen sich letztlich eine Vielzahl sicherheitsrechtlicher Fragestellungen einbauen.

Fallbeispiel

Zur Verdeutlichung der Problematik des einstweiligen Rechtsschutzes und zugleich als Abschluss des Sicherheitsrechts folgendes Fallbeispiel: 528

In der bayerischen kreisfreien Stadt Steintal herrscht seit Jahren Streit um den Abbruch eines zerfallenden, fünf Meter hohen Hinkelsteins auf dem Marktplatz von Steintal, der nach einer Sage ein 2000 Jahre altes Geschenk einer Delegation gallischer Freunde gewesen sein soll.

Viele Bürger sind der Auffassung, dass der störende Steinhaufen beseitigt werden solle. Die von Fred F. ins Leben gerufene Bürgerinitiative „PROSTEIN“ hingegen ist der Ansicht, dass das „künstlerisch wertvolle“ Objekt erhalten werden müsse.

Am Dienstag, dem 10.03.2014 beschließt der Bauausschuss von Steintal den Abbruch des Hinkelsteins zum Herbst 2014.

Als Fred F. hiervon am Mittwoch, dem 11.03.2014 erfährt, beschließt er im Laufe der Woche, gegen diese Entscheidung zusammen mit ca. 300 Mitgliedern der Bürgerinitiative am Sonntag, dem 22.03.2014 um 09:00 Uhr auf dem Marktplatz von Steintal zu protestieren.

Am Dienstag, dem 17.03.2014 macht Fred F. sein Vorhaben bekannt. Mit Schreiben vom 18.03.2014, eingegangen am 19.03.2014 um 11:00 Uhr, teilt er der Stadt Steintal die geplante Protestaktion mit. Er führt in dem Schreiben aus, dass der kommende Samstag besonders günstig für die geplante Aktion sei, da zur selben Zeit auf dem Marktplatz ein Frühjahrsfest mit Krämermarkt stattfinde. Deshalb könnten viele Menschen auf das Problem aufmerksam gemacht werden.

Bei der Stadt hingegen bestehen Bedenken. So müsste z.B. mit einer Störung der bereits angespannten Verkehrslage im Zentrum von Steintal gerechnet werden, da die Bürgerinitiative auch die stark befahrenen Straßen um den Marktplatz in Anspruch nehmen wolle. Außerdem sei zu befürchten, dass durch die Aktion die Geschäftstätigkeit der Händler und Schausteller beeinträchtigt werde.

Das Hauptproblem sieht man bei der Stadt allerdings darin, dass, wie aus einschlägigen Kreisen zuverlässig zu erfahren war, mit tätlichen Aktionen einiger militanter Befürworter des Abrisses zu rechnen ist. Seitens der am Ort befindlichen Polizeiinspektion wird der Stadt mitgeteilt, dass am Samstag aufgrund dienstlicher Überlastung („Anti-Hooligan-Bundesligaeinsatz“) maximal zwei Polizeibeamte abgestellt werden könnten.

548 Zum einstweiligen Rechtsschutz Hemmer/Wüst, VerwaltungsR III.

Von der Stadt wird deshalb der Versuch unternommen, Fred F. noch am Freitag, dem 20.03.2014, telefonisch einen entsprechenden Kompromissvorschlag zu unterbreiten. Hierbei lässt dieser sich aber, für den anrufenden Beamten unüberhörbar, von seinem Sohn am Telefon verleugnen.

Daraufhin erlässt die Stadt Steintal noch am selben Tag aus den oben angeführten Gründen einen formell ordnungsgemäßen Bescheid, in dem die Durchführung der angemeldeten Veranstaltung nach Art. 15 I BayVersG verboten wird.

Der Bescheid wird noch am 20.03.2014 zur Post gegeben und geht Fred F. am Morgen des 21.03.2014 zu.

Fred F. legt sofort Klage ein.

Er will die geplante Aktion unbedingt durchführen und bittet deshalb seinen Nachbarn, den Rechtsanwalt Barney G., um Auskunft, ob noch heute, am 21.03.2014, ein Antrag auf einstweiligen Rechtsschutz Aussicht auf Erfolg habe.

Bestehen Erfolgsaussichten für einen Antrag auf einstweiligen Rechtsschutz?

1. Verwaltungsrechtsweg, § 40 I VwGO

Verwaltungsrechtsweg

Die Streitigkeit ist eine öffentlich-rechtliche Streitigkeit, da die streitentscheidenden Normen, die des einstweiligen verwaltungsgerichtlichen Rechtsschutzes sowie des BayVersG, ausschließlich Trägern öffentlicher Gewalt zuzuordnen sind. 529

2. Zulässigkeit eines Antrages auf einstweiligen Rechtsschutz

a) Statthafter Antrag?

statthafter Antrag: § 80 V VwGO/§ 123 VwGO?

Die VwGO kennt als mögliche Formen des einstweiligen Rechtsschutzes den Antrag nach § 80 V VwGO (bzw. § 80a III VwGO) sowie die einstweilige Anordnung nach § 123 VwGO. Beide Möglichkeiten schließen sich gem. § 123 V VwGO gegenseitig aus.

Maßgeblich für die Art des vorläufigen Rechtsschutzes ist die mögliche Klageart in der Hauptsache. Nur im Fall der Anfechtungsklage ist der Antrag nach § 80 V VwGO statthaft. Für alle anderen Klagearten ist § 123 VwGO einschlägig. 530

Klageart der Hauptsache

Die Klageart in der Hauptsache richtet sich nach dem Klagebegehren.

Fred F. will die Durchführbarkeit der Demonstration erreichen. Die Durchführung der Demonstration am 22.03.2014 kann er nur dadurch erreichen, dass in der Hauptsache das Versammlungsverbot (VA) aufgehoben wird. Somit ist die Anfechtungsklage gegen das Versammlungsverbot die richtige Klageart in der Hauptsache. Da das Verbot eine Maßnahme nach dem BayVersG ist, kommt der Anfechtungsklage allerdings kein aufschiebende Wirkung zu, §§ 80 I, II Nr. 3 VwGO i.V.m. Art. 25 BayVersG.

Folglich ist der Antrag auf Anordnung der aufschiebenden Wirkung gem. § 80 V S. 1 Alt. 1 VwGO statthaft.

hemmer-Methode: Falsch wäre es hier, in der Hauptsache eine Verpflichtungsklage anzunehmen, denn eine Versammlung unter freiem Himmel ist lediglich anmeldungs-, nicht aber genehmigungspflichtig. Das Klagebegehren richtet sich daher nicht auf die Verpflichtung der Stadt zur Erteilung einer Genehmigung der Demonstration!

b) Antragsbefugnis, § 42 II VwGO analog

Antragsbefugnis

Die Antragsbefugnis richtet sich nach der Klagebefugnis in der Hauptsache, d.h. der VA muss den Antragsteller i.S.v. § 42 II VwGO in seinen Rechten verletzen können. Fred F. könnte in seinem Grundrecht aus Art. 8 GG verletzt sein. Außerdem ist er als Adressat eines belastenden VA ohnehin antragsbefugt (Art. 2 I GG). 531

c) Rechtsschutzbedürfnis

Rechtsschutzbedürfnis/Klage erforderlich?

aa) Für das Rechtsschutzbedürfnis ist fraglich, ob der Antragsteller zunächst Klage erheben muss, bevor er den Antrag gem. § 80 V VwGO stellen kann. 532

Allerdings verzichtet § 80 V S. 2 VwGO ausdrücklich auf die vorherige Klageerhebung. Zudem wurde hier bereits Klage erhoben, sodass hieran das Rechtsschutzbedürfnis nicht scheitern kann.

Antrag nach § 80 IV VwGO erforderlich?

bb) Fraglich ist ferner, ob das Verfahren nach § 80 V VwGO voraussetzt, dass zuvor erfolglos ein Antrag gem. § 80 IV VwGO gestellt worden ist.

Dies ist mit der h.M. zu verneinen, da es sich bei dem Verfahren nach § 80 V VwGO um ein Eilverfahren handelt, welches eine möglichst unverzügliche Bearbeitung erfordert. Zudem ergibt sich im Gegenschluss aus § 80 VI VwGO, dass ein vorheriger Antrag nur in diesen Fällen zwingend ist.[549]

d) Parteifähigkeit, Prozessfähigkeit, ordnungsgemäßer Antrag

Die Stadt Steintal als juristische Person und Fred F. sind gem. § 61 Nr. 1 VwGO parteifähig. 533

Parteifähigkeit, Prozessfähigkeit, ordnungsgemäßer Antrag

Die Stadt Steintal wird nach § 62 III VwGO i.V.m. Art. 38 I GO durch ihren Oberbürgermeister vertreten. Fred F. ist gem. § 62 I Nr. 1 VwGO prozessfähig.

Die Formvorschriften der §§ 81 f. VwGO sind entsprechend heranzuziehen.

Zwischenergebnis: Ein Antrag nach § 80 V VwGO auf Wiederherstellung der aufschiebenden Wirkung ist zulässig.

3. Begründetheit des Antrags nach § 80 V VwGO

Begründetheit des Antrags nach § 80 V VwGO

Unter welchen Voraussetzungen ein Antrag nach § 80 V VwGO begründet ist, ist im Gesetz nicht ausdrücklich geregelt und daher im Wege der Auslegung dieser Regelung zu ermitteln. 534

Danach muss der Antrag gegen den richtigen Antragsgegner gerichtet sein und bei einer Abwägung zwischen dem öffentlichen Interesse bzw. dem überwiegenden Interesse eines Beteiligten am Sofortvollzug und dem privaten Aussetzungsinteresse das Suspensivinteresse überwiegen.

a) Richtiger Antragsgegner, § 78 I Nr. 1 VwGO analog

Antragsgegner

Richtiger Antragsgegner ist der Rechtsträger der Behörde, die den Ausgangs-VA erlassen hat, da die Anordnung des Sofortvollzugs stets als unselbstständiger Annex zum Hauptsache-VA zu betrachten ist.

Richtiger Antragsgegner ist somit die kreisfreie Stadt Steintal. 535

549 Vgl. m.w.N. Schenke in: Kopp/Schenke, Verwaltungsgerichtsordnung, § 80 VwGO, Rn. 138.

b) Interessenabwägung

Interessenabwägung

Der Antrag gem. § 80 V VwGO ist begründet, wenn bei Abwägung aller Umstände davon auszugehen ist, dass das Interesse des Betroffenen an dem einstweiligen Nichtvollzug gegenüber dem öffentlichen Interesse oder dem überwiegenden Interesse eines Beteiligten an der sofortigen Vollziehung vorrangig ist. 536

i.R.d. Abwägung Einstellung der Erfolgsaussichten der Klage in der Hauptsache

Dabei sind die Erfolgsaussichten im Hauptsacheverfahren als Elemente der Interessenabwägung zu berücksichtigen. So überwiegt bei offensichtlicher Erfolglosigkeit einer Hauptsacheklage grundsätzlich das öffentliche Interesse am Sofortvollzug und umgekehrt. Daher sind die Erfolgsaussichten der Hauptsacheklage zu prüfen. 537

aa) Zulässigkeit der Hauptsacheklage

Zulässigkeit einer Klage in der Hauptsache

In der Hauptsache wäre. eine Anfechtungsklage zulässig. Dies ergibt sich bereits aus den Ausführungen zur Zulässigkeit des Antrags nach § 80 V VwGO. 538

bb) Begründetheit der Hauptsacheklage

Begründetheit einer Klage in der Hauptsache

Die Klage wäre begründet, wenn das angegriffene Versammlungsverbot rechtswidrig wäre und Fred F. dadurch in seinen Rechten verletzt würde (§ 113 I S. 1 VwGO). 539

Rechtsgrundlage für das Versammlungsverbot ist Art. 15 I BayVersG.

(1) Formelle Rechtmäßigkeit

formelle Rechtmäßigkeit

(a) Die kreisfreie Stadt Steintal war gem. Art. 15 I, 24 II S. 1 BayVersG i.V.m. Art. 9 I S. 1 GO für den Erlass des Versammlungsverbotes sachlich zuständig.[550]

Die örtliche Zuständigkeit folgt aus Art. 3 I Nr. 3a BayVwVfG. 540

(b) Zur Anhörung gilt das bereits oben unter 3. b) bb) Ausgeführte entsprechend.

(2) Materielle Rechtmäßigkeit

materielle Rechtmäßigkeit

Das Versammlungsverbot wäre rechtmäßig, wenn es nach Art. 15 I BayVersG ergehen durfte. Art. 15 BayVersG ist dabei im Lichte des Art. 8 GG zu sehen.[551] 541

Art. 15 I BayVersG anwendbar

(a) Art. 15 I BayVersG ist grds. einschlägig.

Es handelt sich bei der Protestaktion um eine bewusste und gewollte Zusammenkunft von mehr als zwei Personen in innerer Verbundenheit mit dem Ziel einer kollektiven Meinungsäußerung bzgl. einer öffentlichen Angelegenheit. Somit liegt eine Versammlung vor, vgl. Art. 2 I BayVersG.[552]

Diese soll als öffentliche Versammlung, da grds. jeder teilnehmen kann, Art. 2 II BayVersG, unter freiem Himmel stattfinden, vgl. Art. 13 ff. BayVersG.[553]

Subsumtion

(b) Gem. Art. 15 I BayVersG kann die Versammlung verboten (u.a.) werden, wenn nach den zur Zeit des Erlasses der Verfügung erkennbaren Umständen die öffentliche Sicherheit oder Ordnung bei der Durchführung der Versammlung unmittelbar gefährdet ist.

550 Die formelle Rechtmäßigkeit wird hier entgegen des Hinweises im Sachverhalt der Vollständigkeit wegen geprüft!

551 „Brokdorf-Beschluss“, BVerfGE 69, 315 ff. (= NJW 1985, 2395 ff.).

552 Vgl. oben, Rn. 283.

553 Vgl. oben, Rn. 282 - 284.

Verstoß gegen § 14 BayVersG

(aa) Hier könnte bei Durchführung der Versammlung eine unmittelbare Gefährdung der öffentlichen Sicherheit aufgrund einer Verletzung der Rechtsordnung vorliegen.

Fred F. hat nicht, wie in Art. 13 I BayVersG gefordert, die Versammlung 48 Stunden vor der Bekanntgabe angemeldet.

Allerdings würde ein Versammlungsverbot allein wegen eines Verstoßes gegen die Anmeldepflicht eine Verletzung des Grundsatzes der Verhältnismäßigkeit darstellen, zumal Art. 8 I GG eigentlich das Recht gewährt, sich ohne Anmeldung zu versammeln, die Anmeldepflicht also ihrerseits ein Eingriff in das Grundrecht der Versammlungsfreiheit darstellt.

Ein Verstoß gegen die Anmeldepflicht darf aufgrund der Bedeutung des Grundrechts aus Art. 8 GG nicht automatisch zum Verbot oder zur Auflösung einer Versammlung führen.[554] Es müssten also daneben weitere Gründe vorliegen.

Gefährdung der körperlichen Unversehrtheit der Versammlungsteilnehmer

(bb) Wegen der Gefährdung der körperlichen Unversehrtheit der Gruppe von Fred F. durch mögliche tätliche Angriffe der Hinkelsteingegner kann von einer Gefährdung der öffentlichen Sicherheit ausgegangen werden.

Hier geht die Gewalt jedoch nicht von den Demonstranten selbst aus, sodass die Demonstranten selbst als Nichtverantwortliche zu betrachten sind. Maßnahmen wären grds. gegen die militanten Hinkelsteingegner als Verantwortliche zu richten, Art. 9 I LStVG analog.

Die Polizei und Sicherheitsbehörden sind grundsätzlich verpflichtet, eine Versammlung gegen Angriffe von außen zu schützen, um die Ausübung der Versammlungsfreiheit zu gewährleisten.

„Polizeilicher Notstand"

Anderes gilt dann, wenn die zu erwartenden Störungen durch die zur Verfügung stehenden Polizei- und Sicherheitskräfte nicht verhindert werden können (sog. „Polizeilicher Notstand", Art. 9 III LStVG analog).[555]

Die zwei „vorhandenen" Polizeibeamten reichen im vorliegenden Fall nicht aus, um Ausschreitungen zu verhindern. Aus diesem Grund kommt es in Betracht, gegen die Demonstranten als Nichtverantwortliche in Form eines Versammlungsverbotes vorzugehen.

mangelnde Kooperationsbereitschaft

Hinzu kommt, dass Fred F. die Versammlung erst verspätet angemeldet und dadurch die Stadt Steintal unter Zeitdruck gesetzt hat. Ein kooperatives Handeln ist durch das Verleugnenlassen des Fred F. gescheitert.

Nach dem BVerfG führt eine mangelnde Kooperationsbereitschaft der Betroffenen zu einer Senkung der Eingriffsschwelle für die Behörde hinsichtlich der Eingriffe in Art. 8 GG.[556] Diese Rechtsprechung hat der Bayerische Gesetzgeber aufgegriffen: Die grundsätzliche Kooperationsobliegenheit ergibt sich aus Art. 14 I BayVersG. Die Verletzung der Kooperationsobliegenheit ist i.R.d. Maßnahmen nach Art. 15 BayVersG zu berücksichtigen, vgl. Art. 14 II BayVersG. Im vorliegenden Fall führt dies dazu, dass ausnahmsweise ein Versammlungsverbot gegen die Nichtverantwortlichen als ultima ratio möglich ist. Den Sicherheitsbehörden stehen nicht genügend Polizeikräfte zur Verfügung, um die drohenden Gefahren anders abzuwehren. Infolge der verspäteten Anmeldung und der Nicht-Kooperation des Fred F. war es ihnen auch nicht möglich, andere Polizeikräfte wie etwa die der Bereitschaftspolizei anzufordern.

hemmer-Methode: An dieser Stelle ist sicher auch ein anderes Ergebnis vertretbar. Es ist dem Sachverhalt nicht zwingend zu entnehmen, dass auch keine Bereitschaftspolizisten eingesetzt werden können.

554 BVerfGE 69, 315.

555 BVerfGE 69, 361.

556 BVerfGE 69, 357.

Verkehrsstörungen

(cc) Es ist ferner mit einer Gefahr für die öffentliche Sicherheit durch eine Störung der Verkehrslage im Zentrum von Steintal zu rechnen.

Bloße verkehrstechnische Gründe können aber ein Versammlungsverbot bei Berücksichtigung des Verhältnismäßigkeitsgrundsatzes grundsätzlich nicht rechtfertigen. Vielmehr müssen die Interessen der Verkehrsteilnehmer und deren Schutz aus Art. 2 I GG gegenüber dem Grundrecht der Demonstranten aus Art. 8 GG zurücktreten.[557] Eine totale Blockierung des Straßenverkehrs ist hier nicht zu befürchten.

kollidierende Berufsinteressen

(dd) Darüber hinaus könnte eine Gefahr für die öffentliche Sicherheit in der möglichen Verletzung der Berufsinteressen der Händler und Schausteller als geschütztes Individualrechtsgut, Art. 12 GG, liegen. Die Berufsinteressen der Händler und Schausteller könnten gem. Art. 12 GG für ein Versammlungsverbot sprechen. Dann müsste zur Wahrung der Verhältnismäßigkeit eine Güterabwägung mit der Versammlungsfreiheit ergeben, dass diese zum Schutz anderer gleichartiger Rechtsgüter zurücktreten muss. Im vorliegenden Fall ist nicht ersichtlich, dass die Geschäftstätigkeit übermäßig beeinträchtigt würde. Durch die Demonstration ist eher mit einem größeren Kundenaufkommen zu rechnen. Somit ist durch entgegenstehende Interessen der Händler und Schausteller ein Versammlungsverbot nicht zu rechtfertigen.

Ergebnis:

Ergebnis

Das Versammlungsverbot ist rechtmäßig ergangen. 542

In der Hauptsache würde Fred F. somit offensichtlich keinen Erfolg haben. Die Abwägung fällt damit zugunsten des öffentlichen Interesses am Sofortvollzug aus, sodass ein Antrag nach § 80 VVwGO als unbegründet abgewiesen werden wird.

557 BVerfGE 69, 353.

§ 9 SCHADENSERSATZ- UND ENTSCHÄDIGUNGSANSPRÜCHE FÜR SICHERHEITSBEHÖRDL. HANDELN

Schadensersatzansprüche

Hinsichtlich der Frage nach möglichen Schadensersatzansprüchen gegen Sicherheitsbehörden gelten die i.R.d. Polizeirechts gemachten Ausführungen, da es sich insoweit um allgemein geltende Regelungen handelt, entsprechend.[558] 543

Entschädigungsansprüche

Soweit Entschädigungsansprüche geltend gemacht werden, gelten ebenfalls die bereits dargelegten Ausführungen:

Sämtliche Entschädigungsansprüche, die sich aus Art. 87 PAG gegen den Träger der Polizei ergeben, können aufgrund der Regelung des Art. 11 I LStVG auch gegen den Träger der Sicherheitsbehörde, die die Maßnahme getroffen hat, geltend gemacht werden.

hemmer-Methode: Merken Sie sich für Schadensersatz- und Entschädigungsansprüche also die Parallelität zwischen Polizei- und Sicherheitsrecht, die sich letztlich aufgrund des Art. 11 I LStVG ergibt.

558 Siehe dazu Rn. 328 ff.

WIEDERHOLUNGSFRAGEN: RANDNUMMER

1. Rekapitulieren Sie die historische Entwicklung des Polizeibegriffes! ... *4 ff.*
2. Welcher Unterschied besteht zwischen dem Sicherheitsbehördensystem und dem Einheitssystem? ... *8 f.*
3. Erläutern Sie die verschiedenen Polizeibegriffe! ... *10 ff.*
4. Welcher Polizeibegriff liegt dem PAG zugrunde? ... *13*
5. Nennen Sie die wichtigsten Normkomplexe des Polizei- bzw. des Sicherheitsrechts! ... *14 ff.*
6. Wie verteilt sich die Gesetzgebungskompetenz auf dem Gebiet des Polizei- und Sicherheitsrechts? ... *22*
7. Welchen Zweck verfolgte der MEPolG? ... *23*
8. In welchem Verhältnis stehen Polizei und Sicherheitsbehörden? ... *24 ff.*
9. Wo ist die Organisation der bayerischen staatlichen Polizei geregelt? ... *28*
10. Legen Sie die Organisation der bayerischen staatlichen Polizei dar! ... *28 ff.*
11. Sind Ihnen weitere Polizeien neben der bayerischen staatlichen Polizei bekannt? ... *29 ff.*
12. Welcher grobe Arbeitsablauf sollte bei der Lösung einer Polizeirechtsklausur eingehalten werden? ... *35*
13. Wann ist in einer Polizeirechtsklausur der Verwaltungsrechtsweg eröffnet? ... *36 ff.*
14. Nennen Sie die wichtigsten abdrängenden Sonderzuweisungen die i.R. von Polizeirechtsklausuren Bedeutung erlangen! ... *37 ff.*
15. Wann liegt ein Justizverwaltungsakt vor? ... *38*
16. Wann handelt die Polizei als Justizbehörde im funktionellen Sinn? ... *39*
17. Welche besondere Kompetenz kommt den Hilfsbeamten der Staatsanwaltschaft zu? ... *40*
18. Was gilt bei polizeilichen Maßnahmen, die sowohl präventive als auch repressive Zwecke verfolgen? ... *41 f.*
19. Wie ist diese Problematik (Frage 18) i.R.d. materiellen Gutachtens zu behandeln? ... *43 f.*
20. Welche Besonderheiten sind bei der Befugnis aus § 81 b, 2. Alt. StPO zu beachten? ... *46 f.*
21. Wie ist eine Freiheitsbeschränkung von einer Freiheitsentziehung abzugrenzen? ... *50*
22. Welche Zulässigkeitsvoraussetzungen sind für einen Antrag nach Art. 18 II PAG erforderlich? ... *51*
23. Was ist bei Unterbringungsmaßnahmen nach dem UnterbringungsG zu beachten? ... *52 ff.*
24. Wann ist eine FFK statthaft? ... *56 f.*
25. Welche polizeilichen Maßnahmen haben VA-Qualität? ... *58 ff.*
26. Begründen Sie, warum polizeilichen Maßnahmen aufgrund der Befugnisse aus Art. 11, 12-29 PAG i.d.R. VA-Qualität zukommt! ... *58*
27. Warum haben Maßnahmen der Datenerhebung und Datenverarbeitung VA-Charakter? ... *59 f.*
28. Stellt die Androhung eines Zwangsmittels einen VA dar? ... *61 f.*
29. Was gilt bezüglich der Anwendung von Zwangsmitteln? ... *63*
30. Welcher Streit besteht hinsichtlich der VA-Qualität einer unmittelbaren Ausführung? ... *64*
31. Wann tritt bei einem VA Erledigung ein? ... *65*
32. Welche Zeitpunkte sind bei der Erledigung eines VA zu unterscheiden? ... *66 f.*
33. Was ist bei der FFK hinsichtlich der Durchführung eines Widerspruchsverfahrens zu beachten? ... *69 ff.*
34. Was gilt insoweit bezüglich der Klagefrist? ... *72*

97. Verantwortlichkeit liegt vor, wenn entweder das Verhalten einer Person oder der einer Person zurechenbare Zustand einer Sache kausal für eine polizeirechtsrelevante Gefahr ist. Wie ist diese Kausalität zu bestimmen? ... 232 f.

98. Welche Ausnahmen sind von der nach h.M. geltenden Theorie zu machen? ... 234 f.

99. Was regelt das Gesetz hinsichtlich Verhaltens- und Zustandsverantwortlichkeit? ... 236 ff.

100. Äußerst umstritten ist die Frage der Rechtsnachfolge in die Polizeipflicht. Welche Differenzierungen sind vorzunehmen und welche Meinungen werden jeweils vertreten? ... 239 ff.

101. Steht die Verantwortlichkeit mehrerer Personen fest, so stellt sich die Frage nach der Auswahl unter den in Betracht kommenden möglichen Adressaten. Wonach richtet sich die "Störerauswahl"? ... 244

102. Im Sachverhalt der Klausur ist von einem "polizeilichen Notstand" die Rede. Woran müssen Sie in solchen Fällen denken? ... 245

103. Nennen Sie die polizeilichen Handlungsgrundsätze! ... 246

104. Wie ist der Grundsatz der Verhältnismäßigkeit zu prüfen? ... 247 ff.

105. Was versteht man unter dem "Opportunitätsprinzip"? ... 251

106. Auf der Sekundärebene kann die Polizei ihre Verwaltungsakte mit Zwangsmaßnahmen durchsetzen. Welche Prüfungsreihenfolge gilt für den Normalfall der Vollstreckung eines polizeilichen VA, welche für den Fall des Sofortvollzugs? ... 252 ff.

107. Was versteht man im Einzelnen unter den allgemeinen, was unter den besonderen Voraussetzungen für polizeilichen Zwang? ... 257 ff.

108. Erläutern Sie den Grundsatz der Konnexität! ... 258a

109. Muss die Androhung eines Zwangsmittels immer erfolgen? ... 260

110. Welche Zwangsmittel stehen der Polizei zur Verfügung und welchen Inhalt haben sie jeweils? ... 261 ff.

111. Wie ist der Sofortvollzug im einzelnen zu prüfen? ... 266 ff.

112. Grenzen Sie den Sofortvollzug von der unmittelbaren Ausführung ab! ... 270

113. Welche grundrechtssystematische Stellung nimmt das Versammlungsgesetz ein und für welche Versammlungen gilt es? ... 273 f.

114. Auf welche Fallvariante ist i.R.d. Statthaftigkeit der Klage innerhalb von Versammlungsrechtsfällen besonderes Augenmerk zu legen? ... 276

115. In Versammlungsrechtsfällen ist bei der Klagebefugnis auf das Grundrecht des Art. 8 I GG einzugehen. Wann liegt eine Versammlung vor? ... 277

116. Worauf lässt sich bei sog. "Vorfeldmaßnahmen" die Klagebefugnis stützen? ... 278

117. Woraus ergibt sich die Aufgabeneröffnung für polizeiliches Handeln bei Versammlungen? ... 281

118. Wann ist das Versammlungsgesetz anwendbar? ... 282 ff.

119. In welchem Verhältnis stehen das PAG und das VersammlG? Was bedeutet "Polizeifestigkeit" einer Versammlung? Wie ist bei sog. Vorfeldmaßnahmen zu entscheiden? ... 285 f.

120. Was gilt bei Maßnahmen nach dem VersammlG bzgl. der Maßnahmerichtung und der polizeilichen Handlungsgrundsätze, was hinsichtlich polizeilichen Zwanges? ... 288 f.

121. Im Rahmen welcher polizeirechtlichen Fallkonstellationen ist meist eine Anfechtungsklage statthafte Klageart? Warum ist dies der Fall? ... 291 ff.

122. Je nach Fallkonstellation ergibt sich dann i.R.d. Prüfung der Rechtmäßigkeit des angegriffenen VA ein abweichender Prüfungsaufbau. Skizzieren Sie grob die beiden Aufbauvarianten! ... 295 ff.

123. Bei Kostenbescheidsfällen stoßen Sie i.R.d. Rechtsgrundlage auf den Grundsatz der Kostenfreiheit polizeilichen Handelns. Wie begründen Sie die Ausnahmen? ... 296

124. Was ist bei der formellen, was bei der materiellen Rechtmäßigkeit eines Kostenbescheides zu prüfen? ... 297 f.

125. Auf welche Rechtsgrundlage kann das Abschleppen eines vor einer Feuerwehrausfahrt ordnungswidrig geparkten PKW gestützt werden? ... 301 f.

126. Nennen Sie die Voraussetzungen, unter denen rechtmäßigerweise Kosten für eine unmittelbare Ausführung erhoben werden können! .... *303 ff.*

127. Inwieweit gilt bei der Verpflichtungsklage eine Besonderheit hinsichtlich der Eröffnung des Verwaltungsrechtsweges? *308*

128. Was ist gerade bei Polizeirechtsfällen i.R.d. Statthaftigkeit der Verpflichtungsklage zu beachten? *309*

129. Besondere Schwierigkeiten innerhalb der Zulässigkeit einer Verpflichtungsklage auf Erlass eines polizeilichen VA bereitet regelmäßig die Klagebefugnis. Wie lässt sich deren Vorliegen systematisch ermitteln? .... *310 ff.*

130. Eine Verpflichtungsklage ist begründet, wenn sie gegen den richtigen Beklagten gerichtet wurde, die Ablehnung des VA rechtswidrig ist und der Kläger dadurch in seinen Rechten verletzt wird. Die Ablehnung eines VA ist rechtswidrig, wenn dem Kläger ein Anspruch auf den begehrten VA zusteht. Wann steht dem Kläger nun ein Anspruch auf Erlass eines polizeilichen VA zu? *316*

131. Für welche Fälle wäre eine allgemeine Leistungsklage statthaft? Erörtern Sie die Abgrenzung zur Verpflichtungsklage anhand des Streits bei Aktenvernichtungsbegehren! .... *317 ff.*

132. Woraus können sich Ansprüche auf Aktenvernichtung ergeben? .... *321 ff.*

133. Wann ist die allgemeine Feststellungsklage statthaft? *322*

134. Welche Bedeutung kommt in Polizeirechtsklausuren der objektiven Klagehäufung zu? .... *323 f.*

135. Wie ist bei Erledigung eines VA während des Widerspruchsverfahrens zu verfahren? *326*

136. Bei der Frage nach möglichen Schadensersatz- oder Entschädigungsansprüchen bei polizeilichem Handeln ist zu differenzieren, ob derjenige, der Ansprüche geltend macht, Adressat der Verfügung oder unbeteiligter Dritter war. Darüber hinaus ist zwischen rechtswidrigen und rechtmäßigen Maßnahmen, Ansprüchen des Verantwortlichen sowie des Nichtverantwortlichen zu unterscheiden. Systematisieren Sie die jeweils in Betracht kommenden Anspruchsmöglichkeiten! .... *328 ff.*

137. Unter welchen Voraussetzungen kommen Ansprüche bei rechtswidriger Unterlassung einer polizeilichen Maßnahme in Betracht? *339*

138. Was ist bei öffentlich-rechtlicher Verwahrung nach Art. 26 PAG zu beachten? .... *340 ff.*

139. Welche Besonderheiten sind bei der prozessualen Geltendmachung von Schadensersatz- und Entschädigungsansprüchen zu beachten? .... *344 f.*

140. Aufgrund welcher Zuweisungsnormen scheidet bei repressivem polizeilichen Handeln die Überprüfung der Maßnahmen vor den Verwaltungsgerichten aus? *350*

141. Nennen Sie die möglichen Rechtsbehelfe gegen strafprozessuale Maßnahmen der Polizei! *351, 353*

142. Wann ist ein Antrag nach §§ 23 ff. EGGVG zulässig, wann begründet? .... *351 ff.*

143. Legen Sie den Unterschied zwischen dem Opportunitätsprinzip und dem Legalitätsprinzip dar! *356*

144. Bei der polizeilichen Ordnungswidrigkeitenverfolgung ist zwischen Ordnungswidrigkeiten außerhalb, sowie innerhalb des Bereichs des Straßenverkehrsrechts zu unterscheiden. Welche Aufgaben und Befugnisse stehen der Polizei in den jeweiligen Bereichen zu? .... *357 ff.*

145. Welche Rechtsbehelfe kommen jeweils im Bereich der Ordnungswidrigkeitenverfolgung in Betracht? .... *360 ff.*

146. Wann ist eine Normenkontrolle gegen eine sicherheitsrechtliche VO zulässig? .... *367 ff.*

147. Unter welchen Voraussetzungen ist eine Normenkontrollklage begründet? .... *375 ff.*

148. Erläutern Sie die Bedeutung des landesverfassungsrechtlichen Vorbehalts! *377*

149. Wie ist die Gültigkeit einer VO zu prüfen? .... *378 ff.*

150. Was muss bei der Zuständigkeit zum Erlass einer VO beachtet werden? .... *380 ff.*

151. Gehen Sie die Punkte durch, die beim VO-Erlass i.R.d. Verfahrens zu prüfen sind. Welche Problempunkte sind im einzelnen zu berücksichtigen? .... *384 ff.*

180. Wie ist die Androhung eines Zwangsmittels von der unverbindlichen Ankündigung eines neuen selbstständigen Grund-VA zu unterscheiden? *489*

181. Welcher Aufbau gilt bei der Prüfung eines Kostenbescheides nach dem BayVwZVG und welche Besonderheiten sind bei den einzelnen Prüfungspunkten zu beachten? .... *490 ff.*

182. Was gilt, wenn die tatsächlichen Kosten die in der Androhung veranschlagten Kosten übersteigen? *495*

183. Welche Klageart ist die statthafte Klageart, mit der ein Hauseigentümer nach Ablauf der zeitlichen Befristung der Wiedereinweisungsverfügung die Räumung der Wohnung erzielen kann? .... *501 f.*

184. Wann besteht ein Anspruch auf Erlass eines sicherheitsbehördlichen VA nach dem BayLStVG? .. *509 f.*

185. Welche Voraussetzungen hat ein Anspruch auf Erlass eines VA i.R.d. besonderen Sicherheitsrechts? .... *511 ff.*

186. Bei welchen Fallkonstellationen kommt im Sicherheitsrecht häufig eine FFK in Betracht? *515*

187. Wie ist die Tatmaßnahme nach Art. 7 III BayLStVG von der Ersatzvornahme nach Art. 32 BayVwZVG abzugrenzen? *517*

188. Erörtern Sie die Prüfung der Rechtmäßigkeit einer Tatmaßnahme! .... *518 ff.*

189. Wann wird in Sicherheitsrechtsklausuren die allgemeine Leistungsklage, wann die allgemeine Feststellungsklage relevant? .... *523 ff.*

190. Wie sind die Anträge nach § 80 V VwGO und § 123 VwGO abzugrenzen? *530*

191. Unter welchen Voraussetzungen ist ein Antrag nach § 80 V VwGO zulässig und begründet? .... *529 ff.*

192. Warum war das Versammlungsverbot im Fallbeispiel bei Rn. 528 rechtmäßig? *541*

193. Was gilt im Sicherheitsrecht bezüglich Schadensersatz- und Entschädigungsansprüchen? *543*

Die Zahlen verweisen auf die Randnummern des Skripts

A

B

D

E

N

O

P

R

S